영감과 응답이 있는

NEW
대표 기도

안인숙 지음

하나님의 사람을
만들어 가는 엘맨
ELMAN

영감과 응답이 있는
NEW 대표기도

초판 1쇄   2025년 2월 25일
지은이   안인숙
펴낸이   이규종
펴낸곳   엘맨출판사
등록번호   제13-1562호(1985.10.29.)
등록된곳   서울시 마포구 토정로 222
            한국출판콘텐츠센터 422-3
전화   (02) 323-4060, 6401-7004
팩스   (02) 323-6416
이메일   elman1985@hanmail.net
            www.elman.kr

ISBN   978-89-5515-789-5 03230

값 18,000 원

영감과 응답이 있는

대표 기도

안인숙 지음

하나님의 사람을
만들어 가는 ELMAN

차례

서문

주님, 저희 기도에 응답하여 주옵소서!

목회를 하다 보면, 정말 성도들의 기도가 중요하다는 것을 느낀다. 기도에 따라 가정이 변하고, 교회가 변하며, 나라가 변한다.

미국의 영적 대각성기에 가장 영향을 미쳤던 인물이며, 프린스턴 대학교의 총장을 지낸 조너선 에드워드(Jonathan Edwards)의 가계(家系)를 연구하던 사람이 그의 직계 후손 873명을 추적 조사해본 결과, 대학교 총장을 지낸 사람이 12명, 교수 65명, 의사 60명, 성직자 100명, 군인 75명, 저술가 85명, 변호사 100명, 판사 30명, 공무원 80명, 하원의원 3명, 상원의원 2명, 부통령 1명, 그리고 평범한 그리스도인이 26명이었다.

한편, 조너선 에드워드에게는 어린 시절 교회 주일학교를 함께 다니던 맥스 주크라는 친구가 있었는데, 그 친구는 언제부터인가 교회를 떠나 방탕한 길로 들어서서 신앙 없는 여자와 결혼을 하고, 자녀를 두었다. 조너선 에드워드를 연구했던 사람은 그의 어릴 적 친구인 맥스 주크의 후손들도 추적해보았는데, 그의 직계 후손 1,292명 가운데, 유아 사망 309명, 불구자 440명, 거지 310명, 매춘부 50명, 도둑 60명, 살인자 70명, 그리고 별 볼일 없이 산 사람 53명이라는 조사 결과가 나왔다고 한다. 어떤 가문의 조상이 될 것인가는 오늘 여러분이 하는 선택에 달려 있다. 예수님을 믿는 삶을 살 것인가, 아니면 그대로 믿음 없이 살 것인가, 그 선택의 결과는 훗날 여러분의 가계도가 말해줄 것이다.

하나님께서 아브라함에게 명령하셨다. "네가 사랑하는 독자인 이삭을 데리고 모리아 땅의 내가 말하는 산으로 가서 번제로 드려라"(창 22:2)라는 명령이었다. 이 명령을 받은 아브라함이 온전히 순종하여 독자인 이삭을 아끼지 않고 드리려고 하자, 하나님께서 사자를 통하여 만류하시면서 말씀을 주셨다(창 22:11).

하나님께서는 아브라함의 믿음을 보시고, 그에게 지금까지 약속하신 모든 것을 확정적으로 이루어 주시겠다고 언약을 하셨다. 우리가 만약 아브라함의 전 생애를 참고하지 않고, 이 본문만 본다면 이렇게 말할 수 있다. "내가 어떻게 저런 신앙을 가진단 말이야. 자식은커녕, 십일조도 제대로 바치지 못하는데."

100살에 겨우 얻은 외아들을 어떻게 제물로 바친다는 말인가? 십일조를 내면 당장 생활비에 차질이 생기는데 어떻게 드린단 말인가? 아깝다는 생각이 드는 것도 당연하다. 하지만 아브라함에게는 자그마치 30여 년에 걸친 하나님의 은혜가 있었다. 그 오랜 세월 하나님의 은혜를 입고 권면을 받은 결과, 그렇게까지 변화된 것이다. 하나님의 큰 은혜와 끈질긴 권면이 아브라함을 30년 만에 바꿔놓은 것이다.

신약성경에서 기도를 뜻하는 말로 가장 빈번히 사용되면서 포괄적인 의미를 가지고 있는 단어는 프로슈코마이(προσε’χομαι)이며, 명사형은 프로슈케(προσε’χη)이다. 헬라 세계에서는 기도할 때 신들을 흡족하게 할만한 제물을 동반하였다. 따라서 기도는 간구나 기원의 형태를 띠게 되었는데, 이러한 배경으로 인해 이 단어는 '기도하다'(마 5:44; 행 9:11) 또는 '간구하다'(롬 8:26)라는 의미로 사용되었다. 그런데 사도행전에서는 자주 나오지만 요한복음이나 요한 서신서에서는 한 번도 나오지 않는다.

신약성경에 나타나는 기도의 특징은 간구이다. 물론 하나님께 간구하는 것이 유일한 요소는 아니지만, 하나의 중요한 요소가 된다. 자기 자신을 위하여 '간구하다'(마 5:44; 행 9:11; 엡 3:13), '청하다'(행 9:2,12:20)라는 뜻을 가진 '아이테오'(ιτεο)라는 동사는 원래 '어떤 것을 요구하다'라는 의미를 지니고 있다. 이 단어는 사복음서와 사도행전에서 비슷한 횟수로 쓰였으나(마 14회, 막 9회, 눅 11회, 요 11회, 행 10회), 바울 서신서에는 많이 나오지 않는다(고전 1회, 골 1회, 엡 2회).

그런가하면 '고뉘페테오'(γονυπετ‘ω)는 '무릎을 꿇다'(마 27:29), '꿇어 엎드리다'(막 1:40), '꿇어 앉다'(막 10:17) 등의 의미로 사용되었다. 동방에서는 무릎을 꿇는 관습이 있었는데, 후에 헬라 세계에도 퍼져 노예가 주인 앞에서 혹은 기도자가 신 앞에서 이러한 자세를 취했다. 이 자세는 기도의 내용이 긴박하거나(마 17:14), 간절할 때 취하였다(눅 22:41).

또 '데오마이'(δ‘ομαι)라는 단어는 '부족하다, 곤궁하다' 등의 의미를 지녔는데, 후에 신약성경에서 '빌다'(행 4:31), '간구하다'(고후 5:20; 살전 3:10), '청하다'(마 9:38; 눅 9:38; 행 8:34) 등의 의미로 사용되었다. 간구하는 목적이 타인을 위한 것이었을 때는 '중보하다'라는 뜻으로 쓰이기도 한다(롬 10:1, 고후 1:11).

'프로스퀴네오'(προσκυν'ο)는 '입을 맞추다'라는 뜻을 가지고 있었는데, 후에 이 단어는 '경배하다'(마 4:9, 고전 14:25, 계 5:14), '예배하다'(요 4:20-21; 12:20; 행 8:27) 외에도 '절하다'(마 8:2, 15:25; 행 7:43; 계 9:20)라는 뜻으로 사용되었다. 이는 지신(地神)이나 신상에 입을 맞추기 위해 엎드려야 했기 때문으로 생각된다. '에로타오'('ρωτ'ω)는 '구하다, 질문하다'라는 의미로 고전 헬라어에서 쓰였으며, 신약성경에서도 비슷한 뜻으로 사용되었다.

'에로타오'('ρωτ'ω)는 신약성경에서 62회가 쓰였는데, 특히 요한복음에 많이 나타나며, 대체로 '청하다'(마 15:23), '간구하다'(막 7:26), '묻다'(막 4:10) 등의 뜻으로 사용되었다. 이와 같이 신약성경의 기도는 찬양, 감사, 고백, 간구, 기원 등의 뜻을 포함하여 상당히 다양하고 광범위한 형태로 나타나는 것을 알 수 있다.

대표 기도는 인간과 하나님 사이에 이루어지는 교제에서 회중을 대표하여 드리는 기도이다.

기도에 대한 히브리어 '따라쉬티'(דרשתי)의 기본 동사인 '따라쉬'(דרש)는 '구하다, 방문하다, 묻다, 요구하다'라는 뜻인데, 이것은 어떤 장소나 인물을 찾기 위해 방문하는 것을 의미하며, 주님께 어떤 것을 요구하는 의미로도 쓰인다. 즉 구한다는 것은 인간의 노력을 뜻하는 것이며, 이 말속에는 명령된 것, 또는 주어진 것을 찾아간다는 의미도 내포되어 있다. 하나님께서 인간에게 제시하신 길을 찾아가며, 그 길을 묻는 행위를 기도로 표현하는 것이다.

또 '아나니'(ענני)의 기본형인 '아나'(ענה)는 '대답하다'라는 뜻으로 원래 재판에서 증거를 제시하는 것을 의미하는데, 종종 하나님께 대해 사용할 때는 기도에 대한 응답으로 표현되며, 이때 인간의 어떤 행위가 선행되는 것이다(리재학, 〈DTP 교리 강해 연구 5〉 선린출판사, 1990, p.52). 하나님은 구하는 자에게 주시며 찾는 자에게 얻게 하신다(마 7:7).

또 영어 prayer는 히브리어 תפלה. פלל (사이에 들다, 중재하다, 화해시킨다. 간원하다)의 번역이며, 헬라어 προσευχή (기도, 기도 장소, 예배당), προσευχομαι (간원하다) (〈기독교 백과사전 제2권〉, 교문사, 1981, p.867)로도 번역할 수 있다. 히브리어의 פלל 이나 תפל 라는 말은 성경에 60번 이상이나 사용되고 있다.

성경에 계시된 하나님은 우주와 인간을 만드신 창조주이시다. 인간은 모두 하나님으로부터 왔다. 이와 관련하여 스티어(Douglas V. Steer)는 '모든 그리스도인의 기도의 근거는 자신이 하나님께 의존하고 있음을 승인하는 것이다.'라고 했다. (박은규, 〈기도의 신학과 생활〉, pp. 109-110)

우리는 우리의 것이 아니라, 하나님의 것이라는 사실이다. 이처럼 기도는 '예수 그리스도 안에서 하나님의 자기 계시'라는 변할 수 없는 사실과 '성령에 의해 우리 마음 안에서 그것을 확실히 하는 것'을 바탕으로 존재한다. 따라서 기도의 깊이와 넓이를 바로 알기 위해서는 그와 같은 기도를 시작하게 하시는 하나님의 속성을 알 필요가 있다. 하나님은 인격적인 영이시다. 그분은 스스로 계시며, 존재하는 모든 것의 근원이시다. 그분의 존재는 존재함으로써만 아니라, 삼위일체로서 역시 공존하신다. 그분은 그분 자신 안에서 교제하시기 때문에 인간과도 교제하실 수 있다. 성경은 이렇게 하나님을 살아 계신 하나님으로 분명히 증거하고 있다. 결코 철학적인 제1원리나 도덕적인 이상이 아닌 것이다. 시편 기자는 '귀를 지으신 자가 듣지 아니하시랴, 눈을 만드신 자가 보지 아니하시랴'(시 94:9)라고 고백하고 있는데, 이는 살아 계신 성부 하나님을 생생하게 묘사하는 것이다. 시편 기자가 고백한 하나님은 인간적인 특성을 무한히 초월하심과 동시에 무한한 능력자이시다. 그분은 무한한 사랑을 지니셨으며 인격적으로 무한하신 하나님이시다(Francis Schaeffer). 하나님은 자신과 함께 교제할 사람을 찾고 계시는 사교적인 분이시다. 그 하나님은 기도를 통하여 만날 수 있을 뿐만 아니라, 자녀들의 요청에 따라 행동하는 힘을 가지고 계신다. (도널드 G. 블러쉬, 〈기도의 신학〉, pp. 45-46)

그리고 대표 기도는 믿음으로 해야 한다. 믿음은 어느 하나라도 하나님의 능력 없이는 존재하지 않는다. 대표 기도를 위한 믿음의 예는 아브라함에게서 찾을 수 있다. "믿음이 없어 하나님의 약속을 의심하지 않고 믿음으로 견고해져서 하나님께 영광을 돌리며 약속하신 그것을 또한 능히 이루실 줄을 확신하였으니"(롬 4:20-21). 그분께서는 그분의 거룩한 의지에 따라서 응답을 하시지, 반드시 기도하는 우리가 원하고 요청하는 것에 따라서 응답하시는 것은 아니라는 사실이다(요 2:4).

이처럼 전능자이신 하나님은 원래 우리에게 예속되지 않지만, 그러나 그분은 계약(언약)의 상대방으로서 그분의 목적을 성취하시기 위하여 그분 자신을 예속시키신다. 그렇다고 그분의 통치권이 손상되는 것이 아니라, 도리어 죄 많은 인간에게 자신을 낮춤으로써 더 확실해진다는 사실이다.

또한 예수 그리스도 안에서 계시된 하나님은 초월적인 분이시다. 그분은 창조주이시고, 우리는 제한된 피조물이다. 그분은 그분의 영으로 우리 안에 들어오시지만, 결코 우리의 한 부분이 아니다. 그분은 우리 존재의 중심이시지만, 그분이 우리에게 접근하시지 않고서는 우리가 그분에게 접근할 수 없다. 그분은 눈에 보이지도 않고 마음으로 이해될 수도 없다(사 50:10; 고전 2:9-11). 그분은 신비에 싸여 있기 때문에 우리는 두려움과 존경의 마음으로 그분에게 접근해야 한다. 그분은 초자연적인 하나님이시고, 모든 제한된 존재 너머에 존재하시는 분이다. 그분이 성육신하신 이유는 우리와 같이 되셔서 우리가 그분을 알게 함으로써 그분과 교제할 수 있도록 하기 위해서이다. 성경에서는 열두 해 동안 혈루증을 앓던 여인이 예수님의 옷깃에 손을 댄 후 두려움과 공포에 휩싸인 부분에서 이를 잘 묘사하고 있다. 바로 그것은 절대자하나님의 옷깃에 하찮은 피조물의 신분으로 손을 댔다는 사실이 바로 두려움과 떨림 그리고 공포였다는 것이다. 그러나 즉각적으로 이루어진 예수님의 위로를 통한 공포로부터의 해방이 절묘하게 그려지고 있다(막 5:27-34).

　이처럼 하나님은 멀리 있는 것도 아니고, 그렇다고 직접적으로 접근하기 쉬운 것도 아니다. 그분은 매우 가까이 다가올 것 같지만, 그러나 역시 높이 솟아 있어서 인간이 접근하기 어렵다. 그러나 우리와의 접촉을 결코 제한하시지는 않는다. 그분은 세상 안에 갇혀 있지는 않으시지만, 세상을 향하여 존재하시기 때문이다. (도널드 G. 블러쉬, 〈기도의 신학〉, p. 50)

　무엇보다 대표 기도는 언약을 바탕으로 해야 한다. 언약이란 어떤 일을 제안하고, 그에 따르는 소정의 보상이 돌아올 것을 약속하는 쌍방 간의 상호 합의이다. 영원한 언약에 있어서는 성부 하나님과 성자 하나님이신 예수 그리스도가 이 언약의 쌍방이셨다. 또한 성경에서는 구약을 바탕으로 한 옛 언약과 신약을 중심으로 한 새 언약에 대하여 말씀하고 있다. 구약성경을 바탕으로 한 옛 언약에 있어서 중심 사상은 계명 준수에 따른 약속과 그 관계를 중요시하고 있다.

　구약성경에서 여호와 하나님의 약속은 약속이라는 말로 나타나지 않는다. 히브리어에는 약속이라는 단어가 없으나, 언약 사상(약속 개념)은 고대 전승에 지배적으로 흐른다. 하나님의 입에서 나온 말씀은 엄숙한 약속으로서의 가치가 있을 뿐 아니라, 우리말 성경에 '약속'이라고 되어 있지만, 히브리어는 '말씀'(amar, dabar)인 경우가 많기 때문이다. 하나님의 말씀은 특별히 맹세나 선서로 보강될 필요가 없다고 느낀 것은, 하나님께서는 한번 하신 약속을 지키신다는 신념이 있었기 때문이다. 하나님의 언약은 아브라함에게 주신 언약(창 13:1-3, 13:16, 14:5, 15:7-18, 17:3-8, 22:15-18)으로, 이삭(창 26:3)과 야곱(창 28:13-14)에 게도 반복적으로 확인되었다. 대표 기도는 오직 예수 그리스도의 이름으로 해야 한다. 사람이란 하나님 앞에 나설 만한 자격이 없 기 때문에 대표 기도자가 무슨 특별한 선택을 받았거나 중보자가 된 듯한 말투는 삼가야 한다.

하나님 아버지께서는 우리의 마음을 절망에 빠지게 하는 수치 와 공포 가운데서 우리를 단번에 건져내시기 위해서 하나님의 아 들이신 주 예수 그리스도를 우리의 대언자(요일 2:1)와 중보자(딤 전 2:5)로 주셨다. 그러므로 유일한 중보자는 단 한 분 예수님뿐 이시다. 그분의 인도로 말미암아 우리가 담대히 하나님께 나아가 며, 그러한 중보자로 인하여 우리가 그분의 이름으로 구하는 것 은 무엇이든지 하나님께서 그리스도에게 거절하지 않으신 것처 럼 우리에게도 거절하지 않으시리라고 믿는 것이다. 즉 약속에 의 해서 우리에게 그리스도를 중보자로 주셨기 때문에, 우리의 구하 는 바를 얻게 되리라는 소망을 그리스도께 두지 않는다면 기도해 야 아무 유익이 없기 때문이다(존 칼빈, pp. 55-56). 태초로부터 중보자의 은혜가 아니고서는 기도가 상달되지 않았다는 사실은 확실하다. 그런 이유로 하나님께서는 성소에 들어가는 제사장만 이 이스라엘 열두 지파의 이름을 어깨에 메고 같은 수의 보석을 흉패에 달도록 하고 다른 백성들은 멀리 떨어져 안뜰에 서서 제사 장과 기도에 동참하라고 율법에서 가르치신 것이다(출 28:9-21).

즉, 예수 그리스도는 우리 이름으로 나오시고 우리를 어깨에 메고 우리를 가슴에 묶으심으로써 그분 안에서(In his person) 우리 기도가 상달될 수 있게 하시며 우리의 기도를 정결케 해주시는 것이다. 이와 같이 예수 그리스도만이 우리에게 주어진 하나님께 나아갈 유일한 길이기 때문에, 이 길에서 벗어나거나 이 길을 외면하는 자들에게는 하나님께 나아갈 길이 전혀 없는 것이다. 그들에게 있어서 하나님의 보좌에는 단지 진노와 심판과 무서운 공포만이 남아있을 뿐이다. 더군다나 하나님 아버지께서는 그리스도를 우리의 머리(고전 11:3; 엡 1:22; 4:15; 5:23, 골 1:18)로, 또 우리를 다스리는 자(마 2:6)로 인치셨기 때문에 어떤 형태로든지 그리스도를 외면하거나 떠나 있는 자들은 하나님께서 인쳐주신 표식을 지우고 파손시키려고 애쓰는 자들에 불과한 것이다. 이렇게 그리스도는 유일한 중보자로 세움을 받았으며, 그의 중보를 통해서만이 하나님 아버지께서는 우리에게 은혜로운 분이 되시며, 우리가 쉽사리 간구할 수 있는 분이 되시는 것이다.

예수 그리스도의 기도의 중보와 관련된 구절은 요한복음에 잘 나타나 있다. 예수 그리스도께서는 '내 이름으로' 기도하라고 거듭 강조하셨다. 그분은 '내 이름으로' 무엇이든지 구하면 시행하리라고 약속하셨다(요 14:13-14, 15:16). 그뿐 아니라, 무엇이든지 '내 이름으로' 주리라고 응답하시기도 했다(요 16:23). 결국 예수 그리스도께서는 '내 이름으로' 구하면 그것을 받을 것이며 기쁨이 충만하리라고 가르치셨다(요 16:24,26). 그러나 '내 이름으로' 기도를 드려야 한다는 예수 그리스도의 말씀은 대표 기도를 할 때도 그대로 적용된다.

나는 이렇게 기도를 준비합니다

참으로 기도를 잘하고 싶습니까? 그렇다면 정답이 있습니다. 첫째 평소에 기도를 많이 해야 합니다. 둘째 성경을 많이 읽고 기도에 관한 성구를 적어놓고 암송을 많이 해야 합니다. 셋째, 엘맨 출판사에서 출판된 배우는 기도와 삶을 변화시키는 기도라는 책을 꾸준히 계속 읽고 암송을 합니다.

1. 높고 높으신 하나님을 찬양합니다.

하나님의 존귀하심과 그분이 계심을 의심 없이 인정하는 마음이 기도를 시작하는 첫머리입니다. 하나님은 시작과 끝이 없으시며, 영원히 변함이 없는 분이시기 때문에, 그리고 하나님의 권세는 무한하시며, 흠이 없으시고 거룩하신 분이시기에 먼저 영광을 돌려 찬양해야 합니다. 대표 기도의 시작은 먼저 하나님을 높이고 주님의 성호를 찬양하는 것입니다. 천지 만물의 창조자이시며 통치자가 되시는 위대하신 분께 먼저 영광과 찬송을 올려드려야 할 것입니다. 시편을 참고로 하여 평소에 읽은 말씀을 은혜받은 대로 준비해 놓습니다(시편 18:1, 23:1-3, 29:11, 51:15).

2. 진실한 마음으로 회개(고백)합니다.

먼저 거룩하신 하나님께 죄를 고백하고 겸손하게 회개 기도를 드려야 합니다. 근본적으로 부패하고 악한 생각과 선을 행하지 못한 허물을 고백하고 씻음을 받아야 합니다. 육체의 정욕과 무질서하게 살아온 마음의 욕망을 부끄럽게 알고, 또한 하나님의 백성으로서 그 의무를 다하지 아니한 것을 숨김없이 낱낱이 고백해야 합니다. 교만한 삶, 분냄과 탐욕과 세상을 사랑한 마음을 고백하고 회개해야 합니다. 교회, 기관, 나라가 잘못하는 것은 내가 기도하지 않고 참여하지 아니하여 일어난 범죄라고 여기고 깊이 뉘우치고 기도해야 합니다(왕하 20:2; 느 1:6; 욥 22:27; 렘 29:12).

3. 깊은 감사를 드립니다.

지나온 나날을 돌아보면 모든 일들 속에 하나님이 늘 함께하셨음을 알고, 복 주신 주님께 감사를 드려야 합니다. 감사가 감사를 낳는다는 말이 있는데, 본질적으로 선하시고, 꾸짖지 아니하시고, 거저 주신 것에 대하여 감사해야 합니다. 각종 문제가 많고 악한 세력이 엄습해오는 사악한 삶에서 타락하지 않게 지켜주신 주님께, 선하신 주님께, 구원해 주신 은혜에 대하여 감사를 해야 할 것입니다. 십자가의 승리로 우리도 구원함을 받았으며, 흘리신 보혈로 죄 씻음 받았음을 감사해야 할 것입니다. 우리 교회, 목사님, 기관, 성도들의 받은 사랑과 은혜를 내가 받은 은혜로 알고, 진실함으로 깊은 감사를 드립니다(대상 16:34; 시 147:11; 출 3:14; 히 13:15; 시 50:3).

4. 믿음으로 간구합니다.

꾸짖지 않으시고 후히 주시는 하나님께 부르짖어, 주님께서 주실 줄 믿고 간구해야 합니다. 내 정욕, 내 욕심을 내려놓고, 오직 주님의 영광을 위하여 구해야 합니다. 하나님의 나라를 위해 하는 대표 기도는 성도들의 마음을 담아 드리는 기도이기 때문에 온 정성과 뜻을 다해 간구해야 합니다. 우리 교회의 필요, 지역 사회의 필요, 나라와 민족의 필요를 깊이 생각하고 간절하게 기도합니다. 그렇게 준비하고 기도하면 성도들도 간절함으로 '아멘'하며 깊은 믿음에 이르게 됨을 체험하게 될 것입니다(창 25:21; 약 5:6; 욘 2:2; 벧후 1:4; 눅 1:38).

5. 마무리 기도도 하나님을 찬양하며 믿음으로 맺습니다.

부활절 때는 '부활하시고 다시 오실', 추수감사절에는 '하늘의 비와 햇볕을 주셔서 풍성한 열매를 주신'과 같은 끝맺음이 좋을 것입니다. 마지막 끝맺음은 '예수님 이름으로 기도합니다'가 좋습니다. '기도드렸습니다', '기도하였습니다'로 하는 것은 주님께서 가르쳐 주신 기도와는 거리가 있습니다. 그리고 평소에 은혜받은 좋은 문구나 성경을 읽으며 발견한 좋은 문구를 적어 두었다가 인용하기도 합니다(히 13:20-23; 행 17:1; 엡 3:20; 롬 8:34; 마 17:5).

6. 대표 기도는 성령께 의지해야 합니다.

기도는 성부와 성자뿐만 아니라 성령에도 근거를 둡니다. 특별히 대표 기도는 더욱 성령께 의지해야 합니다. 이는 성령의 부으심을 떠나서는 기독교인의 기도다운 기도가 있을 수 없기 때문입니다. 성령께서 인간 생활에 개입하는 곳에는 어디에서나 기독교 기도의 기원을 볼 수 있습니다. 그 이유는 우리를 기도하게 하시고, 우리의 기도 생활을 가르치시는 분이 성령이기 때문입니다.

누가복음 4:1에는 "예수께서 성령의 충만함을 입어 요단강에서 돌아오사 광야에서 사십 일 동안 성령에게 이끌리시며"라고 기록되어 있습니다. 또 마태복음 4:1-2에는, "그때 예수께서 성령에게 이끌리어… 광야로 가사 사십 일을 밤낮으로 금식하며" 기도하셨다고 기록되어 있습니다. 그리고 마가복음 1:12에는 더욱 강력한 어조로 "성령이 곧 예수를 광야로 몰아내셨다"라고 증언합니다. 그리스도께서 이처럼 성령의 인도를 따라 기도하신 것처럼 성령은 성도로 하여금 하나님 앞에 기도하도록 이끄시는 일을 하시는 것입니다.

에스겔 11:19-20에서 하나님은, 하나님께 예배도 제사도 기도도 하지 않는 타락한 선민들에게 장차 "내가 그들에게 한마음을 주고 그 속에 새 영을 주며 그 몸에서 굳은 마음을 제하고 부드러운 마음을 주어서 내 율례를 좇으며 내 규례를 지켜 행하게 하리니"라고 하셨는데, 로마서 8:15에서는 또 "너희는 다시 무서워하는 종의 영을 받지 아니하였고 양자의 영을 받았으므로 아바 아버지라 부르짖느니라"라고 되어 있습니다. 즉 이것은 하나님을 사랑하고 하나님께 기도하려는 마음과 의지를 성령으로부터 얻게 됨을 가르쳐 주는 것입니다. (이성주, 〈기도의 신학〉,

pp. 262-63)

바울은 우리의 삶 속에서 성령의 활동이 기도에서 어떻게 나타나고 있는가를 두 군데에서 설명하고 있습니다. 그 첫 번째는 로마서 8장 15절입니다. "… 양자의 영을 받았으므로 우리가 아바 아버지라 부르짖느니라." 또 다른 곳은 갈라디아서 4:6로 "너희가 아들이므로 하나님이 그 아들의 영을 우리 마음 가운데 보내사 아바 아버지라 부르게 하셨느니라."의 말씀입니다. 이 두 구절을 서로 연결해 보면 우리 안에 성령의 현존하심의 결과로 우리는 그분을 '아바 아버지'라 부를 수 있게 되었다는 것을 알 수 있습니다. 갈라디아서 4:6에서는 '영을 보내어 부르게 하셨다'라고 했으나 로마서 8:15에서는, "우리가 부르짖는다"라고 했습니다. 이러한 두 관계는 로마서 8:15로 설명됩니다. 여기서 '양자의 영'은 성령을 의미합니다.

"구하라 그러면 너희에게 주실 것이요 찾으라 그러면 찾을 것이요 문을 두드리라 그러면 너희에게 열릴 것이니"(마 7:7).

우리 하나님께서 전능하시고 우리의 상황을 낱낱이 아신다면 우리는 왜 대표 기도를 해야 하는가? 대표 기도는 사람들에 의해 생겨난 것이 아닙니다. 우리가 대표 기도를 해야 하는 주된 이유는 예수님께서 우리에게 그렇게 하라고 하셨기 때문입니다. 또다시 예수님께서는 제자들에게 말씀하셨습니다. "지금까지는 너희가 내 이름으로 아무것도 구하지 아니하였으나 구하라 그리하면 받으리니…"(요 16:24).

7. 성경적으로나 사전적으로 잘못된 용어를 사용하지 않도록 노력합니다.

우리가 기도할 때 흔히 사용하는 말 가운데 잘못 표현하고 있는 사례들이 있어 바로잡고자 합니다. 말은 그 표현의 옳고 그름을 떠나 습관에 따라 고착되는 경우가 많습니다. 대중이 널리 사용한다는 이유를 들어 뿌리 없는 언어가 표준어로 자리 잡기도 합니다. 그러나 교회 용어는 성경적 근거가 있어야 하기 때문에 대중 언어와는 엄연히 다릅니다. 교회 안에서 만이라도 바른 용어가 정착하도록 해야 할 것입니다.

(1) 기도는 '하나님 아버지'께 하는 것

기도를 시작하면서 '성부'를 부르지 않고 '성자' 혹은 '성령'을 부르는 경우를 종종 보는데, 이는 옳지 않다. 우리의 기도는 성부 하나님께 하는 것이며, 성자 그리스도의 이름으로 아뢰는 것이기 때문이다. 예수님께서 우리에게 가르쳐 주신 기도에서도 '하늘에 계신 우리 아버지'로 시작하고 있다. 따라서 기도를 시작할 때는 반드시 우리의 기도를 들으시는 아버지 하나님을 먼저 불러야 한다. 주님으로 시작하는 것도 잘못하는 것입니다.

(2) 기도를 시작할 때 성경 구절을 먼저 읽는 것

기도는 하나님께 아뢰는 말인데, 하나님께서 우리에게 주신 말씀을 그분께 다시 들려드리는 것은 경우에 맞지 않는다.

(3) 하나님 또는 주님을 '당신'이라고 하는 것

우리가 기도할 때 하나님이나 주님을 흔히 '당신'이라고 칭하는 경우가 많다. 당신이라는 말은 부부간이나, 또는 3인칭의 극존칭으로 사용하는 말이다. 그러나 할아버지나 아버지를 직접 대놓고 말할 때 당신이라고 호칭한다면 너무나 불손한 일일 것이다. 하물며 하나님께 당신이라고 한다는 것은 어불성설이다.

(4) 하나님을 표현하는 수식어

'참 좋으신 하나님'이라는 표현은 일반적인 수식어이다. 하나님 앞에 붙이는 수식어는 성경에 나타난 하나님의 속성을 나타내는 말을 붙이는 것이 좋다.

성경에서 하나님의 속성을 나타내는 수식어로는 '거룩하신', '만유의', '생명의', '신실하신', '의로우신', '사랑이신', '자비하신', '영원하신', '위에 계신', '능력이신', '진실하신', '구원하시는', '하늘에 계신', '은혜로우신', '지극히 높으신', '홀로 하나이신', '천지를 지으신' 등이 있다.

(5) '주님이시여', 하나님 아버지시여'

2인칭 존칭 명사에 호격 조사를 붙이는 것은 어법에 맞지 않는다. 더구나 '~이여'나 '~시여'는 이미 사어(死語)가 된 말이다. 따라서 그냥 '주님', '하나님', '하나님 아버지'라고 불러야 옳다.

(6) 예수님의 칭호

기도할 때 '주여'라고 하는 것보다는 '주님'이라고 하는 것이 더욱 겸손하고 옳은 표현이다. 성경에서는 주님을 '예수', '그리스도', '예수 그리스도', '그리스도 예수', '우리 주 예수 그리스도' 등으로 표현한다. 여기에서 '예수'는 주님의 본명이며, '그리스도'는 '기름 부음을 받은 이' 즉 '구세주'라는 직책을 일컫는 이름이다. 그러므로 그냥 '예수님'이라고 하기보다는 '주 예수 그리스도'라고 하는 것이 확실한 표현이다.

(7) 목사님을 칭할 때

성도들이 가장 어렵게 생각하는 말이 목사의 칭호이다. 목사를 대신하여 칭하는 용어로는 '주의 종', '사자 목사님', '당회장님', '주의 사자', '종님' 등이 흔히 쓰인다.

목사는 교회를 섬기는 하나님의 종이다. 그러나 성도들의 종은 아니다. 기도할 때 목사를 '하나님의 종께서…' 라고 하는 것은 옳지 않은 말이다. 종을 높임말로 하는 법은 없다. 특히 '종님'이라고 하는 것은 우스운 표현이다. 그러므로 목사 자신이 하나님께 기도할 때, '주의 종이 부족하여서…' 라고 하는 것은 옳은 표현이지만, 일반 성도가 목사를 '종'으로 표현하는 것은 옳지 않다. 그리고 하나님의 보내심을 받은 '사자'는 옳은 말이다. 그러나 '주의 사자' 또는 '사자 목사님께서'라고 하는 것은 옳지 않고, '주님께서 우리를 위해서 보내신 목사님'으로 표현하는 것이 낫다. '당회장'이란 표현도 바르지 않다. 왜냐하면 당회장이란 당회의 장이기에 당회원들이 당회의 회장에게 부르는 호칭이기 때문이다. 그보다는 '담임 목사님'으로 호칭하는 것이 옳은 표현이다.

(8) 성도들을 칭할 때

하나님께 드리는 기도에서 회중을 가리켜 '우리 성도님들'이라고 존대해선 안 된다. 왜냐하면, 하나님과 비교해서 '님'이 될 수 있는 대상은 없기 때문이다. 기도할 때 하나님 이외에는 단순히 '저희들'이나 '교회의 권속들' 등으로 바꾸어야 한다.

(9) '나' 또는 '우리'를 칭할 때

기도할 때 '내가' 또는 '나로 하여금' 등과 같이 자신을 '나'로 칭하는 경우가 있다. 그리고 '나'의 복수형인 '우리'라는 말도 흔히 사용한다. 우리가 어른들 앞에서 자기를 가리킬 때는 '내가'가 아니라 '제가'라고 한다. 그리고 '우리'가 아니라 '저희들'이라고 표현한다. 이것은 윗사람에 대하여 자신을 낮추는 말이다.

주님께서 가르쳐 주신 기도에서 '우리에게 일용할 양식을 주옵시고'라고 했지만, 이는 번역상의 문제이고, '우리'는 높으신 하나님 앞에서 '저희'라고 칭하는 것이 옳을 것이다. 따라서 '내가 주님께 나왔사오니'는, '제가 주님께 나왔사오니' 또는 '저희들이 주님께로 나왔사오니'로 하는 것이 옳다.

(10) '축복'과 '복'

우리가 기도할 때 흔히 하나님의 복을 비는 기도를 한다. 이때 우리는 '축복(祝福)'이라는 용어를 자주 사용하는데, 축복이란 의미는 글자 그대로 '복을 빈다'라는 의미이다. 그렇다면 누가 누구에게 복을 비는 것인가?

예를 들어, "하나님, 이 어렵고 불쌍한 사람들에게 축복하여 주소서."라고 한다면, 하나님이 다른 누구에게 그들을 위하여 복을 빌어달라는 의미가 된다. 이 경우에는 "하나님께서 그들에게 복을 내려주소서."가 옳은 표현이다. 그러나 "주님께서 복 빌어 주소서."라는 표현은 합당하다. 왜냐하면 복은 아버지 하나님께서 내리시는 것이기에 예수님도 성자로서, 아버지 하나님께 우리를 대신하여 복을 빌어 주실 수 있기 때문이다.

마태복음 26:26에 "저희가 먹을 때에 예수께서 떡을 가지사 축복하시고 떼어 제자들을 주시며 가라사대 받아먹으라 이것이 내 몸이니라"라고 했으며, 또한 마가복음 10:16에서도 "그 어린아이들을 안고 저희 위에 안수하시고 축복하시니라"라고 했는데, 여기서 보는 바와 같이 예수님께서도 하나님께 복을 비신 것을 알 수 있다.

(11) '대표 기도자'

우리는 흔히 주일 예배 때 기도하는 사람을 '대표 기도자'라고 한다. 이것은 회중을 대표해서 하나님께 기도하는 사람을 의미한다. 그러나 문자적으로 '대표 기도'라고 할 때는 주님께서 가르쳐 주신 기도 외에는 대표적인 기도가 없다. 그리고 대표로 기도한다고 하면, 그 외의 사람은 무엇을 하는가? 대표자가 기도를 하는 순간에 다른 사람은 그 기도를 듣는 것이 아니라 함께 기도하는 것이다. 그러므로 '대표 기도자'는 '기도를 인도하는 자'라는 의미이기 때문에 "○○○께서 대표 기도하시겠습니다."가 아니라, "○○○께서 기도를 인도하시겠습니다."가 옳은 표현이다.

(12) '지금은 시작하는 시간이오니'

주로 기도 순서는 예배가 한참 지난 후에 들어있다. 그런데 예배의 중반인데도 불구하고 기도하는 사람은 '지금은 예배 시작 시간이오니, 마치는 시간까지'라고 한다. 이 경우에는 그냥 "오늘 우리의 예배를 처음부터 끝까지"라고 하는 것이 좋다.

(13) '대예배'

흔히 주일 오전에 어른들이 드리는 예배를 '대(大)예배'라고 한다. 그렇다고 해서 어린이들이 드리는 예배를 '소(小)예배'라고 하지는 않는다. 예배에 등급이나 규격이 있을 수 없으며, 큰 예배, 작은 예배가 있을 수도 없다. '대예배'는 '주일 오전 예배'나 '주일 낮 예배' 또는 '장년부 예배'로 부르는 것이 합당하며, 시간별로 1부, 2부 예배로 구분할 수는 있다.

(14) '한국교회'와 '저희 나라'

다른 나라 교회와 비교할 때라면 몰라도 한국 사람이 자기 나라 교회를 '한국교회' 또는 자신을 낮추어서 부르듯이 '저희 나라 교회'라고 표현하는 것은 어쩐지 자연스럽지 않다. 이 말을 하는 자신은 마치 외국인인 것 같은 느낌을 준다. 그냥 '우리나라 교회'라고 하면 옳은 표현일 것이다.

(15) '안식일'과 '주일'

요즘 교회에서는 '안식일'과 '주일'이라는 용어를 자주 혼용하고 있다. 초대교회 초창기까지는 십계명에 따라 토요일을 안식일로 거룩하게 지켰다. 그러나 예수님께서 안식 후 첫날에 부활하시면서 일요일을 '주일'로 정하고 예배하는 새로운 전통이 만들어졌다. 주일은 '주님의 날'로서의 의미를 가진다. 그러나 그리스도인은 옛날 안식일에 그랬던 것처럼 주님의 날도 거룩하게 지켜야 한다. 따라서 '일요일'이나 '안식일'이라는 표현보다는 '주일'이라는 표현이 옳다.

(16) '성전'과 '교회'와 '예배당'

성전은 하나님의 영이 거하시는 '거룩한(聖) 집(殿)'이다. 그러면 오늘날 하나님의 영은 어디에 거하시는가? 예수님을 믿고 영접하여 거듭난 성도들 안에 거하신다. "너희가 하나님의 성전인 것과 하나님의 성령이 너희 안에 계시는 줄을 너희가 알지 못하느뇨"(고전 3:16) 즉 성전은 예배를 드리는 장소가 아니라, 성도들의 몸이 곧 성전이다. 그러므로 예배를 드리는 장소를 구약적인 용어인 '제단' 또는 '성전'이라고 부르는 것은 옳지 않으며, '예배당' 혹은 '교회당'이라고 하는 것이 정확한 표현이다. 그러나 선교 초기부터 어느 시기까지는 교회 건물을 '예배당'이라고도 하였으나, 오늘날은 극소수를 제외하고는 '○○예배당'이라는 간판은 볼 수 없고, 거의 '○○교회'로 통일되어 있다. 이에 따라 '교회'는 '성도들이 모여서 기도하고, 예배하고, 교제를 나누며, 복음을 전하는 장소'인 '교회당'이라는 의미로도 사용되고 있는 것이 현실이다.

(17) '예배'와 '예식'과 '기도회'

예배와 예식과 기도회는 분명히 구분되어야 한다. 돌, 회갑, 추도, 입학, 결혼, 교회 창립, 임직 등 사람들을 대상으로 하는 모임은 예배가 아니라, 예식이라고 표현하는 것이 옳다. 또 기도를 목적으로 모이는 수요일 저녁, 금요일 철야, 매일 새벽 모임은 수요기도회, 금요기도회, 새벽기도회로 명시해야 한다.

(18) 중보기도

흔히 교회에서 이웃을 위해 기도할 때 '중보기도'란 표현을 쉽게 사용한다. 성경에서는 십자가 구속 사역을 통해 하나님과 인간 사이를 화목하게 하신 예수 그리스도에게 사용되었다. 따라서 모든 '중보적 사역'은 오직 예수님에게만 적용된다.

실제로 성경은 예수 그리스도 한 분만이 하나님과 인간 사이의 유일한 중보자라고 가르친다(딤전 2:5). 그러므로 '중보기도'란 말을 사람에게 함부로 사용하는 것은 성경적으로도 맞지 않으며, 이는 자칫 유일한 중보자이신 예수 그리스도의 영광을 훼손하는 행위가 될 수 있다. 따라서 사람에게는 '이웃을 위한 기도'라 하든지 아니면 최소한 '중보적 기도'라고 표현하는 것이 적절하다.

(19) '예배드리다'와 '예배하다'

'예배'란 신자들의 모임에 하나님께서 임재하셔서 영광을 받으시며, 말씀하시고, 강복하시는 시간이며, 동시에 신자들이 하나님에게 감사하고, 찬송하며, 기도하는 교제의 시간이다. 즉 '예배'는 하나님의 부르심에 대하여 신자들이 응답하는 행위이지, '드리는' 행위가 아니다. 예배를 위해 '드리는' 행위는 구약의 제사 제도의 잔재로, 이것은 그리스도에 의하여 완성되었고, 다시는 피흘림이나 희생이 전혀 요구되지 않는다. 또 '드리다'는 무속종교의 기복사상과도 관련이 있다. 신의 감응을 위해 공적을 쌓으려고 무엇을 바치는 행위의 표현인 것이다. 그러나 기독교의 예배 행위는 하나님과 신자들의 만남이며, 하나님의 부르심에 따른 응답이다. 그러므로 '예배를 드리다'라는 말은 기독교의 '예배'와 합치되지 않는다. 문법적으로도 '명사+드리다'는 '명사+주다'의 높임말로, 그 명사가 줄 수 있는 것이어야 한다. 신자들이 '드릴' 예배를 가지고 있는 것이 아니다.

'예배'를 뜻하는 헬라어 '프로스퀴네오'는 '존경을 나타내다'라는 의미이다. 또 헬라어 '라트레이아'는 종을 의미하는 '라트리스'에서 왔으며, 종의 섬김과 봉사 행위를 가리킨다. 영어로 예배를 'worship', 'service'라고 하는 것은 이에 근거한다. 그리고 우리말 사전에도 '예배'는 '공경하는 마음으로 경배하고 절함'이라고 하여 신자들의 어떤 행동 자체를 가리킨다. 예배에서 신자들은 자신이 직접 예배 행위자들인 것이다.

따라서 예배는 '드리는' 것이 아니라 '하는' 것이다.

(20) '목사님의 말씀으로'

"목사님의 말씀으로 은혜받게 하심을 감사합니다.", "목사님 말씀에 많은 은혜받았음을 감사합니다."라고 하는 경우가 종종 있다. '목사님의 말씀'이 아니라, '하나님의 말씀'이 옳은 표현이다. 성경을 기본으로 한 '하나님의 말씀'을 주의 사자(목사)가 전함으로써 성도들이 은혜를 받은 것이다. 이 경우는 '목사님을 통해 주신 말씀', 또는 '목사님을 통해 대언하게 하신 말씀'이라고 하는 것이 옳다.

(21) '예배의 시종을 의탁하옵고'

의탁이란 '어떤 것에 몸이나 마음을 의지하여 맡긴다.'라는 의미이다. 즉 내가 주도적으로 무엇을 하는 것이 아니고, 내가 할 일을 다른 사람에게 맡겨서 그가 대신 한다는 의미이다. 물론 예배는 인간이 임의대로 하는 것도 아니다. 그런 의미에서 하나님께 맡기는 것은 옳은 것이다. 그러나 예배의 행위로 볼 때, 예배는 하나님이 베풀어주신 사랑과 은혜에 감사하면서 하나님께 응답하는 행위이다. 신령과 진정으로 드려야 할 예배를 도리어 하나님께 맡긴다면, 나는 방관자가 된다는 의미가 된다. 따라서 '의탁'이란 표현보다는 '이 예배를 주장하시고' 또는 '이 예배를 성령님께서 인도하여 주시고'라고 하는 것이 좋은 표현이라고 할 수 있다.

(22) '예수님의 공로로'와 '예수를 힘입어'

우리가 기도할 때 '예수님의 공로로'나 '예수님의 공로를 힘입어'라고 할 때가 많다. '예수'라는 이름은 '죄에서 구원할 자'란 뜻을 갖고 있다. 그런 의미에서 기도는 구원자의 이름으로 구해야 함이 당연한 것이다. 예수님의 이름으로 기도하는 근거는 "너희가 내 이름으로 무엇을 구하든지 내가 시행하리니 이는 아버지로 하여금 아들을 인하여 영광을 얻으시게 하려 함이라. 내 이름으로 무엇이든지 내게 구하면 내가 시행하리라."(요 14:13-14)라고 하신 말씀이다. 또한 우리가 예수님의 이름으로 기도하는 이유는, 하나님은 죄인의 기도를 받으시지 않기 때문이다. 그러므로 죄 없으신 예수님의 이름으로 기도하는 것이다. 어떤 방편이나 보조적 수단이 아니라, 기도 자체를 직고하는 의미가 있으므로, 예수님의 '공로를 힘입어'는 옳지 않다. 따라서 "예수님의 이름으로 기도합니다."가 바른 표현이다.

(23) '기도드렸습니다'와 '기도드립니다'

기도를 끝낼 때 우리는 "예수님의 이름으로 기도합니다"와 같이 동사 '기도하다'의 시제를 현재형으로 써야 하는 것이 옳다. 그런데 '기도하였습니다' 또는 '기도드렸습니다'와 같이 과거형을 쓰는 경우가 많다. 기도가 끝나는 시점에서는 간구한 모든 말들은 문법적으로는 이미 과거 또는 현재완료가 되므로 과거형을 쓸 수 있다고 생각하지만, 간구의 내용은 소원이며, 소원은 미래 지향적이므로, 과거형으로 끝나는 것은 옳지 않다. 언제나 기도는 현재적인 간구인 것이다.

(24) 그 밖에 바로 써야 할 표현과 용어들

① 예배를 흠향하여 주시고 → 예배를 기쁘게 받아주시고

② 이름도 없이 빛도 없이 봉사하는 → 열심히 봉사하는

③ 예배를 돕는 성가대 → 하나님께 영광 돌리는 찬양대

④ 소천하셨다 → 하나님의 부르심을 받았다

⑤ 고인의 명복을 빕니다 → 하나님의 위로를 받으시기 바랍니다

⑥ 성가대 → 찬양대, 헌금 → 봉헌, 축제 → 잔치/행사, 제단 → 강단

⑦ 주님의 이름으로 축원합니다(×), 지금도 살아계신 하나님(×), 준비 찬송(×)

제1부
주일 낮 예배 기도문

1월 · 첫째 주일 낮

아버지 하나님! 이 새해에 하나님 앞에서 복 있는 사람의 길로 가기를 원합니다.

악인의 꾀를 따르지 않으며, 죄인의 길에 서지 않으며, 오만한 자의 자리에 앉지 않기를 원합니다. 그리고 오직 하나님의 말씀을 즐거워하여 그 말씀을 주야로 묵상하는 자로 살겠습니다. 그리하면 시냇가에 심은 나무가 철을 따라 열매를 맺고, 그 잎사귀가 마르지 않는 것처럼, 하는 모든 일이 다 형통할 것이라고 하신 말씀대로 저희에게 이루어질 줄 믿습니다.

새해의 첫날을 맞아 주님을 찬양합니다. 새로운 한 해를 허락하신 하나님께 감사와 찬송과 존귀와 영광을 돌립니다.

이 첫날 아버지께 간구하며 기도합니다. 우리나라 교회를 기억해주시고, 저희 모두 열방과 세상을 품고 기도하기를 원합니다. 그리할 때 다시금 이 나라에 복음의 불길이 타오르게 될 줄 믿습니다. 무엇보다 저희들에게 하나님의 나라를 위하여 헌신할 수 있는 하늘과 땅의 권능을 부어주옵소서. 이미 주신다고 하신 하늘의 기업뿐 아니라, 땅의 기업도 허락하시어, 이 땅에서 더 많은 주의 복을 나누게 하옵소서. 저희 교회를 통하여 역사하시는 주님께 간구합니다. 교회는 세상의 소금이라고 하셨습니다. 소금의 맛이 강하게 하여 주옵소서. 세상의 모든 썩어가는 것을 막고도 남는 방부제가 되게 하여 주시옵소서.

아버지께 간구합니다. 이 땅에 복된 은혜의 장맛비를 내려주옵소서. 교회마다 새로운 부흥을 경험하게 하시고, 교회가 다시 살아남으로써 죽어가는 이웃의 수많은 영혼을 주님 앞으로 인도하는 구원의 방주가 되게 하옵소서. 저희 교회에도 다시금 부흥의 불길이 일어나게 하여 주옵소서. 이 일을 위하여 새로운 직분을 받은 성도들이 충성을 다하여 주님께 영광을 돌리는 새해가 되기를 원합니다.

아버지! 이 자리에서 예배하는 저희들을 기억하여 주시고, 복을 내려주옵소서, 혹시라도 이 어려운 시기에 직장을 잃은 사람들이 있다면 좋은 직장을 허락하여 주옵소서. 가난한 성도들에게는 물질의 복을 내려주옵소서. 질병이 있어 고통받는 성도들에게는 치유의 복을 주시옵소서.

하나님께 영광 돌리는 찬양대의 찬양과 각종 예물과 각 기관의 헌신을 받아주옵소서. 오늘 강단에 세우신 목사님과 교회의 권속들을 위하여도 기도합니다. 사랑과 은혜의 하나님! 오늘 강단에서 주님의 말씀이 선포될 때, 그것은 영이며 생명이 선포되는 것임을 믿습니다. 말씀 중에 심령과 골수가 찔러 쪼개지게 하시어 회개하고 결단하는 역사가 일어나게 하옵소서.

감사를 받으시기에 합당하신 하나님 아버지! 새해 첫 주일 예배를 기쁘게 받으시기를 원합니다. 새날에 새 힘 주신 것을 감사하오며, 오직 주 예수 그리스도의 이름으로 기도합니다. 아멘!

1월 · 둘째 주일 낮

하나님, 하나님은 모든 나라 위에 높으시며, 그 영광은 하늘 위에 높으시옵니다. 하나님은 측량하지 못할 만큼 위대하시므로 저희가 크게 찬양하며, 대대로 하나님께서 행하시는 일을 높이 찬송하며, 하나님의 능력 있게 하신 일을 선포하게 하옵소서. 하나님께서 이 세상 만물과 저희 인간을 만드시고 또 만물을 선대하시며, 그 지으신 모든 것에 긍휼을 베푸시니, 하나님께서 지으신 이 세상의 모든 피조물이 하나님께 감사드리게 하시며, 온 땅이 하나님께 즐거운 소리를 발하게 하시고, 그 이름의 영광을 찬양하고 영화롭게 하옵소서. 만민들이 크고 두려우신 하나님을 송축하오니, 주를 사랑하고 계명을 지키는 자를 위하여 약속을 지키시고 인자를 베푸시는 하나님, 저희가 주를 사랑하고 계명을 지키는 자 되게 하여 주옵소서.

한 해를 시작한 지 이제 한 주가 지났습니다. 저희를 새롭게 하시고, 형통하게 하시며, 승리하는 한 해가 되도록 복을 내려주옵소서. 허물 많은 저희들을 구원하시고, 오늘 주 앞에 나와 찬양하게 하시며, 주님과 함께 시작하게 하시니 감사합니다. 올 한 해는 예배를 더 잘 드리고 말씀에 순종하게 하시며, 기도에 응답받는 복을 주시옵소서. 이웃을 용서하게 하시고, 저희의 심령이 새롭게 되어 주와 동행하며 승리하게 해주옵소서. 허물로 인한 회개 기도보다는 승리에 대한 감사의 기도가 넘치는 복된 한 해가 되게 하옵소서. 은혜를 사모하게 하시고, 사명에 충성하게 하시며, 감사로 열매 맺는 복을 허락하여 주옵소서. 저희 민족에게 복을 주시어 복지 국가가 되게 하시며, 정의 사회가 구현되게 하시되, 하나님을 경외하여 민족적으로 회개하고 돌아오는 복음의 역사가 있게 하옵소서.

저희가 할 수 없는 중에도 모든 것을 이루시는 능력의 주 하나님! 그 하나님이 저희의 아버지가 되시니 참으로 감사합니다. 아버지의 자녀 된 저희들을 사랑하셔서 세상과 사탄의 올무에 묶여 있지 않게 하시고, 오늘도 아버지 앞에 나와 예배하게 하심을 감사합니다. 저희의 영과 육이 온전히 하나님을 찬양하고, 하나님을 경배하기를 원하오니, 하나님, 저희를 깨끗하게 하여 주옵소서.

아버지! 이 자리에 모여 예배하는 성도들을 기억하여 주옵소서. 그리고 복을 주옵소서. 저희의 필요를 아시는 주님께서 모든 것으로 충만케 하시는 사랑으로 충만케 하여 주옵소서. 또 찬양대의 찬양과 각종 예물과 각 기관의 헌신을 받아주옵소서.

주님! 오늘도 저희에게 말씀하옵소서. 저희가 심령으로 듣겠나이다. 영적으로 더욱 성숙하여지는 결단이 있기를 원합니다. 말씀 전하게 하신 목사님에게 성령의 충만함을 허락하시어 살아있는 말씀을 전하게 하옵소서. 심령과 골수가 찔려 쪼개지게 하시어 회개하고 결단하는 역사가 일어나게 하옵소서.

은혜로우신 아버지 하나님! 이 예배를 기쁘게 받으시기를 원하오며, 주 예수 그리스도의 이름으로 기도합니다. 아멘!

할렐루야! 하나님의 이름을 찬양합니다. 오늘 예배를 위해 모인 저희들이 하나님만이 온 세계의 지존이심을 알게 하시며, 하나님을 두려워하는 마음으로 섬기게 하시옵소서. 하나님께서 저희를 사랑하심으로 저희가 항상 하나님의 수중에 있게 하시고, 하나님의 발아래에서 교훈을 받게 하사, 그 교훈대로 온전히 살아가게 하옵소서.

이 시간 하나님의 크신 이름 앞에 먼저 고백하며 회개합니다. 지난 한 주간도 육신의 연약함을 핑계로 하나님께서 주신 삶의 원리대로 살지 못하고, 저희의 짧은 지혜와 계산을 의지하며, 그 많은 사랑과 은혜에 합당하게 살지 못하고, 어리석게 살아왔음을 고백합니다.

하나님을 사랑한다고 하면서도 세상 것을 사랑하였고, 저희 자신을 사랑하였고, 쾌락을 사랑하였음을 고백합니다. 하나님의 말씀과 경건에 관한 교훈을 생각하게 하시며, 마음이 부패해져서 진리를 잃어버리지 않게 하시며, 경건의 모양만 있을 뿐 경건의 능력은 없거나 경건을 이익의 재료로 삼는 일이 없게 하옵소서. 하나님께서 창세 전부터 저희를 택하사 성령의 거룩하게 하심과 진리를 믿음으로 구원을 얻게 하셨사오니, 그 구원의 은혜에 감사하는 마음으로 거룩하게 살게 하옵소서.

저희가 날마다 죄에 대하여 죽게 하시고, 의에 대하여 살아나게 하시옵소서. 그리하여 저희 몸을 하나님이 기뻐하시는 거룩한 산 제사로 드리게 하옵소서. 신실하신 하나님, 저희는 넘어지고 쓰러질지라도 하나님은 신실하시며, 저희는 하나님을 배반하기도 하지만, 하나님은 저희에게 약속하신 것을 끝까지 지키시며, 천대까지 그 언약을 이행하시며 인애를 베푸시니, 저희가 신실하신 하나님을 믿으며 살아가게 하옵소서.

사랑하는 아버지! 새해 들어 이제 셋째 주가 지나갑니다. 저희들의 결심이 흔들리지 않게 하옵소서. 이스라엘 정탐꾼들이 가나안에 들어갔을 때, 강대한 아낙 자손들을 바라보고 두려워하고 낙심했듯이, 저희들이 세상을 바라보고 두려워하고 낙심하는 일 없게 하옵시고, 세상보다 더 큰 하나님을 바라보고 믿음으로 일어서게 하옵소서.

저희 영혼이 늘 살아계신 하나님을 갈망하게 하시며, 사슴이 시냇물을 찾기에 갈급함 같이 저희 영혼이 주님을 찾기에 갈급하게 하시며, 물이 없어 마르고 곤핍한 땅이 물을 갈망하듯이 저희 영혼이 주님을 갈망하게 하시고, 이 예배를 사모하게 하옵소서.

찬양대의 찬양과 각 기관의 헌신을 받아주시고, 오직 하나님의 영광만이 말씀과 함께 임하기를 간절히 기도합니다. 대언하게 하신 목사님을 통하여 전해지는 주님의 말씀은 영이요 생명임을 믿습니다. 주님께서 저희를 위해 보내신 목사님을 통하여 말씀하옵소서.

저희를 죄에서 구원하신 예수 그리스도의 이름으로 기도합니다. 아멘!

1월 · 넷째 주일 낮

사랑이 많으신 아버지 하나님!

오늘도 저희에게 구속의 은혜를 기억하게 하시니 감사합니다. 하나님의 자녀로 서게 하시니 주님을 찬양합니다. 오늘도 그 구원의 감격으로 주 앞에 나와 찬양과 경배로 예배하오니, 기쁘게 받아주시고, 간구하는 기도에 응답하여 주실 줄 믿습니다.

거룩하신 아버지! 내가 거룩하니 너희도 거룩하라고 하신 말씀을 기억합니다. 악인은 의인의 예배에 참석할 수 없으며, 죄를 숨기고서는 하나님을 만날 수 없음도 압니다. 만약 저희가 죄 없다고 하면, 하나님을 거짓말하는 자로 만드는 것이라고 하셨습니다. 거룩하신 주를 만나기 전 모든 죄를 고백하기를 원합니다. 저희에게 선을 행할 마음은 있으나, 행할 능력은 너무나도 부족합니다. 저희를 붙잡아 주옵소서.

그러나 감사합니다. 오늘은 주님이 정하신 거룩한 날이오니, 어찌 기뻐하지 아니하며, 저희가 비록 악하다고 하나 어찌 아버지의 은혜를 모르겠습니까? 성도들이 온 마음을 다해 준비한 이 예배를 복 되게 하여 주옵소서. 주일 예배에 승리함으로 생활 속의 예배에도 날마다 승리하게 하셔서, 각자에게 허락하신 삶의 현장에서 하나님의 영광을 드러내게 하시고, 감사가 넘치게 하옵소서.

이제 주님 앞에 간구합니다. 너희는 먼저 그의 나라와 그의 의를 구하라 하셨습니다. 먼저 이 시간 하나님 나라의 전진 기지인 저희 교회를 위하여 기도합니다. 하나님의 교회는 진리와 사랑의 터이며, 모든 백성들을 구원할 하나님의 방주입니다. 주님의 몸 된 저희 교회를 강하게 하여 주시고, 하나님의 나라를 위한 새로운 비전을 세워주옵소서. 또한 주신 산업과 직장에 하나님의 인도와 복이 있게 하셔서 형통한 은혜를 주옵소서. 여호와를 가까이함은 네게 복이라고 하셨사오니, 하나님과 함께 하는 삶이 되게 하옵소서.

저희 민족을 사랑하셔서 민족적으로 하나님께 돌이켜 회개의 역사를 이루어 주시옵소서. 우리나라 교회가 바로 서게 하시고, 세상을 향한 교회의 사명을 감당할 수 있는 은혜를 주시며, 십자가를 내려놓지 않고 세상의 고통을 함께 지고 갈 수 있는 교회들이 되게 하옵소서. 저희 교회를 오늘까지 지켜주심을 감사 드립니다.

목회자들과 장로들을 비롯한 직분자들을 기억하셔서 하나님의 동역자가 되게 하옵소서. 연합하여 선을 이루는 복을 주옵소서. 죽어가는 영혼들을 충분히 담기에 부족함이 없는 교회가 되게 하옵소서. 실망한 영혼들에게 소망을 주는 교회로, 꿈이 없는 사람들에게 비전을 주는 복된 교회가 되게 하여 주옵소서. 오늘도 말씀을 증거하는 목사님 위에 주님의 은혜가 임하게 하시고, 예배에 동참하는 모든 성도들이 하나가 되어 은혜를 받을 수 있도록 도와주옵소서. 늘 저희와 함께하시는 성령님의 역사하심이 오늘도 예배하는 모든 성도에게 역사하시어 참된 삶이 저희 안에 이루어지게 하옵소서. 예수 그리스도의 이름으로 기도합니다. 아멘!

저희의 기쁨이시며 영광이신 아버지!

자녀 된 저희들 모두 한마음으로 모여 예배합니다. 저희들 한 주간도 환난 가운데, 세상의 풍파 가운데 지켜주셔서 안전하게 하시고, 오늘 예배하는 자리에 나올 수 있게 하심을 감사합니다.

만세의 왕이시며, 썩지 아니하시고, 보이지 아니하시고, 홀로 하나이신 하나님께 존귀와 영광이 세세토록 있기를 원하오며 찬양을 드리옵니다. 이 세상은 지은 옷과 같이 변할 것이지만, 하나님은 여전하시며, 연대가 다 함이 없으시오니, 저희 성도들이 영원하신 하나님의 성호를 송축하며, 저희가 항상 하나님께 노래하며, 생존해 있는 동안 하나님을 찬양하게 하옵소서!

모든 행위에 의로우시며, 모든 행사에 은혜로우신 주님, 저희가 주님의 이름에 합당한 영광을 돌리게 하시고, 경건의 옷을 입고 주님께 경배하게 하옵소서. 오늘 거룩한 주일에 모인 성도들의 마음이 하나 되어 주님을 바라봅니다.

사랑으로 저희를 먹이시고, 늘 푸른 초장으로 인도하시는 하나님께 감사와 찬송과 영광을 돌립니다. 죄와 허물로 죽었던 저희를 사랑하시어, 독생자 예수 그리스도를 이 땅에 보내주시고, 예수님의 피로 깨끗하게 하셔서, 하나님을 아바 아버지라고 부를 수 있는 자녀의 특권까지 주셨사오니, 그 큰 은혜와 사랑에 감사와 찬송을 드립니다. 그러나 그 은혜에 합당하게 살지 못하고, 지난 한 주간도 육신의 연약함을 핑계로 하나님께서 주신 삶의 원리대로 살지 못하고, 저희의 짧은 지혜와 계산을 의지하며, 어리석게 살아왔음을 고백합니다. 하나님을 사랑한다고 하면서도 세상 것을 사랑하였고, 저 자신을 사랑하였고, 쾌락을 사랑하였음을 고백합니다.

주님, 이 시간 주님 앞에 아무것도 숨길 것이 없어 제 모습 이대로 나왔사오니, 저희 죄가 주홍같이 붉을지라도 양털같이 희게 하여 주시고, 진홍 같을지라도 눈과 같이 희게 하여 주옵소서. 찬양대의 찬양 중에 악한 마귀들이 떠나가게 하시고, 저희의 눈을 가리고 혼미하게 하는 사탄의 세력이 항복하게 하옵소서.

주님의 말씀은 생명입니다. 영이십니다. 살리는 것은 오직 주의 말씀이요 영이신 말씀입니다. 그러므로 이 시간 목사님을 통하여 선포되는 말씀으로 저희의 인격과 삶이 그리스도인답게 변화되게 하옵소서. 주님, 저희에게 말씀을 가르치고 증거하실 목사님에게 영적 능력을 더하셔서, 언제나 좋은 것을 심고 물 주는 하나님의 선한 목자가 되게 하여 주옵소서.

이 시간 찬양으로 주님께 영광 돌리는 찬양대를 복 주시고, 그 찬양이 하나님께는 영광이요, 성도들에게는 은혜의 시간이 되게 하여 주옵소서.

예수 그리스도의 이름으로 기도합니다. 아멘!

2월 · 둘째 주일 낮

저희를 사랑하시는 하나님 아버지!

오늘 저희가 이 거룩한 주일에 하나님 앞에 모였사오니, 저희들의 찬양과 예배를 받아주옵소서. 하나님은 예배하는 자를 찾으신다고 하셨습니다. 저희가 신령과 진정으로 예배할 때 하늘의 문이 열려 저희가 보좌 앞으로 나아가 아버지를 만나고, 그 음성을 들을 줄 믿습니다.

저희를 죄악으로 인하여 멸하지 아니하시고, 긍휼을 베푸시고 용서하신 은혜에 감사합니다. 저희가 하나님을 알기 오래전부터 저희를 아시고, 저희의 모든 필요를 공급하시는 하나님! 참으로 감사합니다. 저희들에게 하나님 앞에서 감사와 찬양이 끊이지 않도록 복을 내려주옵소서. 오, 아버지! 저희가 날마다 죄에 대하여 죽게 하시고, 의에 대하여 살아나게 하옵소서. 그리하여 저희 몸을 하나님이 기뻐하시는 거룩한 산 제사로 드리게 하옵소서. 이 시간 창조주요, 구원자이신 삼위일체 하나님을 예배하기 위해 모였사오니, 주님께서 친히 이곳에 임하셔서 저희를 만나주시고, 저희의 예배를 받아주옵소서.

아름다운 성도의 삶을 요구하시는 하나님 아버지! 아브라함과 이삭의 하나님, 저희의 주가 되시는 하나님, 세상을 바라보는 눈이 선한 눈이 되게 하시고, 감사의 입술이 되게 하시며, 복된 귀가 되게 하셔서 성결한 삶을 이 땅에서도 살아갈 수 있도록 도와주옵소서. 내가 거룩하니 너희도 거룩하라고 말씀하신 하나님께 순종할 수 있는 삶이 되기를 원합니다. 혹 입술로 이웃의 허물을 증거하는 죄를 지었다면 용서하여 주옵소서. 너희가 판단하는 대로 너희도 받으리라 하신 하나님! 저희의 죄악을 용서하여 주옵소서. 은혜의 말씀을 부담스러워했다면 용서하여 주옵소서. 안목의 정욕으로 마음을 더럽힌 모든 것들을 회개하오니 용서하여 주옵소서.

저희 교회를 위해서 기도합니다. 저희 모든 성도가 오직 하나님만을 섬기고, 오직 하나님만을 위해 봉사하며, 하나님의 영광을 위하여 교제를 나눌 수 있는 저희가 되게 하여 주옵시고, 저희를 주님의 몸 된 교회의 지체되기에 부끄럽지 않은 삶으로 인도하여 주옵소서. 세상을 이기게 하시고, 세상에서 주님의 증인 되는 복을 허락하여 주시옵소서. 이웃을 위하여 기도하고 봉사하게 하시고, 그들의 필요에 도움의 손길이 될 수 있는 복을 허락하여 주옵소서. 작은 소자에게 냉수 한 그릇 대접한 것도 반드시 상을 잊지 않겠다고 하신 하나님 아버지, 저희에게 하나님께서 공급하시는 힘으로 이웃을 위하여 헌신할 수 있는 믿음을 더하여 주옵소서.

또한 예배를 위하여 봉사하는 많은 손길들에게 복을 내려주시고, 말씀 들고 강단 위에 서게 하신 목사님 위에도 함께 하사 충만한 은혜를 부어주옵소서. 또한 찬양대의 찬양을 통해 성령 안에서 저희 모두 하나 되게 하여 주옵소서.

예수 그리스도의 이름으로 기도합니다. 아멘!

은혜와 사랑이 많으신 아버지 하나님!

거룩한 주일을 맞아 하나님 앞에 예배하기 위해 나왔습니다. 저희를 특별히 많은 사람 가운데서 하나님의 자녀로 선택하여 주시고, 오늘도 거룩하고 복된 자리에 나아와 신령과 진정으로 예배하게 하심을 감사합니다. 감히 하나님의 자녀라 불릴 수 없는 죄인 된 저희를 자녀로 삼아주시고, 하나님을 아바 아버지로 부를 수 있도록 해주신 은혜를 생각하며 감사를 드립니다.

하나님의 능하신 일과 그 위엄의 영광을 저희가 세상 사람들에게 널리 알리게 하옵소서! 하나님의 영광이 모든 자에게 나타나며, 저들이 그 영광을 바라볼 수 있게 해주시고, 이를 보는 자들이 하나님과 같은 형상으로 화하여, 영광으로 영광에 이르게 하옵소서. 저희가 예수님을 저희의 주님으로 받았으므로 항상 주님 안에서 행하게 하시며, 주님 안에 뿌리 박음으로 세움을 입게 하시며, 주님이 주신 교훈대로 믿음에 굳게 서서 감사함으로 넘치게 하옵소서. 항상 저희 영혼을 소생시켜 주시며, 주님의 이름을 위하여 저희를 의의 길로 인도하여 주시옵소서! 저희는 늘 스스로 어떻게 행해야 할지 전혀 모르오니, 주님께서 저희의 마땅히 갈 길과 할 일을 보여주옵소서.

여호와 닛시, 승리의 하나님, 성도들이 합심하여 드리는 찬양을 받으시고, 기도 중에 응답하시며, 말씀 중에 은혜가 임하게 하옵소서. 예수님을 닮아가는 삶이 되게 하시고, 연약해질 때마다 기도할 수 있기를 원합니다. 또 십자가의 은혜를 주셔서 용서하게 하시고, 주님의 고난에 동참하게 하시며, 주님 가신 길을 따라가게 하여 주시옵소서. 아브라함이 혈혈단신으로 있을 때 부르시고, 그에게 복을 주어 번성케 하신 하나님, 그 복을 저희에게도 주사, 저희로 복된 자들이 되게 하옵소서. 하나님은 대소 무론하고 하나님을 경외하는 자에게 복을 주신다고 약속하셨사오니, 저희가 하나님을 경외하게 하시고 그리하여 복을 받을 수 있도록 해주옵소서.

아버지! 올해도 어느덧 두 달이 지나가고 있습니다. 연초에 세웠던 계획과 결심이 어느새 희미해져 가고 있습니다. 성령께서 다시 한번 저희 안에 충만하게 임하사, 육신의 연습이 아니라, 경건의 연습으로 하나님의 자녀가 되게 하여 주옵소서, 하나님의 자녀로 부끄럽지 않도록 살게 해주시고, 오직 하나님의 권능으로 저희가 주님 앞에 설 때 칭찬받게 하옵소서.

이 시간 찬양대의 찬양과 성도들의 경배를 받으시고, 교사들의 수고를 기억하사 상급이 넘치게 하옵소서. 말씀이신 하나님, 이제 말씀을 받는 시간입니다. 말씀을 전하게 하신 목사님에게 충만한 성령 주셔서 말씀에 은혜받게 하시고, 성도들의 마음을 열어주셔서 하나님의 음성을 듣고 깨달아 아멘으로 화답하게 하옵소서.

예수 그리스도의 이름으로 기도합니다. 아멘!

2월 · 넷째 주일 낮

저희의 좋으신 아버지! 하나님께서는 대대로 싸워 이기셔서 이 땅 위에 모든 불의의 세력을 도말하시며, 하나님의 손에는 권세와 능력이 있어 능히 하나님을 막을 것이 없사오니, 하나님께서 저희의 영혼을 보전하시며, 항상 악인의 손에서 건져주옵소서. 나라와 민족을 위하여 기도하게 하시며, 우리나라 교회를 위하여 부르짖는 성도들의 기도에 응답으로 채워주옵소서. 일곱 촛대 사이를 다니시면서 일곱별을 붙들고 역사하시는 하나님을 믿습니다. 교회가 빛을 잃은 촛대가 되지 않게 하시고, 일곱 별이 빛을 잃지 않도록 도와주옵소서.

어린 양 예수님의 피에 저희의 더러운 옷을 빨아, 흰옷 입고 하나님 앞에 나아가게 하시며, 악을 친근히 하거나 악과 더불어 지내지 않게 하시고, 하나님을 친근히 하고, 하나님과 더불어 지내게 하옵소서. 뜻을 정하여 우상 제물에 자신을 더럽히지 않았던 다니엘처럼 저희가 뜻을 정하여 주님만 섬기게 하시고, 결코 저희를 악으로 더럽히지 않게 해주옵소서. 저희가 저희 가운데 죄를 남겨둠으로 말미암아 그것이 독초와 눈엣가시와 올무가 되는 일이 없게 하옵소서. 저희가 죄를 자복하고 회개하여 주님의 거룩한 성산에 올라가 주님을 뵈오며, 주님의 거룩을 본받게 하옵소서! 이제 주님 목전에서 저희 악업을 버리며, 악행을 그치고, 주님께로 돌아서게 하옵소서!

목사님이 교인을 위하여 비는 기도에 귀를 기울이시고, 레위인의 축복이 성도들에게 임하게 하여 주옵소서. 저희 교회 성도들을 붙드시고, 각자에게 맡겨진 은사의 분량에 따라 모든 지체가 협력하여 아름다운 선을 이루는 청지기가 되어 지체로서의 사역을 감당하게 하시고, 모두가 하나님의 충실한 일꾼이 되게 하여 주옵소서. 이제 저희는 비록 실패할지라도 하나님은 항상 승리하시며, 그 안에서 저희도 승리할 수 있게 하옵소서. 하나님의 승리가 저희의 승리가 되며, 저희의 기쁨과 소망이 되게 하옵시며, 하나님 아버지의 은혜에 보답하며 사는 저희가 되게 하옵소서.

하나님! 이 시간 한 해가 시작된 지 두 달째를 보내면서, 저희가 연초에 아버지께 드린 서원을 기억하며, 무릎으로 나아가기를 원합니다. 기도로 완성하기를 원합니다. 주님과 동행하며 승리하기를 원합니다.

오늘 찬양대가 귀한 찬양을 준비하였습니다. 저희 모두 화답하는 마음으로 찬양하게 하옵소서. 그리고 각 기관과 봉사자들을 기억하여 주시고, 기관마다 부흥케 하시고, 봉사자마다 새 힘을 주옵소서, 저희의 영광이 되신 주님, 이 예배 가운데 임재하여 주옵소서. 목사님이 대언하는 말씀이 살아 있고 운동력 있어 좌우에 날이 선 어떤 검보다도 예리하여 저희 심령과 골수를 찔러 쪼개고도 남음이 있도록 하시어, 저희가 회개하며 큰 은혜를 받는 시간이 되게 하옵소서! 예배를 섬기는 직분자들도 기억하시고, 하나님이 주시는 은혜가 충만하게 하여 주옵소서.

사랑이 많으신 예수 그리스도의 이름으로 기도합니다. 아멘!

3월 · 첫째 주일 낮

찬양과 존귀를 받기에 합당하신 하나님!

하나님을 찬양함이 모든 주의 백성들의 기쁨입니다. 찬양 중에 거하시는 아버지 하나님! 저희를 구원하심으로 기쁨을 이기지 못하시는 하나님의 사랑을 생각할 때, 감사와 영광과 찬양을 영원히 올려드립니다. 저희를 택하시고 부르셔서 하나님의 자녀가 되게 하신 것도 감사한데, 예배의 자리에 나오게 하시니 또한 감사를 드립니다. 오늘도 신령과 진정으로 예배하는 자를 찾으시는 하나님, 아버지께서 받으시기에 합당한 예배가 되도록 인도하여 주옵소서.

오, 하나님! 저희에게 믿음을 더하여 주시고, 믿음대로 되게 하여 주옵소서. 간절히 기도하옵기는 저희들이 언제 어디서나 온전한 몸으로 하나님을 향하여 힘 있는 전진만 있게 하여 주옵소서. 저희가 이 세상에서 살 때, 그리스도인의 성품을 나타내게 하여 주옵소서. 세상의 빛으로 어둠을 밝히는 자가 되게 하여 주옵소서. 썩어가는 세상에 소금의 역할을 감당해서 모든 세상을 정화하며 정결하게 하는 역할을 감당하게 하옵소서. 저희가 그리스도의 향기로 냄새를 아름답게 풍김으로 말미암아 이 세상이 아름다워지게 하여 주시옵기를 바라옵고 원하옵나이다. 항상 하나님의 법을 따라 살아가는 저희들이 되게 하옵소서. 혹시 저희들이 육신적인 눈은 가졌으나 영적으로는 보지 못하며, 육신적인 귀는 가졌으나 영적으로는 듣지 못하는 영적 장애인들이라면, 불쌍히 여기사, 영적으로 볼 수 있는 눈과 들을 수 있는 귀를 주옵소서!

주님, 이 시간 갈급한 심령으로 주님께 나아왔사오니, 영적으로 마른 땅과 같은 저희에게 주님의 성령의 비를 내려주옵소서. 이 시간 저희 영혼이 주님을 우러러보게 하시어, 영혼이 기쁨을 얻을 수 있게 하옵소서. 주님, 회개하오니, 금강석 철필로 새긴 것같이 마음속에 새겨져 있는 죄악을 사하여 주시고, 바로와 같이 강퍅하고 강한 돌과 같이 굳어져 있는 죄악의 마음을 깨뜨리시며, 얍복강에서 간절히 기도했던 야곱처럼 저희가 주님 앞에 간절히 기도함으로 저희의 자아와 교만의 환도뼈가 부러지게 하나님을 찾되 힘써 찾게 하시며, 하나님의 법을 무시하고 자신의 마음대로 행하다가 심판받았던 사울처럼 행하지 않게 하사, 이제 저희 가운데 저희가 사는 것이 아니라, 오직 주님만 사시는 저희들이 되게 하옵소서. 주님, 이 시간 저희들이 신령과 진정으로 예배하게 하시고, 주님께서 영광을 크게 받으시오며, 존귀와 위엄을 입으시옵소서.

목사님을 통해 전파되는 말씀이 저희들에게 꼭 필요한 말씀이 되게 하시며, 또한 그 말씀대로 실천할 수 있는 저희들이 되게 하옵소서.

저희들을 억만 죄악 가운데서 구원해 주신 주 예수 그리스도의 이름으로 기도합니다. 아멘!

3월 · 둘째 주일 낮

만복의 근원이 되시는 사랑의 하나님 아버지!

저희를 사랑하시어 화목제물로 예수 그리스도를 보내셔서, 주님의 피 값으로 저희들을 구속하여 주심을 감사합니다. 자기의 십자가를 지고 나를 따르라 말씀하심을 믿고, 주님의 고난을 기억하며, 한 주간도 승리하게 하옵소서. 이번 주간도 주님이 지신 십자가를 지고 주님을 따르는 삶을 살게 하옵소서.

긍휼을 베푸시는 사랑의 하나님 아버지!

저희의 죄를 고백합니다. 기도해야 하는 시간에 기도하지 않았고, 참고 기다려야 하는 시간에 기다리지 못하고 분노했던 죄를 용서하여 주옵소서. 조금 선한 일을 한 것에도 칭찬받기를 원했고, 봉사를 하면서도 하나님의 영광을 드러내기보다는 자신을 드러낸 저희의 죄를 사하여 주시옵소서. 저희의 타락한 죄성을 용서하셔서 깨끗한 심령이 되게 하시고, 정결한 마음을 허락하셔서 저희의 더러워진 영혼을 깨끗하게 하여 주옵소서.

오직 믿음의 주요, 온전하게 하시는 주님만을 바라보고 살게 하시고, 사람을 바라보다가 실망하거나 낙심하지 말게 하시고, 날마다 하루하루를 주님과 동행하는 임마누엘의 삶이 되게 하옵소서. 주님은 만국의 보배가 되시는데, 그런데도 저희는 주님을 알지 못하고 주님에게서 떠나 있사오니, 주님께서 참 보배되심을 알게 하시며, 보배되신 주님을 질그릇 같은 저희 속에 담게 하옵소서.

주님의 복음은 온 세상 사람들을 다 구원하고도 넉넉히 남을 은혜입니다. 저희가 먼저 이 은혜를 받았사오니, 주님의 사랑으로 믿지 않는 이웃에게 복음을 증거할 수 있도록 담대함을 주옵소서. 이 큰 부탁을 받았음에도 불구하고 요나처럼 도망 다니다 징계를 받지 않게 하여 주옵소서.

너희는 모든 족속으로 제자 삼으라고 하셨습니다. 세계 선교에 대한 책임감도 갖게 하시고, 힘써 선교 사역을 도울 수 있게 물질의 복도 부어주옵소서. 선교사들과 선교 지역의 현지 사역자들을 세우시고, 그들에게 권능을 입혀주사, 담대히 주의 복음을 전하게 하옵소서. 북한 지역의 지하교회 지도자들과 성도들을 지켜주시고, 그들이 숨어 예배할 때 주님이 안보하여 주옵소서, 이슬람권의 선교 지역을 주님 굽어살피시어 저들이 무슬림의 핍박과 박해를 견디게 하옵소서. 더구나 저들을 위해 기도를 쉬는 죄를 범하지 않게 하여 주옵소서.

오늘도 주님이 십자가상에서 저희들을 위해 흘리신 보혈과 구속의 말씀을 증거하도록 강단 위에 세우신 목사님을 기억하시고, 불붙는 마음으로 하나님의 말씀을 선포할 때, 십자가의 사랑에서 멀리 있었던 저희 심령이 회개하여 통곡의 자리로 변화되게 하옵소서. 저희를 죄에서 구원하시기 위해 모든 것을 아낌없이 내어놓으신 예수 그리스도의 이름으로 기도합니다. 아멘!

3월 · 셋째 주일 낮

고난 중에도 은혜 주시고, 환란 중에도 피할 길을 주시는 하나님! 오늘 저희가 예수님의 고난당하심을 기억하는 사순절 기간 중 주님께 감사의 찬송을 올려드립니다.

사랑의 아버지!

아브라함과 이삭과 야곱의 하나님, 그리고 이사야와 다니엘과 예레미야, 바울, 베드로, 또한 많은 선지자들에게 역사하셨던 하나님, 저희들에게도 역사하셔서 저희의 하나님이 되시며, 주님의 능력을 베풀어주옵소서. 늘 저희를 고난에서 건지셨고, 지금도, 또한 이후에도 건져주실 주님, 저희가 눈물의 골짜기로 지날 때에도 주님의 능력으로 일어서게 하옵소서.

이제부터 영원까지 하나님의 이름을 찬송하게 하시며, 해 돋는 데서부터 해 지는 데까지 하나님의 이름이 찬양받게 하옵소서. 하나님의 나라는 영원한 나라이오니, 하나님의 통치가 대대에 이르게 하시며, 하나님께서는 모든 일에 의로우시며, 그 모든 행사에 은혜로우시므로, 저희가 항상 하나님을 찬양하고 감사하게 하옵소서.

이 시간 저희에게 복을 주시고, 저희를 지키시며, 그 얼굴로 저희를 비추셔서 은혜를 베푸시며, 그 얼굴을 저희에게로 향하셔서 평강을 주옵소서. 하나님, 저희에게서 얼굴을 돌리지 마시고, 항상 저희를 환하게 비춰 주옵소서.

만일 저희가 진심으로 자백하면 주님은 미쁘시고 의로우셔서 저희 죄를 사하시며, 모든 불의에서 깨끗하게 하실 것이라고 했사온데, 저희가 진심으로 죄를 자백하여 저희 죄가 사해지며, 악이 제하여질 수 있도록 해주옵소서. 주님께 간구하오니, 이제 죄악으로부터 돌이켜 온전히 하나님만 섬기게 해주옵소서.

고난의 십자가를 지시기 위해 예루살렘에 입성하신 예수님을 생각할 때 가슴이 아프지만, 그 십자가에서 죽음을 이기시고 승리하셨기에 저희들에게 죄 사함이 있고 영생이 있음을 감사합니다.

아직도 주님을 본받기에 부족한 저희들을 긍휼히 여기시어, 주님의 십자가 사랑만을 붙잡고, 어두운 세상을 십자가의 정신으로 밝히며, 불꽃처럼 살아갈 수 있는 저희들이 되게 하여 주옵소서.

특별히 하나님 앞에 기도하기는 우리나라에 하나님께서 은혜를 베풀어주시고, 복을 주옵소서. 이 나라의 민주주의가 발전되어 자유가 보장되게 하옵소서. 또한 인권이 보장되며, 평화와 복지의 국가가 이루어지도록 복 주시기를 원하옵니다. 우리나라와 민족의 앞날을 친히 인도해 주옵소서 또 어려움을 당하는 모든 백성에게 하나님의 긍휼과 자비와 위로가 임하게 하옵소서.

오늘도 말씀을 대언하게 하신 목사님을 통하여 저희들이 십자가의 사랑을 깨닫는 은혜의 시간이 되게 하옵소서. 예수 그리스도의 이름으로 기도합니다. 아멘!

3월 · 넷째 주일 낮

사랑과 은혜가 충만하신 하나님!

아버지 하나님께서 바로 지금 이 시간도 저희를 위하여 이 자리에 임재하여 계심을 믿습니다. 저희들의 예배에 복을 주시며, 예수님의 이름으로 드리는 이 향기로운 예배를 받으심을 믿습니다. 어느덧 3월도 한 주 남았습니다. 기도로 시작하고 말씀으로 시작한 한 해가 어느덧 4분의 1이 지나가고 있습니다. 지난 1분기도 주의 은혜가 저희를 붙잡아 주셨고, 말없이 동행하시며, 저희를 지켜주고 계셨음을 찬양하며 영광을 돌립니다.

이 시간 지난 한 주간을 돌아보며 저희들의 죄악을 고백합니다. 그 크신 은혜와 사랑으로 씻을 수 없는 큰 죄를 다 용서하신 은혜도 잊고, 저희는 여전히 죄의 습관을 따라 살았습니다. 성령의 인도로 늘 새롭게 하시는 복을 무시한 채, 할 수만 있다면 육신의 소욕을 따라 살았던 한 주간이었습니다. 다시 한번 저희들의 허물과 죄악을 용서하여 주시고, 성령께서 충만히 임하사 저희를 온전히 다스릴 수 있도록 도와주옵소서. 저희가 은혜받은 말씀을 따라 저희의 심령이 주님의 뜻에 굴복하며 살기를 간절히 소원합니다.

하나님! 부끄러운 수많은 죄에도 불구하고 하나님의 한량 없는 은혜는 하늘에 사무치니 감사합니다. 주님의 말씀만이 길이요 진리임을 믿습니다. 주님께서 저희에게 주신 사명을 잘 감당하여 새롭게 성장하고 승리하는 삶으로 나아가기를 원합니다.

우리나라와 민족을 살펴주옵소서. 저희 민족이 130여 년 전 복음을 받게 해주시어 어둡던 이 땅에 주의 광명이 비추었습니다. 지난 5천 년 역사 중에 한 번도 열방을 향해 나아가지 못하고 한반도에 갇혀 있어야만 했던 저희 민족이었습니다. 하지만 이제 한류의 바람으로 IT의 기술로, 세계 두 번째의 선교국이 되게 하신 것을 감사합니다. 이제 더욱 이 땅에 복을 주시어 주님의 복음을 일등으로 전하는 증인 국가가 되게 하여 주옵소서. 저희 교회가 이러한 세계 비전을 가지고 날마다 열방을 위해 기도하며, 제사장 나라의 사명을 감당하는 데 부족함이 없는 교회가 되게 하옵소서. 뿐만 아니라, 저희에게 맡기신 능력을 사용하여 전도에 열심을 내어 저희가 살고 있는 이 지역도 복음으로 정복하게 해주옵소서, 새 신자들은 날마다 주님 안에서 은혜롭게 성도의 교제를 나누며, 신앙이 성장할 수 있도록 도와주옵소서. 저희 교회가 성령님의 역사하심을 온전히 순종함으로 세상에 빛을 비추는 등대가 될 수 있도록 복을 주시고, 주님 홀로 영광 받으시옵소서.

이 시간, 예배자 한 사람 한 사람이 진실하신 주님을 닮아갈 수 있도록 도와주시옵소서. 목사님의 설교를 하나님의 음성으로 듣게 하시고, 예배를 섬기는 찬양대와 봉사자들에게도 주님께서 복을 주시옵소서.

예수 그리스도의 이름으로 기도합니다. 아멘!

3월 · 다섯째 주일 낮

부활의 영광을 맛보게 하신 아버지 하나님!

오늘도 주님을 따르는 자는 어둠 속에 다니지 아니하고, 생명의 빛을 얻으리라고 하셨사온데, 저희가 늘 빛 되신 주님을 따를 수 있게 하옵소서. 그릇 안에 넣어둔 등불과 같이 되지 않게 하시고, 맛을 잃어버린 소금처럼 되지 않게 하시며, 빛과 소금의 역할을 잘 감당할 수 있게 하옵소서.

세상에 주님의 영향을 미칠지언정 세상에서 영향을 받아 잘못되는 자 되지 않게 하옵소서 주님께서 부활하심으로 말미암아 저희에게 참된 부활의 소망을 주시고, 교회를 굳게 세우셨음에도 불구하고, 저희들은 여전히 주님의 부활을 의심하여 널리 증거하지 못했던 의심 많은 연약한 존재들이었습니다.

부활의 주님!

주님께서 사랑하시고 친히 세우신 저희 교회도 부활의 소망으로 넘쳐나는 교회가 되게 하시옵소서. 예배에 함께하는 자마다 부활의 주님을 만나게 하시고, 소망을 갖게 하시옵소서. 다시 사신 부활의 주님을 찬양하며, 주님 앞에 드리는 이 예배에 주님께서 함께하실 줄 믿습니다. 또한 저희로 부활의 신앙으로 무장하게 하심으로 저희가 하나님의 영적 군사들이 될 수 있도록 복을 내려주옵소서. 저희에게 기쁨이 되신 주님을 찬양합니다.

저희를 영육 간에 풍성하게 하시고, 거룩한 능력을 허락하여 주시고, 저희의 손이 하는 일을 기쁘게 받으시며, 사탄이 근처에 얼썬도 못 하게 해주옵소서. 하나님의 사랑을 입은 자들이 되게 하시고, 늘 하나님 곁에 안전히 지내게 하시며, 하나님께서 온종일 주님의 품 안에 두고 보호하옵소서.

영원한 참 생명의 주님, 태초에 하나님의 성령께서 수면에 운행하셔서 만물이 하나님의 기운으로 생성되도록 하셨듯이, 또한 저희 심령 위에도 운행하셔서 살았다 하나 죽어 있는 것 같은 저희에게 새로운 생명력을 허락하여 주옵소서.

거룩하신 하나님! 저희를 위하여 강단 위에 세워주신 목사님에게 영육 간의 강건함을 허락하심으로 저희를 위하여 말씀을 준비할 때도, 저희를 위하여 심방하고, 저희를 위하여 기도할 때도 주님의 허락하신 기쁨이 충만한 역사가 일어나게 하여 주옵소서. 예배를 위해 봉사하는 손길들을 기억하사, 저희의 수고와 헌신이 헛되지 않게 하시고, 부활하신 주님을 만나는 그날까지 계속 헌신하며 봉사하는 복된 자들이 되게 하여 주옵소서.

저희 예배를 기쁘게 받아주실 줄 믿사오며, 거룩하신 예수 그리스도의 이름으로 기도합니다. 아멘!

4월 · 첫째 주일 낮

사랑으로 저희를 먹이시고, 늘 푸른 초장으로 인도하시는 하나님! 저희가 주님의 이름을 높이며, 모든 사람에게 그 이름을 선포하며 찬송하게 하옵소서.

하나님, 하나님께서 지으신 모든 것이 하나님께 감사하며, 하나님의 성도들이 하나님을 송축하게 하옵시며, 저희가 하나님의 이름에 합당한 영광을 하나님께 돌리게 하여 주옵소서.

죄와 허물로 죽었던 저희들을 사랑하사, 독생자 예수 그리스도를 이 땅에 보내주시고, 그 피로 깨끗하게 하사, 하나님을 아바 아버지라고 부를 수 있는 하나님 자녀의 특권까지 주셨사오니, 그 큰 은혜와 사랑에 감사와 찬송을 드립니다. 그러나 그 은혜에 합당하게 살지 못하고, 지난 한 주간도 육신의 연약함을 핑계로 하나님께서 주신 삶의 원리대로 살지 못하고, 저희의 짧은 지혜와 계산을 의지하며 어리석게 살아왔음을 고백합니다.

하나님을 사랑한다고 하면서도 세상 것을 사랑하였고, 저희 자신을 사랑하였고, 쾌락을 사랑하였음을 고백합니다. 저희는 참으로 곤고한 자들입니다. 저희가 원하는 바 선을 행하지 않고 악을 행하고 있습니다. 저희가 날마다 죄에 대하여 죽게 하시고, 의에 대하여 살아나게 하시옵소서. 그리하여 저희 몸을 하나님이 기뻐하시는 거룩한 산 제사로 드리게 하옵소서.

이 시간 창조주요, 구원자이신 삼위일체 하나님을 예배하기 위하여 모였사오니, 주께서 친히 이곳에 임하셔서 저희를 만나주시고, 저희의 예배를 받아주시옵소서. 이 시간 선포되는 말씀을 통하여 저희의 인격과 삶이 그리스도인답게 변화되게 하옵소서.

주님! 저희 교회가 이웃을 위해 주님의 은혜와 진리의 복음을 증거하는 교회가 되게 하여 주옵소서. 그리하여 풍성한 열매를 맺어 주님께 칭찬받는 교회가 되게 하여 주시옵소서. 주님, 저희에게 말씀을 가르치고 증거하실 목사님에게 영적 능력을 더 하셔서 언제나 좋은 것을 심고 물 주는 하나님의 선한 목자가 되게 하여 주옵소서. 이 시간에도 성령으로 역사하셔서 저희들의 마음을 비워 주옵소서. 영이신 하나님께 저희들 한마음을 이루어 신령과 진정으로 예배하게 하여 주옵소서.

능력이신 하나님, 이 시간에 이 자리에 오지 못한 주님의 권속들이 있습니다. 출타했습니까? 병상에 누웠습니까, 세상일에 끌렸습니까? 저희는 알 수 없지만, 하나님께서는 모두 아십니다. 이 시간 성령으로 그들을 찾아 주셔서, 권면하시고, 위로하시고, 돌이켜 주시기를 빕니다. 앞으로는 꼭 주일 성수하게 하여 주시기를 기도합니다.

이 시간 찬양으로 주께 영광 돌리는 찬양대를 복 주시고, 저들이 드리는 찬양이 하나님께 영광이요, 성도들에게는 은혜의 시간이 되게 하여 주옵소서. 이 시간 일일이 다 아뢰지 못한 모든 것을 주께서 아시오니, 온전히 이루어 주옵소서.

예수 그리스도의 이름으로 기도합니다. 아멘!

4월 · 둘째 주일 낮

아버지 하나님! 하나님을 찬양합니다!

오늘도 예배하기 위해 이 자리에 나온 사랑하는 성도들에게 각 양의 은혜와 은사와 복으로 충만하게 채워주옵소서. 약한 자를 강하게 만들어 주옵소서. 슬픔을 당한 자에게 위로를 주옵소서. 한숨과 탄식의 사람들이 찬송의 사람으로 변화되게 하여 주옵소서. 실망의 사람이 희망의 사람으로 변화되게 하여 주옵소서. 의심의 사람이 확신의 사람으로 변화되게 하여 주옵소서.

부활하신 주님을 찬양합니다. 저희의 죄로 인하여 짊어지신 십자가의 죽음에서 사망 권세를 이기시고 부활하신 주님을 찬양합니다. 하나님의 계획에 순종하셔서 하나님의 역사를 이루게 하신 주님을 경배합니다.

저희가 주님을 이 세상에서 가장 높이며, 주 예수님을 세상의 그 어떤 것과도 바꿀 수 없는 귀하신 분으로 깨닫게 하옵소서. 저희 생명보다도 주님을 더 귀하게 여기게 하시며, 무엇이든지 저희에게 유익하던 것을 주님을 위하여 다 해로 여기고 버릴 수 있도록 하옵소서. 저희 신자들과 불신자들은 그 가는 길이 다른즉, 저희가 불신자의 길을 걷지 않고, 오직 주님의 길을 걷게 해주시며, 저희가 가는 길이 생명의 길이 되게 하소서. 항상 저희들이 주님 안에 있고 주님께서 저희 안에 살아 계시게 하사, 늘 풍성한 열매를 맺으며, 구하는 것마다 다 응답받는 역사가 있게 하옵소서.

주님, 이 세상은 겉으로는 화려해 보이지만 안으로는 타락과 부패로 가득했던 소돔과 고모라 같은데, 저희가 이런 세상을 바라보며 미혹 당하지 않게 하시고, 오직 주님만 바라보며 살게 하옵소서.

주님께 의뢰하는 자를 아시는 하나님, 저희 자신을 의지하지 않고 주님만 의지하게 하시어, 모든 어려움을 이기도록 하시고, 주님을 의뢰하여 선을 행하며, 땅에 머무는 동안 성실을 양식으로 삼게 하옵소서. 하나님께서 친히 하나님의 열심으로 저희에게 역사하시며, 저희가 그 하나님의 열심을 본받아 저희 역시 하나님의 열심으로 하나님의 일을 잘 감당할 수 있게 하옵소서.

이스라엘 백성들이 악을 즐기다가 패망한 일이 저희의 거울이 되어 그들과 같이 악을 즐겨하는 자가 되지 않게 해주옵소서. 개가 그 토했던 것으로 돌아가고, 돼지가 씻었다가 더러운 구덩이에 도로 눕는 것처럼 저희가 세상의 죄악을 다시 찾지 않게 하시고, 악을 심어 죄를 거두며 거짓 열매를 먹는 일이 없게 하옵소서.

주 하나님, 오늘도 말씀을 전하실 목사님에게 주님의 말씀을 두셔서, 그 말씀이 저희에게 불같이 강하게 역사하게 하시며, 주님께로 온전히 돌아설 수 있도록 인도해 주옵소서. 주님 보시기에 아름다운 예배의 시간이 되게 하시고, 그냥 몸만 왔다가 떠나는 저희들 되지 않게 하시며, 하나님의 나라와 영광이 임하게 하옵소서.

저희를 항상 사랑하시는 주 예수 그리스도의 이름으로 기도합니다. 아멘!

4월 · 셋째 주일 낮

할렐루야! 저희의 생명을 지켜주시는 전능하신 하나님!

저희의 생명을 죽음에서 구원하신 사랑의 주님, 이 땅에 예수 그리스도를 보내시어 구속의 사역을 완성케 하심으로 다 이루었다는 고백을 하게 하심을 감사합니다. 부활의 계절 4월이 마지막으로 접어들고 이제 곧 신록의 계절입니다. 자연 만물도 얼어붙었다가 부활하듯이 새로운 생명의 움을 틔우고 저희들 역시 주님의 부활을 맞이하여 새로운 믿음의 약동을 하고자 합니다. 이 믿음과 간구를 통하여 주님께 영광되게 하여 주옵소서. 또한 저희들도 예배의 승리를 통하여 하나님의 뜻을 이루어 가는 복을 허락하여 주옵소서.

한 주간 부활의 감격과 기쁨 속에서 살았지만, 그 옛날 주님을 모른다고 부인했던 베드로처럼 살았습니다. 항상 성령 충만해야 함에도 불구하고, 선을 행해야 할 것을 알고도 행하지 못했던 바리새인과 같이 살았습니다. 오직 저희들을 긍휼히 여기시어 십자가의 은혜로 용서받게 하여 주옵소서. 진정으로 저희들에겐 경건의 모양은 있사오나 경건의 능력이 없습니다. 오직 저희들에게 성령으로 충만케 하셔야만 저희들은 죄를 이기고 선을 행하며 능력 있는 삶을 살 수 있습니다. 저희들의 이 모든 죄를 고백하오니 용서하여 주옵소서.

하지만 감사합니다. 언제나 회개하고 고백하면 주님은 저희에게 새로운 힘을 허락하십니다. 저희가 회개하면 새로움을 주십니다. 그래서 저희들이 다시 한번 주님의 나라를 위하여 전도하며 사랑하며 헌신하도록 힘을 주십니다. 더더욱 저희들을 붙잡아 주셔서 하나님께 영광 돌릴 수 있도록 복을 주시옵고, 주님 나라가 세계만방에 전파되게 하소서.

이제 전능하신 아버지 앞에 간구합니다.

이 시간 저희의 예배를 기쁘게 받아주시옵소서. 저희가 드리는 예물 또한 기쁘게 받으시고, 저희의 봉사 또한 기쁘게 받아주시기를 원합니다. 하나님께 예배하는 손길 또한 복을 주시되, 차고 넘치는 복을 허락하여 주시고, 하나님의 사역을 위하여 봉사하는 손길들 위에 복을 주시되, 천국에 보화가 쌓이게 하여 주시옵소서. 저희 믿음에 믿음을 더하시고, 사랑의 은사를 더하여 주셔서, 오직 하나님의 사역을 위하여 헌신하게 하시며, 성도로서 서로 사랑하게 하여 주시옵소서.

주님께서 귀하게 들어 쓰시는 목사님을 위해 간구합니다. 먼저 이 시간 설교를 통하여 주시는 하나님의 말씀을 듣기를 원합니다. 또한 한 주간 목사님의 사역 위에도 권능의 기름을 부으사 병든 자에게 손을 얹는즉 낫게 하시고, 귀신이 떠나가며, 성령이 임하는 권능을 허락하옵소서. 목사님을 도와 동역하는 부교역자들과 구역장들 그리고 예배의 수종자들 위에도 성령의 권능이 임하길 원합니다. 찬양대의 찬양에 천사들이 함께 화답하며 모든 사람의 머리 위에 불의 혀같이 갈라지는 성령님이 임하길 원합니다. 예수 그리스도의 이름으로 기도합니다. 아멘!

4월 · 넷째 주일 낮

할렐루야, 참 생명이 되신 하나님 아버지 감사합니다!

하나님 아버지! 태초에 주님께서 땅의 기초를 두셨으며, 하늘도 주님의 손으로 지으셨사온데, 저희가 창조주이신 주님을 항상 기억하게 하시고, 주님의 존귀하고 영광스러운 위엄과 주님의 모든 기이한 일들을 묵상하게 하옵소서. 주님을 영원부터 영원까지 찬송하게 하시고, 저희 평생에 주님을 송축하며 살게 하시고, 이 세상에 거하는 모든 나라의 백성들이 주님을 찬양하고 감사하게 하옵소서.

사망의 권세를 이기시고 부활하심으로 영원한 승리를 주신 주님! 오늘 이 기쁜 부활의 달을 보내고, 이제 생명의 환희가 넘치는 5월로 접어듭니다.

하지만 저희는 이제껏 주님의 부활하심을 의심하여 널리 증거하지 못했습니다. 믿음이 없이는 주를 기쁘시게 하지 못한다고 하셨는데, 믿음 없는 저희들을 용서하시고 주님의 은혜 가운에 새로운 인생길을 걷게 하여 주옵소서. 부활하신 주님의 뒤를 따라, 죽어도 주를 위하여 죽고, 살아도 주님을 위하여 사는 믿음이 되게 하옵소서. 소망 중에 고통을 이기며, 환난을 극복하며, 주님처럼 승리하며 살게 하시옵소서. 이 약한 심령에 부활의 신앙을 갖게 하셔서, 옛 행실을 벗고 주님의 구속의 사랑을 이웃에게 전할 수 있는 저희들이 되게 하여 주옵소서. 믿음으로 승리의 삶을 살 수 있도록 도와주시옵소서. 저희에게 부활을 믿는 확신을 주시옵고, 죽었던 대지에 새 생명을 허락하시는 것처럼 저희에게도 새 생명을 허락하여 주옵소서.

두려움에 사로잡혔던 마리아가 부활하신 예수님을 만나고 기뻐하였던 것같이, 이 시간 저희에게도 기쁨과 소망을 주옵소서. 세 번씩이나 주님을 부인하던 베드로가 부활하신 예수님을 만나고, 성령의 충만함을 받았을 때, 사명을 되찾았던 것처럼 성령 충만함을 허락하셔서서 능력 있는 사명자들이 되게 하여 주옵소서.

주님, 주님의 영광이 영원히 계속되도록 하시며, 저희로 주님의 존귀하고 영광스러운 위엄과 주님의 하신 일을 묵상하게 하옵소서. 저희가 주님의 값으로 산 것이 되었으니, 그런즉 저희 몸으로 하나님께 영광을 돌리게 하시며, 먹든지 마시든지 무엇을 하든지 다 하나님의 영광을 위해 하게 하옵소서.

부활의 처음 열매가 되신 예수님을 만나게 하셔서 저희의 연약한 것도 강건하게 하시고, 예수님과 영생 복을 누릴 것을 굳게 믿는 저희들이 되게 하여 주시옵소서. 이 시간 저희의 잠자던 영혼이 깨어나게 하시고, 믿음과 충성과 사랑이 식어가는 교회도 부활의 기쁨으로 충만케 하여 주시옵소서. 주님의 고난과 죽으심, 그리고 부활 위에 세워진 교회를 저희가 사랑합니다. 사랑으로 세우신 교회, 사랑으로 봉사하게 하옵소서. 예수 그리스도의 이름으로 기도합니다. 아멘!

5월 · 첫째 주일 낮

찬양받으시기에 합당하신 아버지!

이 시간 뜻과 정성을 모아 주 하나님의 거룩하신 성호를 찬양합니다. 이 땅에 있는 만물들도 다 한결같이 전능하신 이름을 찬양하고 있습니다. 대지는 5월을 맞아 신록이 가득하고 하늘은 맑으며 들판에는 한창 씨를 뿌리고 묘목을 심는 손길이 가득합니다. 이 땅에 평안을 주시고 백성들을 돌보아 주시니, 이 모든 은혜가 주께로부터 오는 것을 고백하고 찬양합니다. 5월은 특히 가정의 달입니다. 하나님께서 만들어주신 복된 가정이 작은 천국이 되어 그곳에서 자라나는 자녀들이 다 기업 무를 자들이 되게 하시고, 부모들은 하나님의 선물인 자녀들을 믿음과 사랑으로 잘 양육할 수 있도록 복을 주시니 찬양합니다.

여호와여, 주의 장막에 유할 자 누구이며, 주의 성산에 거할 자 누구입니까? 그 사람은 정직하게 행하며 공의를 일삼으며 그 마음에 진실을 말하며 그 혀로 참소치 아니하고 그 벗에게 행악지 아니하며 그 이웃을 훼방치 아니하며 그 눈은 망령된 자를 멸시하는 자가 아닙니까? 하지만 저희들은 여전히 부정직하고 불의를 일삼으며, 참소하고 훼방자로 살아갈 때가 많이 있습니다. 더구나 하나님이 절대 금하신 일을 행하고 있습니다. 여호와를 두려워하는 자를 존대하며, 그 마음에 서원한 것은 해로울지라도 변치 말라고 하셨건만, 어찌 된 일인지 에덴동산의 아담과 하와처럼 하지 말라고 하신 일은 더 하게 될 때가 많이 있음을 고백합니다. 누가 저희를 이러한 사망의 늪에서 구원해 내겠습니까? 그것은 오직 주 예수 그리스도의 은혜밖에 없습니다. 이 시간 고백하오니 주 예수의 보혈로 저희를 정결케 하여 주십시오. 아버지 앞에는 오직 주의 공로로만이 나아갈 수 있음을 고백합니다.

고난 중에도 기쁨을 잃어버리지 않게 하시고, 소망 중에 승리하게 하시니 감사합니다. 또한 성령을 충만하게 부어주셔서 기도 생활과 말씀 생활과 전도 생활에 승리하는 삶으로 인도해주심도 감사합니다. 늘 성령의 열매들로 충만하게 해주실 주님께 영광과 감사를 드립니다.

이제 염치없는 죄인들이지만 말씀에 의지하여 그물을 내린 베드로처럼 주님 앞에 간구합니다. 십자가의 사랑과 희생과 용서와 화해에 동참하게 하시고, 내 뜻이 아닌 주의 뜻이 이루어지게 하옵소서. 하나님의 말씀에 순종하게 하옵소서. 주님을 본받게 하시고, 겸손과 온유함으로 주를 따르게 하옵소서. 하나님을 향한 사랑과 봉사와 헌신과 믿음이 있게 하시고, 이웃을 향한 사랑과 용서와 교제가 있게 하옵소서.

말씀을 대언하는 목사님을 위해 간구합니다. 저희가 주의 말씀을 들을 준비가 되었으니, 무슨 말씀을 선포하든지 판단하지 아니하고, 저희에게 가장 적절한 말씀인 줄 알아 순종하게 하옵소서. 예배를 위하여 수고하는 모든 권속들에게 복을 내려주옵소서. 예수 그리스도의 이름으로 기도합니다. 아멘!

　소망의 하나님! 찬양과 경배와 감사를 드립니다.

　하나님 아버지, 오늘도 우리나라와 세계에 평화를 주셔서 어려움 없는 가운데 저희들이 모여서 하나님께 예배하게 해주시는 은혜를 감사합니다. 저희의 소망이 되시며, 저희의 능력이 되시며, 저희의 생명이 되시는 하나님, 하나님께만 소망과 능력과 생명이 있음과 하나님만이 저희의 모든 것이 되심을 알게 하시며, 하나님 외에 그 어떤 것도 의지하지 않게 하옵소서.

　하나님, 하나님께서는 많은 은혜와 능력을 베푸시지만, 저희는 깨닫는 마음과 보는 눈과 듣는 귀가 둔하여 이를 알지 못하고 있사오니, 저희를 변화시키셔서 깨달을 수 있는 저희가 되게 도와주옵소서.

　하나님, 하나님께서 저희를 통해 이루고자 하시는 일을 이루시고, 하나님의 나라가 이 땅에 이루어지게 하시고, 하나님이 하시는 일을 수종들게 해주옵소서. 항상 하나님의 눈이 저희 위에 계셔서 저희에게 은혜를 베풀어주시며, 저희가 하나님의 말씀을 지켜 행함으로써 저희가 하는 모든 일이 형통케 하옵소서. 또한 저희가 복 받은 것이 저희의 힘과 재능으로 인해 이룬 것이라는 생각을 갖지 않게 하시고, 오직 하나님의 은혜로 이룬 것임을 잊지 않게 하옵소서.

　주님, 저희가 이제 저희의 길을 걷지 않고, 예수님의 본과 자취를 그대로 본받아 따르게 하시어 예수님이 걸으셨던 길을 걸어갈 수 있게 해주옵소서. 그리하여 저희를 통해 주님의 모습이 나타나게 하시며, 열심을 내어 죽도록 주님께 충성하여 생명의 면류관을 얻을 수 있도록 하옵소서. 낡은 천을 새 옷에 대고 꿰맬 수 없듯이 이제 저희가 옛것을 새것에 덧입히려 하지 않고, 옛것을 온전히 버리고, 주님께서 주시는 새것을 입게 하시며, 부드러운 마음을 허락하시며, 새 영을 허락하셔서, 하나님 말씀대로만 살게 해주옵소서.

주님, 저희를 주님 앞에서 멀리 하지 마시고, 주의 성령을 거두시는 일 없게 해주옵소서. 저희 앞에 가로놓인 역경의 요단강을 건너게 하시고, 고난의 여리고 성도 믿음으로 무너뜨리게 하셔서 주님께서 허락해 주신 약속의 땅 가나안을 영적으로 얻을 수 있도록 해주옵소서. 극한 고난에 처해 있던 욥의 상황을 역전시키시고, 그에게 갑절이나 복을 주신 하나님, 지금도 저희에게 그런 은혜를 주실 수 있음을 믿사오니, 저희 가운데 고난당하는 자들이 있으면, 그들의 상황을 역전시키셔서 욥에게 주셨던 은혜를 내려주옵소서.

새 하늘과 새 땅을 사모하는 저희들에게 오늘 말씀을 통하여 새 하늘과 새 땅을 사모할 마음을 한없이 부어주시기를 간절히 사모합니다.

예수 그리스도의 이름으로 기도합니다. 아멘!

5월 · 셋째 주일 낮

사람의 경영의 시작과 끝을 주관하시는 하나님 아버지!

하나님은 경영하신 것을 반드시 이루시며, 말씀하신 것을 이루지 않는 것이 없으시오니, 저희의 행사를 여호와께 맡김으로써 경영하는 것이 이루어지도록 해주시옵소서. 저희를 향하여 부어주시는 하나님의 사랑과 말씀의 약속이 한이 없음으로 인해 찬양합니다. 누가 작은 손바닥으로 그 빛을 가린다고 할지라도 그것은 헛된 일일 뿐이며, 어떤 심령도 하나님의 사랑에서 벗어날 자는 없음으로 인해 찬양합니다. 그 빛이 강하여 상한 심령을 치유하시며, 낙심한 영혼에게 새 힘을 주시는 은혜로우심을 진심으로 찬양합니다.

좋으신 하나님! 오늘도 주님의 보혈을 의지하여 고백합니다. 주님께 예배하며 산 제물로 저희를 드립니다. 저희의 회개를 받아주시옵소서. 악인은 의인의 회중에 들 수 없다는 말씀을 따라 먼저 죄악을 내버리고, 예배하려고 합니다. 혹시 이 시간 알고도 지은 죄, 모르고 지은 죄가 있다면 모두 사하여 주옵소서. 저희들은 죄악 중에 잉태되어 모든 행위가 악하나이다.

저희의 죄를 씻어주시고, 언제나 새 은혜를 주시는 하나님 아버지께 감사의 예배를 드립니다. 늘 마음은 원이지만 여러 가지 일들로 인해 예배를 소홀히 하고 불순종을 밥 먹듯이 하지만 죄 많은 저희들임에도 불구하고 하나님의 복된 자리에 늘 동참할 수 있는 은총을 주시니 무한 감사합니다. 오늘도 많은 삶의 문제를 가지고 나온 성도들을 보시고, 찬양 중에, 기도 중에, 주의 말씀을 듣는 중에 해결 받게 해주시옵소서. 하나님은 언제나 저희에게 그 얼굴을 드셔서 평강 주시기를 원하십니다.

이제 염치없으나 피조물 된 저희들 하나님의 은혜가 진실로 필요하기에 무릎 꿇고 간구합니다. 언제나 시냇가에 심은 나무가 부족함이 없듯이 저희의 삶에 풍성함을 더하여 주옵소서. 혹시 욕심이 지나쳐 잠시 주님의 말씀을 따르지 못하더라도 책망받기 전에 깨닫도록 도와주시옵소서. 육신이 약한지라 늘 불의한 길에 들어섭니다. 책망을 주시되 감당할 마음도 주옵소서. 하나님 아버지, 우리나라 교회를 붙들어 주시옵소서. 아직도 이 땅엔 복음을 모르는 영혼들이 너무나 많습니다. 이 영혼들을 살려주옵소서. 다시 한번 우리나라 교회에 부흥의 불길을 붙여 주옵소서. 이를 위해서는 저희 교회를 비롯하여 모든 교회가 맡은 바 사명을 다 감당하여야 할 것입니다. 복음 외에는 전할 것이 없사오니, 좌로나 우로나 치우치지 말고, 오직 주의 사랑과 훈계로 양육하여 주옵소서, 이 나라의 위정자들을 기억하시고, 바른 정치를 할 수 있도록 인도하여 주옵소서. 오늘 예배를 위해 단 위에 세우신 목사님을 위해서 기도합니다. 주님의 진리의 말씀을 전하기에 부족함이 없도록 목사님을 강건하게 해주시고, 예배를 위하여 수고하는 예배위원들 위에도 복을 더하여 주옵소서.

예수 그리스도의 이름으로 기도합니다. 아멘!

5월 · 넷째 주일 낮

사랑과 은혜가 풍성하신 거룩하신 하나님!

저희에게 왕으로 오신 주님을 생각할 때마다 하나님을 찬양합니다. 저희의 찬양과 감사와 경배를 받으시옵소서. 사랑과 능력의 주님을 찬양합니다. 영광을 받으시옵소서. 이제는 죄악과 시기와 불의함이 저희 속에 거하지 못하며, 오직 산 소망과 생명이 있게 하여 주옵소서. 주님의 부활로 인하여 세계 모든 민족이 기뻐하는 것을 볼 때, 모든 영광을 하나님께 돌립니다. 죄와 죽음을 이기신 주님께 저희의 믿음을 드립니다. 이 시간 저희 모두가 환희와 소망으로 주님을 찬양하오니, 영광이 영원히 아버지께 있나이다.

주님께서 저희와 함께하심에도 불구하고 저희의 믿음이 너무도 연약하였음을 고백합니다. 저희의 믿음 없음을 용서하여 주옵소서. 저희가 사소한 일에도 평안을 잃고 두려워하는 마음을 가졌던 것을 고백합니다. 저희들의 마음에 담대한 믿음을 허락하셔서 저희의 심령이 오직 하나님의 영광만을 바라보며 세상을 이길 수 있도록 믿음을 더하여 주옵소서.

주님, 열흘이면 들어갈 수 있는 가나안을 40년 동안이나 광야에서 방황했던 이스라엘 백성들처럼 방황하는 일 없게 하시고, 주님의 인도하심을 따라 살아감으로 가나안에서 주님께서 주시는 복을 누리게 하옵소서.

만물보다 심히 부패한 것은 저희의 마음인데, 누가 능히 알리오마는 마음을 감찰하시는 주님께서는 이 모든 것을 아시오니, 저희가 마음에 피 뿌림을 받아 양심의 악을 깨닫게 하시며, 깨어 의를 행하고 죄를 짓지 않게 하옵소서.

저희 자아의 바벨탑을 완전히 무너뜨려 주시며, 다시는 그러한 바벨탑을 쌓지 아니하도록 주님께서 긍휼과 자비를 베풀어주시옵소서. 주님보다 저희 자아를 더 사랑하는 죄를 용서하시고 이제 오직 주님만 사랑하는 자 되게 하옵소서. 졸지도 않고 주무시지도 않고, 항상 저희들을 눈동자같이 지키시는 하나님, 저희가 주님의 보호로 말미암아 주님을 믿게 되었고, 또 주의 존전에 오게 되었사오니, 주님의 은혜에 감사를 드립니다.

주님, 임재하셔서 저희들의 경배와 예배를 받으시고, 더욱 많은 은혜를 하늘로부터 내려주옵소서. 저희 목마른 심령들이 해갈되며 만족하게 하시고, 말씀을 전하시는 목사님에게 능력의 옷을 입혀주셔서 저희들에게 말씀을 통해 복을 내려주옵소서.

복의 근원이 되시는 예수 그리스도의 이름으로 기도합니다. 아멘!

6월 · 첫째 주일 낮

사랑의 하나님!

하나님을 찬양합니다. 하나님을 사랑합니다. 영원히 찬양받으실 분은 하나님 한 분뿐이십니다. 그리고 그 영광을 마지막 날까지 드러내실 것을 믿습니다. 하나님은 세상을 주관하시며, 사람들의 생각도 모두 다 주관하십니다. 저희는 기도하는 것뿐이오니, 하나님의 사랑이 온 땅을 다 구원하실 줄 믿고 찬양합니다. 어제나 오늘이나 그 사랑이 변함없으시고, 언제나 동일한 하나님의 은혜와 사랑을 저희들은 찬양합니다. 이 시간도 저희들은 그 사랑에 감격하여 하나님께 예배하려고 모였습니다.

아버지 하나님! 오늘도 저희 영혼의 안식처가 되시는 하나님을 만나게 하시고, 하나님이 주시는 안식을 누리게 하시며, 하나님을 떠나서는 어떠한 안식도 없음을 알게 하옵소서. 저희로 하나님 안에서와 그 힘의 능력으로 강건하여지고, 마귀의 궤계를 능히 대적하기 위하여 하나님의 전신 갑주를 입게 하시며, 마음이 부패하여 진리를 잃어버리지 않게 하시고, 하나님의 진리로 저희를 지도하고 교훈해 주셔서, 하나님을 가까이하게 하시고, 두 마음을 품지 않고 한마음으로 섬기게 하옵소서. 하나님께 뿌리를 박으며 세움을 입어 교훈을 받은 대로 믿음에 굳게 서서 감사함을 넘치게 하시며, 믿는 도리의 소망을 움직이지 않고 굳게 잡으며, 기둥이 단단한 곳에 박힘 같이 저희를 견고하게 하옵소서. 저희를 항상 보호해 주시는 주님, 저희는 때론 넘어지나 주님께서 손으로 붙들어 주옵소서. 아주 엎드러지지 않게 하시오니 감사를 드립니다.

　저희가 영원히 주님의 장막에 거하며, 주님의 날개 밑에 피하게 해주옵소서. 이스라엘 백성들을 낮에는 구름 기둥으로, 밤에는 불기둥으로 인도하시며, 구름 기둥과 불기둥이 그들 앞에서 떠나지 않았던 것처럼 저희도 밤낮으로 항상 주님의 인도를 받게 하시고 주님이 저희 앞에서 떠나지 마옵소서.

　불기둥이 어둠 속에 있는 그들 앞을 환하게 밝혔듯이, 주님의 불기둥이 저희 앞을 밝혀 주옵소서. 저희를 위해 십자가를 지신 주님, 이제 저희 자아를 부인하고, 자기 십자가를 지고 주님을 좇게 하옵소서.

　하나님, 에스겔서의 해골 골짜기 마른 뼈처럼 영적으로 메말라 있는 저희들에게 주님의 생기를 넣어주셔서 다시 살아나게 하시고, 큰 군대로 일어나는 역사가 있게 하옵소서. 구주 예수 그리스도로 말미암아 저희에게 성령을 풍성히 부어주셔서 저희의 심령을 흡족하게 하시며, 하나님의 은혜로 만족하게 해주옵소서.

　항상 저희를 보호하시고 은혜를 베푸시는 주님, 이 시간에 임재하셔서 더욱 큰 은혜를 내려주시며, 목사님을 통해 전해지는 주님의 말씀으로 저희 영안이 밝아지고 깨어나서 죽은 자들 가운데 일어나게 하옵소서.

　예수 그리스도의 거룩하신 이름으로 기도합니다. 아멘!

사랑과 은혜가 풍성하시고 거룩하신 하나님!

저희 마음이 세상을 향하지 아니하고, 저희 걸음이 하나님의 길을 떠나지 않게 하시며, 하나님의 길을 굳게 지켜 실족하지 않도록 하나님께서 친히 지켜 보호해 주시옵소서. 하나님의 보호하심이 없으면, 저희는 잘못될 수밖에 없사오니, 저희를 긍휼히 여겨 주옵소서!

청함을 받은 자는 많되 택함을 받은 자는 적다고 하셨사온데, 그냥 자리에만 있다가 가지 않게 하시고, 주님께 택함 받아 주님 위해 사는 자들 되게 하소서. 이 시간 주님만이 영광 받아주옵소서!

주님! 아직도 마귀는 우는 사자와 같이 삼킬 자를 두루 찾으며 저희들을 위협하고 있습니다. 그러나 이미 예수 그리스도께서 십자가에서 승리하신 것을 감사합니다. "나는 부활이요 생명이니 나를 믿는 자는 죽어도 살겠고 무릇 살아서 나를 믿는 자는 영원히 죽지 아니하리라"라고 말씀하셨사오니, 죽어도 다시 살게 되는 영생의 주님을 영원히 의지하며 사는 저희들이 되게 하여 주시옵소서. 하나님을 위하여 헌신할 수 있도록 믿음을 더하여 주옵소서.

하나님, 구속하신 백성을 은혜로 인도하시되, 하나님의 힘으로 저희를 하나님의 성결한 처소에 들어가게 하시며, 그곳에서 하나님의 평안과 기쁨을 누리게 하옵소서.

그러나 언제나 마음이 상한 자에게 가까이하시고, 중심에 통회하는 자를 구원하시는 하나님, 저희 죄가 주홍 같을지라도 눈과 같이 희어지며, 진홍같이 붉을지라도 양털같이 되게 하시며, 저희가 하나님께로 온전히 돌아가게 하옵소서. 영광과 존귀와 능력을 받으시기에 합당하신 주님, 주님의 공의를 만민의 빛으로 세우시며, 모든 자가 주님만 온 세계의 지존자로 알게 하시며, 주님의 모든 자녀가 주님으로부터 교훈을 받아 순종하게 하시며, 주님께 힘입어 살게 하옵소서.

저희 마음이 교만하지 아니하고, 저희 눈이 높지 아니하게 하시며, 주님의 온유와 겸손을 배우게 하시고, 그리하여 저희 마음이 쉼을 얻게 해주옵소서. 하나님, 은총을 베푸사 저희를 구원하시며, 저희를 도와주옵소서. 저희를 압제하는 고난과 저희를 에워싼 고통에서 벗어나게 하시며, 어려움과 고난이 있을 때 염려하거나 좌절하지 않고, 저희 영혼이 잠잠히 하나님만 바라보게 하시며, 저희의 구원과 소망이 하나님에게서 나온다는 것을 체험할 수 있도록 해주옵소서.

하나님의 말씀을 대언하게 하신 목사님을 도우사 입술의 권세를 허락하시고, 말씀을 통해 역사가 임하게 하옵소서. 이 예배를 위하여 하나님을 찬양하는 찬양대와 또한 여러 가지 모습으로 봉사하는 손길들에게 복을 더하여 주옵소서.

예수 그리스도의 이름으로 기도합니다. 아멘!

거룩하신 하나님!

거룩한 주일, 이 자리에 모여 예배하는 성도들이 진심으로 찬양을 올려드립니다. 주여, 저희로 사특한 자의 첩경에 들어가지 말게 하시며, 악인의 길로 다니지 말게 하시며, 잘못된 자의 행위를 본받아서 저희 영혼을 올무에 옭아매는 일이 없게 하옵소서. 악한 것을 본받지 않고, 선한 것을 본받게 하시며, 오직 주님을 본받을 수 있게 하옵소서.

광야에서도 하늘로부터 만나의 양식을 주셨던 주님, 저희가 이 세상을 살아갈 동안 저희에게 필요한 육적 양식과 영적 양식을 공급해 주시옵고, 늘 하나님의 은혜를 체험하며 살게 하옵소서. 소경의 눈을 밝히시며, 갇힌 자를 옥에서 이끌어내시며, 흑암에 처한 자를 그곳에서 나오게 하시는 주여, 저희의 영안을 뜨게 하시고, 영적으로 사탄에게 사로잡혀 있는 저희를 구원하시며, 영적으로 흑암에 거해 있는 저희에게 광명을 주옵소서.

예수 그리스도의 좋은 군사가 되게 하셔서 저희가 주님을 기쁘게 하는 데 매진하게 하시며, 자기의 달려갈 길과 주 예수께 받은 사명, 즉 하나님의 은혜의 복음 증거하는 일에 자기 생명을 조금도 귀한 것으로 여기지 않겠다고 했던 사도 바울의 정신을 본받아 저희도 생명을 기꺼이 주님 위해 바칠 수 있게 하옵소서.

저희로 믿음의 지팡이를 들게 하시어 저희 앞에 있는 홍해와 같은 역경이 모두 갈라지게 하시며, 뒤에서 누르는 모든 억압도 제거하셔서 저희에게 안식과 형통함을 허락하여 주옵소서.

저희의 더러움을 씻어 청결하게 해주옵시며, 하나님께서 친히 저희로 온전히 거룩하게 하시고, 저희 온 영과 혼과 몸이 흠 없이 보전되게 해주시옵소서. 스스로 지혜롭게 여기지 말며, 하나님을 경외하며, 악을 떠나게 하옵소서. 옥합을 깨뜨려 향유를 주님께 드렸던 여인처럼 저희 자아를 깨뜨리게 하시고, 저희의 가장 소중한 것을 주님께 드리게 하옵소서. 주님을 믿은 후 이제 새로운 피조물이 되었사오니, 저희의 모든 것이 변화되게 하시며, 이전 것은 지나가고 오직 새것만 있게 하옵소서.

저희의 예배를 통하여 주님께 영광을 돌리게 하시며, 주님께 찬양을 드리게 하여 주시옵소서. 사랑의 하나님! 저희 목사님을 위해서 기도합니다. 성령의 역사하심으로 붙드셔서 주님과 교통하는 역사가 일어나게 하옵시고, 연약한 저희를 위해 주님의 말씀을 대언하실 때, 오직 저희가 하나님의 음성을 듣는 귀한 시간 되게 하여 주시옵소서. 저희의 죄가 드러나게 하셔서, 회개하며 통회할 수 있는 능력 있는 시간이 되게 하옵소서.

예수 그리스도의 이름으로 기도합니다. 아멘!

6월 · 넷째 주일 낮

저희들의 생명을 오늘도 지켜주시는 전능하신 하나님 아버지!
저희들의 생명을 죽음으로부터 구속하시고, 인자와 긍휼로 기쁨의 면류관을 씌워주신 사랑의 주님! 이 땅에 예수 그리스도를 보내시어 구속의 사역을 완성케 하심으로 다 이루었다는 고백이 있게 하심을 감사합니다. 저희들도 예배의 승리를 통하여 하나님의 뜻을 이루어 가는 복을 허락하여 주옵소서.

하나님의 이름이 홀로 높으시며, 그 영광이 천지에 뛰어나시오니, 저희가 다 하나님의 이름을 찬양하게 하옵소서. 날마다 하나님을 송축하며, 그 송축함이 저희 입에서 계속되게 하옵소서. 저희의 반석이시며, 저희의 요새이시고, 저희를 건지시는 자이시며, 저희의 도움이시고, 저희의 피할 바위이시며, 저희의 방패이시고, 저희의 구원이신 하나님, 저희가 항상 하나님께 찬양하고 경배하게 하시며, 기쁨으로 나아가며 평안히 인도함을 받게 하시고, 온 천하 피조물이 주님 앞에서 찬양하도록 하옵소서.

또다시 자연이 살아 생동하는 계절로 인도하시니 감사합니다. 푸르름이 넘치는 계절에 저희들의 믿음과 소망도 넘치도록 풍성하게 하옵소서.

주님을 모른다고 부인했던 베드로처럼, 주님을 팔았던 유다처럼 생활 속에서 주님을 부인하고 팔았던 저희들의 부정한 입술을 정하게 하시고, 저희들을 십자가의 은혜로 용서받게 하여 주옵소서. 경건의 모양은 있사오나 경건의 능력이 없는 저희들에게 성령으로 충만케 하셔서 능력 있는 삶을 살게 하옵소서. 주님, 저희에게 새로운 힘을 허락하사, 저희가 회개함으로 오직 주님의 나라를 위하여 전도하며, 사랑하며, 헌신함으로 하나님께 영광 돌릴 수 있도록 복을 주시옵고, 주님 나라가 세계만방에 전파되게 하옵소서.

하나님, 주님의 피 값으로 세워주신 저희 교회를 부흥하게 하시고, 날마다 평안 가운데 성장하게 하시니 감사합니다. 주님의 거룩한 몸이 된 저희들이 항상 주님의 말씀대로 살아가게 하시니 감사합니다. 이제 저희는 성도 된 것을 즐거워하고 자랑하며 살기를 원합니다. 소망이 끊어진 이 시대에 십자가의 사랑만이 새 소망이 됩니다. 이 사실을 깨닫고 은혜 안에서 강하게 크게 하여 주옵소서. 구약 시대에 주의 성막에 영광의 구름이 가득했듯이 오늘 이 시간에 주의 영광이 가득 차게 하시고, 주께서 영광 가운데 임재하여 주옵소서!

이 시간 찬양대의 찬양과 함께 온 성도들이 헌신을 드릴 때, 마음을 드리는 예배 되게 하시고 항상 헌신 된 삶으로 인생을 살아가게 하옵소서.

오늘 목사님을 통하여 주시는 하나님의 말씀을 받아 저희들이 실천하며, 또 복음을 모르는 이웃에게도 전할 수 있게 하옵소서. 이제는 더 이상 저희 자신을 위해 살지 않고, 오직 저희를 구원해 주신 주님만을 위해 살게 하여 주옵소서.

오직 구원의 주되신 예수 그리스도의 이름으로 기도합니다. 아멘!

6월 · 다섯째 주일 낮

할렐루야, 하나님의 자녀들이 하나님을 찬양하며, 하나님의 이름을 찬미합니다.

거룩하신 하나님이시여, 항상 저희로 믿음의 지성소로 들어가게 하사, 거룩하신 주님을 만나 뵈옵게 하시고, 저희를 부르신 거룩하신 주님처럼 저희도 거룩한 자가 되게 하시며, 모든 행실에 거룩할 수 있도록 해주옵소서.

은혜로우신 하나님, 저희에게 구원의 은혜를 베풀어주시니 감사합니다. 저희가 주님을 사모하오니, 주님께서는 아침마다 저희의 팔이 되시며, 환난 때에 저희의 구원이 되어 주소서. 저희를 웅덩이와 수렁에서 끌어올리시고, 저희 발을 반석 위에 두사 걸음을 견고케 하옵소서. 사망이나 생명이나 천사들이나 권세자들이나 현재 일이나 장래 일이나 능력이나 높음이나 깊음이나 이 세상에 있는 그 어떤 것이라도 저희를 주님의 무궁한 사랑에서 끊을 수 없게 하옵소서.

저희로 하나님의 선하심을 맛보아 알게 하시며, 하나님을 단지 머릿속에서만 만나는 것이 아니라, 저희 삶 가운데서 체험적으로 만나게 하셔서 늘 체험적인 신앙을 가지고 살 수 있도록 해주옵소서. 만물이 처음 만들어질 때, 땅이 공허하고 혼돈하고 흑암이 깊음 위에 있었던 것처럼, 저희 심령 역시 공허하고 혼돈하고 깊은 흑암이 있사오니, 빛이 있으라고 하셔서 세상을 광명하게 하셨듯이, 저희 마음에도 빛을 비추시어 심령이 밝아지게 하옵소서. 돈는 해가 위로부터 저희에게 임하여 어둠과 죽음의 그늘에 앉은 저희에게 비추며, 저희 발을 평강의 길로 인도하옵소서.

　부활이요, 생명이 되시는 주님, 죽은 지 나흘이나 되어 썩은 냄새까지 나던 나사로도 다시 살려주신 주님께서 썩어 부패하고 냄새나는 저희 삶도 변화시켜 주셔서 다시 살아나게 하옵소서, 주님께는 모든 것이 가능하시니, 주님 능력으로 반드시 그렇게 해주실 줄 믿습니다. 저희는 이제 빛의 아들이요 낮의 아들이오니, 저희가 밤이나 어둠에 속하지 아니하게 하시며, 세상 사람들처럼 영적으로 잠들지 말고 오직 깨어 근신하게 하옵소서. 진리를 믿고 불의를 싫어하는 자 되게 하시며, 청결한 마음과 선한 양심과 거짓이 없는 믿음을 갖게 하시며, 주님의 바른 교훈을 거스리는 일이 없게 하옵소서.

　오늘도 말씀을 선포하게 하신 목사님과 함께하셔서, 저희가 그 말씀으로 인하여 삶이 변화되게 하시고, 생각과 마음이 변화되게 하여 주시옵소서. 말씀을 듣는 모든 성도들이 믿음의 사람이 되기를 결단할 수 있는 마음을 허락하여 주시고, 날마다 도우시는 주님의 은혜가 함께 하여 주시옵소서.

　저희의 예배를 기쁘게 받으시기를 간구하오며, 예수 그리스도의 이름으로 기도합니다. 아멘!

7월 · 첫째 주일 낮

하나님 아버지! 사랑하고 의지하는 마음으로 왔습니다. 저희들이 지난 한 주간도 많이 상처 입고 쓰러지고 이 자리에 나왔으니, 오직 사랑으로 안아주시는 하나님의 인자와 긍휼을 오늘도 베풀어주옵소서.

하나님의 영광을 위하여 지으신 주님의 자녀들이 하나님을 찬송하게 하시고, 하나님의 영광을 다른 자에게, 하나님의 찬송을 우상에게, 주지 않게 하옵소서.

저희가 날마다 하나님을 송축하며, 하나님께 항상 찬미의 예배를 드리게 하셔서 하나님을 증거하는 입술이 되게 하옵소서. 저희의 힘이시며, 저희의 노래이시며, 저희의 구원이 되시는 하나님, 마음이 완악하여 의에서 멀리 떠난 저희가 하나님의 말씀을 듣고 하나님에게로 돌아오게 하시며, 하나님의 의를 가까이하게 하여 주시옵소서.

주님, 저희가 이 혼미한 세상에서 어떻게 살아야 하며, 어떤 길을 걸어야 할지를 깨닫게 해주옵소서. 갈 길을 알지 못하고, 무지몽매한 가운데 방황하며, 스스로 고생의 길로 찾아가는 일 없게 하옵소서.

이 시간 간구합니다, 제자들의 발을 친히 씻겨주시며 너희도 가서 이와 같이 행하라 말씀하신 주님, 예수님을 본받아 저희도 십자가의 사랑을 실천할 수 있는 헌신자가 되게 하여 주옵소서. 주님 자신을 위하여 아무것도 취하거나 챙겨놓지 않으셨던 것처럼 저희의 모든 것으로 하나님 아버지께 헌신하는, 가난하지만 부요한 자가 되게 하시고, 십자가의 정신이 살아있는 저희의 삶이 되기를 원합니다. 영혼 없는 몸이 죽은 것 같이 행함이 없는 믿음은 죽은 것이라고 하셨사온데, 저희가 더 이상 행함이 없는 믿음이 아니라, 이제 행함이 있는 믿음을 가질 수 있게 해주옵소서. 그리스도를 담은 그리스도의 편지로 살게 하시며, 또한 구원받은 자들에게나 구원받지 못한 자들에게나 하나님 앞에서 그리스도의 향기가 되게 하셔서 항상 그리스도를 나타내는 자 되게 하옵소서.

주님이 저희에게 주신 성령이 그 표시임을 고백하오니, 주님 저희의 삶을 친히 주장하시고, 저희의 사소한 일상까지 간섭하시기를 원하오니, 주님 저희와 동행하여 주시옵소서.

찬양대가 저희들의 마음을 담아 이 시간 찬양을 드립니다. 그 찬양을 받아주옵소서. 그리고 특별히 하나님께서 저희에게 허락하신 목사님을 위하여 기도하오니 겸손과 순종으로 최선을 다하여 섬기게 하시며, 주님의 말씀을 대언하게 하실 때에 저희가 그 말씀을 믿음으로 순종할 수 있도록 은혜를 더하여 주시옵소서. 험한 세상에서 주님의 사랑을 힘입어 믿음 잃어버리지 않고, 방황하며 주님을 부인하지 않게 하여 주옵소서.

저희의 모든 삶을 주님께 맡기오며, 사랑이 많으신 예수 그리스도의 이름으로 기도합니다. 아멘!

사랑과 은혜가 풍성하신 하나님!

말씀을 지키고, 주님의 이름을 배반치 않게 하시며, 주님 나라의 영광을 전하는 자 되게 하옵소서. 예수 그리스도로 말미암아 의의 열매가 가득하여 저희가 주님의 영광과 찬송이 되게 하옵소서. 저희를 깨끗하게 하여 귀히 쓰시는 그릇이 되게 하시어, 거룩하시며 주인 되신 주님의 쓰심에 합당하게 하시고, 착하고 충성된 종이라는 칭찬을 받게 하셔서, 주인 되신 주님의 즐거움에 참예할지언정 악하고 게으른 종이라는 책망은 받지 않게 하옵소서.

인간을 사랑하사 예수 그리스도를 대속물로 십자가에 내어주시고, 사랑으로 저희를 구속하신 은혜에 감사합니다. 저희의 심령이 이 시간도 주님만을 향하게 하시고, 주님이 고난을 당하실 때 외면했던 베드로와 제자들같이 주를 부인하는 삶을 살아가지 않도록 저희를 지켜주옵소서. 저희들의 죄악이 주님을 순간순간 부인하오니 용서하여 주옵소서. 멸망 가운데 죽을 수밖에 없었던 저희들을 구속하시기 위해 이 땅에 오셔서 고난을 당하신 주님을 기억하오니, 저희의 삶을 성령님께서 지키시고, 저희의 길을 인도하여 주옵소서.

오늘 이 예배를 통하여 저희가 회개하며 자복함으로 말미암아 주님과 연합되는 귀한 시간이 있게 하시고, 저희의 삶 속에서 친히 간섭하시는 주님을 만날 수 있도록 복을 내려주옵소서.

거룩하신 하나님! 하나님의 뜻으로 세우신 교회를 위하여 기도합니다. 하나님의 거룩한 성도의 본분을 잘 감당할 수 있는 저희들이 되게 하시고, 하나님의 말씀에 순종하게 하셔서 하나님의 교회를 세우는 일을 감당할 수 있도록 헌신하게 하여 주옵소서. 이스라엘이 큰 위기에 처했을 때 히스기야 왕이 세상의 힘에 의지하지 않고, 오직 기도로써 하나님의 능력에 의지하여 하나님의 도움을 받았던 것처럼 저희 역시 어려울 때 세상의 힘이 아니라, 기도로써 하나님께 의지하며 하나님의 도움을 받게 하옵소서. 복은 오직 주님께만 있사오니, 주님의 복을 주님의 백성들에게 내려주옵소서. 주님께서 주님의 백성들을 반드시 복 주시고 복 주시며, 번성케 하고 또 번성케 하여 주옵소서. 저희들이 어디에 있든지 복을 받게 하시며, 들어와도 복을 받고, 나가도 복을 받게 하시며, 창고와 저희 손으로 하는 모든 일에 복을 내려주옵소서.

오늘 예배를 통해 승리하게 하심으로 한 주간도 말씀을 붙들고 기도하며 생활 예배로 영광 돌리게 하시옵소서. 한 주간의 삶이 주 앞에 영광이요, 저희에게는 은혜의 시간이 되게 하옵소서. 가는 곳마다 그리스도의 복음을 증거하는 전도자가 되게 하옵소서. 왕으로 오신 예수 그리스도의 이름으로 기도합니다. 아멘!

거룩하신 하나님 아버지!

저희에게 악을 행하는 자들을 주님께 맡길 수 있는 믿음과 지혜를 허락하시고, 심판하시는 권한이 하나님 아버지께 있음을 인정할 수 있는 저희 믿음이 되게 하옵소서. 세상의 죄악 가운데 버림받을 수밖에 없던 저희로 하나님 나라의 일꾼 삼아주심을 감사합니다. 맡겨진 사명마다 힘과 정성을 다하여 충성함으로 잘 감당케 하여 주옵소서.

지난 주간도 너희도 거저 받았으니 거저 주라고 하신 말씀을 저버리고, 저희의 욕심을 따라 살았던 것을 회개합니다. 뿐만 아니라, 늘 게으르고 핑계 대기를 좋아하는 저희들입니다. 이 시간 그 죄악을 깨닫게 하시고, 자복하오니 용서하여 주옵소서. 마음으로, 입술로, 행동으로 짓는 죄가 너무 많습니다. 사망의 권세가 저희를 하나님의 사랑에서 끊어지게 하려고, 끝없이 저희를 괴롭혔음을 고백합니다. 저희들의 믿음이 약하여 미혹을 당하였습니다. 하나님 앞에서 범죄하지 않도록 날마다 동행하여 주시기를 간구합니다. 지금도 어려움 가운데 넘어지고 쓰러지는 많은 성도들을 기억하시고, 주님을 믿는 믿음과 소망과 긍휼을 베푸셔서 다시금 승리할 수 있도록 은혜를 베풀어주시옵소서.

예수 그리스도의 영을 저희 마음 가운데 보내사 아바 아버지라 부르게 하신 하나님 아버지, 저희들에게 주님의 성령을 한없이 주옵시고, 항상 성령의 충만함을 입을 수 있게 해주옵소서. 저희가 하나님의 성전인 것과 하나님의 성령이 저희 안에 거하시는 것을 알게 하시며, 늘 성령을 좇아 행하여 육체의 욕심을 이루는 일이 없게 하옵소서.

저희 자신을 위하여 어떤 일도 도모하지 않게 하시고, 저희는 저희의 것이 아니라 주님의 것이오니, 오늘 이 시간 예배를 통해 저희 몸으로 하나님께 영광을 돌리게 하시며, 과거 저희에게 유익하던 것을 무엇이든지 주님을 위하여 다 해로 여길 수 있게 하옵시며, 주님을 아는 지식이 가장 고상함을 알아 저희가 주님을 위하여 모든 것을 버리고 배설물로 여길 수 있도록 해주옵소서.

주님께서 친히 나무에 달려 그 몸으로 저희 죄를 담당하셨으니, 저희가 그 은혜를 알아 이제 죄에 대하여 죽고, 의에 대하여 살게 하여 주옵소서. 전에는 양과 같이 길을 잃었던 저희들이 이제는 영혼의 목자 되신 주님께로 돌아오게 하옵소서. 형식적으로가 아니라 진심으로 저희 죄를 깨달아 회개할 수 있는 저희가 되게 하옵소서.

하나님, 저희는 주님의 백성들이오니 은혜를 내려주옵시며, 주님의 전능하신 손으로 주님의 영광을 나타내시옵소서. 오늘 예배를 통해서 주님의 말씀을 저희에게 주시며 저희들이 그 말씀대로 살 수 있게 하옵소서.

은혜가 풍성하신 예수 그리스도의 이름으로 기도합니다. 아멘!

7월 · 넷째 주일 낮

사랑의 주 하나님!

오늘도 복된 주의 날을 주신 하나님을 향해 저희가 전심으로 주께 감사하며, 만민 앞에서 주께 찬양하게 하옵소서. 주여, 저희가 주께 새 노래로 주를 찬양하게 하옵소서. 땅과 거기 충만한 것과 세계와 그중에 거하는 자가 다 하나님의 것입니다. 오늘도 모인 저희들 모두 창조주 하나님께 감사 드립니다. 창세로부터 하나님의 보이지 않는 것들, 곧 하나님의 영원하신 능력과 신성이 그 만드신 만물에 분명히 보여 알게 하시는데도, 하나님을 알지 못하고 하나님을 거부하는 세상 사람들을 불쌍히 여기사 저들이 하나님을 알며 하나님께로 돌아오게 하옵소서. 주님! 아직도 마귀는 우는 사자와 같이 삼킬 자를 두루 찾으며, 저희들을 위협하고 있습니다. 그러나 이미 예수 그리스도께서 십자가에서 승리하신 것을 감사합니다. "나는 부활이요 생명이니 나를 믿는 자는 죽어도 살겠고 무릇 살아서 나를 믿는 자는 영원히 죽지 아니하리라"라고 말씀하셨사오니, 죽어도 다시 살게 되는 영생의 주님을 영원히 의지하며 사는 저희들이 되게 하여 주시옵소서. 하나님을 위하여 헌신하는 저희가 될 수 있는 믿음을 더하여 주옵소서. 하나님을 찬양하는 저희 삶이 되게 하시고, 저희의 삶 속에서 하나님의 살아 역사하심을 날마다 발견할 수 있도록 복을 더하여 주옵소서.

전능하신 하나님 아버지! 저희의 예배를 기쁘게 받아주옵소서. 저희가 드리는 예물 또한 기쁘게 받으시고, 저희의 봉사 또한 기쁘게 받아주시기를 원합니다. 하나님께 예배하는 손길마다 복을 주시되, 차고 넘치는 복을 허락하여 주시고, 하나님의 사역을 위하여 봉사하는 손길들 위에 복을 주시되, 천국에 보화가 쌓이게 하여 주옵소서. 저희에게 믿음에 믿음을 더하시고, 사랑의 은사를 더하여 주사, 저희가 오직 하나님의 사역을 위하여 헌신하게 하시며, 성도 된 저희가 서로 사랑하게 하여 주시옵소서. 목사님을 통하여 주시는 하나님의 말씀을 듣기를 원합니다. 읽는 자와 듣는 자, 그 가운데 기록된 대로 지켜 행하는 자에게 복이 있다고 하신 말씀처럼 지켜 행할 수 있는 결단과 믿음을 주옵소서.

　한 주간 동안도 목사님의 사역에 함께 하시어서 은혜와 진리로 충만하게 해주시고, 병든 자에게 손을 얹은즉 낫게 하시고, 귀신이 떠나가며, 성령이 임하는 권능을 허락하옵소서. 모든 직분자들을 크신 은혜로 붙잡아 주옵소서. 주님이 붙잡지 않으시면 넘어집니다. 주님이 세우지 않으시면 무너집니다. 주님이 지키지 않으시면 지키는 자의 수고가 헛됩니다. 주님께 간구합니다. 저희 이웃을 위하여 기도하고 봉사하게 하시고, 그들의 필요에 도움의 손길이 될 수 있는 복을 허락하여 주옵소서.

　예수 그리스도의 이름으로 기도합니다. 아멘!

8월 · 첫째 주일 낮

　지금도 살아 계셔서 온 인류의 역사를 주관하시며 감찰하시는 거룩하신 하나님 아버지. 주님의 전능하신 섭리를 찬송하오며 주님께 영광을 돌립니다.

　저희들은 하나님의 백성이라 부를 가치도 없는 죄인들이지만 주님께서는 사랑해 주시고, 독생자 예수 그리스도의 보혈로 저희를 깨끗하게 하시니 감사합니다. 또한 저희들에게 하나님을 경외하며 주님의 말씀을 좇아 살게 하시니 감사합니다.

　주님, 저희들은 지난 한 주일 동안에도 세상에 살면서 주님을 기쁘시게 하지 못하고, 저희들의 육신을 위하여 이기적인 욕망과 많은 죄악 속에서 살아왔습니다. 이 시간 저희들의 회개를 들어 주시고 용서하여 주옵소서.

　또한 주님의 말씀의 거울로 저희를 비추시고 영혼을 가르치사, 저희들의 삶 전체가 하나님 아버지를 향한 삶이 되게 하시고, 주님을 저희의 희망과 위로로 삼게 하시옵소서. 하나님 아버지, 이곳에 꿇어 엎드린 사랑하는 성도들을 위하여 간구하오니 주님께서 기도를 들어주시고 응답해 주시옵소서. 먼저 하나님 말씀대로 살아가게 하셔서, 생활 속에서 삶 전체를 통하여 주님의 영광을 드러내는 살아있는 믿음을 허락하시옵소서.

　저희들이 걱정하고 근심하며 괴로워하는 그 모든 것들은 약한 믿음 때문이며, 용기없는 신앙 때문이니 주께서 저희들을 온전히 이끄시어 더 굳센 믿음을 허락하여 주시기를 간절히 간구하옵니다.

　전능하신 하나님, 예수 그리스도께서 친히 저희 교회의 머리가 되셔서 지켜주시고, 주님의 사랑과 진리와 은혜가 가득 찬 교회가 되게 하옵소서. 성령께서 뜨겁게 역사하시는 교회가 되게 하시며, 날로 부흥 발전하게 도와주옵소서. 주님을 믿고 따르는 저희들이 세상 속에서 주님의 명령을 지킬 수 있는 복을 허락하여 주시옵소서. 부활하신 주님과 날마다 영적인 교제를 나누게 하시고, 이생의 자랑과 안목의 정욕에 이끌려 좌초하는 인생으로 사는 것이 아니라, 능력의 주님을 의지하여 저희의 믿음이 온전케 되기를 원합니다. 세우신 기관마다 더욱 복을 주셔서 주님의 영광을 드러내기에 부족함이 없는 기관들이 되어 늘 쓰임 받는 귀한 기관들이 되게 하시고, 항상 충성과 봉사가 넘쳐나게 하여 주옵소서.

　오늘 저희들의 예배가 주님께서 기뻐 받으시는 산 제사가 되게 하시고, 목사님을 통하여 선포되는 말씀으로 저희들을 감동케 하옵소서. 오늘 저희의 예배를 처음부터 끝까지 주님께서 주장하시고, 모든 것 내려놓고 주님 앞에 나온 모든 성도들에게 한량없는 복을 내려주옵소서.

　예수 그리스도의 이름으로 기도합니다. 아멘!

8월 · 둘째 주일 낮

저희를 지극히 사랑하사 귀한 자녀 삼으신 하나님 아버지 감사합니다! 저희의 기도를 기쁘게 받으셔서, 세상에서 가장 좋은 것으로 주기를 원하시는 하나님의 사랑하심에 감사하며, 경배와 찬양을 드립니다.

오늘 거룩한 주일에 주님 앞에 나와 예배하오니, 구하는 성도들에게 가장 좋은 것으로 채우시고, 찾는 자들에게 응답하시며, 두드리는 성도들에게 열리는 복된 예배가 되게 하옵소서.

저희의 예배가 진정으로 하나님께 올려지는 영적인 예배가 되게 하여 주시옵소서. 저희의 한숨이 변하여 찬양이 되게 하시고, 근심이 변하여 기도가 되게 하옵소서.

어떠한 환경에서도 실족하지 않게 하시고, 주님 바라봄으로 날마다 구원을 체험하게 하옵소서. 작은 시련에도 믿음이 이리저리 흔들리는 저희 인생을 긍휼히 여기시어, 하나님을 바라볼 수 있는 믿음을 더하여 주시옵소서. 하나님의 형상대로 지음 받은 인생들이 하나님의 형상을 잃을 때 얼마나 추한 모습을 하고 주님을 배반했던가를 생각하면서 회개합니다. 용서하여 주시옵소서. 오직 사망의 권세를 부활로 이기신 주님만을 의지하여 여기에 나와 섰사오니 저희를 받아주옵소서.

이 시간 이곳에 모인 모든 심령들이 주님의 살아 계신 말씀의 능력을 체험할 수 있도록 복을 내려주옵소서. 주님, 저희들이 먼저 그 나라와 의를 구하며, 더욱 주님께 헌신할 때, 모든 걱정 근심이 사라질 것을 확신하오니, 저희들이 더욱 주님께 가까이 나아갈 수 있도록 도와주옵소서.

하나님 아버지, 아직도 주님을 알지 못하고, 죄 속에서 신음하는 저희의 이웃과 형제들을 위하여 기도하오니, 주님께서 복음의 빛을 비추시어 당신의 밝은 빛 속에서 살아가게 하시고, 예수님을 믿어 영생을 누리는 복을 허락하옵소서. 헐벗고 굶주리는 저희의 이웃들이 있사오니, 그들을 주님께서 지켜주시고, 저희가 그들과 함께 할 수 있는 귀한 믿음을 허락하옵소서. '누구든지 목마르거든 내게로 와서 마시라. 나를 믿는 자는 생수의 강이 그 배에서 흘러나리라'라고 하신 말씀대로, 저희들 자신의 영혼이 해갈되고, 이웃에게도 나눠 줄 수 있는 생명의 충만함을 저희에게 베풀어주옵소서.

세우신 장로들과 권사들이 기도의 아버지, 어머니가 되어, 많은 성도들을 하나님 앞에 말씀으로 권면하며 옳은 길로 나아가게 할 능력을 주옵소서. 저희 각자에게 주신 달란트를 하나님 뜻대로 선용하여 선하신 뜻을 드러내게 하옵소서.

거룩하신 하나님 아버지, 나라의 통치자와 정사를 맡은 모든 이들에게 순수한 마음과 말에 현명함과 행동에 굳셈과 주님의 말씀을 두려워하는 마음들을 허락하옵소서. 그리하여 이 땅에 불의와 부정이 사라지고, 남북으로 나누어진 이 나라가 주님의 복음으로 통일되는 놀라운 축복의 역사가 일어나게 하옵소서.

예수 그리스도의 이름으로 기도합니다. 아멘!

8월 · 셋째 주일 낮

저희들의 생명이시며, 소망이 되시는 하나님 아버지, 전능하신 주님께 영광을 돌립니다. 교회의 지체된 저희들이 이 시간 예배로 주님께 영광 돌릴 수 있게 하시니 감사합니다. 예배하는 자는 신령과 진정으로 예배하라고 하신 하나님, 저희들이 올리는 이 예배를 참으로 하나님께서 기쁘게 받으시기를 원합니다.

그러나 자비로우신 하나님 아버지, 저희는 주님 앞에 설 때마다 늘 저희의 부끄러운 모습을 숨길 수가 없습니다. 이 시간 저희의 죄와 부족함을 자백하오니, 예수 그리스도의 보혈의 공로로 저희들을 용서하여 주옵소서. 주님께서는 저희들을 택하여 주시고, 오늘날까지 보호하시고 지켜주셨지만 저희들은 주님의 뜻을 깨닫지 못하고 죄악 가운데 살았습니다.

주님께서 저희들을 불쌍히 여기셔서 죄 가운데서 구해 주시고, 하나님께 충성된 삶을 살게 도와주옵소서. 저희들은 넘어지기 쉽고 주님의 뜻을 저버리고 살기 쉬우니 붙잡아 주옵소서. 예배하는 저희들로 하여금 이 시간 주님의 긍휼과 자비를 체험하게 하옵소서.

사랑의 주님이시여, 저희 교회와 성도들을 위하여 기도하오니 들어 주시옵소서. 저희 교회가 더욱 아버지께 인정받는 교회가 되게 하시고, 사랑과 평화가 끊임없이 돋아나게 하옵소서. 그리하여 서로 사랑하며 모든 성도들의 마음을 하늘과 땅 위에서 하나 된 주님의 거룩하신 가족으로 묶어 주옵소서. 저희 교회에는 구역이 많이 있습니다. 이 모든 구역의 가정들을 하나님께서 돌보아 주옵소서. 그리하여 여러 가지 문제를 가지고 기도하는 그들의 기도가 다 이루어지게 하옵소서.

특별히 기도드리는 것은 여러 가지 처지와 사정에 따라 출타해 있는 식구들 있사오니, 어느 곳에 있든지 굳건한 믿음으로 살게 하셔서 기쁨의 소식이 늘 끊어지지 않게 도와주옵소서.

또 구역을 위하여 수고하는 구역장들에게 더욱 복을 주셔서 구역을 돌보는 데 부족함 없게 하시고, 건강도 지켜주옵소서.

하나님 아버지, 저희 교회에 속한 모든 기관을 주님께서 감찰하시고 지켜주셔서 모든 기관이 주님께 영광 돌리며, 몸 된 교회를 섬기는데 열심을 갖게 하시옵소서. 한 기관이라도 실족함이 없게 하시고, 모든 기관장을 지켜주옵소서.

이 시간 예배를 섬기는 귀한 일꾼들에게 하늘의 상급이 큼을 보여주시옵소서. 또한 찬양대의 찬양을 받으시고, 이 시간 우리 모두에게 한없는 은혜를 내려주옵소서.

할렐루야! 전능하신 아버지. 이 시간 성령의 은사를 구합니다. 그래서 은사가 넘쳐 하나님이 친히 다스리시는 교회 되게 하여 주옵소서.

말씀을 대언하게 하신 목사님에게 늘 새 힘과 능력을 허락하옵소서. 오늘 예배에 참석하지 못한 성도들도 주님께서 친히 돌보아 주시옵소서.

거룩하신 예수 그리스도의 이름으로 기도합니다. 아멘!

8월 · 넷째 주일 낮

찬양받으시기에 합당하신 하나님!

하나님의 이름을 찬송케 하시며, 저희 능력 되신 하나님을 즐거이 노래하며 찬송하게 하옵소서. 해와 달이 찬양하며, 밝은 별들이 찬양하며, 하늘의 하늘도 찬양하며, 하늘 위에 있는 물들도 찬양하며, 주님께 지음 받은 모든 피조물이 주님을 찬양하게 하옵소서.

이 시간에도 저희들은 부끄러운 죄를 고백하지 않을 수 없습니다. 저희의 많은 죄악에도 불구하고, 하나님 아버지께 감사합니다. 언제나 늘 자비로써 저희들 마음에 성령의 불을 붙여 주시고, 오래 참으시며, 간구하는 대로 응답하여 주시니 감사합니다. 오늘도 믿음의 자녀로 살아갈 수 있도록 은혜 주실 줄 믿습니다. 저희들은 하나님의 사랑과 능력이 없이는 살 수 없습니다. 오늘도 갈급한 심령으로 나왔사오니, 주께서 저희들의 기도에 응답해 주옵시고, 고난 중에도 기쁨을 잃어버리지 않게 하시고, 소망 중에 승리하게 하옵소서. 성령을 충만케 하셔서 기도 생활과 말씀 생활과 전도 생활에 승리하는 삶으로, 저희의 생활 가운데 성령의 열매들이 충만하게 하여 주옵소서. 입술의 찬양이 끊어지지 않게 하시며, 기도에 감사와 평강이 넘치게 하옵소서. 저희들의 삶을 주관하시되, 성령의 충만한 은혜를 공급받게 하옵소서.

여호와의 손이 짧아 구원치 못함이 아니며, 귀가 둔하여 듣지 못함이 아닌 줄 압니다. 저희의 죄악이 하나님과 멀어지게 하였사오니, 저희의 죄악으로 인하여 사망에 이르지 않게 하시고, 용서받는 시간이 되게 하여 주옵소서. 끊을 것은 끊게 하시고, 자를 것은 자르게 하셔서 믿음의 결단으로 저희의 심령이, 생활이 성결케 되기를 간절히 기도합니다.

십자가의 사랑과 희생과 용서와 화해에 동참하게 하시고, 제 뜻이 아닌 주의 뜻이 이루어지게 하옵소서. 하나님께서 저희를 완전한 하나님의 사랑 가운데 세우셨사오니 말씀에 순종케 하옵소서. 하나님의 영광을 위하여 저희를 창조하셨사오니, 하나님이여, 먹든지 마시든지 무엇을 하든지 저희가 다 하나님의 영광을 위하여 하게 하시며, 헛된 영광을 구하지 않게 하시고 살든지 죽든지 저희 몸에서 주님만이 존귀하게 될 수 있도록 해주옵소서.

거룩하신 하나님! 예배를 위하여 수고하는 많은 손길들이 있사오니, 하나님의 무한하신 은혜로 그 손길들 위에 함께 하사 주님의 사랑 가운데 살아가는 엘리야에게 주셨던 갑절의 은혜를 날마다 새롭게 부어주옵소서. 하나님의 말씀을 대언하게 하신 목사님에게 복을 주시고, 저희의 심령을 하나님의 은혜로 충만케 하여 주시옵소서. 말씀을 붙들고 세상을 이길 수 있는 힘을 허락하여 주시옵소서.

예수 그리스도의 이름으로 기도합니다. 아멘!

9월 · 첫째 주일 낮

영광과 찬송과 예배를 받으시기에 합당하신 하나님 아버지! 찬양과 영광을 하나님께 드립니다. 아버지 하나님을 오늘도 예배하며 찬양함이 저희의 기쁨입니다. 오! 하나님, 저희를 향하신 아버지의 사랑을 보여주시니 감사합니다.

주님을 겸손과 온유함으로 따르게 하옵소서. 하나님께 향한 사랑과 봉사와 헌신과 믿음이 있게 하시고, 이웃을 향한 사랑과 용서와 교제가 있게 하옵소서.

천지 만물을 주관하시고, 섭리하시는 전능하시고 영원하신 하나님 아버지, 죄로 인하여 죽을 수밖에 없는 저희를 사랑하셔서, 예수 그리스도의 보혈로 죄 사함을 받게 하시고, 주님의 거룩하신 백성으로 삼아주시니 감사합니다. 또 저희에게 거룩한 주일을 허락하셔서 이 시간 예배할 수 있게 하시니 더욱 감사합니다. 주여, 그러나 저희들은 하나님의 은혜를 깨닫지 못하고, 주님의 말씀대로 살지 못했습니다. 그리하여 주님을 향한 사랑이 식었고, 믿음이 약하여 충성과 봉사를 다 하지 못했습니다. 이 시간 저희의 허물을 고백하고 회개하오니 저희의 죄를 사하여 주옵소서.

주여, 저희를 용서하시고, 주님의 긍휼 안에서 소망을 가지게 하시고, 주님의 선하심 안에서 힘을 얻고 살아가게 인도해 주옵소서

이 시간 아버지께 간구합니다. 오직 저희의 시민권은 하늘에 있사오니, 땅의 일을 생각하는 자가 되지 않게 하옵소서. 영원하신

하나님이 저희 처소가 되시며, 그 영원하신 팔이 항상 저희에게 함께 해주옵소서. 또한 저희가 썩는 양식을 위하여 일하지 않고 오직 영생하도록 있는 양식을 위하여 일하게 하시며, 저희 보물을 땅에 쌓아두지 않고 하늘에 쌓아둘 수 있게 하옵소서.

늘 저희를 평안 가운데로 인도하시는 하나님, 저희가 오직 하나님의 인도하심만을 받게 하시고, 저희 스스로 자력으로 인생을 살아가려고 하지 않도록 긍휼을 베풀어주옵소서. 하나님이 인도하시는 길 외에는 그 어떤 곳도 가지 않게 해주옵소서.

심령이 가난한 자가 복이 있다고 하신 주님, 이 시간 저희 심령이 가난하게 되어 오직 주님만 바라보게 하시며, 저희가 드리는 예배에 성령의 기름을 부어주옵소서. 그리고 이 시간 목사님을 통해 전해지는 말씀으로 저희 영혼이 새로운 힘을 얻게 해주옵소서.

이 시간 예배를 섬기는 많은 손길들에게 복을 주시고, 또 말씀을 대언하게 하신 목사님에게도 주의 놀라운 능력으로 함께하셔서 저희들을 신령한 말씀으로 인도하는데 조금도 부족함 없게 해주옵소서.

주님, 지금 이 세상은 밤과 같이 어둡고 험한 세상이오니, 저희들이 어둠을 이기고 밝은 빛으로 승리하게 도와주시옵소서. 이 예배를 주님께서 홀로 받아주시고, 저희들에게 한량없는 은혜를 베풀어주옵소서.

아무 공로 없는 죄인이 예수 그리스도의 이름 받들어 기도합니다. 아멘!

9월 · 둘째 주일 낮

아버지 하나님! 즐겁고 기쁜 날 저희들이 아버지께 왔사오니 복 주옵소서, 믿음의 복 주옵소서. 저희들에게 세상이 감당치 못할 큰 믿음을 주시고, 믿음의 주요, 저희를 온전케 하시는 하나님을 바라보며 세상의 모든 무거운 것과 얽매이기 쉬운 죄를 벗어버리고, 인내로써 저희 앞에 당한 믿음의 경주를 잘 경주하게 하시고, 어떠한 역경과 고난도 극복할 수 있게 하옵소서. 하나님께서 저희를 사랑해 주심으로써 저희 영혼을 사탄의 권세로부터 구속하셨사오니, 더 이상 사탄에게 종노릇 하지 않도록 해주시옵고, 마귀의 궤계를 능히 대적하기 위하여 하나님의 전신 갑주를 입게 하시옵소서.

주님, 출애굽의 큰 은혜를 체험하고도 애굽에서 먹었던 고기를 그리워한 이스라엘 백성처럼, 저희가 예수님을 믿기 전의 죄악된 생활을 그리워하거나 본받지 않게 하시고, 주님께서 베풀어주신 구원의 큰 은혜를 기억하며, 늘 주 안에서 만족하며, 주님만 섬기며 살게 하옵소서. 전에는 어두움이던 저희가 이제는 주님 안에서 빛이 되었사오니, 빛의 자녀들처럼 행하게 하소서. 그리하여 저희 빛을 믿지 않는 사람들 앞에 비추게 하여 그들이 저희 착한 행실을 보고 하늘에 계신 하나님 아버지께 영광을 돌릴 수 있게 하옵소서. 하나님께서 힘을 주시고 평강의 복을 주시며, 저희가 평온함을 인하여 기뻐하는 중에 하나님께서 저희를 소원의 항구로 인도하시며, 저희를 안전히 거하게 하시는 이는 오직 하나님뿐이심을 확고히 알게 하소서.

하나님 아버지. 저희들의 가족 중에 아직도 주님을 영접하지 못하고 죄악 속에서 사는 형제자매들 있습니다. 이 시간 저희들이 한마음으로 기도하오니 저희 성도들의 모든 가족이 하나님을 영접하여 영생을 얻게 하시고, 저희들의 가정이 구원의 방주가 되는 놀라운 주님의 은총을 내려주옵소서.

이 시간 참석한 모든 성도들의 심령에 주님을 향한 감사가 흘러넘치게 하옵소서. 나아가 저희들이 물질의 복에만 만족하는 어리석은 자들이 되지 않게 하시고, 영의 복을 사모하며, 늘 기도에 힘쓰는 성도들이 되게 하실 줄 믿고 감사드립니다

하나님 아버지, 이 시간 저희가 주님 앞에서 모든 사람을 위하여 기도할 수 있도록 주장하시어서 이 지역을 저희들이 복음화할 수 있게 도와주시옵소서. 저희 교회를 주님께서 세워주시고, 지켜주시며, 부흥 발전하게 하시오니 감사합니다. 더욱 주께서 복을 주셔서 우리 교회가 주님의 큰일을 감당하는 교회가 되게 하시고, 각 기관도 복을 주셔서 하나님의 영광을 드러내는 귀한 기관으로 세워주옵소서.

예배를 준비한 많은 손길들에게 복을 주시고, 주의 사랑으로 위로해 주옵소서. 하나님의 말씀을 대언하신 목사님에게 불 같은 능력으로 임하사, 말씀에 권세가 있게 하소서. 주 예수 그리스도의 이름으로 기도합니다. 아멘!

9월 · 셋째 주일 낮

사랑과 은혜가 풍성하신 하나님 아버지! 오늘 거룩한 주님의 날 아버지 앞에 나아와 예배하게 하심을 감사합니다. 이 세상에는 많은 사람이 있는데, 저희가 무엇이기에 이처럼 택해 주시고, 하나님의 자녀로 삼아주시나이까!

거룩하신 아버지 하나님, 복된 날을 저희에게 허락하여 주시니 감사합니다. 정성을 하나로 모아 살아 계신 주님께 예배할 수 있는 저희들이 되게 해주신 은혜를 진심으로 감사 드립니다. 저희가 다른 사람이 알지 못하는 놀라운 사랑과 복을 받게 된 것을 생각하면 만 입이 있어도 감사와 찬송을 다 드릴 수가 없습니다. 저희의 입을 열어 하나님을 아버지라고 부를 때마다 그저 감격스러운 것밖에 없습니다. 하나님의 도우심이 없이는 잠시도 생명을 부지할 수 없는 연약한 저희들을 지난 한 주간 동안도 여러 모양과 여러 형편 속에서 보호해 주시고, 인도해 주시고, 가르쳐 주신 그 크신 은혜에 진심으로 감사드리옵나이다. 이토록 크신 하나님의 사랑과 은총 속에서 살고 있는 저희들입니다. 그러하오나 지나온 한 주간의 삶을 이 시간 다시 한번 되돌아볼 때 주님 앞에 죄스럽고 잘못된 일들이 너무도 많았던 죄인들이었음을 고백하지 않을 수 없습니다.

자비가 풍성하신 사랑의 하나님 아버지, 그리스도께서 흘려주신 십자가의 보혈을 의지하옵고, 이 시간 주님 앞에 머리 숙였사오니, 아버지, 저희 죄를 용서하여 주옵소서. 이제는 진실로 죄를 떠난 삶을 살도록 더욱 노력하며, 하나님 기뻐하시는 삶을 살아갈 수 있게 하여 주옵소서. 자비가 풍성하시고, 능력이 많으신 아버지 하나님, 오늘의 저희 현실은 주님을 향하여 간구해야만 할 일들이 너무나 많습니다. 주님께서는 저희의 기도에 응답해 주시는 권능의 하나님이시기에 주님께 간구합니다. 저희 민족을 보호하여 주옵소서. 이 사회를 정화시켜 주옵소서. 저희 교회들이 그리고 모든 성도들의 삶이 하나님의 말씀 따라 살아갈 수 있는 힘과 용기를 주옵소서. 충성된 청지기의 삶이 되게 하옵소서. 거룩한 오늘 주시는 말씀을 겸손히 받게 하시고, 즐겁게 안식하는 복된 날이 되게 하옵소서. 예배의 시종을 성삼위 하나님께서 주관하옵시고, 말씀을 전하실 목사님에게 말씀의 영이 충만하게 하옵소서. 세우신 찬양대 위에도 성령의 화답이 있게 하옵소서.

아버지, 저희가 이 시간 하나님 앞에 나온 것은 세상의 무엇을 얻으려고 나온 것이 아닙니다. 오직 하나님께만 영광을 돌리고, 하나님 주시는 신령한 은혜를 받기 위해서 나왔습니다. 저희의 모습 그대로 나아왔습니다. 저희의 마음을 비워 주시고, 목사님을 통해서 주시는 말씀을 저희에게 주시는 말씀으로 받게 하옵소서. 그리하여 피곤하고 지친 저희의 심령이 소생함을 받아 이 험한 세상에 나가서 주와 함께 걸으며 선한 싸움에서 승리하게 해주옵소서. 주 예수 그리스도의 이름으로 기도합니다. 아멘!

9월 · 넷째 주일 낮

영원히 살아 계신 하나님 아버지!

저희 영혼이 하나님을 찬양하게 하옵소서. 하나님은 하늘 위에 높이 들리시며, 하나님의 영광은 온 세계 위에 높아지기를 원하나이다. 천지와 바다와 그중의 만물을 지으시며, 영원히 진실함을 지키시는 주님, 주는 광대하시며 능력이 많으시며, 그 지혜가 무궁하시오니, 온 땅이 주님께 경배하고, 주님을 찬양하며, 주님의 이름을 찬미하게 하옵소서. 저희가 하나님을 항상 송축하며, 하나님을 송축함이 저희 입에 계속하게 하시고, 저희 영혼이 하나님을 자랑하며, 곤고한 자가 이를 듣고 기뻐하게 하옵소서. 세상에서 살면서 상처받은 영혼들을 예배의 자리로 불러주신 주님께 감사를 드립니다. 주님을 사모하여 모인 저희들에게 은혜의 충만함을 허락하여 주옵소서.

하나님을 경외함으로 살아가야 함에도 불구하고, 옛사람의 구습을 좇아 썩어져 가는 세상을 살아가고 있지는 않았습니까! 이 세상을 좇아 살려고 하는 유혹 앞에 힘없이 마음을 빼앗기고, 주님 주신 십자가의 은혜를 저버리지 않도록 붙들어 주시기를 원합니다. 자신의 몸을 태워 어두움을 밝히는 촛대와 같이 저희가 주를 위해 늘 쓰임 받게 하옵소서. 주님을 뵈올 때까지 십자가의 구속에 대한 벅찬 감격으로 선한 싸움을 싸우면서 하늘나라에 소망을 두게 하시고, 주님 앞으로 가는 그날까지 승리하게 하시옵소서. 저희들이 믿지 않는 많은 영혼들에게 본이 되게 하여 주시옵소서.

은혜와 사랑의 주님! 이제 9월도 마지막 주일입니다. 저희 교회를 위해서 기도하오니 주님의 피 값을 주고 사신 교회가 건물만 그럴듯하고 주님을 저버리는 교회가 되지 말게 하시옵고, 구석 구석마다 주님의 사랑과 십자가의 정신과 복음이 깊게 스며들게 하셔서, 교회를 찾는 모든 심령들이 십자가에서 승리하신 예수 그리스도를 만나게 하시옵고, 가슴을 찢는 회심과 그리스도의 피조물로 그 십자가의 감격을 머리가 아닌 가슴으로 체험하는 영적 부흥이 있게 하옵소서. 그리하여 저희가 하나님의 영광의 빛 가운데 거하게 하시고, 저희의 삶이 참 제사로 드려지는 역사가 일어나게 하여 주시옵소서. 주의 말씀을 들을 때 아버지의 숨겨진 뜻이 저희들에게 드러나게 하시고, 어떻게 행해야 할지를 구체적으로 깨달아 알게 하소서. 그리하여 저희 인생의 한 시간도 헛되이 보내지 않으며, 주님의 몸 된 교회를 위하여 수고하며 살게 하소서.

주님의 몸 된 교회를 위하여 주님께서 주신 귀한 직분을 맡아서 몸을 드려 충성하는 손길들을 기억하시고, 저들의 수고가 더해질 때마다 주님을 사랑하는 신앙 고백이 넘쳐나게 하시옵소서. 특별히 예배를 위하여 찬양을 드리는 찬양대 위에 함께하시고 말씀을 전하게 하신 목사님 위에 함께하사 저희의 예배를 풍성케 하시고, 저희의 예배를 기쁘게 받으시기를 원합니다.

예수 그리스도의 이름으로 기도합니다. 아멘!

9월 • 다섯째 주일 낮

만유의 주 여호와 하나님 아버지! 오늘도 살아계셔서 저희들을 지켜주시니 감사합니다. 은혜와 사랑을 진심으로 찬양합니다.

저희는 다 주의 백성이라, 모두 그리스도 안에서 한 피로 구속받은 형제자매들입니다. 이제 한자리에 모여 감격으로 드리는 찬양과 예배를 받으시옵소서. 주의 자녀들이오니 위로와 평강이 넘치게 하시고, 복 받는 귀한 시간이 되게 하옵소서.

전능하신 하나님! 하나님의 뜻은 저희가 아버지의 형상을 따라 변화되어 천국을 유업으로 받아 다스리는 것입니다. 하지만 아직도 저희들 주님을 본받기에 힘겨워하고 있습니다. 옛적 아비 마귀는 잘 따르고 좇으면서 정작 주님의 형상은 닮지 못하고 있습니다. 부디 저희들을 불쌍히 여기시고, 더 깊은 믿음으로 주님을 따르게 하옵소서. 하나님의 말씀을 통한 신앙의 훈련을 하게 해주옵소서. 날마다 경건의 훈련을 통해 주님의 형상을 닮아갈 수 있도록 복을 더하여 주옵소서.

감사하신 하나님! 어느새 가을이 깊어 가고 있습니다. 오곡이 익어가고 백과가 점점 여물어가고 있습니다. 저들에게 하나님의 사랑의 햇볕을 내려주셔서 열매가 맺히게 해주시듯이 저희에게도 믿음의 선한 열매가 주렁주렁 맺히게 하실 하나님께 감사합니다. 인생의 겨울이 이르기 전에 하나님이여, 저희에게 더 열심히 열매 맺는 은혜를 주실 줄 믿습니다.

이 시간 주님께 특별히 간구하옵기는, 무엇보다 남북이 대치되어 긴장을 풀지 못하고 있는 우리나라를 불쌍히 여겨 주시옵소서. 갈수록 나라가 어수선해지고 경제적 불안이 더해지고 있습니다. 평화의 왕이 되시는 주님께서 저희 민족을 건강한 사회가 될 수 있도록 치료하시고 건지시기를 간구합니다. 저희로 하나님을 바라고 섬길 수 있는 귀한 믿음을 허락하시고, 저희의 어리석음으로 하나님을 모른다고 부인하고 저주하는 범죄를 저지르지 아니하도록 지혜로 복을 주시옵소서. 하나님의 말씀을 붙잡고 일생을 승리할 수 있도록 복을 주시옵소서. 지금은 영적 전쟁이 더 심화되는 시기입니다. 말세가 될수록 사탄은 성도를 삼키려고 두루 찾아다니고 있으며 몸부림치고 있나이다. 십자가 신앙으로 강하게 무장함으로써 마귀의 궤계를 능히 물리칠 수 있도록 해주시옵소서. 이 시대를 정복하는 십자가의 군병이 되게 하옵소서. 이곳에 하나님께서 저희 교회를 세우셨으니 저희로 하나님의 은혜를 나누며 교제하는 귀한 시간이 되게 하시고, 저희의 모든 것으로 하나님을 찬양할 수 있는 귀한 성도들이 될 수 있도록 복을 주시옵소서. 이 시간 말씀을 대언하게 하신 목사님에게 특별히 말씀의 능력을 더하여 주시옵소서. 그 옛날 베드로의 설교를 통하여 수천 명이 회개하고 돌이킨 것 같이, 바울의 설교로 세계 복음화가 감당된 것 같이 역사하는 말씀을 주시옵소서. 예배를 섬기는 분들에게 복을 주옵소서. 숨은 봉사자들에게도 한없는 복을 내려주옵소서. 구주 예수 그리스도의 이름으로 기도합니다. 아멘!

10월 · 첫째 주일 낮

하나님 아버지!

저희의 종말과 연한의 어떠함을 알게 하사, 저희의 연약함을 깨닫게 하시며, 모든 육체는 풀과 같고, 그 모든 영광은 풀의 꽃과 같다고 하셨사온데, 저희는 영원히 변치 않는 주님의 말씀만을 붙들면서 살게 하여 주옵소서. 호흡이 코에 있으며, 수에 칠 가치도 없는 저희 인생을 의뢰치 않게 하시며, 아침 구름 같으며, 사라지는 이슬 같으며, 타작마당에서 광풍에 날리는 쭉정이 같은 저희를 긍휼히 여기사 주님을 위해서만 사용되도록 하옵소서. 주님의 목전에는 의로운 인생이 하나도 없으며, 모든 사람이 죄를 범하여 하나님의 영광에 이르지 못하게 되었으나 하나님께서 예수 그리스도를 보내 주셔서 대속하시고, 허물과 죄로 죽었던 저희를 구원시켜 주심을 감사합니다. 구원함을 얻은 저희들이 세상과 구별되어 성결하게 하시고, 세상 속에서 빛의 역할을 감당하여 선교적 사명을 감당하되, 하나님의 부르심의 소명을 따라 충성함으로 감당할 수 있는 믿음을 더하여 주옵소서.

역사를 주관하시는 하나님 아버지, 하나님의 놀라우신 사랑과 은총에 감사와 찬송을 드립니다. 죽을 수밖에 없는 죄인들을 불러 하나님의 귀한 백성으로 삼아주시고, 죄 가운데 방황하는 저희들을 구름 기둥과 불기둥으로 인도하여 주신 극진한 사랑에 깊은 감사를 드립니다.

오늘 하나님 앞에 모두 모여 마음과 뜻과 정성을 바쳐 사명을 다할 것을 다짐하며 예배합니다. 하나님께서 역사하여 주시고, 성령님께서 저희의 마음을 인도하여 주옵소서. 저희의 예배가 하나님께는 큰 영광을 돌리며, 저희에게는 한없는 은혜의 시간이 되게 하옵소서.

특별히 남녀 선교회 회원들과 각 기관이 복음의 기수로서 청지기의 사명을 다하고, 사랑이 메마른 이 땅 위에 사랑을 실천하는 기관들이 되게 하여 주옵소서.

하나님 아버지, 하나님의 의로운 오른손으로 저희를 돌보시어 죄악이 만연한 세상 가운데서 신앙의 힘으로 승리할 수 있도록 도와주옵소서.

이 시간 예배하는 성도들에게 성령의 능력과 지혜와 명철을 허락하여 주옵소서. 주님의 몸 된 교회를 위하여 봉사하는 일, 무슨 일을 하든지 하나님의 영광을 위하여 일하는 귀한 존재가 될 수 있도록 인도하여 주옵소서.

오늘도 말씀 속에서 심령의 갈증을 풀 수 있도록 흡족한 은혜의 단비를 내려주옵소서. 이 은혜를 간직하고 증인으로서 사명을 다하는 모든 성도가 되게 하옵소서.

저희 성도들이 이 땅의 복음화와 통일을 위해서, 나라와 교회를 위해서 썩어지는 밀알이 되게 하옵소서. 저희가 믿는 것은 오직 하나님 아버지 한 분뿐이오니, 꿋꿋이 전진하는 신앙인으로 승리하게 하옵소서.

항상 살아계셔서 저희와 동행하시는 주 예수 그리스도의 이름으로 기도합니다. 아멘!

10월 · 둘째 주일 낮

하나님 아버지! 오늘도 하나님께서 영광과 찬송과 예배를 받아 주시옵소서.

하나님, 저희의 예배를 믿음 있는 아벨의 제사처럼 기쁘게 받아 주시옵고, 이삭을 드린 아브라함의 믿음처럼 하나님을 경외하는 예배가 되게 하여 주옵소서.

예수님께서는 근본 하나님의 본체이시나 하나님과 동등 됨을 취할 것으로 여기지 아니하시고, 오히려 자기를 비워 종의 형체를 가져 사람들과 같이 되심으로 저희에게 구원을 주시고, 삶의 모범을 보여주셨사온데, 주님, 저희도 주님을 본받아 철저히 겸손할 수 있도록 해주시옵소서.

저희의 생명 되신 주님, 더 이상 저희 자신을 위해 살지 않고 저희를 대신하여 죽었다가 다시 사신 주님만을 위해 살게 하시며, 살아도 주를 위해 살고, 죽어도 주를 위해 죽게 하사, 사나 죽으나 저희가 주님의 것이 되게 하옵소서. 오직 주 예수 그리스도로 옷 입고 세상을 위하여 육신의 일을 도모하지 말게 하시며, 이제는 변화를 받아 저희 몸을 하나님께서 기뻐하시는 거룩한 산 제사로 드림으로, 저희가 마땅히 드릴 영적 예배가 되게 하시고, 예수 그리스도와 그의 십자가에 못 박히신 것 외에는 저희가 아무것도 알지 않게 하옵소서.

주님을 사모하는 모든 사람의 마음에 빛 되시며, 주님을 믿는 모든 영혼의 생명 되시는 하나님 아버지. 지난 한 주간 동안에도 저희를 주님의 사랑과 은혜와 보호 속에서 살게 하시고 다시 이 시간 주님 앞에 엎드려 기도하게 하시니, 그 사랑과 은혜에 감사와 영광을 드립니다.

그러나 이 시간 고백하지 않을 수 없습니다. 저희들은 주의 뜻대로 살지 못하고 주님의 품을 떠나려고 애쓰며 세상과 불의와 타협하며 자신의 죄를 합리화하는 나약한 신앙을 가지고 살아왔습니다.

하나님 아버지. 이제 저희들의 죄를 제거해 주시고, 자비로써 저희들 마음에 성령의 불을 붙여 주옵소서. 그리하여 돌 같은 마음에 새로운 마음을 허락하셔서 기쁜 마음으로 주님을 따르며 즐거워할 수 있는 귀한 믿음을 허락해 주옵소서.

오늘도 갈급한 심령으로 나왔사오니, 주께서 저희들의 기도에 응답해 주시옵소서. 주여, 저희 성도들의 사업과 가정과 자녀들에게 함께하셔서 복이 더해지는 놀라운 주님의 역사가 일어나게 하옵소서.

어느덧 10월도 벌써 두 주가 지나가고 있습니다. 추수할 때가 다 되었습니다. 하지만 저희들은 주님께 내어놓을 것이 없습니다. 용서하여 주옵소서. 새해 시작할 때 주님께 더 많은 열매를 맺겠다고 약속은 했지만 그렇게 하지 못한 것을 용서하여 주옵소서. 이 시간 예배를 위해 수고하는 많은 손길들을 복 주시고, 귀한 말씀 들고 단 위에 서게 하신 목사님을 기억하여 주옵소서. 오직 하나님의 말씀만이 저희를 살리심을 고백하오며, 예수 그리스도의 이름으로 기도합니다. 아멘!

10월 · 셋째 주일 낮

할렐루야! 아버지 하나님!

저희 짐을 주님께 맡겨 버리게 하시며, 저희를 붙드시고 의인의 요동함을 영원히 허락하지 않으시는 주님께로 나아가게 하옵소서. 저희 소망의 주님, 매일 저희가 주님의 인자한 말씀을 듣게 하시며, 저희가 주님을 의뢰하게 하시고, 저희의 다닐 길을 알게 하옵소서. 저희가 옛날 사드락, 메삭, 아벳느고처럼 하나님 외에 다른 신을 섬기지 아니하고, 그에게 절하지 아니하게 하시며, 오직 하나님만 경배하고, 하나님만 섬기게 하옵소서. 공중의 새는 심지도 않고, 거두지도 않고, 창고에 모아들이지도 않지만, 하나님께서 기르시고, 들의 백합화는 수고도 아니하고, 길쌈도 않는데 솔로몬의 모든 영광으로 입은 것이 이 꽃 하나만 같지 못하다고 하셨사온데, 저희들은 이런 생명체들보다도 더욱 귀하오니, 무엇을 먹을까 마실까 입을까 하는 일로 염려하는 자들이 되지 않게 하시고, 먼저 주님의 나라와 의를 구하면 주님께서 이 모든 것을 저희에게 더해 주신다는 사실을 굳게 믿게 하옵소서.

주님, 주님 앞에 회개의 기도를 드리오니, 저희 허물을 하나님께 자복하고, 저희 죄를 아뢰며, 저희 죄악을 숨기지 않게 하시며, 그리하여 주님의 보혈로 죄 사함을 받게 하시며, 저희를 온전히 정결케 하셔서 깨끗하게 하시며, 저희를 씻기셔서 눈보다 더 희게 하옵소서.

하나님 아버지! 그러나 저희들이 물질의 복에만 만족하는 어리석은 자들이 되지 않게 하시고, 영의 복을 사모하며, 늘 기도에 힘 쓰는 성도들이 되게 하옵소서. 닫혔던 입술과 마음을 활짝 열어 주시고, 저희들의 교회와 가정에서 기도드리는 간구의 소리가 늘 끊어지지 않게 하시옵기를 간절히 원합니다.

은혜로우신 하나님 아버지. 주님의 거룩한 교회를 위하여 간절 히 기도하오니 주님의 교회를 모든 진리로 채워주시고, 온 교회 에 평화와 진리가 가득 차게 하옵소서. 주님께서 저희 교회의 머 릿돌이 되어 주셔서 온 성도들이 서로 사랑하고 이해하며 감싸 줄 수 있는 마음을 허락해 주옵소서. 그리하여 저희 교회를 분열 과 싸움과 교만과 같은 마귀의 역사가 없는 아름다운 교회로 이 끌어 주옵소서.

부활이요 생명이신 하나님 아버지, 이 시간도 건강 때문에 간절 히 기도하는 성도들 있습니다. '네 기도를 들었고 네 눈물을 보았 노라. 내가 너를 낫게 하리라'라고 히스기야 왕에게 하신 하나님 의 그 음성을 이 시간도 듣고자 간절히 간구하오니, 주님 속히 응 답하여 주시옵소서.

주님의 몸 된 교회를 위하여 수고하는 목사님을 은혜와 진리 로 충만케 하여 주시고, 장로들과 여러 전도사, 집사들에게도 더 욱 크신 복을 내리셔서 목사님을 도와 일하는 데 부족함이 없게 하옵소서.

이 예배를 온전히 주님께 드리오며, 교회의 머리 되시는 예수 그리스도의 이름으로 기도합니다. 아멘!

10월 · 넷째 주일 낮

거룩하신 하나님 아버지, 찬양과 경배를 드립니다.

저희의 육신의 정욕을 그리스도와 함께 십자가에 못 박히게 하셔서 이제는 믿음 안에 살게 하심을 감사합니다. 오늘 저희들의 예배를 받으시고, 감사와 찬양을 기쁘게 받아주옵소서. 하나님께 영광을 드리기 위하여 모였사오니, 아버지께서 기뻐하시는 산 제사를 드리게 하옵소서. 믿는 저희들을 통하여 하나님의 나라가 이 땅에 이루어지기를 원하시는 주께서 저희들을 다스려 주시옵소서.

이 땅 위에 있는 모든 교회를 통하여 하나님께서 영광을 받으시옵소서. 죄 가운데 살던 저희가 하나님의 대속의 은혜를 사모하여 이 자리에 모였습니다. 저희의 찬양을 받으시고 진리의 빛 가운데로 인도하옵소서. 늘 저희를 구속해 주신 주님을 고백하며 살게 하여 주시고, 영원토록 십자가의 은혜 안에 사는 복을 허락하여 주시옵소서.

거룩하신 아버지 하나님, 오늘 저희들의 발걸음을 이곳으로 인도하시고, 말씀 들을 마음을 주심을 감사합니다. 저희들의 마음이 모여 온전히 아버지 앞에 나아가기를 원합니다.

사랑의 주님, 이제 곧 대입 시험을 치르는 고3 학생들을 기억하여 주옵소서. 가장 예민하고 유연한 시기에 비인간적인 입시제도의 틈바구니에서 아파하고 불안해하는 학생들과 함께하시어 이 과정을 잘 감당하게 하옵소서. 어떤 처지에서든지 감사하기를 바라시는 하나님의 뜻에 비추어 대학입시를 치르는 기회를 감사히 받아들이는 슬기를 주옵소서. 실패를 두려워 말게 하시고, 다만 실패와 실수를 통해 성숙하지 못하고 주저앉는 나약함을 두려워하게 하옵소서. 마음의 평화를 허락하옵시고 시험 당일에 침착하도록 도와주옵소서.

한 심령 한 심령이 아버지 앞에 바로 설 수 있는 믿음을 갖길 원합니다. 아버지를 온전히 신뢰하고 순종하는 법을 배우기를 원합니다. 이 시간 성령님께서 친히 예배를 인도하여 주옵소서. 아버지, 저희 삶에, 저희 생활에, 저희의 생각과 행동에 일일이 간섭하셔서 아버지의 자녀로 부끄럽지 않도록 저희를 훈련시켜 주옵소서. 저희 속에 아버지의 거룩한 영을 부어주시고, 정직하고 깨끗한 영을 주시옵소서. 저희에게 믿음의 열매를 허락하시고, 이웃들에게 복음을 증거할 수 있도록 인도하셔서 구원받은 사람들이 날마다 더하여지게 해주옵소서.

저희가 주님 앞에 예배할 때 친히 주님의 보좌로 임재하시며, 찬양대가 드리는 찬양을 하늘에서 들으시고, 하나님의 영광이 드러나게 하시며, 저희가 그 영광 가운데서 기뻐할 수 있게 하옵소서. 목사님을 통해 전파되는 주님의 말씀이 저희에게 영적 양식이 되어서 이 세상을 능력으로 살 수 있게 해주옵소서. 이 시간, 오직 주님만이 임재하셔서 여기 나온 모든 성도들에게 한량없는 복을 내려주옵소서.

소망의 주되신 예수 그리스도의 이름으로 기도합니다. 아멘!

11월 · 첫째 주일 낮

사랑과 은혜의 하나님!

아버지의 형상대로 지음 받은 저희들을 거룩하게 하여 주시고, 상한 심령을 치유하고 회복시켜 주옵소서.

믿음은 들음에서 나온다고 하였는데, 저희에게 말씀을 주시고, 들을 수 있게 하시고, 마음 문을 열고 받아, 믿게 하신 놀라운 은혜를 감사합니다. 성령 안에서 아버지의 말씀을 듣고, 또 아버지의 얼굴을 뵙기를 원합니다.

이 시간 주님 앞에 기도하기 위하여, 말씀을 듣기 위하여, 모인 형제자매들에게 복을 주시고, 그 마음을 위로하여 주시고, 그 기도를 들으시고 응답하여 주시옵소서. 참석하지 못한 성도들에게도 같은 은혜로 채워주옵소서.

예배를 통하여 많은 영혼이 아버지를 만나기를 원합니다. 아버지의 신실하심과 선하심과 오래 참으심과 복 주시기 원하시는 주님의 사랑을 체험하기 원합니다. 아버지, 아버지의 도를 저희에게 보이시고, 아버지의 길을 저희에게 가르쳐 주시옵소서. 아버지의 진리로 저희를 지도하시고, 교훈하여 주옵소서. 이 험한 세상 살아나가는데 아버지의 지혜로 살게 하옵소서. 저희의 기도를 통하여 저희 각자가 주님 앞에 바로 서고, 구역이 말씀 안에서 힘을 얻고, 교회의 각 기관이 맡은 바 사역을 온전히 감당하고, 나아가서 저희 교회가 이 세상에서 아버지의 거룩하심과 아버지의 진리를 나타내기를 간절히 바랍니다.

주님이 보시기에 부끄러운 모습들만 가지고 있는 저희를 용서하여 주시옵소서. 하나님! 이 시간 주님의 십자가를 경험하면서 하나님의 사랑이 얼마나 크고 놀라운지 깨닫는 시간이 되게 하여 주시옵소서. 이 귀한 시간으로 말미암아 주님의 복된 말씀이 세상에 선포되는 역사가 일어나게 하시고, 십자가의 사랑이 세계만방에 증거되는 역사가 일어나게 하여 주옵소서.

주님을 사랑하는 자들에게 철저한 제자의 삶, 증인의 삶을 살수 있도록 도와주시옵소서. 이 시간 저희 모두가 십자가를 향한 사랑으로 불타기를 원합니다. 고난의 삶 가운데서도 기도 생활을 멈추지 않으셨던 주님의 깊은 기도를 본받기를 원합니다. 핍박 속에서도 끝까지 섬김의 삶을 실천하셨던 그 낮아지심을 본받기를 원합니다.

하나님의 말씀을 전하게 하신 목사님에게 아버지의 능력을 더하셔서 아버지의 영광을 나타나게 하옵소서. 목사님 가정에 복을 주시고 영육 간의 강건함을 허락하여 주옵소서.

저희들의 찬양과 기도를 들으시고, 긍휼히 여겨 주시는 주 예수 그리스도의 이름으로 기도합니다. 아멘!

11월 · 둘째 주일 낮

사랑과 은혜가 풍성하신 하나님 아버지, 오늘도 거룩히 구별한 날 허락하셔서, 저희를 예배의 자리로 불러주심을 감사 드립니다. 먼저 우리의 마음 문을 활짝 열게 하시고, 오직 주만 바라보는 귀한 시간 되게 하여 주옵소서.

주님, 저희들이 먼저 그 나라와 의를 구하며, 주님께 더욱 헌신할 때, 모든 걱정 근심이 사라질 것을 확신하오니, 저희들이 더욱 주님께 가까이 나아갈 수 있도록 도와주옵소서.

하나님 아버지, 간구합니다. 과거에 주님을 알지 못할 때 좇던 세상의 방식대로 살지 않게 하시고, 믿지 않는 자들이 그 마음의 허망한 것으로 행함 같이 저희가 행하지 않게 하시며, 불신앙 가운데 맺었던 열매를 부끄러워하게 하사, 저희가 온전히 주님께로 돌아가 선한 열매를 맺을 수 있게 하옵소서.

저희 구원의 방주 되신 하나님, 세상은 죄악과 고통과 절망 가운데 처해 있을지라도 저희가 하나님 안에 있음으로써 평안과 기쁨과 소망을 갖게 해주심을 감사합니다. 항상 저희가 주님 안에 거하게 하시고, 주님을 떠나지 않도록 도와주옵소서.

수치와 모욕을 당하면서도 오래 참으심으로 분노를 쏟지 않으셨던 그 인자하심을 본받기를 원합니다. 오직 십자가의 사랑을 이루시기 위해서 모진 고통과 멸시를 감당하셨던 주님처럼 이 자리에 모인 저희에게도 그 길을 따라가는 믿음을 주옵소서.

저희 교회에 귀한 목사님을 보내주시고, 어렵고도 힘들었던 많은 문제들이 있었지만, 때를 따라 돕는 주님의 은혜로 잘 해결하게 해 주셨고, 또 오늘날까지 인도하시며 함께하신 하나님 아버지께 감사를 드립니다. 특별히 목사님 목회 비전 위에도 함께 하셔서 계획하시는 모든 일이 주님 안에서 이루어짐을 저희로 하여금 보게 하여 주시고, 무엇보다도 목사님에게 건강의 복을 더하여 주시기를 간절히 원합니다.

하나님 아버지, 특별히 이 시간 목사님이 말씀을 증거할 때, 피 묻은 십자가에서 영혼들을 불쌍히 여기시는 마음으로 눈물로 말씀하시는 주님의 음성을 듣는 저희들이 되게 하옵소서. 저희 교회에 세워주신 모든 직분자들, 맡겨진 사명 잘 감당하여서 주님 앞에 설 때 부끄럽지 않기를 원하오니, 저희들에게 영적인 성숙함을 허락하여 주옵소서. 이 땅에서 참사랑의 본을 보여주셨으며, 저희들에게 서로 사랑하라고 말씀하신 주님, 주님을 본받아 사랑하며 섬기는 삶 살게 하여 주시고, 순종의 삶 살게 하여 주옵소서. 이 시간 드리는 예배가 하나님께서 기쁘게 받으실만한 거룩한 예배가 되게 하시고, 저희가 하나님으로부터 큰 은혜를 받게 하옵소서.

찬양대가 준비한 찬양을 기쁘게 받으시고, 말씀을 전하게 하신 목사님에게 함께 하셔서 하나님의 복이 저희에게 전해지게 하옵소서. 항상 하나님의 나라가 이 땅 위에 임하게 하옵소서. 영원히 살아 계신 예수 그리스도의 이름으로 기도합니다. 아멘!

11월 · 셋째 주일 낮

하나님 아버지!

지난 주일 동안에도 저희를 주님의 사랑과 은혜와 보호 속에서 살게 하시고, 다시 이 시간 주님 앞에 예배하고 찬양하며 기도드릴 수 있게 하시니, 그 사랑과 은혜에 찬양과 영광을 드립니다. 하늘 아래 어느 백성이 그 아버지의 도움을 입으며, 어느 신을 믿는 자가 응답을 받겠습니까? 오직 하나님을 자기의 왕으로 삼은 저희가 가장 복됨을 믿습니다. 저희가 주를 높이고 영원히 주의 이름을 송축하게 하시며, 저희가 날마다 주께 감사하며 영원히 주의 이름을 찬송하게 하옵소서. 하늘이 노래하며 땅이 기뻐하며 산들이 즐거이 노래하게 하시며, 저희 성도들이 영광중에 즐거워하며 기쁨으로 노래하게 하옵소서. 또한 모든 사람이 하나님을 광대하시다 하며 함께 그 이름을 높이게 하옵소서.

아직도 주님을 알지 못하고 죄 속에서 신음하는 저희 이웃과 형제들을 위하여 기도하오니, 주께서 복음의 빛을 비추시어 주님의 밝은 빛 속에서 살아가게 하시고, 예수님을 믿어 영생을 누리는 복을 허락하옵소서. 헐벗고 굶주리는 저희 이웃들 있사오니, 그들을 주께서 지켜주시고, 저희가 그들과 함께 할 수 있는 믿음을 허락하옵소서.

거룩하신 하나님 아버지!

나라를 이끌어가는 통치자와 정사를 맡은 모든 사람들에게 순수한 마음과 말에 현명함과 행동에 굳셈과 당신의 말씀을 두려워하는 마음을 허락하옵소서. 그리하여 이 땅에 불의와 부정이 사라지고 남북으로 나누어진 우리나라가 주님의 복음으로 통일되는 놀라운 복의 역사가 일어나게 하옵소서.

전능하신 하나님, 예수 그리스도께서 친히 저희 교회의 머리가 되셔서 지켜주시고 주님의 사랑과 진리와 은혜가 가득 찬 교회가 되게 하옵소서. 성령께서 뜨겁게 역사하시는 교회가 되게 하시며, 날로 부흥 발전하게 도와주옵소서.

주의 보혈로 값 주고 사신 하나님의 교회를 위하여 기도하오니, 세상의 빛과 소금의 역할을 감당하게 하시며, 예수 그리스도의 향기가 되게 도와주옵소서. 지역사회에 없어서는 안 되는 구원의 방주가 되게 하시고, 수없이 많은 상처받은 심령들이 와서 쉼을 얻으며, 교만한 자들은 무릎을 꿇으며, 갈 길을 잃은 자들은 믿음의 주가 되시는 예수를 바라보게 하여 부지런히 주님을 섬기게 하시옵소서. 저희 교회 성도들 중에 하나도 자기를 위해 사는 자가 없고, 주를 위해 사는 성도들이 되게 하시며, 주님 가신 그 길을 따라 원망 없이 기쁨으로 살아가게 하옵소서.

오늘 예배가 주님께서 기뻐 받으시는 산 제사가 되게 하시고, 말씀을 증거하실 목사님과 함께하셔서 생명력 넘치는 살아있는 말씀으로 저희들을 감동케 하시며, 찬양대의 찬양을 받으시옵소서.

예수 그리스도의 이름으로 기도합니다. 아멘!

11월 · 넷째 주일 낮

사랑과 은혜가 충만하신 하나님 아버지!

존귀와 영광이 아버지께 있습니다. 하나님은 찬양을 받으시기에 합당하십니다. 하나님께서 바로 지금 이 시간 저희를 위하여 여기에 계심을 믿사오며, 아버지의 이름을 위하여 저희도 영화롭게 하여 주시니, 진정으로 감사하고 찬양합니다. 어느덧 올해도 11월이 다 가고 있습니다. 지난 열한 달을 돌아보니, 오직 저희들은 하나님의 은혜를 노래하며 찬양할 수밖에 없습니다. 아버지는 영화로우시며, 모든 이름 위에 뛰어나십니다. 할렐루야!

하나님은 모든 죄를 고백하며 진정으로 죄를 뉘우치는 자를 만나주시는 분이십니다. 이 시간 주일을 맞이하여 지나온 날들을 되돌아볼 때 여전히 이곳에 저희와 함께하시는 사랑의 하나님께 머리를 숙입니다. 저희 마음에서 죄의 더러운 습관을 버리도록 인도하심을 믿습니다. 올 한 해도 새롭게 하시는 성령님께서 저희를 온전히 다스릴 수 있도록 저희 심령을 주장하여 주셨지만, 여전히 똑같은 저희들의 연약한 모습에 탄식만 할 뿐이옵니다. 구하옵나니 다시는 같은 죄를 범하지 않게 하시고, 다시는 하나님 앞에 교만히 행하지 않게 하여 주옵소서.

저희를 눈동자처럼 날마다 보호하시는 하나님의 사랑에 감사합니다. 감사의 제사로 입술의 찬미로 주의 보좌 앞에 나아가오니, 주님 역사하여 주옵소서. 저희의 삶이 오직 하나님의 영광을 위한 삶이 되도록 성령님의 도우심과 복이 함께 하옵소서. 오직 하나님의 복된 자녀로서 예수 그리스도를 믿지 않는 이웃에게 감사함으로 전도할 수 있는 남은 한 달이 되도록 기도합니다. 지난 시간도 저희를 멸하지 않으시고, 지켜주셨음을 진심으로 감사합니다. 사랑의 하나님께 날마다 감사하며 사는 남은 한 달이 되기를 간절히 기도합니다.

　이제 사랑의 하나님께 간구합니다. 남은 한 달도 주님이 저희들에게 주신 복음 전도의 사명을 잘 감당할 수 있도록 은혜 위에 은혜를 더하여 주옵소서. 이제 가을이 끝나면 매서운 겨울이 올 것입니다. 겨울이 되면 저 북녘에 있는 동포들은 또 추위와 배고픔에 허덕일 것입니다. 저들을 도울 수 있는 손길이 되게 하시고, 세계의 모든 성도들이 저들을 위하여 기도하게 해주옵소서. 이방 나라와 열방을 위하여 주님의 복음 전하는 증인이 될 수 있도록 저희에게 복을 주옵소서. 이 시간도 사랑하는 담임 목사님을 통해 진리의 말씀이 선포되게 하옵소서. '영생의 말씀이 계신데 우리가 뉘게로 가오리이까'라고 했던 베드로처럼, 저희가 목사님을 통해 주시는 생명의 말씀을 받으며, 이 말씀을 떠나지 않고 항상 지킬 수 있게 하옵소서. 말씀의 은혜를 받아 전도에 열심을 내어 부흥하게 하시고, 주님 안에서 은혜로운 성도의 교제를 나눌 수 있기를 간절히 사모합니다. 예배의 봉사자들과 찬양대와 기관들에게 복을 주셔서 살아있는 예배가 되게 하여 주옵소서.

　살아 계셔서 역사하시는 예수 그리스도의 이름으로 기도합니다. 아멘!

12월 · 첫째 주일 낮

만복의 근원이 되신 하나님 아버지! 은혜와 사랑을 감사합니다. 날마다 저희와 함께하시며, 험난한 세상 길에서 실족하지 않고 은혜 가운데 살아가도록 복을 주시다가 오늘 이와 같이 가장 귀한 예배의 자리에 모이게 하심을 감사드립니다. 저희의 심령이 오직 주님만을 향하여 온전히 예배할 수 있도록 저희를 지켜주옵소서. 믿음의 주요, 또 온전케 하시는 주께서 저희에게 믿음을 더하여 주셔서 하나님을 경외하게 하시고, 하나님을 온전히 기쁘시게 할 수 있는 복된 삶이 되게 하시옵소서.

지난 한 주간도 돌아보건대, 저희의 주홍 같은 죄들이 많사오니 오직 주님의 보혈로 씻으사 깨끗하게 하여 주옵소서. 저희는 아직도 죄의 속성에서 벗어나지 못하고 주님의 이름을 더럽히는 추악한 일을 서슴지 않았음을 고백합니다. 저희들은 주의 뜻대로 살지 못하고 세상의 불의와 타협하며, 자신의 죄를 합리화하는 나약한 신앙을 가지고 살아왔습니다. 저희는 주신 은혜를 악으로 갚았고, 저희는 주신 복을 헛되이 사용하였습니다. 저희의 죄악이 하늘에 닿으니 무슨 말로 변명을 하겠습니까! 의로우신 아버지 앞에 저희가 숨길 수 있는 죄는 아무것도 없습니다. 저희를 긍휼히 여기시어 고백을 들으시고, 모든 허물을 다 용서하시어 주 예수 그리스도의 보혈로 정결케 하옵소서. 주님의 보혈을 의지하여 주님을 향한 저희의 믿음을 지키게 하시며, 저희의 가슴이 오직 성령의 불길로 가득 차게 하여 주옵소서.

아버지 하나님! 오늘도 주의 크신 성호를 진심으로 찬양합니다. 올해의 마지막 달이 되었습니다. 이 시간도 하나님의 사랑을 생각하면 너무나도 감사합니다. 하나님이 주인 되시는 저희 교회, 세상의 아픈 상처를 안고 예배하러 나올 때마다 저희들의 마음이 평안을 얻게 하시고, 또 지역사회의 어둡고 그늘진 곳에 주의 사랑과 복음을 전하는 생명력 있는 귀한 교회 되게 하여 주옵소서. 기도와 사랑이 넘치는 교회 되게 하시고, 찬송과 감사가 넘치는 교회 되게 하여 주시옵소서. 그냥 왔다 가더라도 이곳에 출입한 것만으로도 복을 받는 귀하고 복된 교회 되게 하여 주옵소서.

참 좋으신 하나님 아버지, 이 시간 저희 자녀들을 위해서 기도합니다. 눈을 들고 좌우를 살펴보면 온 세상이 악의 기운으로 가득 차 있습니다. 저희 자녀들이 악한 세대에 물들지 않도록 지켜 주시고, 하나님 제일주의로 살아가는 귀한 믿음의 자녀들이 다 되게 하여 주옵소서. 이제 곧 있을 겨울 수련회와 캠프, 각종 수련회를 통해서 하나님 보시기에 아름다운 자녀들로 단련되는 좋은 계기가 되게 하여 주시옵소서.

대언하게 하신 목사님을 통해 말씀 들을 때, 아멘으로 화답하며 은혜받는 시간 되게 하여 주옵소서. 예배를 섬기는 귀한 손길들이 있습니다. 찬양대로, 교사로, 차량 봉사로, 기타 모든 부분에서 수고하는 분들 위에 범사가 잘 되는 복을 허락하여 주시옵소서. 감사하옵고 예수 그리스도의 이름으로 기도합니다. 아멘!

12월 · 둘째 주일 낮

할렐루야, 사랑의 하나님!

저희를 오래 참으심으로 구원하셔서 하나님의 자녀가 되게 하시고, 하나님의 나라를 유업으로 받게 하심을 감사합니다. 주님의 구속하시고 속량하신 은혜에 감격하여 예배하는 저희를 기쁘게 받아주옵소서. 지난 시간을 돌이켜 볼 때, 사람이 마음으로 자기의 길을 계획할지라도 그 걸음을 인도하는 자는 하나님이라고 하셨사온데 하나님, 저희가 하나님의 인도하심을 깨달아 저희가 저희 뜻대로 살지 않고, 하나님의 뜻대로만 살 수 있도록 하여 주옵소서.

저희를 붙드시고 의인의 요동함을 영원히 허락지 아니하시는 주님, 저희가 믿음으로 견고하여 흔들리지 말며, 항상 주님의 일에 더욱 힘쓰는 자들이 되게 하시며, 주님으로부터 배우고 확신한 일에 거하게 하옵소서. 광야와 메마른 땅이 기뻐하며, 사막이 꽃을 피우고, 백합화처럼 활짝 피어 기쁜 노래로 즐거워하듯, 주님, 간구하옵나니, 저희 죽어 메말랐던 영혼들이 살아나게 하사 저희로 기뻐하고 즐거워하게 하옵소서. 주님, 주님은 선하시며, 환난 날에 산성이 되시오니, 저희 앞에 있는 큰 산 같은 고난도 주님의 능력과 은혜로 평지 같이 되게 하시고, 저희가 고난을 당할 때 잠시 근심하게 되지만, 끝내는 크게 기뻐하게 하실 줄을 믿습니다.

연말로 향해 가면서, 올해도 수고한 자들을 기억해주시옵소서. 세운 것을 헐기도 하시며, 심은 것을 뽑기도 하시는 하나님, 심은 것마다 하나님께서 심으시지 않은 것은 모두 뽑힐 것이라고 하셨사오니, 모든 것을 하나님이 심으시고, 성장시켜 주옵소서. 저희목숨을 구원코자 하면 잃을 것이요, 주님을 위하여 저희 목숨을 잃으면 찾게 된다고 하셨사온데, 저희가 기꺼이 주님을 위해 목숨을 바침으로 얻을 수 있게 하시며, 주님께서 저희를 위해 목숨을 버리셨으니, 저희가 이로써 사랑을 깨달아 마땅히 형제를 위해 목숨을 바칠 수 있게 하옵소서. 주님께 합당히 행하여 주님을 기쁘시게 하고, 모든 선한 일에 열매를 맺게 하시며, 하나님을 아는 것에 자라게 하시고, 항상 배우나 마침내 진리의 지식에 이르지 못하는 자 되지 않게 도와주시옵소서

또한 하나님! 간절히 간구하옵기는 저희 교회를 위하여 기도합니다. 기관마다 하나님께서 친히 역사하심으로 저희의 모든 것들이 주님의 몸 된 교회를 위하여 지체의 역할을 감당할 수 있는 믿음을 허락하여 주옵소서. 저희를 향한 주님의 뜻을 찾게 하심으로 그 안에서 저희가 충성을 다하도록 복을 주시옵소서. 늘 저희들을 사랑으로 돌보시는 하나님 아버지, 저희의 심령이 세상 죄악으로 인하여 완악해졌습니다. 주님의 피 흘리심을 이 시간에도 기억하게 하셔서 저희의 완악한 심령을 주님의 말씀으로 녹여주시고, 주님의 말씀을 대언하게 하신 목사님 위에 크신 은혜와 능력으로 함께 하사 저희 심령을 치유하여 주옵소서. 하나님 아버지! 엘리야에게 주셨던 갑절의 능력을 더하여 주옵소서.

날마다 저희를 인도하시는 예수 그리스도의 이름으로 기도합니다. 아멘!

12월 • 셋째 주일 낮

하나님 아버지!

하나님의 백성을 지키시되 눈동자처럼 지키시고, 졸지도 주무시지도 않으시며, 주의 날개 그늘 아래 품어 주셨다가 오늘도 저희를 불러주셔서 감사합니다.

올해도 이제 두 주간이 남았습니다. 힘차게 시작한 한 해였건만 많이 부족함을 느낍니다. 찬양과 영광 가운데 거하시는 삼위일체 하나님 아버지! 크신 은혜와 주신 복을 생각할 때, 하늘을 두루마리 삼고 바다를 먹물 삼아도 다 기록할 수 없음을 고백합니다. 존귀와 찬양과 영광을 아버지께 돌립니다. 약속하신 대로 독생자 예수 그리스도를 십자가에 내어주심으로 저희를 구속하시고, 성령을 보내심으로 날마다 은혜 가운데 살 수 있도록 은총을 허락하시니 감사합니다. 저희의 죄와 허물 가운데도 포기하지 아니하시고, 오래 참으심으로 구원해 주셔서 오늘도 주 앞에 나왔사오니, 주님만을 바라보는 복된 시간이 되게 하옵소서.

오늘도 십자가의 사랑을 보여주신 예수 그리스도께서 저희를 사랑하심을 생각할 때 경배와 찬양을 돌립니다. 주님, 회개하옵나니 입술로는 주님을 존경하지만, 마음은 멀어져 있는 저희가 되지 않으며, 진심으로 주님께 돌아오지 아니하고, 거짓되게 회개하는 일이 있지 않게 하시며, 옷을 찢지 않고 마음을 찢게 하시고, 하나님께로 진정으로 돌아올 수 있게 해주옵소서.

오늘 예배에서 승리하게 하셔서 충만한 은혜를 받게 하시고, 저희의 삶 속에서 잘못된 것들을 끊을 것은 끊고, 버릴 것은 버리는 결단이 있게 하옵소서. 자신의 연약함과 나약함을 합리화시키지 않게 하시고, 세상의 기준을 벗고 예수 그리스도를 푯대로 닮아가는 믿음을 주옵소서. 날마다 하나님 말씀에 순종하게 하시고, 하나님을 시험하지 않도록 복 주시고, 세월을 아껴 하나님의 기뻐하시고 온전하신 뜻이 무엇인지 깨달아 실천할 수 있는 살아있는 믿음을 주옵소서.

주님 안에는 지혜와 지식의 모든 보화가 감추어 있사오니, 저희가 주님으로부터 지혜를 얻고 교훈을 받게 하셔서 여호와를 경외함으로 섬기고, 즐거워하게 하시며, 땅의 지혜가 아니라 하늘의 지혜를 갖게 하옵소서. 지혜가 부족하면 모든 사람에게 후히 주시고 꾸짖지 아니하시는 하나님께 구하여 얻게 하옵소서.

스스로 지혜롭고 명철하다고 생각하는 이 세상 사람들을 긍휼히 여기셔서 하나님을 아는 마음을 저들에게 주시며, 저들이 전심으로 주님께 돌아오게 하시어 저들이 하나님의 백성이 되고, 하나님께서 저들의 하나님이 되어 주시옵소서.

하나님 아버지! 저희에게 주님이 주시는 한없는 복으로 인하여 날마다 승리하게 하시며, 저희의 연약함과 부족함을 주님의 강하심과 부요하심으로 채워주실 줄 믿습니다. 저희의 예배를 기쁘게 받아주시옵소서.

올 한 해도 끝까지 인도하시어 예배자의 자리에 앉게 하신 예수 그리스도의 이름으로 기도합니다. 아멘!

12월 • 넷째 주일 낮

저희를 사랑하시고 용서하시는 하나님!

주님께서 저희를 버리지 아니하시고 구원하셔서, 지난 한 해도 온전히 찬양과 경배를 드리게 하심을 감사합니다. 저희로 하나님에 의해 길러지고 순화되게 하시며, 하나님의 성품을 본받아 인격이 변화되게 하시고, 타락하고 혼미한 사탄의 영에 미혹되지 않게 하옵소서.

자기의 죄를 숨기는 자는 형통치 못하지만, 죄를 자복하고 버리는 자는 주님의 긍휼을 받는다고 하셨사오니, 저희의 죄를 숨기지 않고 그대로 자복하게 하시며, 주님 안에서 저희가 죄 사함을 얻게 하옵소서. 좋은 나무가 나쁜 열매를 맺을 수 없고, 못된 나무가 아름다운 열매를 맺을 수 없사오니, 먼저 저희들 속을 깨끗하게 하셔서 좋은 나무가 되어 아름다운 열매를 맺게 하옵소서.

저희 죄악의 찌꺼기를 청결하게 하시며, 저희 안에 있는 혼잡물을 다 제하여 버리게 하셔서 주님 안에서 온전한 새로운 피조물 되게 하시며, 이전 것은 지나가고 오직 새것이 되게 하옵소서.

거룩한 자녀의 권세를 가지고도 힘없고 연약하게 살아온 한 주간의 삶을 용서하여 주시옵고, 이 시간 저희의 심령과 영혼의 양식을 말씀으로 채우셔서, 마음으로 하나님을 사랑하고 힘을 다하여 주를 섬기는 복된 시간이 되게 하여 주옵소서. 저희의 육신만 왔다가 가는 시간이 아니라, 저희의 영혼에 양식을 채워가는 예배가 되게 하시고, 삶을 고치지 않으면서도 태연히 예배하는 그

룻된 예배가 되지 않도록 은혜로 붙들어 주옵소서. 물질은 드려도 자신은 드리지 않는 형식적인 사람이 되지 않기를 기도합니다. 봉사는 드려도 몸은 드리지 않는 사람이 되지 않기를 기도합니다.

예배의 주인이 되시는 전능하신 하나님 아버지!

마음과 영이 하나 되어 주 앞에 드리는 이 시간이 되게 하시옵소서. 신령과 진정으로 예배하게 하여 주시옵소서. 저희의 부족함을 아시면서도 주님을 간절히 찾는 자를 거절치 않으시는 주님의 사랑을 생각하며, 오늘도 꿀송이보다 더 단 주님의 말씀을 사모하게 하옵소서. 주님의 말씀으로 인하여 저희의 믿음이 더욱 자라나게 하시고, 저희의 메마른 심령을 말씀으로 살아나게 하옵소서. 오늘도 주 앞에 헌신을 드리고자 열심을 다 하는 심령들이 있습니다. 저들의 수고를 주님께서 기억하시고, 심는 대로 거두는 복이 항상 있게 하옵소서. 이 시간 육신의 병으로 고통받는 자 있습니까? 삶의 고통으로 상처받은 자 있습니까? 주님의 말씀을 듣는 순간 육신의 병이 치료되게 하시고, 상처받은 영혼이 위로와 쉼을 얻을 수 있도록 인도하여 주옵소서.

오늘도 말씀을 전하게 하신 목사님에게 영혼의 건강함과 육신의 건강함을 허락하시고, 입술의 권세를 허락하셔서 저희의 심령이 탄식하며 회개하는 귀한 시간 되게 해주옵소서. 예수 그리스도의 이름으로 기도합니다. 아멘!

12월 · 다섯째 주일 낮

하나님! 저희를 사랑하셔서 하나님의 형상으로 빚으시고, 귀한 주의 자녀로 삼아주신 은혜를 감사하며, 경배와 찬양과 영광을 돌립니다.

사랑하는 아버지 하나님! 올 한해도 이제 마지막 주간입니다. 지난 한 해도 주님이 주시는 은총으로 살게 하심을 감사합니다. 죄로 말미암아 죽을 수밖에 없는 죄인들을 대속의 은혜를 통하여 주님 앞에 나와 예배할 수 있도록 허락하심에 감사합니다. 하지만 지난 한 해를 돌이켜볼 때 그리스도 안에서 온전히 자라가야 할 우리의 삶의 모습이 아직도 어린아이와 같고 육에 속한 자와 같이 이기적이고 세상적인 욕심에 지배당하고 있습니다. 1년 동안 주는 것이 받는 것보다 복 되다고 하셨지만, 아직도 주는 것보다 받는 것을 좋아하는 저희의 삶을 용서하여 주시고, 성령님께서 주님을 닮아가는 삶으로 인도하여 주시옵소서. 그래서 저희의 삶에서 맺어지는 성령의 열매를 통하여, 그 향기를 통하여 하나님께 영광이 되고 많은 사람을 주님께 인도하는 놀라운 역사가 끊임없이 일어나기를 간절히 원합니다.

이 시간 고백합니다. 특별히 저희를 산 제물로 바치오니 받아주셔서 온 세상을 구원하기 위한 도구로 삼아주시옵소서. 오늘도 신령과 진정으로 예배하는 자를 찾으시는 주님께 저희 자신을 온전히 바치오니, 이 예배를 주께서 한량없는 은혜로 채워주시옵소서. 저희들의 연약한 심령이 오직 주님의 광대하신 섭리 속에 강하고 담대할 수 있도록 은혜 내려주시옵소서. 주께서 친히 인도하여 주셔서 성령 충만한 예배가 되게 하여 주시옵소서.

저희의 무지한 인생을 주님께서 천사가 흠모하는 귀한 인생으로 바꾸어 주심을 감사 드립니다. 저희의 마음을 열매 맺는 옥토의 마음이 되게 하심으로 말씀을 들을 때 회개의 역사가 저희 가운데 임하게 하시고, 말씀을 받을 때 기뻐 감격하게 하여 주시옵소서. 돌 같은 심령을 녹여주심으로 순종의 기쁨으로 회개에 합당한 열매를 맺는 귀한 시간이 되게 하여 주시옵소서. 주님과 더욱 깊은 교제 속에 살아갈 수 있도록 도와주시옵소서.

하나님 아버지, 저희를 광야에 버려두지 마옵소서. 주님의 각별한 은혜로 보호받기를 원하여 오늘도 주님 앞에 성회로 모였사오니, 지난 한 해 내내 구름 기둥과 불기둥의 인도하심이 끝까지 함께 하시기를 기도합니다. 그리하여 부족한 저희들, 주의 사랑을 확인함으로 더욱 큰 사랑으로 이웃을 사랑하게 하시고, 성도의 사랑을 나누게 하시며, 저희가 주님 앞에 사랑받기에 합당하게 하시고, 저희가 세상에서 승리하게 하시고, 저희의 마음에 평안을 주시옵소서. 말씀을 대언하게 하신 목사님에게 성령의 영감을 갑절로 강하게 역사하여 주셔서 말씀을 듣는 저희의 심령이 쪼개어질 수 있도록 복을 주시옵소서. 저희 교회가 부흥함으로 사회가 살아나고 냄새나는 곳에 소금이 되게 하시고, 어두운 곳에 밝은 빛이 되게 하여 주시옵소서.

저희를 구원하신 예수 그리스도의 이름으로 기도합니다. 아멘!

○월 · ○째 주일 낮

영원히 살아 계신 하나님 아버지!

지나간 한 주간도 주님의 은혜 가운데 살며 삶의 곳곳에서 주님의 은혜를 경험하였습니다. 언제 어디서나 저희를 붙드시고, 환난과 위기에서 구원해 주시고 살려주신 은혜들을 생각할 때 저희는 아버지의 사랑을 찬양하지 않을 수 없습니다. 이것이 하나님을 아버지로 모신 저희만의 기쁨이며, 세상 누구도 알지 못하는 영원한 행복인 것을 믿습니다.

하지만 은혜로, 믿음으로 살자고 하는 영의 생각이 있음에도 불구하고, 세상 쾌락에 빠져 주님 품 밖에서 방황하며, 육의 생각으로 흘렀던 저희들의 죄를 이 시간 주님 앞에 고백하오니 용서하여 주옵소서. 만약 저희의 행위대로 갚으신다면, 정녕 저희들은 하나님 앞에 설 수 없을 것이나, 저희가 그 많은 죄 가운데서도 부끄러움을 무릅쓰고 이곳에 모인 것은 주님의 은혜가 저희 죄과보다 크기 때문입니다.

거룩하고 복된 주님의 날을 허락하여 주시고, 성도들 마음을 주관하여 주님의 교회로 모여 하나님 앞에 예배할 수 있도록 인도하여 주심을 진심으로 감사합니다. 하나님께서 감사로 예배하는 자가 하나님을 영화롭게 하는 자라고 하셨으니, 이 시간 저희가 신령과 진정으로 예배할 때 저희가 드리는 감사의 마음을 받아주시옵소서.

위대하신 아버지 하나님!

이제 공로는 없지만 주 예수를 진실되게 믿는 저희들 '너희가 내 안에 거하고, 내 말이 너희 안에 거하면 무엇이든지 구하라, 그리하며 이루리라'고 하신 약속의 말씀을 믿고 간구합니다. 하나님의 뜻 가운데 저희 교회를 세워주시고, 은혜 가운데 부흥 발전시켜 주시며, 많은 영혼 구원하여 주심을 진심으로 감사함을 드립니다. 앞으로도 주의 사랑과 영광이 드러나는 교회 되게 하옵소서. 또 주님이 말씀하시기를 "너희에게 성령이 임하면 너희가 권능을 받고 예루살렘과 유대와 사마리아와 땅끝까지 이르러 내 증인이 되리라" 하신 그 말씀 믿고 주의 제자들과 많은 무리들이 기도에 힘쓸 때 베드로에게 성령 하나님이 임하신 것처럼, 많은 무리 앞에서 주의 복음 전한 역사가 임하게 하여 주시옵소서. 믿다가 낙심한 형제들이 구원의 확신을 갖게 하여 주시옵소서. 저희의 이웃 중에 택한 백성들, 다 주님 앞에 나아와 구원받게 하여 주시옵소서.

말씀을 대언하게 하신 목사님에게 성령의 두루마기를 덧입혀 주시어 생명의 말씀으로 증거할 수 있도록 인도하여 주옵소서. 찬양대가 하나님 앞에 찬양을 드리오니, 대원들의 성대를 지켜주셔서, 아름다운 찬양으로 하나님께만 영광이 되게 하옵소서.

예수 그리스도의 이름으로 간절히 기도합니다. 아멘!

○월・○째 주일 낮

은혜가 풍성하신 여호와 하나님 아버지여!

7월의 무더위에도 은혜 주시는 하나님 찬양합니다. 아무리 날씨가 덥다고 하더라도 주께서 저희를 위하여 베풀어주신 은혜와 사랑에 비하면 아무것도 아님을 감사합니다. 오늘도 저희들 주 앞에 나아와 감사와 찬양을 드립니다. 이 시간 모든 권속들이 다 같이 모여 드리는 경배와 찬양을 기쁘게 받아주옵소서. 하나님은 사랑이십니다. 이 시간 무더위에도 쉬지 않고 일하는 산업 전사들, 어려운 환경 속에서도 가족을 위해 일하는 젊은 노동자들, 이국 만리타국 땅에 와서 노동하는 이주 노동자들, 역시 주님의 은혜로 붙잡아 주옵소서. 그들에게 하나님의 사랑을 더욱 베풀어주시옵소서.

하지만 주님! 너희 중에 우거하는 나그네와 고아와 과부를 돌보라고 명하셨지만, 충심을 다해 섬기지 못하고, 그들의 편에 서서 생각하지도 못했음을 고백합니다. 또 수만 명이 넘는 탈북 주민들이 낯선 곳에서 어려운 정착 생활을 하는 데 조금도 보탬을 주지 못한 저희들이기도 합니다. 이제부터라도 작은 관심이라도 가지며, 그들에 대한 배려와 사랑에 앞장서는 저희와 교회 되게 해주옵소서. 교회를 세우신 주님의 뜻과 계획이 하나님의 뜻을 이 땅 위에 이루게 하려 하심인 줄 믿사오니, 저희 교회를 이들을 위해 헌신하도록 사용하여 주옵소서. 정결한 마음을 허락하시고, 정직한 영을 허락하셔서, 저희로 하나님의 영광에 참여하게 하시며,

하나님의 의를 드러내게 해주시옵소서.

하나님 나라는 오직 주께서 주시는 의와 화평과 희락이라고 하신 대로 저희에게 주신 기쁨은 크신 사랑이오니, 주님, 감사합니다. 고난과 역경이 없지는 않았으나 이 땅에 복을 주시어 감사합니다. 세계 경제 10위권에 들어서는 축복을 주시어 원조받던 나라에서 이제 원조를 베풀 수 있는 나라로, 선교를 받던 나라에서 선교하는 나라로 만들어 주신 하나님 감사합니다. 저희가 받은 이 복을 헛되이 받지 않게 해주옵소서. 항상 가난하고 힘들었던 때와 헐벗고 외로웠던 때를 생각하며 가난하고 불행한 자들을 돌아보는 지혜를 주옵소서.

이제 아버지 앞에 간구합니다. 나라와 민족을 위하여 기도하오니, 저희에게 주님의 사랑으로 인하여 우리나라가 완전 복음화되게 해주시옵소서. 우리나라의 위정자들을 돌아보사 저들이 의와 공평으로 그리고 하나님의 자비로 일하게 하옵소서.

주님! 저희의 예배를 기쁘게 받아주시고, 예배를 친히 주관하시고, 저희에게 은혜의 단비를 허락하여 주시옵소서. 저희에게 말씀하시기 원하시는 하나님 아버지! 저희를 위하여 단 위에 세우신 목사님과 함께하시어 주님의 말씀을 전할 때에 크신 은혜를 더하여 주시옵소서. 예배를 섬기는 귀한 직분자들도 성령의 충만함으로 인도하여 주옵소서, 이 시간 전국 방방곡곡 그리고 전 세계 모든 교회에서 올리는 예배를 통해 하나님 홀로 영광 받으시옵소서.

예수 그리스도의 이름으로 기도합니다. 아멘!

○월·○째 주일 낮

자비로우신 주 하나님!

주 안에서 안식하라고 하신 복된 주일입니다. 이 거룩한 날 백성들이 모여 찬양하오니 받아주시옵소서. 시간과 장소를 정하여 드리는 예배를 기쁘게 받아주실 줄 믿고 온 회중이 찬양합니다. 하나님 나라는 찬양의 나라요, 감사의 나라요, 희락의 나라인 줄 믿습니다. 만약 저희가 이 땅에서 찬양 속에, 감사 속에, 희락 속에 살 수 있다면, 그곳이 주님 계신 천국인 줄 믿습니다.

이 시간 천국 백성이 되었으면서도 연약하고 죄악 된 저희들의 모습을 고백합니다. 주님의 보혈로 고쳐주옵소서. 그리하여 마음이 변화를 받아 하나님의 형상과 성품을 닮게 하옵소서. 사는 날 동안 하늘에서 이루어진 뜻을 이 땅에서도 이루어야 하는데, 그렇게 하지 못한 죄를 용서하여 주옵소서.

예배는 거룩한 성도만이 할 수 있는데, 저희를 거룩하게 하시니 감사합니다. 저희를 자녀 되게 하시니 감사합니다. 하나님의 거룩한 백성들이 되게 해주시니 감사합니다. 오직 성령으로만 인칠 수 있는 놀라운 복을 주심을 진실로 감사합니다. 저희의 고백과 감사로 나아가오니 그리스도의 보혈이 충만하게 하옵소서. 한 주간도 예배로 시작하오니 승리하게 하시고, 생활 속에서 하나님의 거룩함을 드러내게 하옵소서.

이제 믿음으로 간구합니다. 하나님의 응답하심이 있는 예배가 되기를 원합니다. 그냥 왔다가 가는 예배가 아니라, 아픈 사람은 와서 치유를 받게 하시고, 문제로 고민하는 성도가 있다면, 반드시 해결함을 받는 예배가 되게 하옵소서. 나를 찾고 찾는 자가 나를 만나리라 하셨습니다. 오늘 이 예배를 통해 하나님과 만나기를 원합니다. 주님이 저희 안에 저희가 주님 안에 거하며, 성도의 교제가 넘쳐 모두에게 복된 예배가 되게 하옵소서. 솔로몬처럼 일천번제로 하나님께 나아가는 심정으로 저희가 예배합니다. 솔로몬이 예배 후에 지혜와 부와 장수의 복을 받은 것 같이 이 예배가 저희의 삶 속에 응답받는 복된 예배가 되게 하옵소서.

예배를 통해 부르짖는 저희들의 기도에 하나님께서 응답하시고, 애통하는 저희들을 위로하여 주옵소서. 하나님, 이 예배는 전 세계의 모든 교회가 함께하는 예배입니다. 거룩한 공회는 하나이오니, 저희를 진리로 하나 되게 하옵소서. 또한 사랑으로 하나 되게 하옵소서. 여러 가지 사정으로 예배하지 못하는 지체들을 긍휼히 여기시옵소서. 특히 북한에 있는 지하교회 성도들은 예배하고 싶어도 목숨을 위협하는 감시 때문에 숨어서 예배하고 있사오니, 더 많은 은혜로 위로하여 주옵소서.

이 시간 저희에게 말씀을 전하게 하신 목사님에게 성령의 권능으로 임하시고, 예배를 섬기는 손길에 복과 사랑을 더하여 주옵소서. 구주 예수 그리스도의 이름으로 기도합니다. 아멘!

○월 · ○째 주일 낮

하나님! 오늘도 하나님을 바라보며 나왔사오니, 위로와 소망을 주시옵소서.

여호와 하나님, 만물이 다 하나님을 찬양합니다. 또한 노랗고 붉고 짙은 황갈색으로 모든 천하가 단풍으로 물들며 하나님을 찬양합니다. 오늘 이 시간 전 세계의 모든 성도들이 자신의 가진 피부색으로 하나님을 함께 찬양합니다. 예배하는 모든 족속과 나라들에 하나님의 빛을 비추사 어둠이 쫓겨가며, 가난과 질곡이 물러가게 하옵소서. 또한 불의와 거짓이 가득한 곳에 주님의 공의와 하나님의 정의가 이 땅을 덮도록 해주옵시고, 악의 권세가 쫓겨가게 해주시옵소서.

이 시간, 신령한 예배를 방해하는 저희들의 죄를 고백합니다. 원망과 시비가 가득했던 저희들의 죄를 고백합니다. 눈앞의 이익 때문에 가득했던 위선의 허물들이 벗겨지게 해주옵소서. 한 주간 동안도 저희들은 알고 모르고 지은 죄가 너무나 많습니다. 저희는 아무 공로 없지만, 오직 주님의 귀하신 보혈을 의지하오니 용서하여 주옵시고, 혹시 저희의 생활 속에 남을 용서하지 못한 것이 있다면 용서하여 주시옵소서. 또한 주님의 피로 모든 죄가 용서받았다고 하지만 여전히 육신에 종노릇하던 습관이 남아서 게으름과 나태함으로 살아가고 있습니다. 가진 것은 없으면서 이전에 섬기던 아비 마귀를 닮아 교만한 마음이 가득합니다. 저희들의 이 모든 죄가 너무나 크오니 사죄의 은총을 허락하여 주시옵소서.

사랑의 주님! 감사합니다. 저희들의 죄와 넘치는 허물에도 불구하고 은총을 더해주시니 감사합니다. 죄가 더한 곳에 은혜가 더한다는 말씀이 바로 저희들을 두고 하신 말씀인 줄 압니다. 네 입을 넓게 열라! 네게 크고 비밀한 일을 보이리라고 하셨고, 오직 너희의 구할 것은 믿음이라고 하신 대로 저희들은 믿음과 감사로 예배할 뿐입니다. 사랑하는 아버지의 이름이 날마다 영광 받으시기를 기도합니다.

생사와 화복, 환란과 형통을 주관함이 다 주님께 있습니다. 이 시간 성도들의 어려운 가정을 살펴주십시오. 이태백에 사오정 오륙도에 삼식이라는 말로 오늘날 가장들의 현실이 날로 어렵게 되어가고 있습니다. 한때는 가정의 가장으로, 나라의 일꾼으로 열심을 다해 살았으나 날로 변화되는 사회 환경과 고용의 어려움 때문에 실직 가장들이 늘어나고 있습니다. 그 여파로 어려운 가정들이 날마다 늘어나고 있습니다. 하나님은 약속하셨습니다. 세상이 다 기근에 휩싸여도 저희 자녀들은 하나님이 친히 지키신다고 약속하셨습니다. 어려운 경제적인 문제로 고민하며 힘겨워하는 성도들을 기억하시기를 원합니다. 하지만 아무리 어렵고 괴로워도 십자가 고난을 승리로 이겨내신 주님을 바라보게 하옵소서. 또 병마와 싸우며 고통 중에 있는 성도들에게 신유의 복을 내려주옵소서. 예배를 인도하는 목사님을 성령의 능력으로 지켜주시고, 주님 친히 임하시는 복된 예배가 되게 해주시옵소서.

거룩하신 예수 그리스도의 이름으로 기도합니다. 아멘!

○월 · ○째 주일 낮

항상 주님의 나라가 영원하며, 하나님의 통치가 대대에 미치게 하심을 감사합니다.

저희가 주님을 높이고 주님의 이름에 찬양을 드리오니 받아주시옵소서. 저희 생전에 여호와를 찬양하며, 저희 평생에 주님을 찬송하게 하옵소서. 거룩하신 주님의 크고 두려운 이름을 찬송하게 하옵소서. 호흡 있는 자마다 하나님을 찬양하게 하옵소서.

오늘도 하나님 아버지 앞에 거룩한 주일을 지키며, 아버지께 예배하는 것이 세상에서 천 날의 낙을 누리는 것보다 더 기쁘고 감사함을 깨닫습니다. 그러므로 이 시간 모든 성도들이 찬양대의 찬양에 맞추어 여호와의 인자하심을 영원히 노래하오니, 주의 신실하심을 저희 입으로 대대에 알게 하옵소서.

영원부터 영원까지 하나님의 이름을 찬송하며, 해 돋는 데서부터 해 지는 데까지 여호와의 이름이 찬양을 받게 하옵소서. 하나님은 모든 것 위에 높으시며, 그 영광은 하늘 위에 높이 있음을 인하여 찬양을 드립니다. 아름답고 거룩한 것으로 하나님께 경배하며, 온 땅으로 하여금 하나님 앞에 떨게 하옵소서. 만민들이 영광과 권능을 주님께 돌리게 하옵소서. 하늘과 땅과 거기에 충만한 것들이 다 주님을 찬양하게 하시며, 주는 광대하시며, 그 끝이 없으시며, 인자하시며, 노하기를 더디 하시니, 하나님의 지으심을 받고, 그 다스리심을 받는 저희들이 하나님을 송축하게 하옵소서.

하나님은 저희 한 사람 한 사람에게 향한 기대와 소원이 있으시지만, 저희가 부족하고 연약해서 하나님의 뜻대로 살지 못하고 있습니다. 하나님의 영광을 가리고 하나님의 마음을 아프게 해드린 일이 한두 번이 아니었음을 이 시간 고백합니다. 저희가 이렇게 하나님 아버지 앞에 죄를 범했습니다. 저희의 잘못과 허물 그리고 모든 죄를 주님의 보혈로 눈보다 더 희고 깨끗하게 씻어주옵소서. 이 예배가 하나님께서 받으시기에 합당한 산 제물이 되게 해주옵소서.

아버지 하나님, 이 시간 하나님이 주신 은혜를 따라 간구합니다. 주의 나라가 얼마나 큰지요. 저희의 작은 생각의 그릇으로 다 담을 수도 없고, 이해할 수도 없습니다. 오직 하나님의 나라의 영광을 바라보며, 오늘도 헌신에 헌신을 다하게 하여 주옵소서. 교회는 땅에 있는 하나님의 나라라고 했습니다. 이 시간 간구하오니 저희 교회가 하나님의 나라를 확장하는 데 가장 앞장서게 하여 주옵소서, 이를 위해 세우신 담임 목사님을 주의 손에 강하게 붙드시어, 복음을 전하며, 주의 나라를 위해 모든 성도들을 세우는 일에 모세와 같게 하옵소서. 또한 엘리야와 같게 하여 주옵소서.

이 시간 찬양대와 각 기관을 위하여 기도합니다. 찬양대의 찬양이 울려 퍼질 때 하늘 문이 열려 천사들이 같이 화답하게 하시고, 저희들 각 사람에게는 주의 영광이 임하게 하옵소서. 또한 주일학교로부터 장년, 노년에 이르기까지 각 기관마다 부흥과 성숙이 있게 하옵소서.

구주 예수 그리스도의 이름으로 기도합니다. 아멘!

○월 · ○째 주일 낮

하나님 아버지! 주님의 인자하심이 하늘보다 높으시며, 주님의 진실은 창공에까지 미치나이다. 주님이여, 주님은 하늘 위에 높이 들리시며, 주님의 영광이 온 땅에서 높임 받으시기를 원하나이다. 하나님, 주의 이름이 온 땅에 어찌 그리 아름다운지요. 주의 영광이 하늘을 덮었나이다. 저희가 전심으로 하나님께 감사하오며, 주님의 모든 기이한 일들을 전하게 하옵소서. 저희가 주님을 기뻐하고 즐거워하며 지극히 높으신 주님의 이름을 찬송하게 하옵소서. 영원부터 영원까지 주는 하나님이시니이다. 하나님께 찬양하며 하나님의 이름을 송축하며 그 구원을 날마다 전파하게 하옵소서. 온 땅이 하나님을 즐거이 부르게 하옵시며, 기쁨으로 하나님을 섬기며 노래하면서 그 앞에 나아가게 하옵소서. 저희의 속에 있는 영혼을 다하여 주님을 찬양하며, 그 은혜를 결코 잊지 않도록 해주옵소서.

저희의 구원과 반석이 되시며, 산성이요 요새 되시는 하나님, 저희가 오직 하나님만 소망케 하옵소서. 감사함과 찬송함으로 주님의 이름을 송축하게 하옵소서. 무한히 선하신 여호와 우리 주님, 주님의 인자하심이 대대에 미치게 하옵소서. 저희의 속에 있는 영혼을 다해 주님의 성호를 찬양하게 하옵소서. 만물이 주에게서 나오고 주로 말미암고 주에게로 돌아가게 하심을 감사합니다.

전지전능하신 하나님 아버지, 감사와 찬송과 영광을 세세 무궁토록 받으시옵소서. 세상에 사는 저희 인생들을 돌보아 주셔서 구원을 베푸시고, 주님의 사랑의 날개 아래 품어 보호하여 주심을 감사 드립니다. 오늘도 성령님의 이끄심을 따라 예배에 참석할 수 있게 하시어 저희의 발걸음을 복되게 하심을 감사드리옵니다. 긍휼이 풍성하신 아버지 하나님, 제 이웃을 제 몸과 같이 사랑하며 불쌍히 여길 줄 아는 자비로운 마음을 갖게 하여 주시고, 예수님을 본받아 섬기는 자로서의 삶을 살기를 원하옵니다. 남이 잘못한 것을 용서하는 자가 되게 하시되, 일흔 번씩 일곱 번이라도 용서하는 저희의 삶이 되게 하여 주시기를 원하옵니다. 지금도 살아 계셔서 인간의 역사를 불꽃 같은 눈으로 살피시는 여호와 하나님, 우리나라와 민족을 불쌍히 여겨 주시기를 원하옵니다. 위정자들은 권세를 허락하신 여호와를 두렵고 떨림으로 섬기게 하시며, 백성들을 사랑으로 이끌어가게 하옵소서. 모든 백성이 우상을 버리고 주께로 돌아와 오직 여호와 하나님만을 섬기게 하옵소서.

자비로우신 여호와 하나님, 저희 가족 가운데 군대나 외국에 나가 있는 형제들을 지켜주시기를 원하옵나이다. 타 문화권의 장벽을 넘어서 수고하는 선교사들과 그의 가족들을 지켜주시기를 원하옵니다. 이 시간에도 살아 계신 주님, 강단에 세우신 목사님을 붙드셔서, 선포되는 하나님의 말씀을 통하여 저희의 주린 영혼이 살찌게 하시며, 낙심한 영혼이 위로를 얻게 하시며, 독수리의 날개 치며 올라감 같은 새 힘을 얻게 하옵소서. 찬양대의 찬양을 통하여 주님 홀로 영광을 받으시옵소서. 이 시간이 하나님께는 영광이요, 저희에게는 은혜와 감격의 시간이 되게 하옵소서.

예수 그리스도의 이름으로 기도합니다. 아멘!

○월 · ○째 주일 낮

사랑의 하나님!

거룩하신 하나님 아버지, 저희는 먼저 주님만이 저희의 영원하신, 그리고 유일하신 찬양과 경배의 대상이 되심을 고백하며 영광을 돌립니다. 저희가 감사로 하나님께 예배하게 하옵소서.

주일을 거룩하게 지키려고 아침부터 정성껏 준비하고 예배하기 위해 나왔습니다. 저희들의 마음을 가라앉혀 주시고, 조용하고 경건한 예배가 되게 하여 주옵소서. 저희들이 바치는 이 시간, 이 정성, 하나님께서 받아주옵소서.

하나님의 형상대로 지음 받은 인간이건만 마음에는 탐욕이 가득하여 아침은 근심, 저녁은 탄식, 어제는 번민과 걱정, 오늘은 슬픔과 눈물뿐이었나이다. 참 기쁨과 참 평안이 없는 세상에서 거룩한 주일을 맞이하여 남녀노소 주님 앞에 엎드려 자복하오니 사죄의 은총을 내려주옵소서.

은혜의 하나님! 이 시간 성령 안에서 기도하고 찬송하며 말씀을 사모할 때 은혜받게 하시며, 의로운 인격을 갖추고 새 사람으로 새날을 살아갈 수 있도록 성령님께서 오셔서 큰 은총을 내려주옵소서. 성령의 인도하심 속에서 저희의 신앙이 살찌게 하시고, 주님의 거룩한 뜻을 실현할 수 있는 복된 삶이 되게 하옵소서. 저희의 생각과 계획도 미리 아시는 성령께서 철저하게 이끌어 주시고, 주관하여 주시기를 원합니다. 그리하여 저희들의 모든 생활이 성령의 역사와 인도하심을 따라 사는 삶이 되게 하여 주옵소서. 복잡한 세상의 걱정과 삶의 고뇌와 슬픔과 괴로움, 그리고 죄의 고통의 멍에를 주님 받아주옵소서.

저희 교회에 은혜를 내려주시고, 우리나라에 평화를 주옵소서. 저희들의 마음속에 주님께서 오셔서 저희들의 생각과 말과 행동을 주관하사, 그리스도인답게 살게 하여 주옵소서. 사랑의 주님, 저희 교회로 하여금 주의 말씀을 듣고 주를 섬기는 한 식구가 되게 하옵소서.

오늘 모인 성도들로 하여금 하나님의 새 일꾼 되기에 부족함이 없는 은혜를 주옵소서. 저희의 반석이 되시는 여호와 하나님을 찬양합니다. 여호와는 저희의 인자시며, 건지시는 분이십니다. 사람이 무엇이기에 이처럼 알아주시며, 인간이 무엇이기에 생각하시나이까. 사람은 한낱 숨결에 지나지 않는 헛것 같으며, 한평생이라야 지나가는 그림자 같나이다. 여호와 하나님, 오늘 모인 성도들이 찬양대의 인도에 따라 주님께 새 노래로 노래하며, 주님을 찬양하오니, 천사가 화답하게 하옵시고, 말씀을 들을 때 오늘 구원받을 자들에게 구원을 베푸시고 건져주옵소서. 오늘 모인 성도들에게 복을 주시고, 여호와를 자신의 하나님으로 삼게 하옵소서.

예수 그리스도의 이름으로 기도합니다. 아멘!

○월 · ○째 주일 낮

하늘에 계신 하나님 아버지!

오늘 복된 주님의 날 아침에 하나님의 자녀들을 원근 각처에서 불러주심을 감사 드립니다. 베푸신 은혜로 일주일의 첫날을 주님께 예배하게 하시고, 저희의 몸과 마음이 주님 안에서 쉼을 얻게 하시니 참으로 감사합니다.

이 시간 저희의 마음을 주님의 사랑과 소망으로 채워주셔서, 저희들로 하여금 그리스도의 장성한 분량까지 성장하도록 인도해 주옵소서. 이 예배의 모든 순서 하나하나를 통하여 하나님께 영광을 돌리고, 저희 모두에게는 은혜의 시간이 되게 하여 주시옵소서. 특별히 하나님의 말씀을 전하는 목사님을 도우셔서, 말씀을 능력있게 선포하게 하옵소서, 그 말씀은 살아서 저희의 혼과 영과 관절과 골수를 찔러 쪼개는 역사가 있게 하옵소서.

하나님 아버지, 이런 예배의 경험을 통하여 저희 모두가 교회의 머리 되신 그리스도의 지체임을 다시 확인합니다. 사랑의 공동체로서 결속을 더욱 굳게 하고, 그리스도 안에서 한 형제자매 됨으로 인하여 진정 기뻐하며, 하나님께 감사와 영광을 돌리게 하옵소서. 거룩하신 하나님 아버지, 오늘도 하나님을 사랑하며, 하나님께 영광을 돌리기를 원하옵니다.

하나님의 자녀들이 지난날의 사랑과 은총에 감사하며, 예배합니다. 이 시간 드리는 저희의 몸과 마음, 물질 모두가 하나님께 영광을 돌리고, 저희들에게는 한없는 은혜와 복의 시간이 되게 하시기를 원하옵니다.

저희의 기도가 하나님께 상달되게 하시며, 말씀을 받는 순간 주님을 만나는 신령한 체험이 있게 하옵소서. 하나님의 자녀답게 살지 못한 지난날을 용서해 주시고, 긍휼로 저희들을 붙들어 주셔서, 믿음의 사람으로 승리하게 하옵소서. 고마우신 하나님, 몸소 행하신 놀라운 일을 찬양하며, 자랑하며, 성령님의 힘으로 온 세상에 정의로 다스리시는 하나님을 전할 수 있게 도와주옵소서. 한이 없으신 사랑으로 교회를 지키시는 하나님, 저희 교회가 성령 충만한 사랑의 교회가 되게 하옵소서. 모든 성도가 사랑의 성도가 되게 하옵소서. 교회 부서마다 제 기능을 잘 발휘하여 빛과 소금의 역할을 하게 하옵소서. 세우신 제직들 모두가 숨은 기도자가 되어, 강한 영력을 가지고 봉사와 헌신의 나눔으로 교회의 기둥이 되게 하옵소서.

아름다운 찬양을 준비한 찬양대 위에 함께 하시고, 강단에 세우신 목사님에게 말씀의 영을 부어주옵소서. 저희들에게도 성령의 감동 감화가 있게 하옵소서. 의로우신 하나님 아버지, 저희를 말씀으로 무장시키시고, 성령의 능력을 덧입혀 주옵소서. 이 예배를 마치고 세상에 나아가 살 때는 진정 주님의 증인의 역할을 넉넉히 감당하여 아버지께 기쁨과 영광을 돌릴 수 있도록 도와주옵소서. 그리하여 모든 권세와 영광과 존귀가 영원히 하나님께 있기를 원합니다.

이 모든 말씀을 저희를 온전케 하시는 주 예수 그리스도의 이름으로 기도합니다. 아멘!

○월 · ○째 주일 낮

하늘을 창조하시고, 빛과 광명을 주시고, 단비를 내리시는 하나님!

땅을 만드신 후 황무지로 두지 아니하시고, 각종 곡식과 채소를 있게 하신 그 하나님을 영원무궁토록 찬양합니다. 올해에도 풍성한 수확을 거두게 하신 하나님께 감사드리며 예배합니다. 하늘의 만나로, 땅의 만나로 영육을 풍성하게 하신 하나님, 감사로 예배하는 이 시간 몸과 마음과 물질을 바쳐 온전한 헌신의 나눔이 있는 은총을 허락하옵소서.

지금까지 도우시고 지켜주신 하나님 아버지, 목마른 자들을 불러 모아 값도 없이 물을 주시고, 먹을 것이 없는 자들도 불러 모아 값없이 양식을 주시오니, 어찌 생기가 솟아나지 아니하겠나이까? 이 생기로 구원의 소식을 만방에 전할 주님의 제자가 되겠나이다. 크나큰 평화를 이 땅에 심겠나이다. 마지막 때에 추수할 일꾼을 부르시는 하나님, 곡식 단만 추수할 것이 아니라, 부리시기로 예정하신 알곡 신자들을 추수해 거두어들일 수 있는 일꾼으로 저희들을 세워주옵소서. 세상 광풍에 시달려 고생하다가도 주님의 위로하심으로 믿음의 길을 힘겹게 걸어가는 저희들이오니, 오늘의 말씀을 통하여 주의 형상으로 변화되어 아멘으로 화답하는 심령마다 하나님의 풍성한 은혜가 넘치게 하옵소서.

영원한 사랑으로 자비를 베푸시는 하나님 아버지, 예배를 사모하면서도 병석에 누워 있을 수밖에 없는 환우들을 기억하셔서 치료의 광선을 비춰 주옵소서, 속히 자리를 털고 일어나 영광된 삶으로 변화시켜 주옵소서. 군대에 나가 있는 젊은이들을 지키시고, 대입 학력고사로 인해 지쳐 있는 수험생들에게 용기와 지혜와 총명을 주셔서 진학의 길을 보장하여 주시기를 원합니다. 전능하시고 어느 곳에나 계시는 하나님 아버지, 저희 교회와 민족을 옳은 길로 인도하셔서, 하늘의 정의와 평화를 드러내게 하옵소서.

이 시간 예배함으로 아버지 하나님께 큰 영광을 돌리며, 저희들은 새롭게 되어 흩어져 나감으로 저희들의 각 가정이 작은 천국이 되게 도와주옵소서. 저희가 이 사회 속의 정치, 경제, 사회, 문화 등 각 분야에서 소금과 빛이 되어 하나님 나라를 이루어 나가는 새 일꾼의 사명을 감당하게 하옵소서.

위정자들과 백성들이 하나님 두려운 줄 알게 하시고, 타락과 불의가 성행하는 이 땅의 모든 백성이 감사로 예배하게 하옵소서. 허락하신 풍요로움으로 가난한 이웃들과 가진 모든 것을 나눌 줄 아는 마음을 허락하옵소서. 내 것이라 아껴 동록이 좀먹는 썩을 재물이 되지 않게 하옵소서. 이 예배가 성삼위 하나님께는 영광이요, 참여한 저희들에게는 은혜의 시간 됨을 감사합니다. 세우신 목사님과 찬양대 위에 성령님 함께 하옵소서. 예수 그리스도의 이름으로 기도합니다. 아멘!

○월 · ○째 주일 낮

우주 만물을 창조하시고 모든 역사를 주관하시며 구속의 은총을 베푸시는 하나님!

허락하신 예배의 날에 저희들을 거룩한 예배의 자리로 불러주심을 감사 드립니다. 믿는 자를 자녀로 삼으시고, 아버지가 되어 주신 하나님, 이곳에 임재하셔서 주님의 이름을 의지하여 올리는 자녀들의 예배를 받으시고, 복된 말씀을 선포하옵소서. 주님께서 저희들의 찬송을 기뻐하시고 저희들의 기도에 응답하심을 믿습니다. 오직 주님만이 저희의 구주시며, 생명이시며, 참된 복이시옵니다.

주님의 모든 자연을 통한 은총과 공의를 통한 판단이 참되십니다. 저희 한 사람 한 사람에 대한 뜻이 크시고 깊으시오니, 저희들은 오로지 순종함으로써만 주님의 뜻을 이루는 줄 알게 하옵소서. 저희들이 연약하여 말로나 행동으로나 생각으로 범죄하였거든 이를 깨닫게 하여 주옵소서. 모든 죄와 허물을 고백하여 자유함을 얻게 하옵소서. 주님, 이제 저희들의 마음을 비웁니다. 모든 불순한 것들을 제거하여 새롭게 하옵소서. 주님, 이제 저희들의 심령을 바칩니다. 오로지 주님의 것이 되게 하옵소서. 저희들을 주님께만 충성하는 종이 되게 하시고, 모든 불의와 거짓과 싸워 승리하게 하옵소서.

주님의 피로 사신 저희 교회를 세속에 물들지 않게 하옵소서. 항상 깨어 있어 말씀의 파수꾼이 되게 하시어, 저희들의 가정과 국가와 민족의 모든 사회악을 물리치게 하옵소서. 정치적 혼란과 경제적 빈궁에서 벗어나게 하옵소서. 특히 남북 분단의 역사적 불행을 풀어주사 온 겨레의 평화를 이룩하게 하옵소서. 이 세상과 그 가운데 모든 것을 지으시고, 저희 인생을 지어 주시고, 역사를 시작하시고, 운행하시는 아버지 하나님께 감사드립니다.

저희들이 하나님의 뜻을 거역하고 죄 중에 빠져 영 죽게 된 것을 구원하시려, 하늘 영광 귀한 보좌를 버리시고, 이 땅에 오셔서 십자가를 지고 가신 구주 예수님께 감사드립니다. 그리고 저희와 늘 함께하시며, 깨닫게 하시고, 힘이 되시고, 위로가 되어 주시는 성령님께 감사와 찬송과 영광을 돌립니다. 지난 한 주간도 성삼위께서 저희들을 지켜주신 것을 감사드리며, 저희들이 생각하고 말하고 행한 일에 하나님의 뜻에 어긋나는 일들이 많았었음을 다시 한번 회개하옵니다. 주님의 십자가의 보혈로 씻어주시고, 성령의 도우심 속에 용서받은 확신과 새 힘을 주옵소서.

이 시간 찬양대가 드리는 찬양을 받으시오며, 저희들에게 주시는 말씀을 통하여 저희의 가슴이 뜨거워지게 하옵소서. 주님, 저희의 눈이 밝아지게 하옵소서. 저희의 손, 발이 새로워져 하나님의 영광과 역사 속에 그 뜻의 성취를 위해 힘 있고 바르게 일하는 새로운 피조물들이 되게 도와주옵소서.

저희를 구원하시려 십자가를 지신 주 예수 그리스도의 이름으로 기도합니다. 아멘!

○월 · ○째 주일 낮

거룩하시고 신령하신 창조주 여호와 하나님!

은혜와 사랑을 진심으로 감사하옵나이다. 하나님께서는 독생자 예수 그리스도의 십자가와 부활의 능력으로 저희 죄인들을 용서하여 주셨습니다.

이 자리는 구속의 은총이 넘치는 복된 자리입니다. 원근 각처에 흩어져 살던 성도들이 모였사오니 거룩한 공동체가 되게 하옵소서. 생명의 샘에서 영원한 생수를 마시며, 경건한 마음으로 하나님께 영광을 돌리게 하옵소서.

세상에서 저희들이 죄를 범하였으나, 주님의 은총의 자리에서 용서받고, 새로운 영혼의 아름다움으로 옷 입혀주옵소서. 그리하여 다시 세상으로 나아가서 주님이 기뻐하실 신앙의 삶을 살게 하옵소서. 이 자리는 모든 성도들의 간절한 심령이 오직 주님의 얼굴을 바라보면서 은혜를 사모하는 자리입니다. 저희들은 오직 여호와께만 영원한 생명을 얻을 수 있습니다. 이 자리는 이 세상에서 가장 거룩하고 고귀한 하나님의 자리입니다. 복을 내려주옵소서. 모든 성도들이 새로운 주님의 자녀로서 가정이나 교회에서 거룩한 삶을 창조하게 하옵시며, 직장과 사회에서 빛과 소금이 되게 하옵소서. 자라나는 자녀들을 보살펴 주옵시고, 떠나 있는 성도들에게 이 시간 같은 은혜로 채워주옵소서. 저희 교회에 속한 권속들에게 굳건한 믿음을 주셔서 언제 어디서나 주님께 영광 돌리는 삶을 살게 하옵시며, 찬양과 말씀에서 하늘의 음성을 들게 하옵소서.

여기 저희의 힘과 정성과 뜻을 모아서 드린 예물을 기쁘게 받아 주옵소서. 그리고 이 예물을 통하여 하나님의 거룩한 사업을 위해서 쓰고도 남음이 있는 오병이어의 기적의 역사가 나타나게 하여 주옵소서. 아울러 하나님 앞에 마음과 뜻과 정성 모아 봉헌한 성도들에게 하늘 문을 넓게 여시고, 은혜와 복으로 항상 마음이 깨끗하게 하여 주옵소서. 그리고 하나님의 영광을 위해서 살기에 부족함이 없도록 각양의 은혜와 은사를 더하여 주시옵기를 바라옵나이다. 저희들이 하는 사업을 하나님이 도와주심으로 말미암아 날마다 번영하고 발전하게 하여 주옵소서. 저희들의 지위가 높아지며 수입도 증대되게 하여 주옵시기를 바라옵고 원하옵나이다. 세상에서 얻어지는 것에 비례해서 주님 앞에는 더욱 겸손한 성도가 되게 하옵소서.

저희들 가정에 우환 질고가 없도록 보호하여 주시고, 근심 걱정이 없어지게 하여 주옵시며, 찬송의 메아리가 울려 퍼지게 하여 주옵소서, 언제나 기쁨의 웃음이 넘치는 가정이 되게 하시고, 범사에 감사하는 아름다운 가정 천국을 이루고 살게 하여 주옵소서. 병든 자가 있습니까? 하나님! 만병의 명의 되시는 주님의 손길로 치료하여 주시옵기를 바라옵고 원하옵니다. 이 시간 목사님과 함께 기도드릴 때 사랑하는 모든 성도의 병마를 치료하여 주옵소서. 몸속에 숨어 있는 모든 병마를 나사렛 예수 이름으로 깨끗하게 치료하여 주옵소서.

예수 그리스도 이름으로 기도합니다. 아멘!

○월 · ○째 주일 낮

하나님 아버지!

은혜와 사랑을 감사하며, 감사와 찬양과 영광과 존귀를 올려드립니다. 하나님은 저희의 힘이시고, 능력이십니다. 주를 의지하지 않고는 한순간도 살 수 없음을 고백하며, 아버지께 찬양을 드립니다. 저희가 사는 날 동안 영원히 주님을 찬송하게 하옵소서. 저희가 단지 믿는 것은 하나님은 찬송을 좋아하신다는 것입니다. 부디 구하옵나니, 이 땅에 사는 날 동안 불평은 사라지고 찬송만 하며 살게 하옵소서.

이 시간 전능하신 아버지께 고백합니다. 세상 사는 동안 어쩔 수 없어 지은 죄를 고백합니다. 하나님의 영광을 가렸던 모든 것들을 회개하오니 용서하여 주시옵소서. 오직 구주 예수의 사랑과 주님의 보혈의 능력을 믿습니다. 혹시라도 저희 교회가 하나님 앞에 범죄한 것이 있다면 그것도 용서하여 주시옵소서. 오직 주님만이 저희의 구원자이심을 믿습니다. 또한 저희에게 죄지은 자들이 있사오나 이 시간 저희가 그들을 용서하오니, 저희들도 모르고 지은 죄가 있다면 용서하여 주옵소서.

감사하신 하나님 아버지!

삶의 순간순간마다 저희의 호흡처럼 곁에 계시고, 심장 소리보다 더 강한 음성으로 저희에게 말씀하심을 인하여 감사합니다. 단지 저희들이 잘 듣지 못하고, 들으나 깨닫지 못하고, 설혹 깨달았다고 하더라도 순종하지 못하였습니다. 하지만 이 시간 마음을 다잡고 다시 한번 말씀대로 살기로 다짐해 봅니다. 저희들의 불충에도 불구하고 저희를 멸하지 않으시고, 오래 참으시고 붙잡아 주시니 감사합니다.

이제 주의 은혜를 받고자 감사하는 마음으로 간구합니다. 무엇보다 먼저 이 나라의 미래를 인도하여 주옵소서. 저희 민족이 예수님의 복음을 받은 지 130년 만에 세계 열강과 어깨를 나란히 하는 나라가 되었습니다. 그리고 그 덕분에 세계 2위의 선교사 파송국이 되었습니다. 이는 모두 다 하나님이 저희에게 복 주신 결과입니다. 하지만 이 민족이 잠시 부유해졌다고 해서 교만하여 믿음에서 떠나는 자가 많아지고, 세상의 즐거움에 빠져 그 본연의 사명을 잃어버리는 것이 마치 그 옛날 이스라엘의 반역과도 같습니다. 주님은 먼저 소금이 되라고 하셨는데, 소금이 되어 말없이 섬기는 것을 배우기도 전에, 빛이 되어 영광만을 자랑하는 우를 범하고 있습니다. 교회부터 소금의 사명을 감당하는 저희들이 되게 하옵소서. 세상과 짝하여 세상의 유혹에 넘어가지 않게 하시고, 오히려 살아있는 물고기처럼 시대의 세파를 거슬러 올라갈 수 있는 용기를 주시기를 간절히 구하옵나이다.

말씀을 전하는 목사님에게 복을 주시고, 저희의 예배를 통하여 주님 홀로 영광 받으시기를 원하오며, 예수 그리스도의 이름으로 기도합니다. 아멘!

제2부

주일 저녁(찬양) 예배 기도문

1월 · 첫째 주일 저녁

영광의 주 하나님!

오늘도 저희 발걸음을 인도하셔서 주님 앞에 나와 예배하게 하시니 감사합니다.

이 저녁 저희의 정성과 마음을 다하여 하나님 아버지께 찬양과 기도로 예배하오니, 기쁘게 받아주시옵소서. 저희의 힘이 되신 여호와여, 저희가 하나님을 사랑합니다. 저희가 하나님께 받은 모든 은혜를 감사하오며, 이 시간도 새롭게 되기를 원합니다. 주께서 이 예배 중에 저희에게 임재하사 저희를 만나 주시고, 오늘 예배를 통하여 성령의 연합이 일어나고, 주의 사랑으로 서로 사랑함이 있게 하여 주시옵소서. 더욱 주님께 영광이 되도록 복으로 더하여 주시옵소서.

사랑의 주님! 죄 많고 속된 세상에서 마음과 영혼이 시달리고, 가슴이 터질 것만 같았나이다. 그러나 지치고 상한 영혼을 그대로 버려두지 않으시고, 고이 안으시고 품어 주실 것을 생각하니, 고향의 푸른 잔디처럼 주님의 동산이 참으로 평안과 안식이 되나이다. 저희의 온전치 못한 모습을 사랑으로 감싸 안아주시고, 용서하여 주시며, 은혜로 위로하여 주셔서 더욱 든든한 믿음으로 무장될 수 있도록 이끌어 주시옵소서.

긍휼의 주님! 주님의 사랑을 구하면서도 이웃에게 사랑 베풀기를 너무도 소홀히 했음을 고백합니다. 제 개인의 영생에만 관심을 가졌을 뿐, 주님이 천하보다 더 귀하게 여기시는 생명들을 향해 전도하는 일조차 망각하고 있었습니다. 너무나 이기적인 잘못을 저질렀음을 고백하오니, 용서하여 주시옵고, 이 잘못된 태도를 고칠 수 있도록 흘러넘치는 은혜를 부어주시옵소서.

위로의 주님! 뜻하지 않은 폭설과 또 환란으로 인하여 고통당하는 이웃이 있습니다. 이들을 불쌍히 여기시고 위로하여 주시기를 원합니다. 저들이 하늘을 원망하며 비탄 속에 잠겨있지 않도록 하시옵고, 이번을 계기로 인간이 추구하는 이 땅의 모든 것들이 덧없고 부질없는 것임을 깨달아 영원한 생명을 찾는 결단의 기회가 되게 하여 주시옵소서. 슬픔에 잠긴 이웃을 위하여 그 고통을 함께 나누고자 선한 사마리아인처럼 따뜻한 온정을 보낸 손길들을 기억하시고, 고통을 함께 나누고 이웃을 헤아리는 삶이 얼마나 아름답고 고귀한 것인지를 절실히 깨닫는 계기가 되게 하시옵소서. 주님의 몸 된 교회도 어려움을 당한 이웃을 위하여 선한 사마리아인처럼 사랑을 보여줄 수 있는 공동체가 되게 하시고, 퍼주고 나눠줌으로 주님의 사랑을 몸으로 실천할 수 있는 공동체가 되게 하시옵소서. 교회도 이번 일을 계기로 형식적이거나 남에게 보이기 위한 구제가 아니라 퍼주고 나누는 것이 습관화되는 교회로 거듭나는 역사가 있게 하시옵소서.

이 시간 주님의 말씀을 증거하실 목사님을 성령의 능력으로 붙드셔서 상처 많고 아픔이 많은 이 시대에 소망을 주는 말씀이 선포되게 하여 주시옵소서.

주 예수 그리스도의 이름으로 기도합니다. 아멘!

1월 · 둘째 주일 저녁

저희를 언제나 사랑과 은혜로 도우시는 하나님 아버지!

오늘도 그 크신 사랑과 은혜를 감사하며 주일 찬양 예배를 위해 모였사오니 저희들의 예배를 기쁘게 받아주시옵소서. 늘 하나님을 의지하며 주님의 뜻대로 살기를 원하는 성도들이 이 자리에 모였습니다. 저희들이 하나님께 헌신하게 하여 주시고, 언제 어디서든지 주님의 귀한 도구가 될 수 있는 저희들이 되게 하여 주시옵소서. 복음의 씨앗이 되기를 원합니다. 오늘 이 자리에 나온 성도들 가운데 연약해진 심령들이 있습니까? 고통에 시달리는 심령들이 있습니까? 주님의 도우심이 절대적으로 필요한 영혼들이 있습니까? 이 시간을 통하여 신앙의 힘을 얻게 하시고, 새 능력을 얻게 하여 주시옵소서. 외로운 마음들이 위로를 받게 하시며, 마음 답답해하는 심령들이 참 평안을 얻게 하여 주시옵소서. 확신과 신뢰의 바탕 위에 내일에 대한 소망이 넘치는 생활이 되게 하여 주시옵소서.

귀한 주일 찬양 예배에 저희들이 이렇게 모였사오니 이 시간 드리는 찬양에 하나님의 은혜가 있게 하시며, 찬양 중에 주의 능력이 임하게 하여 주옵소서. 바울과 실라가 옥중에서도 찬양했사오며, 다니엘이 기도할 수 없는 중에도 기도하며, 하루에 세 번씩 감사한 것을 기억하게 하옵소서.

저희의 믿음이 환경에 지배받지 않게 하시고, 주님을 믿는 절대 믿음으로 하나님을 찬양하게 하옵소서. 하나님의 전능하심을 믿사오니, 저희를 찬양의 도구가 되게 하여 주옵소서. 불의와 적당히 타협하며, 세속의 종이 되지 않게 하시고, 뿌리를 잃은 갈대처럼 세상에 떠다니는 어리석음을 범치 않게 하옵소서.

저희의 염려는 기도의 제목이 되게 하시고, 저희들의 한숨은 찬양이 되게 하옵소서.

오늘 예배가 저희들의 허물로 인하여 방해될까 두렵사오니, 저희들의 모든 죄를 용서하여 주옵소서. 우리나라와 교회를 위해서 간구하오니, 정치의 혼란과 경제의 어려움으로 불안한 백성들의 마음을 위로하여 주옵시고, 저들에게 평안을 주시어, 신음하는 민족에게 소망을 주시옵소서. 저희가 주를 향하여 더욱 기도하게 하시고, 죽어가는 영혼들을 불쌍히 여기는 긍휼을 주옵소서.

이 은혜로운 자리에 육신의 일에 얽매여서 참석하지 못하는 성도들이 있습니다. 하나님을 재물과 겸하여 섬길 수 없음을 깨달아 하나님께 영광을 돌리며 사는 복된 삶으로 이끌어 주시옵소서.

진리의 말씀을 듣고 단 위에 선 목사님을 기억하사 강건케 하시되, 주의 말씀을 증거할 때 담대함을 허락하시고, 성령의 인도하심 속에 주의 진리만을 전할 수 있도록 하옵소서. 말씀 중에 은혜가 있게 하시고, 깨달음이 있게 하시며, 결단이 있게 하옵소서. 지금도 살아 계셔서 함께 하시는 예수 그리스도의 이름으로 간절히 기도합니다. 아멘!

1월 · 셋째 주일 저녁

오늘도 저희의 기도를 들어주시는 하나님 아버지 감사합니다. 이 시간에도 저희의 입술을 벌려 주님의 은혜를 찬양할 수 있도록 도와주시고, 저희의 부정한 입술이 있다면 주님의 말씀으로 깨끗하게 씻겨지는 시간이 되게 하여 주시옵소서.

저희가 주님의 지체로서, 주님의 몸 된 교회를 위하여 마땅히 해야 할 일을 다 하지 못하였음과 열심히 섬기는 일을 다 하지 못하였음과 의롭게 살지 못하였음을 회개하오니, 저희를 긍휼히 여기셔서 용서하여 주시옵소서. 거짓이 많은 세태 속에서 진리의 허리띠를 든든히 매지 못하였으며, 불의한 세상에서 신실한 언행으로 일관하지 못한 저희의 삶을 용서하여 주시옵소서. 성령의 불로 원치 않는 죄성과 정욕과 숨은 악을 태우셔서, 그리스도의 보혈로 깨끗하게 하여 주시옵소서. 넘어지기 쉽고 쓰러지기 쉬운 때인 만큼 어떠한 시련이 닥친다 해도 절대 세상과 타협하지 않는 저희들이 되게 하여 주시고, 십자가의 믿음으로 승리하는 저희들이 되게 하여 주시옵소서.

주님을 사모하여 이 자리에 다시 모였사오니, 주님의 은혜로 가득 찰 수 있는 시간이 되게 하여 주시며, 예배를 통하여 하나님과 만날 수 있는 저희가 되게 하여 주시옵소서. 저희가 주님께 올리는 예배가 하나님과 신령한 교제를 나눌 수 있는 귀한 시간이 되게 하시고, 성도들 간에도 사랑이 넘치는 교제가 이루어지게 하여 주시옵소서.

저희의 기도를 받으시고 응답하시는 하나님! 저희의 약함이 주님의 강함이 되게 하여 주시고, 저희의 근심이 주님께 기도할 수 있는 기도의 끈이 되게 하여 주시옵소서. 기도의 응답이 없음으로 인해 실망하지 않게 하여 주시고, 연단과 인내로 끝까지 승리할 수 있는 믿음이 되게 하여 주시옵소서.

믿음은 하나님의 말씀을 듣는 데서 생긴다고 하셨사오니, 하나님의 말씀이 선포되는 이 시간 말씀으로 거듭나게 하시고, 저희의 약함이 주님 앞에서 강하게 되는 역사를 체험하게 하여 주시옵소서.

저희의 생각과 힘으로 할 수 없음을 고백하게 하시고, 주님 앞에 엎드림으로 인해 주님의 공급하심을 맛볼 수 있는 귀한 시간이 되게 하여 주시옵소서. 주님의 말씀으로 저희의 믿음을 강하게 하옵소서. 찬양이 끊이지 않으며, 기쁨과 감사가 넘치는 생활이 되게 하옵소서. 조건을 초월하여 하나님을 섬기게 하시고 경외하게 하옵소서.

예배를 위해서 기도합니다. 예배로 인하여 저희에게 복을 허락하시되, 앞날이 열려 형통케 되는 복을 허락하시고, 저희의 감사와 찬양으로 인하여 복을 허락하시되, 주 하나님이 주시는 새 힘으로 날마다 승리하게 하여 주시옵소서. 저희에게 귀한 목사님을 허락하셨사오니 저희가 하나님의 말씀을 들을 때에 죄인의 옷을 벗게 하시고, 하나님의 신령한 것들을 사모할 수 있도록 함께 하여 주시옵소서.

예수 그리스도의 이름으로 기도합니다. 아멘!

1월 · 넷째 주일 저녁

지금도 살아 계셔서 온 인류의 모든 역사를 주관하시며 감찰하시는 거룩하신 하나님 아버지. 주님의 전능하신 섭리를 찬송하오며, 주님께 영광 드리나이다.

저희들은 주님의 백성이라 부를 가치도 없는 죄인들이지만, 주님께서는 사랑해 주시고 독생자 예수 그리스도를 통하여 보혈로써 저희들을 깨끗하게 하시니, 감사드립니다. 또한 저희들에게 하나님을 경외하며, 주님의 말씀을 좇아 살게 하시니, 감사드립니다. 이 시간 주의 성호를 찬양하며, 찬양 예배로 모이게 하시니 감사합니다.

주님! 저희들은 지난 한 주일 동안에도 세상에 살면서 주님을 기쁘시게 하지 못하고, 저희들의 육신을 위하여 이기적인 욕망과 많은 죄악에서 살아왔습니다. 이 시간 저희들의 회개를 들어주시고, 용서하여 주시옵소서.

또한 주님의 말씀의 거울로 저희를 비추시고, 영혼을 가르치사, 저희들의 삶 전체가 하나님 아버지를 향한 삶이 되게 하시고, 주님을 저희의 희망과 위로로 삼게 하시옵소서. 하나님 아버지, 이곳에 꿇어 엎드린 사랑하는 성도들을 위하여 간구하오니 주께서 들어주시고 응답해 주시옵소서. 먼저 하나님 말씀대로 살아가는 믿음을 허락하시고, 생활 속에서 삶 전체를 통하여 주님의 영광을 드러내는 살아있는 믿음을 허락하시옵소서.

사랑의 주님! 항상 주님 앞에서 경건한 생활의 모습이 되게 하시고, 저희가 어떤 일을 하든지, 먼저 주님을 생각하게 하셔서, 주님께 인정받고, 칭찬받으며, 복 받을 수 있는 주님의 귀한 자녀가 되게 하여 주시옵소서. 주님의 은혜를 흠뻑 받아 사랑과 찬양을 힘 있게 감당하게 하시고, 직장과 가정과 일터와 생활의 전 영역을 통해서 주님의 뜻을 나타내는 저희들이 되게 하시옵소서.

저희들이 걱정하고 근심하며 괴로워하는 그 모든 것들은 약한 믿음 때문이며, 용기 없는 신앙 때문이니, 주께서 저희들을 온전히 이끄시어 더 굳센 믿음을 허락하여 주시옵기를 간절히 구하옵니다.

주님, 저희들이 먼저 그 나라와 의를 구하며 더욱 주님께 헌신할 때, 모든 걱정 근심이 사라질 것을 확신하오니, 저희들이 더욱 주께 가까이 나아갈 수 있도록 도와주시옵소서. 오늘 드리는 저희들의 찬양 예배가 주님께서 기쁘게 받으시는 산 제사가 되게 하시고, 하나님의 말씀을 대언하게 하신 목사님을 통해 생명력 넘치는 살아있는 말씀으로 저희들을 감동하게 하옵소서. 저희의 예배를 마치는 시간까지 오직 주님만이 임재하셔서 다 내려놓고 빈손 들고 나온 모든 성도들에게 한량없는 복을 내려주시옵소서. 예수 그리스도의 이름으로 기도합니다. 아멘!

찬송과 존귀와 영광을 세세 무궁토록 홀로 받으시기에 합당하신 하나님!

오늘도 거룩한 성일을 허락하시어 하나님 아버지께 경배와 찬송을 드리게 하시니 감사를 드립니다. 부활의 기쁜 소식을 주시어 저희에게 영생의 소망을 갖게 하심을 생각할 때 저희들은 정말 행복한 백성입니다. 지난 한 주간의 삶을 돌아볼 때 저희들에게는 죄와 허물 밖에는 아무런 공로나 의나 행위가 없었음을 고백하오니, 저희들을 불쌍히 여겨 주옵소서. 그러나 저희의 대속주 되시는 예수 그리스도의 십자가 공로만 의지하고 나아왔사오니, 죄 사함의 은총을 내리어 주옵소서.

거룩하고 복 된 주님의 날, 아침 시간에 이어 이 시간 다시금 찬양 예배로 모여 주님 앞에 머리를 숙였습니다. 저희의 심령이 주님만을 향하게 하시고, 뜨거운 심정으로 주님을 경배하게 하옵소서. 달고 오묘한 말씀으로 심령마다 은혜로 채우시고, 선포되는 말씀 위에 성령으로 충만하게 하옵소서. 지난 한 주간도 주님 뜻대로 행하지 못하고, 저희 욕심대로 살아왔던 모든 죄, 회개케 하시고 용서하여 주셔서 저희들 마음속에 정한 마음을 창조하시고, 정직한 영을 새롭게 하여 주옵소서. 사랑의 하나님! 이 예배를 통하여 삶에 새로운 변화가 일어나게 하옵소서. 이기주의와 탐욕에 젖어 살던 길에서 돌이키게 하시고, 그리스도만이 삶의 중심이요, 목적이 되게 하옵소서.

은혜의 주 하나님! 주님을 믿는 자는 죽어도 살겠다고 하신 말씀을 기억하고 있으면서도, 저희는 죽음을 지나치게 두려워하고 있었습니다. 오늘 이 시간 슬픔과 탄식이 달아나는 은혜가 있게 하여 주시옵소서. 저희가 때때로 신앙생활에서 실족할 때가 많이 있습니다. 죄악과 허탄한 것에 매인 바 되어 주님의 자녀 된 모습을 늘 잃어버리고 사는 저희를 불쌍히 여기시고, 용서하여 주시옵소서. 사랑의 하나님! 저희들 한 사람 한 사람이 주님 말씀 안에 변화됨으로써 저희 교회가 새로워지고 더욱 빛을 발하게 하셔서 구원의 방주로서의 역할과 성숙한 교회로서의 역할을 잘 감당하여 주님 앞에서나 사람들 앞에 칭찬받는 교회가 되게 하옵소서.

자비로우신 하나님! 이 시간에도 질병과 여러 가지 문제로 어려움 속에 있는 성도들 위에 함께 하셔서, 치료하여 주시고, 회복시켜 주셔서 함께 '할렐루야' 영광 돌리며, 예배할 수 있도록 도와주옵소서. 이 시간도 아름다운 찬양으로 영광 돌리는 찬양대 위에 함께하셔서 성도들의 마음 문을 여는 감동의 찬양이 되게 하시고, 주님이 기쁘게 받으시는 찬양이 되게 하옵소서. 이 시간 말씀을 전하게 하신 목사님과 함께하셔서 신령한 말씀이 선포되게 하시고, 연약한 심령이 새 힘을 얻으며, 병든 심령이 나음을 입는 은혜의 시간이 되게 하옵소서.

예수 그리스도의 이름으로 기도합니다. 아멘!

2월 · 둘째 주일 저녁

거룩하신 하나님!

오늘도 살아 역사하시는 하나님을 찬양합니다. 이 저녁 원하옵기는 감격의 찬송과 감사와 용서의 기도를 드리게 하시고, 마음과 뜻과 정성을 담아 예배하게 하여 주시옵소서. 이 시간 성령의 충만하신 역사가 저희에게 임하여 주시옵소서.

아버지 하나님께서는 찬양과 존귀를 받으시기에 합당하십니다. 저희를 이방의 압제에서, 적군의 포로 된 자리에서 구출해 주심같이, 곤고에 지친 저희를 살리시고, 구원해 주심을 감사합니다. 온 백성이 함께 찬송과 영광과 존귀를 올려드립니다. 하나님은 상천하지에 유일하신 신이시라. 하나님 외에 누가 전능하시며, 또한 누가 그 백성의 아픔을 돌아보사 구속하시나이까?

이 시간 신령과 진정으로 아버지 앞에 나아갑니다. 찬양과 새 노래로 아버지를 마음껏 노래하는 시간 되기를 원합니다. 저희의 입술을 주장하시어 마땅히 하나님께 드려야 할 찬양을 드리게 하여 주옵소서. 이 시간 예수님을 찬양합니다. 죄로 말미암아 죽을 수밖에 없는 저희를 위해 십자가의 모진 고통을 당하셨으니, 감사를 드립니다. 그 구속의 은혜가 오늘 저희로 주님을 찬양하게 합니다. 저희를 광야 같은 이 세상에서 행진하는 이스라엘 백성들처럼 찬양하며 가나안에 이르게 하여 주옵소서. 구름 기둥과 불 기둥으로 인도받기를 원하여 오늘도 주님 앞에 모였사오니, 성령이 임재하여 함께 하시기를 기도합니다.

하나님의 나라는 사랑과 희락과 화평이라고 하셨습니다. 이 시간도 주님께서 주시는 사랑과 희락과 화평을 누리게 하여 주옵소서. 그리하여 받은 사랑을 가지고 세상으로 나아갈 때 더욱 큰 사랑으로 이웃을 사랑하게 하시고, 성도의 사랑을 나누게 하옵소서. 죄와 싸우되 피 흘리기까지 싸우게 하옵소서. 세상에서 죄의 세력과 싸워 승리하게 하시고, 저희의 마음에 평안을 주시옵소서. 할렐루야! 주님의 사랑을 부어주심을 감사 드립니다.

이 시간 단 위에 선 목사님을 능력의 오른팔로 붙드시고, 주님의 권세 있는 말씀을 선포케 하시고, 주님의 은혜를 사모하는 저희 모두가 주의 은혜를 체험하는 놀라운 시간이 되게 하여 주시옵소서. 주의 말씀이 선포될 때 기뻐 감격하여 찬송이 터져 나오게 하옵소서. 저희의 마음을 열매 맺게 하옵소서. 옥토와 같은 마음이 되게 하옵소서. 주의 말씀을 들을 때에 회개의 역사가 저희 가운데 임하게 하옵소서.

언제나 주님 앞에 예배하기엔 부족하오나, 상한 심령으로 올리는 예배를 기쁘게 받으시는 주님, 저희 찬양을 받아주시옵소서. 찬양 모임에 참석하는 성도들의 숫자가 날마다 더하여지는 복을 주옵소서. 주님의 사랑이 이 한 주간도 찬양을 통해 충만하기를 원합니다.

예수 그리스도의 이름으로 기도합니다. 아멘!

2월 · 셋째 주일 저녁

천지 만물을 주관하시고 섭리하시는 전능하시고 영원하신 하나님 아버지. 죄로 인하여 죽을 수밖에 없는 저희들을 사랑하셔서 예수 그리스도의 보혈로 사함을 받게 하시고, 주님의 거룩한 백성으로 삼아주시니 감사드리옵니다. 또 저희에게 거룩한 주일을 허락하셔서 새벽부터 이 밤까지 예배할 수 있게 하시니 더욱 감사드리옵니다.

주님, 그러나 저희들은 하나님의 은혜를 깨닫지 못하고, 하나님의 말씀대로 살지 못했습니다. 그리하여 주님을 향한 사랑이 식었고, 믿음이 약하여 충성과 봉사를 다 하지 못했습니다. 주님, 저희를 용서하시고, 주님의 긍휼 안에서 소망을 갖게 하시옵소서. 주님의 선하심 안에서 힘을 얻고, 살아가게 인도해 주옵소서

하나님 아버지. 저희 가족 중에 아직도 주님을 영접하지 못하고 죄악 속에서 사는 형제자매들이 있사옵니다. 이 시간 저희들이 한마음으로 기도하오니, 저희 성도들의 모든 가족이 하나님을 영접하여 영생을 얻게 하시고, 저희들의 가정이 구원의 방주가 되는 놀라운 주님의 은총을 내려주옵소서.

하나님 아버지, 이 밤에 저희들이 주님 앞에서 모든 사람을 위하여 기도할 수 있도록 주장하시어, 이 지역을 복음화할 수 있도록 도와주시옵소서. 저희 교회를 주님께서 세워주시고, 지켜주시며, 부흥 발전하게 하시오니 감사드리옵니다. 더욱 주께서 복을 주셔서 저희 교회가 주님의 큰일을 감당하는 교회가 되게 하

시고, 각 기관도 복을 주셔서 하나님의 영광을 드러내는 귀한 기관으로 세워주옵소서.

소망의 하나님! 저희의 영혼이 주님의 은혜를 사모하며 하늘의 보좌를 우러러 경배합니다. 이 시간 말씀으로 은혜받고, 찬송으로 감동되고, 기도로 새 힘을 얻게 하여 주시옵소서. 교회와 목사님을 권능의 손으로 붙들어 주시고, 성도들이 서로가 사랑할 수 있는 은사를 받아 하나님의 사랑으로 하나 되게 하옵소서. 저희의 믿음이 말씀과 진리로 날마다 바르게 성장하게 하시며, 주님께서 부탁하신 영혼 구원의 사명을 잘 감당하게 하여 주시옵소서. 어두워진 눈을 밝혀 주셔서 신령한 것을 보게 하시고, 귀가 둔하여 듣지 못했던 주님의 음성을 듣기를 원합니다. 저희의 심령을 정결하게 하시고, 감사와 찬송하는 삶을 살게 하여 주시옵소서. 주님의 영광이 예배에 충만하게 하옵소서.

이 시간 말씀을 증거하실 목사님에게도 주의 놀라운 능력으로 함께 하셔서 저희들을 신령한 말씀으로 인도하는데 조금도 부족함이 없게 하옵소서.

주님, 지금 이 세상은 밤과 같이 어둡고 험한 세상이오니, 저희들이 어둠을 이기고, 밝은 빛으로 승리하게 도와주시옵소서. 이 예배를 주님께서 홀로 주관해주시고, 저희들에게 한량없는 은혜를 베풀어주옵소서.

아무 공로 없는 죄인이 예수 그리스도의 이름 받들어 기도합니다. 아멘!

2월 · 넷째 주일 저녁

찬양과 존귀를 받으시기에 합당하신 아버지 하나님!

올해도 벌써 두 달이 지나갑니다. 그동안도 지켜주신 은혜를 찬양하며 영광을 돌려드립니다. 역사를 주관하시는 하나님 아버지, 하나님의 놀라운 사랑과 은총에 감사와 찬송을 드립니다. 죽을 수밖에 없는 죄인들을 불러 하나님의 귀한 백성으로 삼아주시고, 죄 가운데 방황하는 저희들에게 구름 기둥과 불기둥으로 인도하여 주신 극진한 사랑에 깊은 감사를 드립니다.

오늘은 찬양 예배로 온 성도들이 모여 마음과 뜻과 정성을 바쳐 헌신을 다짐하고자 합니다. 하나님께서 역사하여 주시고, 성령님께서 저희들의 마음을 인도하여 주옵소서. 저희들의 헌신이 하나님께는 큰 영광을 돌리며, 저희들에게는 한없는 은혜가 되게 하옵소서.

은혜의 하나님! 저희는 하나님께서 저희에게 맡겨주신 달란트를 땅속 깊이 묻고 안일한 세월을 보낸 악하고 게으른 종임을 고백합니다. 분주한 세상 소리에 주님의 음성을 듣지 못했고 화려한 세상의 환경에 영의 눈이 어두웠습니다. 이 시간 주님께 나아왔사오니 모든 허물을 말끔히 씻어주시옵소서. 손과 발, 머리와 몸과 마음과 영혼도 하나님의 의의 보혈로 깨끗이 씻어주시옵소서. 저희의 거짓과 위선의 죄악을 씻어주시옵소서. 인자와 긍휼을 기다리는 심령에 주님의 위로의 손길을 베풀어주시고, 십자가의 보혈의 은총을 덧입는 시간이 되게 하옵소서.

특별히 남여 선교회와 주일학교, 각 기관이 복음의 기수로서 청지기의 사명을 다하며, 사랑이 메마른 이 땅 위에 사랑을 실천하고자 하는 뜨거운 심정을 갖고 모였나이다. 하나님 아버지, 하나님의 의로운 오른손으로 저희를 돌보시어 죄악이 만연한 세상 가운데서 신앙의 힘으로 승리할 수 있도록 도와주시옵소서.

이 시간 찬양 예배를 위해 봉사하는 귀한 복음의 역군들에게 성령의 능력과 지혜와 명철을 허락하여 주옵소서. 주님의 몸 된 교회를 위하여 봉사하는 일은 무엇이든지 하나님의 영광을 위하여 일하는 귀한 존재가 될 수 있도록 인도하여 주옵소서.

신령한 만나를 전하게 하신 목사님을 성령의 능력으로 붙드시고, 귀 기울여 주님의 말씀 듣기를 사모하는 심령마다 세미한 음성을 들을 수 있도록 복을 주시옵소서. 오늘도 말씀 속에서 심령의 갈증을 풀 수 있도록 흡족한 은혜의 단비를 내려주옵소서. 이 은혜를 간직하고 증인으로서 사명을 다하는 모든 성도들이 되게 하옵소서. 저희 민족을 사랑하시는 아버지여, 하나님의 귀하신 뜻이 이 땅에 온전히 이루어지길 원합니다. 저희 모든 성도들이 이 땅의 복음화와 통일을 위해서, 나라와 교회를 위해서 썩어지는 밀알이 되게 하옵소서. 저희가 믿는 것은 오직 하나님 아버지 한 분뿐이오니, 꿋꿋이 전진하는 신앙인으로 승리하게 하옵소서.

예수 그리스도의 이름으로 기도합니다. 아멘!

3월 · 첫째 주일 저녁

이 땅의 모든 것을 감찰하시며 아시는 전지전능하신 하나님 아버지!

지난 한 주간도 주님의 품에 안아서 보호해 주심을 감사드립니다. 예수 그리스도 십자가의 공로로 죄 가운데 빠졌다가 구원받은 저희들이 사방에 흩어져 각자 생업을 성실하게 감당하다가 주일 낮에 예배하고, 이 밤에 다시금 모여 찬양 예배를 하게 하심을 감사드립니다.

언제나 저희와 함께하시는 하나님의 은혜에 감사합니다. 온 세상에 하나님이 주신 은총으로 생명이 있는 것마다 하나님을 찬양하도록 복을 주시옵소서. 저희들의 의지와 생각이 하나님 앞에서 하나로 묶여 더욱 큰 믿음으로 성장하게 하시며, 그 믿음이 죽을 영혼도 살려내는 생명력이 넘치는 믿음이 되게 하여 주시옵소서.

이 한 날을 거룩하게 구별하셨으니, 주님의 자녀답게 살기를 원하는 저희들이 될 수 있도록 은혜 내려주옵소서. 주님의 보혈의 능력으로 지난 죄는 사함 받고 깨끗한 마음, 온유한 마음으로 성도다운 삶이 되기를 원합니다. 예배하는 심령마다 성령님 임하시어 풍성한 은혜로 갈급한 목마름을 축여 주시고, 새 사람으로 살아가는 데 큰 힘이 되게 하옵소서.

상한 갈대도 꺾지 아니하시고, 치료하시는 하나님 아버지, 슬픈 자가 있습니까, 하늘의 기쁨을 내려주옵소서. 낙망하며 괴로워하는 자가 있습니까, 하나님의 얼굴을 바라보는 힘을 주옵소서. 병든 자가 있습니까, 치료의 광선을 비춰 주옵소서. 믿음이 없어 실족한 자가 있습니까, 성령의 감동 감화로 구원받았다는 확신을 주옵소서.

사랑의 하나님, 주님 앞에서 모든 부족한 부분을 고침 받아 찬송으로 생활하게 하옵소서. 말씀으로, 기도로 생활하여 어두운 곳에 빛을 발하는 빛의 자녀들이 되게 하옵소서. 저희 교회의 부서마다 맡겨진 일을 감당할 지혜와 능력을 주옵소서. 주신 직분을 감사하며 충성할 수 있는 직분자들과 교사들이 되게 하옵소서.

또한 하나님! 이 시간 특별히 간구하옵기는, 저희 교회가 아픔에 처한 이 사회를 보며 수수방관하지 않게 하시고, 가슴으로 껴안고, 마음을 쏟고, 영혼을 쏟는 기도를 드릴 수 있게 하시옵소서.

말씀을 전하게 하신 목사님에게 대언의 영을 허락하시어, 하늘 영광 바라보는 은혜의 시간 되게 하옵소서. 한 주간의 필요한 말씀을 충만히 부어주시옵소서. 세우신 찬양대의 찬양이 향기로운 제사가 되기를 원합니다. 온 성도들이 하나님을 찬양하며 경배하기에 부족함이 없도록 성삼위 하나님께서 이 예배를 주관하여 주옵소서.

두세 사람이 주의 이름으로 모이는 곳마다 임하시는 예수 그리스도의 이름으로 기도합니다. 아멘!

3월 • 둘째 주일 저녁

찬양과 경배를 받으시기에 합당하신 하나님!

오늘도 찬양으로 주일 저녁에 예배하게 하시니 감사합니다. 이 시간 여기 모인 모든 형제자매들이 감사와 찬송을 주님께 올려 드립니다. 오늘도 모이기를 힘쓰며 저희들 저녁 찬양 예배를 위해 모였습니다. 저희들에게 하나님의 특별한 사랑과 은총을 받을 만한 자격이나 공로가 없음에도 불구하고 저희들을 사랑하여 주시고 불러주시어 하나님을 아버지라 부를 수 있는 놀라운 특권을 허락하여 주시니 참으로 감사합니다. 오늘 복되고 거룩한 저녁 찬양 예배를 통해 서로가 하나님께서 베푸신 은혜와 사랑을 다시금 기억하기를 원합니다. 이 시간 여기 모인 성도들의 마음을 주장하여 주사, 한마음과 한뜻으로 예배하는 시간 되게 하여 주옵소서.

이 시간 저희의 예배를 받으시고 영원한 화평을 저희에게 주시어 저희 모두가 영화와 기쁨을 누리게 하여 주시옵소서. 저희에게 세상을 이길 수 있는 평안을 허락하여 주시옵소서. 저희가 어느 곳에 있든지 주님의 향기가 나게 하여 주시옵소서. 성부, 성자, 성령께서 함께하심 같이 저희도 믿음, 소망, 사랑으로 하나 되어 주님 앞에 나아가게 하시옵소서.

할렐루야! 저희 모임을 사랑하시는 주님! 하나님께 온전한 영광을 돌리게 하옵소서. 하나님, 지난 한 주간을 돌아보면 저희의 생각과 삶이 하나님을 영화롭게 하기보다 세상 헛된 것에 치우쳐 있었음을 고백합니다. 용서하여 주시고, 저희의 연약한 믿음과 결심을 다시금 굳건하게 해주옵소서. 그래서 새로운 한 주간을 살아갈 때는 믿음으로 승리할 수 있도록 인도하여 주옵소서.

주님이 가정마다 허락하시는 사랑과 은혜에 감사합니다. 안정되고 평화스러운 가정이 될 수 있도록 복 되게 하여 주시옵소서. 가족 중 그 누구라도 질병으로 고생하지 않도록 도와주시고, 다툼이 일어나지 않도록 함께 하시며, 화평이 깨어져 고통스럽지 않도록 해주옵소서. 계획하는 일마다 평안 가운데서 이루어지게 하시고, 사랑이 넘치는 교제가 활발히 이루어지는 가정들이 되게 하여 주시옵소서.

하나님 아버지, 저희에게 허락하신 교회와 구역 모임을 통해 하나님의 뜻을 이루려고 하실 때, 저희들이 아름다운 도구로 쓰이기를 원합니다. 저희들에게 주의 일에 동참하는 영광과 기쁨을 허락하여 주옵소서. 목사님을 통하여 말씀하실 때 저희의 마음이 열리게 하시고 말씀을 통하여 저희의 심령이 새로워지는 은혜를 체험케 하여 주옵소서. 말씀을 듣는 중에 병든 자가 나음을 입게 하시고, 상처받은 영혼이 위로받게 하시며 연약한 심령이 새 힘을 얻게 하여 주옵소서. 말씀을 듣고 순종하며 좇아 헌신하는 역사가 일어나게 하옵소서.

이 예배를 주님께서 주장해 주시기를 빌며, 예수님의 이름으로 기도합니다. 아멘!

3월 · 셋째 주일 저녁

찬양 중에 거하시는 아버지 하나님!

이 시간도 살아 계셔서 온 인류의 모든 역사를 주관하시며 감찰하시는 거룩하신 하나님 아버지. 하나님의 전능하신 섭리를 찬송하오며, 주님께 영광을 드리나이다.

저희들은 주님의 백성이라 부를 가치도 없는 죄인들이지만, 주님께서는 사랑해주시고, 독생자 예수 그리스도를 통하여 보혈로써 저희를 깨끗하게 하시니 감사드립니다. 또한 저희들에게 하나님을 경외하며, 주님의 말씀을 좇아 살게 하시니 더욱 감사드립니다.

주님, 저희들은 지난 한 주일 동안에도 세상에 살면서 주님을 기쁘시게 하지 못하고, 저희들의 육신을 위하여 이기적인 욕망과 많은 죄악 가운데서 살아왔습니다. 이 시간 저희들의 회개를 들어주시고, 용서하여 주시옵소서. 또한 주님의 말씀의 거울로 저희를 비추시고 영혼을 가르치사, 저희들의 삶 전체가 하나님 아버지를 향한 삶이 되게 하시고, 주님을 저희의 희망과 위로로 삼게 하시옵소서. 저희가 올리는 찬양 예배를 성령께서 주관하여 주시옵고, 모든 사람에게 주의 성령이 충만하게 임하게 하옵소서. 이 시간 주님 앞에 찬양하고 기도하기 위해서, 또한 말씀을 듣기 위해서 모인 형제 자매들에게 복을 주시고, 그 마음을 위로하여 주시고, 그 기도를 들으시고 응답하여 주시옵소서. 참석하지 못한 성도들에게도 같은 은혜로 채워주시옵소서.

이 찬양 예배를 통하여 많은 영혼이 아버지를 만나기를 원합니다. 아버지의 신실하심과 선하심과 오래 참으심, 그리고 복 주기를 원하시는 하나님의 사랑을 체험하기 원합니다.

아버지, 아버지의 도를 저희에게 보이시고, 아버지의 길을 저희에게 가르쳐 주시옵소서. 아버지의 진리로 저희를 지도하시고, 교훈하여 주옵소서. 이 험한 세상 살아나가는데 아버지의 지혜로 살게 하옵소서. 저희의 기도를 통하여 저희 각자가 주님 앞에 바로 서고, 구역이 말씀 안에서 힘을 얻고, 교회의 각 기관이 맡은 바 사역을 온전히 감당하고, 나아가서 저희 교회가 이 세상에서 아버지의 거룩하심과 아버지의 진리를 나타내기를 간절히 바라옵니다.

교회 내에도 멍든 심령으로 주님의 도움을 호소하는 형제들이 많이 있습니다. 상한 심령을 위로하시고, 치유하시는 주님께서 저들이 더 큰 설움을 안고, 매일의 삶에 힘겨워하지 않도록 긍휼히 여겨 주시기를 원합니다. 주님의 몸 된 교회를 위하여 몸을 드려 충성하는 직분자들을 기억하시고, 저들의 수고를 통해서 온 교회가 성령으로 충만해지고 주님의 크신 영광이 드러나게 하시옵소서. 말씀을 들고 단 위에 서게 하신 목사님을 성령의 권능으로 붙드시고, 목마른 영혼마다 생명수를 풍족하게 마시는 은혜의 시간이 되게 하여 주시옵소서.

구주 예수 그리스도의 이름으로 기도합니다. 아멘!

3월 · 넷째 주일 저녁

할렐루야! 사랑의 하나님!

겸손과 섬기심으로 이 땅에 평화를 가져오신 사랑의 주님, 호산나 다윗의 자손이여 찬송하리로다. 주의 이름으로 오시는 이여, 가장 높은 곳에서 호산나! 하고 외치며 찬송할 수 있게 하시옵소서. 주님께서 온 인류에게 평화를 주시기 위하여 이천 년 전 예루살렘에 입성하시며 찬송과 영광을 받으시던 그 주님을 오늘 저희가 여기에서도 맞아들일 수 있게 하여 주시니, 그 크신 은혜와 사랑을 감사 드립니다. 오늘 저희도 평화의 왕으로 오신 주님을 진심으로 찬양하며 이 찬양 예배에 모십니다.

주님이 나귀 새끼를 타고 예루살렘에 입성하신 것은 진정한 승리가 힘의 정복에 의한 것이 아니라, 겸손과 봉사로 이 세상을 섬기는 것임을 알리기 위함이셨음을 믿습니다. 그런데 저희는 섬김을 받으려 하고, 귀족 같이 대접받으려고 하는 데만 힘썼던 것은 아니었는지 되돌아봅니다. 진정으로 섬김의 삶을 살지 못한 저희를 꾸짖어 주시고, 십자가에 달리시기까지 철저히 섬기기를 원하셨던 주님처럼 저희들도 끊임없이 낮아지는 주님의 자녀가 될 수 있도록 은혜를 베풀어주시옵소서.

주님의 피로 사신 교회도 주님을 본받아 서로 섬기는 공동체가 되게 하시고 진정으로 주님을 닮아가는 교회가 되게 하시옵소서. 또한 우리의 이웃에게 십자가의 사랑을 보여줌으로써 주님의 나라가 얼마나 아름다운지를 보여줄 수 있는 교회가 되게 하시옵소서.

　또한 오늘 밤부터 주님께서 고난의 쓴 잔을 받으신 고난 주간이 시작됩니다. 호산나, 호산나, 외치며 주님을 찬양하던 무리가 결국 주님을 십자가에 못 박은 배반자들이 되었듯이, 오늘 저희들도 주님을 찬양하고 경배하던 입술로 주님을 부인하고 십자가를 지신 주님을 외면하지는 않을까 두렵사오니, 주님을 위해 아낌없이 향유를 부은 마리아처럼 온 마음으로 주님의 십자가를 사랑하게 하시옵고, 주님께서 받으셨던 고난의 쓴 잔을 저희도 기쁨으로 기꺼이 받게 하시옵소서.

　특별히 간구하옵는 것은 아직도 갈 길 몰라 방황하는 심령들이 구원과 평화를 주시기 위해서 오신 주님을 만나게 하시고, 저들에게 천국 복음이 임함으로 주님의 복된 소식을 깨닫게 하시옵소서. 오늘도 생명의 귀한 말씀을 전하게 하신 목사님을 십자가의 능력으로 붙들어 주시고, 말씀을 들을 때에 왜 주님께서 고난의 종으로 예루살렘에 입성하시고, 십자가의 고난을 받으셔야만 했는지 심령 깊이 깨닫는 시간이 되게 하시옵소서. 주님의 교회를 사랑하며 몸을 드려 헌신하는 성도들에게도 주께서 주시는 기쁨이 충만하게 하시옵소서.

　예배하는 동안 성령께서 친히 저희 가운데 운행하심을 믿사옵고, 평화의 왕으로 오셔서 십자가를 짊어지심으로 섬김의 도리를 가르쳐 주시고, 저희를 죄악에서 구원하여 주신 예수 그리스도의 이름으로 기도합니다. 아멘!

3월 · 다섯째 주일 저녁

할렐루야! 찬양을 받기에 합당하신 존귀하신 하나님!

오늘도 찬양으로 주일 저녁에 예배하게 하시니 감사합니다.

추위가 매서웠던 겨울이 지나고, 이제 완연하게 봄의 기운이 넘치는 3월의 끝자락입니다. 이 봄이 저희에게 희망과 용기를 주듯이 저희들은 세상의 희망과 용기가 되게 하여 주옵소서. 이 시간 연약한 죄인들을 하나님 앞에 나오게 하시고, 예수님의 피의 공로로 먹빛보다 더 검은 죄를 깨끗하게 해주심을 감사 드립니다.

주님의 그 크신 사랑과 구원의 은총 앞에 저희가 서 있음에도 불구하고 저희는 아직도 미련하고 약함으로 그 은혜를 다 깨닫지 못하는 무익한 종과 같습니다. 하나님께서 주신 달란트를 땅에 묻어두고, 주인을 원망하며 불신하는 어리석은 종과 같습니다. 저희의 죄악이 크고 중함을 느끼게 하시되, 용서받는 시간이 되게 하옵소서. 악한 때에 악함에 물들어 주님의 빛을 드러내지 못하였고, 불신앙의 사람들과 서로 짝하며 믿음의 길을 잃어버렸습니다. 자비로우시고, 은혜로우시며, 노하기를 더디 하고, 인자하심이 풍부하신 주님께서 저희의 못난 모습을 불쌍히 여기시고, 용서하여 주시옵소서. 저희의 마음이 깨끗해져서 구속의 노래를 부르고, 은혜받은 마음으로 감사와 찬미를 드리게 하옵소서.

오늘도 주님의 놀라운 생명의 말씀에 죄인들이 사로잡혀 어둠의 나라에서 빛의 나라로 옮겨지는 놀라운 체험이 있게 하옵소서. 하나님 아버지, 은혜와 진리가 충만한 초대교회를 본받아 저희 교회에도 하나님의 은혜와 진리가 넘쳐나게 하옵소서. 어두운 세상의 논리에 지배되지 않고, 죄인 된 사람의 방식을 따르지 아니하고, 오직 진리이신 예수님의 방식이 살아있는 교회 되게 하옵소서. 비록 세상에서는 높임을 받지 못하더라도 주님의 이름 앞에서는 높임 받게 하시고, 주님처럼 섬김을 받기보다 섬기는 종의 자세를 더 기뻐할 수 있는 성도들 되게 하옵소서. 하나님 아버지, 저희가 좀 가졌다고 가난한 자를 외면치 말게 하옵소서. 정말 저희가 믿음의 눈을 떠서 소외되고 고통 속에 있는 자를 발견하여 그들에게 진정한 믿음과 사랑과 소망을 주는 참된 위로자가 되게 하소서.

주님께서 귀하게 쓰시는 목사님을 붙들어 주시고, 인간의 연약함은 모두 십자가 뒤에 감추시고 성령의 두루마기를 입히사, 말씀의 능력을 허락하여 주시옵소서. 주님의 피 값으로 세우신 저희 교회가 말씀이 충만한 교회가 되게 하시고, 주님의 사랑을 본받아 사랑이 식어가는 이 세대에 사랑의 빛을 나타내게 하시기를 원합니다.

이 시간 하나님께서 예비하시고 예정하셨던 하늘의 복을 충만하게 내려주시옵소서. 그리하여 저희들의 마음 문을 활짝 열고 하늘의 복을 받는 시간이 되게 하여 주시옵소서. 이 예배를 성령께서 친히 인도하시기를 원하오며, 예수 그리스도의 이름으로 기도합니다. 아멘!

4월 · 첫째 주일 저녁

　사랑과 은혜가 풍성하신 하나님 아버지!

　하나님을 찬양함이 저희의 기쁨임을 고백합니다. 오늘도 주를 사모하여 종일토록 찬양하오니, 저희의 찬양 중에 주님께서 임재하여 주시옵소서. 오늘도 거룩히 구별한 날 허락하시고, 저희를 아침저녁으로 예배의 자리에 불러주시니 감사합니다. 먼저 저희의 마음 문을 활짝 열게 하시고, 오직 주만 바라보는 귀한 시간 되게 하여 주시옵소서.

　긍휼의 주 하나님! 저희의 독선과 교만을 용서해 주시기를 원합니다. 주님은 하나 되기를 원하시고, 친히 본을 보여주셨지만, 저희는 제 주장만을 앞세우며, 고집하고, 까다로움을 부렸습니다. 저보다 나은 상대의 의견을 억지로 무시하였고, 스스로 자랑하는 일에 많은 시간을 쏟았습니다. 이웃과 함께 주님의 나라를 이루기에는 심히 부족한 몸임을 고백합니다. 용서를 구하오니, 이 교만한 몸을 용서하여 주시옵소서.

　특별하신 하나님의 섭리 속에 이곳에 주님의 몸 된 교회를 세워주셨으니, 주님의 사랑을 실천하는 귀한 지체가 될 수 있도록 믿음을 더하여 주시옵소서. 저희에게 이웃을 돌아보게 하시고, 저희에게 늘 공급하여 주심과 같이 주님의 돌보심으로 그들을 돌아보게 하여 주시옵소서. 저희가 주님의 사랑으로 본을 보임으로써 그들이 거룩한 백성으로 변화될 수 있도록, 주님을 증거하는 저희들이 되게 하여 주시옵소서.

특별히 주님의 교회가 분열이 가득한 이 사회를 성령의 하나 되게 하시는 역사로 치료할 수 있는 교회가 되게 하시고, 미움과 다툼이 쉼 없이 일어나는 곳에 주님의 사랑을 심어 줌으로써 한 마음 한뜻으로 통일을 이루는 역할을 감당하는 교회가 되게 하시옵소서.

참 좋으신 하나님 아버지, 이 시간 저희 자녀들을 위해서 기도합니다. 눈을 들고 좌우를 살펴보면, 온 세상이 악의 기운으로 가득 차 있습니다. 저희 자녀들이 악한 세대에 물들지 않도록 지켜주시고, 하나님 제일주의로 살아가는 귀한 믿음의 자녀들이 모두 되게 해주옵소서.

생명의 원천이신 하나님 아버지, 이 시간도 건강 때문에 간절히 기도하는 성도들 있습니다. "네 기도를 들었고 네 눈물을 보았노라. 내가 너를 낫게 하리라"라고 히스기야 왕에게 하신 하나님의 그 음성을 이 시간도 듣고자 간절히 간구하오니, 주님! 속히 응답하여 주시옵소서.

이 시간에 목사님을 통하여 귀한 말씀 주실 때 아멘으로 화답하며, 은혜받는 시간 되게 하여 주시옵소서. 예배를 섬기는 귀한 손길들이 있습니다. 찬양 인도자와 반주자, 그리고 모든 대원들, 기타 모든 부분에서 수고하는 그들 위에 범사가 잘 되는 복을 허락하여 주시옵소서.

감사하옵고, 예수 그리스도의 이름으로 기도합니다. 아멘!

4월 • 둘째 주일 저녁

고마우신 하나님 아버지!

항상 저희들의 건강을 지켜주시고, 믿음 안에서 살게 하심을 감사드립니다. 이 시간 저희들로 하여금 진실한 예배와 기도를 하게 하시고, 오직 주님께 영광 돌리는 아름다움이 있게 하시옵소서.

돌이켜 보건대, 저희들이 주님의 사랑 안에 거하면서도 그 사랑을 실천하지 못했고, 말씀 안에서 바르게 살지 못했으며, 주님의 분부하신 명령도 힘써 지키려고 하지 않았습니다. 이 시간 회개하오니 긍휼을 베푸사 용서하여 주시기를 원합니다.

주님! 원하옵기는 저희 모두가 주님의 사랑을 본받아 사랑을 실천할 수 있는 사랑의 종들이 되게 하여 주시옵고, 말씀과 진리로 날마다 바르게 성장하게 하시며, 주님이 분부하신 전도와 선교도 힘을 다하여 실천할 수 있는 저희들이 되게 하여 주시옵소서. 또한 하나님의 일이라면 주저하지 않고, 힘써 할 수 있도록 성령의 능력을 입혀 주시옵고, 사랑의 수고와 봉사도 몸을 드려 실행하며, 인내로써 소망을 이루어 가는 거룩한 주의 자녀가 되게 하여 주시옵소서.

사랑이 풍성하신 하나님!

저희 민족을 긍휼히 여겨 주시기를 원합니다. 통일을 소망하고 있사오나, 아직도 국토의 허리가 잘려있는 가운데 하나로 연결되지 못하고 있사오니, 합력하여 선을 이루시는 하나님께서 해결하여 주시기를 원합니다. 남과 북의 장벽이 걷히고, 남북의 이산가족들이 자유롭게 왕래할 수 있는 은혜를 더하시고, 골수에 사무쳐있는 이산의 아픔이 더 이상 지속되지 않도록 긍휼을 베풀어주시기를 원합니다. 이제는 더 이상 정치적인 수단과 목적으로만 남북통일의 문제가 이용되지 않게 하시고, 정부와 정치인들과 실무자들에게 은혜를 더하셔서 전 국민의 오랜 숙원인 통일을 진정으로 이루기 위하여 땀을 쏟고, 마음을 쏟을 수 있는 진실된 위정자들이 되게 하여 주시옵소서.

주님의 몸 된 교회와 성도들도 우리나라의 통일을 위하여 더욱더 무릎 꿇고 부르짖게 하시고, 구원의 복음이 저희 민족에 편만하여 새로운 역사가 있기까지 끊임없이 기도하는 공동체가 되게 하여 주시옵소서.

오늘 저희들이 주님을 간절히 사모하는 마음으로 찬양하고 예배하며, 기도하고 말씀을 들을 때에 저희 심령 속에 내주하시는 주님의 숨결을 강하게 느낄 수 있도록 하시고, 주님이 예비하신 은혜를 넘치도록 부어주시는 복된 시간이 되게 하시옵소서.

예수 그리스도의 이름으로 기도합니다. 아멘!

4월 · 셋째 주일 저녁

거룩하신 하나님 아버지!

어느덧 봄의 중간에 이르렀습니다. 형제가 연합하여 동거함을 기뻐하시는 주님께서 이 시간 사랑하는 지체들이 모여 기도하게 하시니, 그 크신 사랑과 은혜에 감사와 찬송과 영광을 돌립니다. 저희에게 행하신 모든 일과 능력과 행하심에 영광과 찬송을 돌립니다. 주님을 사모하는 자를 만족하게 하시며, 굶주린 영혼에게 좋은 것으로 채워주시는 그 크신 사랑에 감사를 드립니다. 저희에게 일찍이 믿음을 주셔서 말씀과 예배를 통하여 하나님 아버지를 만나게 해주시니 참 감사합니다. 또한 저희의 속죄자이시며, 중보자이신 예수님을 알게 하시고, 믿고 구원받게 하여 주신 은혜에 다시금 감사를 드립니다.

하나님께 나올 때만 순종했으며, 생활 속에서는 경건의 모양만 있고, 경건의 능력은 상실한 저희를 용서하여 주옵소서. 피리를 불어도 춤추지 않고, 애곡하여도 가슴을 칠 줄 모르는 세상을 한탄하면서도 저희들도 그러한 모습으로 살아왔음을 고백하오니, 저희의 죄를 용서하여 주시옵소서.

저희의 모든 모습이 이 시간 주님 앞에 예배할 때 새롭게 되는 역사를 체험하게 하여 주시옵소서. 은혜를 충만히 받는 시간이 되게 하옵소서. 이 시간 예배가 응답의 예배가 되게 하시고, 문제 해결의 역사가 일어나는 예배가 되게 하시고, 질병이 치료되며, 답답한 심령이 새 힘을 얻는 복된 시간이 되게 하여 주옵소서. 영적으로 새롭게 눈도 열리게 하여 주옵시고, 신령한 세계를 바라보게 하시며, 믿음의 시야를 넓게 가짐으로써 주님의 주권을 인정하며 살아가는 복된 삶이 될 수 있도록 복을 내려주시옵소서.

"너희는 먼저 그의 나라와 그의 의를 구하라"라고 말씀하신 주님의 가르침을 너무나도 잘 알고 있지만, 떠나지 않는 고통으로 인하여 늘 경직된 삶을 살 수밖에 없는 연약함을 불쌍히 여겨 주시기를 원합니다. 모든 죄악 된 습관들을 믿음으로 물리치게 하시고, 모든 어려움을 믿음으로 극복하게 하시며, 믿음의 주요, 또 온전케 하시는 예수님만 바라보고 살아가는 성도들이 되게 하옵시고, 달음박질하여도 곤비하지 않고 걸어가도 피곤함을 모르는 성도들이 되게 하여 주시옵소서.

오늘도 예배를 통하여 주님의 음성을 듣게 하옵시고, 갈급한 심령들이 성령의 위로하심을 받는 시간이 되게 하여 주시옵소서. 말씀을 전하는 목사님에게 성령의 충만하심이 있게 하시옵소서.

모든 영광을 하나님께 돌리오며, 예수 그리스도의 이름으로 기도합니다. 아멘!

4월 · 넷째 주일 저녁

봄 날씨보다 더 따뜻하신 아버지 하나님!

오늘도 찬양 예배를 위해 모이게 하심을 감사 드립니다. 부족한 저희의 인생을 버려두지 아니하시고, 주님의 백성으로 불러 주셔서 빛과 진리 가운데로 인도하여 주시니 감사 드립니다. 사망의 길에서 벗어나지 못한 죄인들을 죄인이라 아니 하시고, 하나님 자녀 삼아주시니 감사합니다.

저희의 연약함으로 인하여 또다시 주님과 멀어지고 있지는 않은지 두렵고 떨리는 마음으로 주님을 찾았습니다. 믿음이 부족한 저희들의 연약함을 용서하여 주시옵소서. 지난 한 주간도 저희 영혼을 지키시는 주님께서 함께 계심에도 불구하고, 나 혼자인 것처럼 생활하며 괴로워했습니다. 주님, 이제 주님의 집으로 돌아온 저희들을 긍휼히 여기시고, 탕자를 용서하심과 같이 저희를 용서하여 주셔서, 주님을 주인으로 모시고 살아갈 수 있는 심령으로 거듭나게 하시옵소서.

저희들이 걱정하고 근심하며, 괴로워하는 그 모든 것들은 약한 믿음 때문이며, 용기 없는 신앙 때문이니, 주께서 저희들을 온전히 이끄시어 더 굳센 믿음을 허락하여 주시옵기를 간절히 간구하옵니다.

오늘도 주님 앞에 메고 온 온갖 근심과 절망의 멍에들을 풀어서 가볍게 하시옵소서. 수고하고 무거운 짐 진 자들아 다 내게로 오라 하신 주님 앞에 저희들의 어려운 문제들을 주님 앞에 내려놓음으로 해결 받는 복된 시간이 되기를 원합니다.

기관마다 세우신 귀한 주의 종들을 기억하시고, 저들을 통해서 주의 교회가 반석 위에 튼튼히 세워지게 하옵시며, 주의 나라가 날마다 확장되는 역사가 있게 하여 주시옵소서. '맡은 자들에게 구할 것은 충성이라'고 하셨사오니 주님께서 주신 직분으로 인하여 더욱더 눈물을 흘리며 무릎 꿇는 자들이 되게 하시옵소서.

소외되고 불쌍한 사람들의 보호자가 되시며, 그들을 사랑하시는 주님! 사랑과 관심이 필요한 자들을 용납하지 못하고, 그들을 외면했던 저희를 용서하여 주시옵소서. 그들의 아픔이 저희의 아픔이 되게 하시고, 주님의 사랑을 그들에게 증거할 수 있게 하여 주시옵소서. 가난하여 굶주리며 추위에 떠는 이웃들을 불쌍히 여기시고, 그들에게도 따뜻한 주님의 손길이 전달되게 하여 주시옵고, 모두가 잘살고 더불어 행복하게 사는 복지 사회와 정의 사회가 구현될 수 있도록 복을 내려주옵소서. 저희에게 예수님의 고난을 기억함으로 그들을 사랑하게 하시며, 그들의 필요를 공급할 수 있는 복을 허락하여 주시옵소서. 세상의 빛과 소금의 역할을 충실히 감당함으로써 하나님의 영광을 드러내게 하옵소서.

오늘도 예배하는 가운데 성령의 위로가 있게 하옵시고, 목사님을 통하여 주의 말씀을 듣고 받을 때 위로부터 내리는 계시의 은총을 충만히 받는 시간이 되게 하여 주시옵소서. 예수 그리스도의 이름으로 기도합니다. 아멘!

5월 · 첫째 주일 저녁

할렐루야! 찬양을 받으시기에 합당하신 하나님!

어느새 5월이 되었습니다. 부활의 주님의 은혜가 온 땅에 가득함을 고백합니다. 찬양을 드리며 경배로 나아갑니다.

호흡이 있는 자마다 여호와를 찬양하라 말씀하신 하나님 아버지!

하나님의 성호를 찬양케 하심을 감사합니다. 메말랐던 저희의 심령을 주님의 단비로 적셔주시기를 간절히 원합니다.

사랑의 하나님, 저희의 죄로 인하여 돌아가신 예수님을 알고 있으면서도, 저희는 한 주간 동안 주님과는 상관없는 삶을 살았음을 고백하오니, 하나님 저희를 긍휼히 여겨 주시옵소서. 저희의 죄로 인하여 저희를 멸하지 마시고, 의인의 길로 인도하시고, 저희의 죄인 된 습성을 버릴 수 있는 지혜와 힘을 허락하여 주시옵소서. 주님의 피 흘리심과 주님의 고난을 기억하게 하시며, 주님의 고난에 동참할 수 있는 믿음을 주시옵소서.

사랑과 은혜가 충만하신 하나님 아버지! 저희로 믿지 않는 가족을 구원할 수 있도록 능력을 더하여 주시옵소서. 가족의 구원을 위하여 눈물로 간구할 수 있는 믿음을 주옵소서. 먼저 믿은 저희들이 온전한 가정을 이루게 하시고, 모든 것을 주님께 드릴수 있는 저희가 되게 하여 주시옵소서.

오늘 이 시간 주일 찬양 예배를 위해 모였습니다. 예배 가운데 임하시는 하나님을 만나는 체험이 있게 하시고, 찬양으로 하나님께 영광 돌리는 복된 시간이 되게 하옵소서. 저희 교회가 늘 건강한 교회가 되어 말씀으로 새롭게 되고, 성령으로 뜨거워지며, 기도로 하나님의 역사가 끊이지 않으며, 찬양이 살아있는 역동적인 교회가 되기를 소원합니다.

교회를 위하여 기도합니다. '너희는 이 세대를 본받지 말고 오직 마음을 새롭게 함으로 변화를 받아 하나님의 선하시고 온전하신 뜻이 무엇인지 분별하도록 하라'고 하셨사오니, 저희 교회가 성령 충만한 교회가 되게 하셔서, 이 세상 유혹에 빠지지 않게 하시고, 주님의 선하신 뜻을 이루는 교회가 되게 하여 주시옵소서.

오늘도 저희가 주님 앞에 나왔사오니, 저희들의 입술이 복되게 하옵소서. 찬양 예배 가운데 말씀을 들으며, 질병이 치유되게 하시고, 근심이 해결되게 하시며, 사탄이 떠나가는 역사가 있게 하옵소서. 저희에게 하나님의 말씀을 대언하는 목사님에게 권능을 주시고, 말씀을 통해 저희의 약하고 상한 심령을 강하게 하시며, 치유하는 은혜가 있게 하옵소서. 이 예배를 통하여 하나님을 사모하는 모든 심령들의 마음을 보시고, 저희에게 귀한 복을 허락하여 주시옵소서.

예수 그리스도의 이름으로 기도합니다. 아멘!

5월 · 둘째 주일 저녁

은혜로우신 사랑의 하나님 아버지를 찬양합니다. 싱그러움이 넘치는 신록의 계절이 왔습니다. 주의 푸르고 푸른 그리스도의 계절이 이와 같이 저희에게도 임하기를 기도드립니다.

할렐루야! 저희에게 구속의 은혜를 베푸시고 저희를 택하여 주시고, 믿게 하여 주시니 감사합니다. 하나님의 은혜로 부름 받은 저희들이 감사와 찬양 중에 예배하오니, 기쁘게 받아주시옵소서. 하나님의 형상대로 창조함을 입었사오니, 주님의 성품을 날마다 닮아가게 해주옵소서. 주님 앞에 영과 진리 안에서 예배하려 하니, 저희의 죄악이 심히 크고 중함을 느끼지 않을 수 없나이다. 악한 세대에 세상에 물들어 주님의 빛을 드러내지 못했고, 불신앙의 사람들과 서로 짝하며 믿음의 길을 저버린 적이 많았습니다. 주님의 백성으로서 자격은 아무것도 남아있지 않은 모습이오니, 자비로우시며, 노하기를 더디 하시며, 은혜로우시고, 인자하심이 풍부하신 하나님께서 저희들의 못난 모습을 불쌍히 여기시고 용서하여 주시옵소서.

죄악 된 저희들의 모습들을 회개하오니, 십자가의 보혈로 용서하여 주시옵소서. 죄의 쓴 뿌리로 인하여 고통받는 저희들을 도우셔서 죄와 결별하게 하시고, 진리의 말씀으로 충만히 채우사, 자유하게 하여 주시옵소서. 저희의 싸움은 혈과 육에 대한 싸움이 아니라는 것을 아오니, 보이는 것들과의 싸움 때문에 보이지 않는 것들을 잃지 않게 하옵소서. 원수를 주님께 맡기고, 어두움의 세력들을 예수님 이름으로 물리치게 하여 주시옵소서. 어둠이 그치고 새날이 오기를 기다리는 저희들의 상한 심령을 아시는 하나님! 저희를 향하신 연단이 지나고, 하나님의 응답과 복이 임하게 하옵소서.

산 소망이 끊어진 채 하루하루를 살아가고 있는 사람들을 불쌍히 여겨 주옵소서. 무엇보다도 구원의 주님을 만남으로 주님을 믿고 의지하여 새 생명과 새 평안을 누리게 하여 주시고, 하늘의 소망을 갖고 사는 복된 삶이 될 수 있도록 이끌어 주시기를 원합니다. 저희의 소망이 오직 주님께 있음을 고백하오니, 저희의 삶 속에서 하나님의 역사하심에 순종할 수 있는 믿음을 더하여 주시고, 저희가 진정한 주님의 뜻이 무엇인지 깨달을 수 있는 귀한 복을 허락하시고, 주님의 선한 역사 위에 헌신하며 순종할 수 있도록 도와주시기를 원합니다.

오늘 주일 내내 찬양과 경배로 주님을 예배합니다. 이 시간도 하나님의 말씀을 들을 때마다 깨닫게 하시고, 기도하게 하시고, 순종으로 받기에 부족함이 없도록 복을 내려주옵소서. 저희를 날마다 쳐서 복종하게 하시고, 하나님의 뜻이 이루어지게 하옵소서. 성령으로 충만케 하시고, 은사로 충만케 하셔서, 지체로서의 사명을 온전히 감당하게 하여 주옵소서. 갑절의 영감과 능력을 주옵소서.

예수 그리스도의 이름으로 기도합니다. 아멘!

5월 · 셋째 주일 저녁

인생을 바른길로 인도하시는 하나님!

하나님의 거룩하심 앞에 무릎을 꿇게 하신 귀한 은혜에 감사합니다. 저희로 주님을 경외함과 주님의 말씀으로 세상을 이기게 하신 은혜에 감사합니다. 주님을 찬양하며 주님을 위하여 시간과 예물을 드리게 하시니 감사합니다.

여러 갈래의 인생길이 저희 앞에 있어 유혹과 타락으로 몰아가건만 저희들을 주님의 자녀들로 인치셔서 경건한 신앙의 길로 나아가게 해주시니 감사드립니다. 기쁨으로 찬양과 경배를 드리며, 주님 앞에 나온 저희들을 미쁘게 보시고 받아주시옵소서.

저희들이 오직 의지할 것은 주님의 값없는 사랑뿐인 줄 믿습니다. 그 사랑 안에서 사랑의 왕이신 주님을 진정으로 섬기는 삶이 되게 하시고, 저희들의 갈 길은 오직 주님께서 영생의 한길밖에 없음을 깨달아 알게 하여 주시옵소서.

사랑의 주님! 오늘도 찬양 예배 가운데 저희 마음 밭을 기경(起耕)하게 하여 주옵소서, 그리하여 밭에 심긴 겨자씨 한 알이 모든 것보다 작은 것이로되 자란 후에는 모든 풀보다 커지며 나무가 되매 공중의 새들이 날아와서 그 가지에 깃들일 만큼 된다는 주님의 말씀을 되새겨 봅니다. 겨자씨 한 알이 나무가 된다는 것을 어느 누가 알겠습니까? 그러나 저희들에게는 이 놀라운 신비를 깨달을 수 있는 지혜를 주시고, 천국의 백성으로 삼아주셨사오니, 주님의 은혜가 말로 다 형언하기 어려울 정도로 크고 또 큼을 깨닫습니다. 이제 저희의 삶 가운데 심긴 천국의 씨앗도 날마다 자라고 그 잎이 무성하여지게 하여 주셔서 천국을 보여주는 삶을 살 수 있는 저희들 되게 하여 주시옵소서. 천국의 복음도 힘차게 전할 수 있는 저희들이 되기를 원합니다. 때를 얻든지 못 얻든지 천국의 복된 소식을 힘 있게 전할 수 있는 저희들 되게 하여 주시옵소서. 저희들의 삶 속에 고통스러운 것이 있을지라도 천국 복음을 전하는 생활을 하게 될 때 깨끗이 치유될 줄을 믿습니다.

은혜로우신 주님! 무엇보다도 전 성도가 그리스도의 영으로 충만하여 사랑과 섬김이 넘치는 교회가 되게 하시옵고, 모든 성도들이 형제를 위하여 자신을 희생함으로 헌신이 넘치는 교회가 되게 하여 주시옵소서. 또한 세상에서 버림받고 외면당하며, 헐벗고 굶주리는 이웃들을 찾아가 주님의 사랑을 심어주고, 천국의 복음을 심어주며, 섬김을 실천하는 교회가 되게 하시옵고, 세상에 빛과 소금의 역할을 잘 감당하는 교회가 되게 하여 주시옵소서.

오늘도 찬양을 인도하는 찬양대원들에게 은혜를 충만하게 주셔서 성령의 인도하심 따라 성도들을 보좌 앞으로 인도하게 하소서.

예수 그리스도의 이름으로 기도합니다. 아멘!

5월 • 넷째 주일 저녁

영광과 찬송과 예배를 받으시기에 합당하신 하나님 아버지!

찬양과 영광을 주님께 드리옵나이다. 여름이 오는 길목에서 주님의 한없는 사랑을 노래합니다. 이제 곧 무더위가 기승을 부리며 저희들은 더위와 짜증에 시달리는 계절 속으로 들어갑니다. 아무리 날씨가 덥고 짜증이 나도 주님을 기억하는 삶에는 신선함과 푸르름이 넘칠 줄 믿습니다. 주 여호와여! 언제나 저희들을 귀하게 여기시고, 최고의 복과 최선의 길로 인도하심을 믿습니다.

오늘 저희들이 주님의 십자가의 공로를 힘입어 이 자리에 나왔지만, 저희들의 모습은 심히 아름답지 못하고, 추악한 것들로 가득 차 있음을 고백하지 않을 수 없나이다. 늘 마음의 중심에 죄와 욕심을 담고, 제 주장만을 앞세우는 삶을 가꾸어 가는 저희들입니다. 주님을 대하기에 너무나 부끄럽사오니, 저희를 긍휼히 여기셔서 용서하여 주시기를 원합니다.

때론 저희들이 죄도 짓고 실수도 하고, 주의 계명도 가벼이 여기며 살지만 언제나 십자가를 지시고 저희를 위하여 산 제물이 되신 예수님을 생각할 때 찬양을 드리지 않을 수 없습니다. 그 고난 생각할 때마다 가슴이 아프지만, 그 십자가에서 죽음으로 인하여 저희들에게는 죄 사함이 있고, 영생이 있음을 감사합니다.

누가 감히 주의 희생을 배울 수 있으며, 누가 그 사랑을 실천할 수 있겠습니까? 오직 주의 십자가만이 저희들의 찬양이요, 노래이며, 영원한 감사의 제목이 됩니다. 오늘 거룩한 주일을 맞아 기쁜 마음으로 종일토록 예배하고 있습니다. 이 시간 찬양 예배도 하나님께서 함께하여 주옵소서. 이 시간 밝히 드러나는 말씀의 비밀과 주님 십자가 은혜를 기억하며, 어두운 세상을 십자가의 사랑으로 밝히며, 불꽃처럼 살아갈 수 있는 저희들이 되게 하여 주시옵소서.

전능하신 하나님 아버지!

하나님의 뜻으로 세우신 교회를 위하여 기도합니다. 교회가 바로 서야 민족이 바로 서고 저희 민족이 바로 서야 세상 모든 민족을 구원할 것입니다. 그러므로 모든 일에 앞서 먼저 저희들이 거룩한 성도의 본분을 잘 감당할 수 있도록 역사하여 주옵소서.

말씀을 전하는 목사님에게 성령님이 함께 하셔서 말씀을 담대히 전하게 하옵시며 저희들은 모두 아멘으로 화답하게 하여 주옵소서.

오늘 이 찬양 예배를 통해 영육 간에 승리의 능력을 덧입게 하여 주옵소서. 그리하여 한 주간도 말씀을 붙들고 찬송하며, 승리의 삶을 살게 하옵소서.

귀하고 귀한 예수 그리스도의 이름으로 기도합니다. 아멘!

6월 · 첫째 주일 저녁

   사랑과 은혜가 풍성하신 하나님!

   봄이 지나가고, 벌써 여름의 기운이 느껴집니다. 신록이 푸른 이 계절에 주님을 찬양합니다. 날마다 승리하게 하시며, 저희의 연약함과 부족함을 주님의 강하심과 부요하심으로 채워주실 줄 믿습니다. 저희의 예배를 기쁘게 받아주시옵소서. 찬양합니다. 주의 자비와 구원하심을 찬양합니다. 저희를 구원하신 주님의 사랑에 의지하여 저희의 마음과 영이 하나 되어 주 앞에 드리는 복된 시간 되게 하옵소서.

   주님을 만나야 할 때, 세속에 눈이 어두워 분주하게 돌아다니는 성도들이 없게 하시옵고, 성령의 임재하심으로 주님이 맡겨주신 시대적 사명을 깨달아 충성을 다하고, 증인의 의무를 다하는 저희들이 되게 하여 주시옵소서.

   이 사회에 불안의 파도들이 여기저기서 넘실거리고 있습니다. 여기저기서 탄식 소리가 들리고 있습니다. 이러한 때에 주님의 사랑을 넘치도록 받은 저희들이 더욱 엎드리고 기도해야만 될 줄로 압니다. 살아 있으나 모든 것이 죽어 있는 것 같은 이 사회가 예수님의 숨결, 생명의 숨결을 체험할 때까지 눈물로 주님을 찾을 수 있는 저희들이 되게 하시옵고, 주님이 허락하신 참된 평화가 가득 넘칠 때까지 무릎 꿇고 가슴을 치며 부르짖는 저희들이 되게 하여 주시옵소서.

   특별히 고통과 신음이 가득한 이 사회를 주님의 교회가 성령의 하나 되게 하시는 역사로 치유할 수 있게 하시옵고, 미움과 다툼이 쉴 새 없이 일어나는 곳에 주님의 사랑을 심어 줌으로써 한마음 되게 하는데, 그 역할을 감당하는 교회가 되게 하시옵소서.

교회 안에도 상처받고 멍든 심령으로 주님의 도우심을 간절히 호소하는 성도들이 많이 있습니다. 상한 심령을 치유하시고, 싸매어 주시는 주님께서 매일의 삶에 힘겨워하지 않도록 긍휼을 베풀어주시고, 그 삶을 윤택하게 하여 주시기를 원합니다.

오늘 저희들이 주님의 은혜를 간절히 사모하는 마음으로 예배하며, 기도하고 말씀을 들을 때에 저희들의 심령 속에 내주하시는 주님의 사랑을 강하게 느낄 수 있게 하시고, 주님의 음성을 듣는 복된 시간이 되게 하시옵소서.

찬양을 드리는 찬양대원들에게 성령으로 기름 부으셔서 성령 충만하게 하여 주옵소서. 오직 말씀과 기도로 거룩하게 하옵소서. 주님의 말씀은 진리입니다.

말씀을 전하는 목사님을 성령의 능력으로 붙들어 주시기를 원합니다. 더욱이 상처받고 마음 아파하는 심령들이 늘어나는 이때 그들의 상한 마음을 주님의 말씀으로 치유하고 싸맬 수 있도록 갑절의 능력을 부어주시옵소서.

예수 그리스도의 이름으로 기도합니다. 아멘!

6월 · 둘째 주일 저녁

찬양과 영광 가운데 거하시는 은혜로우신 하나님!

이 늦은 오후 찬양 예배로 모여 주님을 찬송합니다.

오늘도 주님의 사랑 가운데 모이게 하심을 감사드립니다. 세상에 빠지고 향락에 취하여 주님을 부인할 수밖에 없었던 저희들을 예수 그리스도의 십자가에서 죽으심과 부활하심으로 죄 용서받게 하시고, 구원하여 주시니 감사를 드립니다. 이제는 주님 안에서 새로운 삶의 목표와 비전을 가졌사오니, 늘 승리하면서 하나님과 가까이 동행하게 하옵소서.

다시 예수님을 잃어버리지 않게 하시고, 아버지를 향한 사랑과 믿음을 버리지 않도록 강건하게 하옵소서. 영적으로 날마다 성장하게 하셔서, 예수 그리스도의 장성한 분량까지 부흥할 수 있도록 복을 주옵소서. 정죄 받을 죄악들을 용서하시고, 저희들의 허물로 기도가 막히지 않게 하옵소서.

저희 교회에 은혜를 주셔서 예배를 사모하여 모이게 하시고, 모일 때마다 은혜와 믿음으로 충만하게 채워지게 하옵소서.

하나님! 사슴이 시냇물을 찾기에 갈급함 같이 저희들은 주의 나타나심을 사모합니다. 신령과 진정으로 예배하오니, 이 시간 주님께서 나타나시고 영광을 보여주시옵소서. 주님의 말씀은 약속이며, 음성이며, 능력이십니다. 주의 말씀으로 저희가 깨닫게 될 때에 하나님의 임재가 드러나게 하여 주시옵소서. 주님을 간절히 찾는 자를 거절치 않으시는 주님의 사랑을 믿습니다. 따라서 저희들은 오늘도 꿀송이보다 더 단 주의 말씀을 사모하며 듣겠습니다. 저희들을 믿음으로 거룩하게 하시며, 말씀으로 능력 있게 하옵소서.

성도들의 가정을 위하여 기도하오니, 부부가 하나 되게 하시고, 자녀들에게 지혜와 건강을 주셔서 가정이 건강함으로 믿음 안에서 평안을 누리게 하옵소서. 사업과 일터와 가정 위에 주님의 인도하심이 늘 함께해주시옵소서.

저희 교회에 복을 주사, 우리나라 교회의 본이 되게 하시고, 믿음의 동역자들을 많이 허락하여 주셔서 세계 복음화의 주역이 되게 하옵소서.

오늘도 하나님의 말씀을 들을 때 아멘으로 화답하게 하시고, 행함으로 열매 맺을 수 있는 은혜를 주옵소서. 저희들의 삶이 시험에 들지 않도록 은혜 주시고, 주의 사랑으로 충만하게 해주옵소서. 오늘도 주님의 말씀을 증거하는 목사님에게 성령의 두루마기를 입혀주시고, 저희의 심령과 골수를 쪼개고, 신앙의 썩은 부위를 도려내는 능력의 말씀이 되게 하여 주시옵소서.

주님의 몸 된 교회를 위하여 몸을 깨뜨려 충성하는 일꾼들이 있습니다. 열심을 품고 주님을 섬기는 귀한 일꾼들에게 더욱 큰 능력으로 채워주셔서 주님이 쓰시기에 조금도 부족함이 없는 충성된 일꾼들이 되게 하여 주시옵소서.

예수 그리스도의 이름으로 기도합니다. 아멘!

6월 · 셋째 주일 저녁

찬양하며 예배하는 자를 찾으시는 여호와 하나님!

비록 약하고 추해도 주님 앞으로 나오라고 부르시고, 힘을 더하여 씻어주시는 주님. 저희들이 부르심을 받고 지금 나왔습니다. 세월은 흘러가는데 주님의 부르시는 은혜에 응답하지 못하는 인생이 얼마나 많은지 모릅니다. 단지 주님 앞에 나온 것으로 만족하지 않게 하시고, 이웃과 함께 주님을 부르며 죄 씻김의 은혜를 사모하는 저희들이 되게 하여 주시옵소서.

사랑의 하나님! 지난 삶을 돌이켜 보건대 더럽고 추한 삶이었습니다. 그동안 묻은 때와 세상적인 것들로 물든 생각, 생활 자세, 말씀을 가볍게 여긴 것 등 모든 것들을 씻어낼 수 있게 하시고, 새로워지는 은총을 내려주시기를 원합니다. 기도할 때 회개하게 하셔서 그 입술도 정결케 하시옵고, 말씀을 들을 때 깨닫게 하셔서, 돌이켜 말씀을 의지할 수 있게 하시옵소서.

자비하신 하나님! 저희들에게 더욱 큰 믿음을 주시기를 원합니다. 인생길에서, 저희들의 삶 속에서 만나는 고통이나 슬픔이 있다고 하더라도 굳센 믿음 속에 낙심하지 않도록 도우시고, 저희로 하여금 연약한 인생을 살지 않도록 도와주시옵소서. 허덕이며 끌려다니는 모습이 아니라, 저희에게 주어진 어려움이 있다 하더라도 그것을 이겨나가는 모습이 되게 하여 주시옵소서.

하나님의 자녀가 되게 하신 하나님! 하나님의 나라를 유업으로 받게 하신 하나님! 이 시간 진심으로 찬양드립니다. 하나님을 경외하며 예배할 때 저희 속 사람을 믿음으로 강건케 하실 줄 믿습니다. 성령이 오시면 저희의 심령이 쪼개지고 속이 변화되는 역사가 일어날 것입니다. 저희가 그렇게 되기를 이 시간 간절히 원합니다. 주의 일을 이루소서. 저희를 내어 드립니다.

은혜로우신 하나님! 저희 교회에 생명을 살리는 은혜의 단비가 늘 충만하게 하시고, 단비를 받은 초목이 힘있게 되살아나듯 생명으로 넘치고 성장하는 교회가 되게 하여 주시옵소서. 소망이 끊어진 이 시대에 소망을 심어줄 수 있는 교회가 되게 하시옵고, 빛을 잃어버린 이 시대에 빛을 밝게 비출 수 있는 교회가 되게 하여 주시옵소서.

세상에는 안식이 없고 슬픔뿐인지라, 이 시간 주님의 은혜를 갈급해 하며, 사모하는 심정을 가지고, 주님을 찾는 저희들에게 주님의 신령한 은혜로 충만하게 하셔서 기쁨과 평안이 넘치게 하여 주시옵소서.

오늘도 시대의 아픔을 안타까워하며 주님의 말씀으로 치유되기를 원하여, 말씀을 듣고 강단 위에 선 목사님을 기억하시고, 성령의 능력으로 붙들어 주셔서 권세 있는 말씀이 되게 하여 주시옵소서.

예수 그리스도의 이름으로 기도합니다. 아멘!

6월 · 넷째 주일 저녁

찬양 중에 임하시는 아버지 하나님! 천사들과 그룹들이 함께 하는 이 시간 인자하신 주님의 사랑이 그리워 검붉은 죄악을 안고 나왔습니다.

무엇보다 먼저 회개하는 마음으로 기도합니다. 주님의 뜻대로 살 것을 다짐하면서도 늘 저희 자신의 힘을 자랑하며, 교만한 모습으로 사는 무지와 불신앙을 용서하여 주시옵소서. 저희들은 그 옛날 이스라엘 백성들처럼 주님 보시기에 목이 곧은 백성임을 고백합니다. 늘 주님 보시기에 철없는 모습으로 살아가는 저희들을 불쌍히 여겨 주시옵고, 이 시간도 끝까지 참아 주시는 주님의 사랑을 깨닫는 시간이 되게 하여 주시옵소서.

이 한 주간도 주님의 은혜와 사랑, 전적인 그리스도의 십자가의 은혜가 저희를 붙잡아줄 줄 믿습니다. 자칫 잘못하면 세상의 자랑거리들에만 저희의 마음이 현혹될 수 있음을 고백합니다. 시련의 밤이 깊고 환난의 모진 바람이 멈추지 않는 때일수록 악한 마귀는 때를 만난듯 저희들을 넘어뜨리려고 온갖 수단과 방법을 동원할 것입니다. 사탄 마귀의 꾀에 넘어가지 않도록 주님의 능력의 오른팔로 붙들어 주시고, 주님의 언약의 말씀을 굳게 붙들고 믿음의 길에서 승리하는 저희들 되게 하여 주시옵소서.

주일 저녁 찬양 예배가 소홀히 취급되는 요즘의 추세를 보면서 저희들도 같은 공범자임을 자책하지 않을 수 없습니다. 형식적인 예배, 힘없는 예배로 바뀌어가는 오늘의 이 아픈 현실을 보면서도 아무렇지도 않은 듯 잠자코 있는 저희들의 모습이 심히 부끄럽습니다. 이제 차츰 화석화되어가는 수요 기도회에도 적극적으로 참여하여, 주님께서 임재하시는 뜨거운 기도를 통해, 역동적이고 성령의 교통하심을 강하게 느끼는 예배가 되게 하시옵소서.

찬양은 저희들을 아버지께로 나아가게 할 것입니다. 아버지의 현존은 저희들의 기쁨입니다. 제 삶이 아버지의 드러남이 되게 하여 주옵소서. 그리스도의 드러남이 되게 하시며, 성령의 나타남이 되게 하여 주옵소서. 성령의 나타남은 저희들의 바람이요. 오직 성령으로만 저희가 기도하는 모든 것들이 이루어짐을 믿습니다. 오직 성령의 충만을 받게 하여 주옵소서. 성령님, 오셔서 저희에게 그 크신 권능을 드러내십시오.

오늘도 지친 인생으로 살아가는 저희들을 위로하여 주시옵고, 고달프고 상처받은 심령마다 주님의 피 묻은 손으로 어루만져 주셔서 새 힘을 얻고 돌아가는 발걸음이 되게 하시옵고, 복잡한 삶 속에서 강퍅해진 저희의 심령이 눈 녹듯이 녹는 시간이 되게 하시옵소서.

이 시간 찬양을 인도하는 귀한 일꾼들 위에 복을 주시옵고, 주의 성령의 기름을 부어주시기를 진심으로 기도드립니다. 오직 하나님의 은혜는 가난한 심령에 부어질 줄 믿습니다. 저희를 구원하신 예수님의 이름으로 기도합니다. 아멘!

6월 • 다섯째 주일 저녁

할렐루야! 영원토록 찬양을 받기에 합당하신 하나님!

오늘도 찬양으로 주일 저녁에 예배하게 하시니 감사합니다. 능력과 공평의 하나님, 오늘은 이웃을 위해 기도합니다. 구원을 주신 하나님! 이웃을 저희에게 주셨습니다. 하나님의 우리 안에 들어오지 못한 집을 나간 주님의 백성을 위로하여 주옵소서. 이 땅에 사는 모든 백성이 다 주의 자녀들입니다. 저희들이 저녁 예배를 하는 목적도 다 이웃들을 주님 품 안으로 인도하기 위해서입니다. 원하오니 저희들에게 구원받을 백성들을 붙여 주옵소서. 날마다 믿는 사람들이 함께 모이는 것은 하나님의 뜻이요 계획입니다. 모일 때마다 성령이 역사하시고, 주님을 증거하고자 할 때 표적과 기사가 많이 나타나게 하옵소서. 이웃을 위해 헌신하는 마음을 주옵소서.

가난한 자들을 복 주신 주님, 진짜 가난한 사람은 집 없고, 먹을 것 없는 사람이 아니라, 영적으로 가난한 사람입니다. 이 시간 진짜 가난한 사람들을 위하여 기도합니다. 하나님 나라를 바라보며, 가난한 이웃들을 위하여 날마다 모이고 날마다 간절히 기도합니다. 날마다 서로 소통하며, 날마다 힘써 말씀을 공부하는 진정한 코이노니아를 이루게 하옵시고, 주님 교제 안에서 깊은 영적인 깨달음이 있게 하옵소서. 할렐루야! 사랑의 주님을 찬양합니다.

믿음을 선물로 거저 주시는 하나님! 저희들이 이름을 부르며 초대하고 기도하는 사람들을 주님께서 복 주옵소서. 사랑의 주님께서 그들을 구원의 길로 인도하여 주옵소서. 사망의 권세가 아무리 강해도 주님의 권세보다 강할 수는 없습니다.

다시금 저희를 성령의 능력으로 강하게 붙들어 주셔서, 기쁨이 충만한 가운데 주님이 원하시는 길을 걷게 하시고, 주님이 미워하시고, 노를 격발하시는 세속적인 욕심과 정욕을 버리고, 새 생명을 위하여 자신을 내주신 주님의 피 묻은 십자가 사랑을 본받아, 주님의 영광을 드러내고, 주님의 뜻을 좇으며, 살아갈 수 있는 저희들이 되게 하여 주시옵소서.

특별히 간구하옵기는 주께서 피로 값 주고 사신 저희 교회가 하나님의 뜻을 행하며 하나님을 기쁘게 할 뿐만 아니라, 세상을 향한 책임을 다하는 사랑의 공동체가 되게 하여 주옵소서. 오직 주 예수 그리스도의 십자가의 은혜가 저희 교회와 구역 모임을 강하게 하고, 유용하게 하며, 쓰임 받게 할 것임을 믿습니다. 날마다 힘써 주님 위해 즐거이 쓰임 받는 저희 교회 되게 하옵소서. 성도들을 복 주시고 저희들을 날마다 성령으로 충만하게 하여 주옵소서. 목사님에게 대언하게 하신 말씀을 통하여 성령의 불길이 각 사람의 머리 위에 임하게 하실 줄 믿습니다.

예수 그리스도의 이름으로 기도합니다. 아멘!

7월 · 첫째 주일 저녁

사랑이 풍성하신 하나님 아버지!

주일 아침부터 지금까지 저희들을 은혜의 빛으로 인도하여 주시다가, 예배의 자리로 다시 불러 모아 주셔서 주님을 찬양할 수 있게 하여 주시고, 기도로 주님과 교제할 수 있도록 이끌어 주시니 감사드립니다. 주님의 부르심을 받아 이 자리에 나올 때마다 저희 교회에 속한 모든 성도들이 한자리에 모이지 못하는 것이 늘 안타까운 마음입니다. 하지만 이 시간도 찬양할 때 저희를 대적하던 악한 세력들은 다 떠나갈 줄 믿습니다.

은혜와 사랑에 감사를 드립니다. 하나님의 사랑은 한이 없으시며, 하나님의 능력은 끝이 없으십니다. 저희의 중심을 아시는 주님! 저희가 드리는 찬양에 영광을 받으시옵소서. 저희들의 기쁨은 하나님의 뜻과 저희의 뜻이 하나 되어 이 땅이 모두 아버지의 뜻대로 되게 하는 것입니다.

하지만 지난 한 주간, 저희의 삶이 육신의 정욕과 세상적인 유익을 추구해 온 허물과 죄로 살아왔습니다. 주님! 이 시간 저희들이 이기적이고 하나님 없는 삶만을 추구하는 일들이 많았음을 자백하오니 용서하여 주시옵소서. 세상은 날로 악하며 말세가 다가올수록 적그리스도와 거짓 영들이 나타나고, 교회 안에서는 성숙하지 못한 저희들이 사탄의 앞잡이가 되어 교회의 화평을 깰 때가 많았음을 고백합니다. 교회 안팎에서 울부짖는 사자와 같은 마귀가 성도를 유혹하여 넘어뜨리려 하는 이 때에 저희들이 성령 충만하기를 원합니다. 찬양으로 올리는 저희의 예배를 산 제사로 기쁘게 받아주시옵소서.

주님! 이 시간 간구합니다. 영혼의 병이 든 성도들, 주님의 말씀으로 고쳐주시고, 육신의 병으로 부르짖는 성도들, 주님의 보혈로 고쳐주시옵소서. 시대적으로 볼 때 사사 시대와 같은 일들이 여기저기서 많이 일어나고 있습니다. 저희들 혹시라도 사사 시대 방종했던 이스라엘 백성같이 되지 않게 하여 주옵소서. 하나님을 알지 못하는 이 땅의 청소년과 학생들이 심히 걱정됩니다. 이들이 방종을 멈추고 주님의 말씀으로 거듭날 수 있도록 해주시고, 하나님 나라의 일꾼들이 되도록 성령님 역사하여 주옵소서. 우리나라와 민족을 위해 쓰일 그릇으로 준비되게 인도하여 주시옵소서.

성령의 역사로 말미암아 저희 교회가 지역 사회에서 이름을 얻게 하시고, 불신자들이 두려워하는 가운데 주님의 십자가의 도를 배우게 하옵소서. 목사님에게 성령의 강권함으로 권세와 능력의 말씀을 전하게 하시어 저희의 가슴이 뜨거워지는 성령의 역사를 일으켜 주시옵소서. 하나님의 성호를 높이는 찬양대의 인도를 따라 찬양할 때 온 백성이 회개하고 돌아오게 도와주시옵소서.

저희를 사랑하시는 예수 그리스도의 이름으로 기도합니다. 아멘!

7월 · 둘째 주일 저녁

은혜로우시며 사랑이 많으신 하나님 아버지!

저희의 예배를 받아주시옵소서. 이 시간도 주님만을 찬양하며 기도하기를 원합니다. 기쁘고 영광스러운 순간에도 부끄럽게도 저희의 약한 모습을 먼저 내놓습니다. 저희의 약함으로 인하여 정죄하지 마시고, 저희의 부끄러움으로 인하여 저희를 외면하지 않으시기를 원하오니, 하나님 저희를 성결하게 하심으로 오직 하나님을 찬양하기에 부족함이 없는 저희가 되도록 복을 주시옵소서.

7월은 한 해 중 가장 더운 기간입니다. 이 더위는 저희 모두를 지치게 만들고 있습니다. 하지만 믿음이 있는 자는 달려가도 곤비치 않을 것이며, 독수리가 날개 치며 하늘로 올라가듯 새 힘이 솟아날 줄 믿습니다. 예수 그리스도를 십자가에 내어주셔서 택하신 저희에게 구속의 은혜를 베푸시고, 믿게 하여 주시니 감사합니다.

하나님의 은혜는 하늘보다 크십니다. 그리하여 죄인의 괴수보다 더 악한 저희들의 죄를 용서하여 주셨습니다. 이제 저희들이 육체 가운데 사는 것은 오직 주의 이름을 위하여 주의 일꾼으로 살기 위해서인 줄 압니다. 은혜에 보답하고자 부름 받은 즉시 일어나 나가서 외치기를 원합니다.

하나님 아버지, 저희의 눈을 열어주옵소서. 저희의 마음을 열어주옵소서. 그리하여 저희가 미처 보지 못했던 이웃들의 아픔을, 어려움을 돌아보게 하여 주옵소서. 소외되고, 상처받고, 쓰러진 자들을 가슴에 안고 함께 아파하게 하소서. 그들을 품에 안고 진정으로 느끼며 마음을 나누게 하옵소서. 저희가 듣는 것으로만, 아는 것으로만, 보는 것으로만 그치지 말고 행할 수 있을 때 사람들은 저희를 하나님의 자녀로 인정하게 될 것입니다.

　이 시간 고백합니다. 언제나 하나님께 대한 약속을 쉽게 잊어버리고, 선을 보고도 죄악된 길로 가는 저희들의 모습을 회개하오니, 십자가의 보혈로 용서하여 주시옵소서. 이전에 버렸다고 생각했던 죄의 쓴 뿌리가 여전히 남아 고통당하는 때가 많습니다. 저희들을 도우셔서 죄와 결별하게 하시고, 진리의 말씀으로 충만히 채우사 자유를 주옵소서. 저희의 싸움은 혈과 육에 대한 싸움이 아니라고 주님께서 말씀하셨습니다. 그런데 저희는 늘 생각하기를 형편이 나아지면, 제도를 바꾸면, 죄가 사라질 것이라고 어리석게 생각했습니다. 이제부터는 원수를 주께 맡기고, 어둠의 세력들을 예수님 이름으로 물리치게 하여 주시옵소서. 어둠이 걷히고 새날이 오기를 기다리는 저희들의 상한 심령을 아시는 하나님! 저희를 향한 연단이 지나고 하나님의 응답과 복이 임하게 하옵소서. 오늘도 주의 말씀을 들고 나온 목사님을 기억하시고, 하나님의 말씀을 들을 때마다 깨닫게 하시고, 기도하게 하시고, 순종으로 받기에 부족함이 없도록 복을 주옵소서. 성령의 표적과 은사로 충만하게 하옵소서.

　구주 예수 그리스도의 이름으로 기도합니다. 아멘!

7월 · 셋째 주일 저녁

거룩하신 아버지 하나님! 찬양 예배 중에 임하시옵소서.

오늘도 성령을 통하여 교회 위에 역사하시고 섭리하신 은총을 감사드립니다. 지금 이 시간에도 성령으로 역사하시는 주님의 임재를 깨닫고 겸손히 엎드려 간구합니다. 주의 영께서 저희를 떠나지 마시고 길이길이 함께하시옵소서.

저희가 미혹의 영에 이끌려 탐욕스럽고 방자하기 그지없을 때, 고요히 찾아오신 성령의 도우심으로 멸망에서 벗어났음을 깨닫고 있습니다. 실패와 낙망으로 인하여 마음 둘 곳을 잃었을 때, 위로의 영으로 오셔서 새 힘을 주신 성령의 역사를 지금 확신하며 고백합니다. 간절히 사모하며 기다리는 마음에 불꽃으로 뜨겁게 내리신 강렬한 힘의 성령께서 저희에게 친히 오심을 믿습니다. 은혜의 성령님, 고백하는 저희의 심령에 임하시옵소서. 저희의 죄와 허물도 짙은 구름이 사라짐같이 깨끗하게 사라질 수 있도록 성령의 불로 태워 주시옵소서.

전능하신 주님, 성령의 밝은 빛으로 저희 심령을 채우사 주님의 뜻을 온전히 분별하며 세상의 악한 권세를 이기는 선한 싸움의 승리자로 삼아주시기를 원합니다. 지금 육체적으로나 정신적으로 또는 여러 가지 문제로 고통당하는 성도들이 있습니다. 저희들의 일거수 일투족을 눈동자와 같이 지키시는 성령께서 심령마다 충만하게 임하여 주셔서, 모든 고통에서 자유함을 얻게 하시고, 기쁨으로 주님을 찬양할 수 있는 삶이 되게 하시옵소서.

일찍이 이곳에 주님의 몸 된 교회를 세워주셔서, 성령의 권능을 세상에 쏟아 놓는 능력의 교회가 되게 하여 주셨사오니, 저희 교회가 더욱 성령 충만한 교회가 되게 하시옵고, 진리의 빛을 밝게 비출 수 있는 생명의 교회가 되게 하시옵소서.

개인적으로나 국가적으로 여전히 불의와 온갖 죄악된 일들이 하늘을 뒤덮고 있사오니, 속히 이 병든 사회를 성령의 권능으로 치료하여 주셔서, 건전하고 바른 가치관이 정립될 수 있도록 은총을 허락하여 주시기를 원합니다.

이 시간 말씀을 대언하게 하신 목사님에게 성령의 기름을 부어 주셔서 선포되는 말씀이 저희의 굳은 심령을 찔러 쪼개어, 치료와 위로와 변화가 임하는 놀라운 시간이 되게 하여 주시옵소서. 주님의 몸 된 교회를 위하여 여러 모양으로 몸을 드려 충성하는 귀한 일꾼들을 붙들어 주시고, 맡은 바 직분을 즐거움으로 감당할 때, 성령의 큰 은사와 능력을 체험하게 하시옵소서.

예배하는 저희들 가운데 성령께서 친히 운행하심을 믿사옵고, 예수 그리스도의 이름으로 기도합니다. 아멘!

7월 · 넷째 주일 저녁

할렐루야! 하나님을 찬양합니다.

더위가 아무리 극성을 부리고 피곤함이 저희의 일상이 되어도 주님 안에 있는 저희는 오늘도 편안합니다. 춥든지 덥든지 항상 저희를 지켜주시는 전능하신 하나님 아버지! 저희의 생명을 죽음에서 구속하여 주시고, 사랑과 긍휼로 붙잡아 주시는 주의 은혜를 찬양합니다.

좋은 것으로 소원을 만족하게 하시며, 청춘으로 독수리같이 새롭게 하시는 능력의 주 하나님! 은혜와 사랑을 진심으로 감사드립니다. 오늘도 진실과 정성을 다하는 예배를 받아주시옵소서. 예배를 통하여 새로운 힘을 공급받게 하옵소서. 주님을 경배하며 찬양함으로써 하나님께만 영광과 찬송을 돌리게 하시고, 저희로 하여금 무한한 능력과 기쁨을 얻게 하여 주시옵소서.

찬양은 능력이 있습니다. 대적들을 무너뜨리고 넘어지게 하며, 악한 자의 궤계에서도 저희를 보호하고 지켜줍니다. 저희는 다 양 같아서 잘하려고 하여도 실수하고, 그대로 내버려 두면 사망의 음침한 골짜기로 갈 수밖에 없습니다. 오직 주의 지팡이와 막대기만이 저희를 구원할 수 있을 뿐입니다. 주님, 전심을 다해 의지하며, 또한 도우심을 간구하오니, 이 시간 예배에 임재하여 주옵소서.

할렐루야! 주님의 나라가 임하기를 다시 한번 간절히 구합니다. 저희들 매일의 삶에 지쳐서 너무나도 많은 사랑을 받았음에도 불구하고 무기력하게 살 때가 많이 있습니다. 저희들이 주님 외에 다른 것에 마음을 두며 살기 때문입니다. 이 시간 주님의 인자와 긍휼로 기쁨의 면류관을 씌우시고, 저희의 부정한 입술을 정하게 하시어, 예수 그리스도의 구속 사역을 찬양하며 살게 하여 주옵소서, 그리하여 주님의 구속 사역을 완성케 하는 데 일조를 하게 허락하옵소서. 저희들 일상에서 예배로 승리하도록 복을 주옵소서.

이제 산과 강과 바다가 그리워지는 계절입니다. 지치고 상한 육신도 잠시 휴가를 통해 수양하기를 원합니다. 그리하여 여름 휴가를 통해 저희들의 믿음과 소망도 소생하게 하옵소서. 사랑하는 권속들, 어디로 가든지 안전을 지켜주시고 물놀이할 때 사고가 없도록 천사들을 보내어 지켜주옵소서. 저희 어린 자녀들 역시 안전하도록 늘 하나님이 지키시고 보호해 주실 줄 믿고 찬양합니다.

전능하신 하나님 아버지! 저희의 찬양 예배를 기쁘게 받아주옵소서. 늘 하나님의 사역을 위하여 애쓰는 찬양 단원들과 봉사의 손길들 위에 복을 주시되, 천국에 보화가 쌓이게 하여 주시옵소서. 한 주간 동안도 목사님의 사역에 함께 하시며, 주의 이름으로 손을 얹은즉 병든 자 낫게 하시고, 귀신이 떠나가며, 성령이 임하는 권능을 허락하옵소서. 예수 그리스도의 이름으로 기도합니다. 아멘!

8월 · 첫째 주일 저녁

찬양을 받으시기에 합당하신 하나님 아버지!

감사와 영광을 돌립니다. 하나님이 다스리시니, 저희가 무엇을 두려워하며 염려하리이까? 저희를 찬양의 자리로 불러주신 것은 저희의 의지가 아닙니다. 모두 다 하나님의 섭리와 부르심과 은총으로 나왔습니다. 그만큼 저희의 허물과 죄악이 큼을 깨닫게 하시니 감사드립니다

하나님은 찬양 중에 내려오셔서 임하시는 분이심을 믿습니다. 오늘도 찬양하는 저희를 기억하셔서 이곳에 임재하여 주옵소서. 모든 지각에 뛰어나신 하나님의 평강이 그리스도 예수 안에서 저희의 마음과 생각을 지키심을 믿고 감사와 영광을 돌립니다.

매일 후회를 하면서도 하나님을 멀리하고, 세상의 풍조와 쾌락을 추구하며 나아갔음을 회개하오니, 저희를 용서하여 주시옵소서.

오늘날의 교회도 주님의 진리의 깃발을 높이 쳐들고 행진하기보다는 인본주의, 기복주의 신앙으로 오염되어 있습니다. 부패하고, 타락하여 잘못된 신앙으로 얼룩진 교회를 성령의 능력으로 새롭게 변화시켜 주시옵고, 인간의 수단이 아니라, 하나님의 주권적인 통치가 역사하는 교회가 되게 하여 주시옵소서. 또한, 주님이 이 땅에 오셔서 사랑으로 사시며, 죽기까지 자신을 희생하신 그 모습을 본받을 수 있는 교회가 되게 하시고, 가난하고, 헐벗고, 굶주린 자의 친구가 되어 주신 주님의 사랑을 본받아 소외되

고 외로운 자들을 대접하고 섬기는 교회가 되게 하여 주시옵소서.

말씀에 대한 감격이 없고 죽어 있는 저희들의 마음에 감격과 찬양과 감사가 살아있는 믿음을 소유하게 하시고, 게으르고 나태한 자리에서 열심과 헌신의 자세로 새롭게 변화되는 믿음을 주시옵소서.

주님의 교회를 온전히 세우기 위하여 세워주신 기관들에게도 함께 하셔서 단순한 친목 모임이나 우정으로 뭉쳐지는 사교 모임이 아니라, 주님의 뜻을 높이고, 맡은 바 사명을 잘 감당하기에 부족함이 없는 기관들이 되도록 복을 주시옵소서.

오늘도 주님의 귀한 말씀을 듣고, 강단 위에 서게 하신 목사님을 성령의 능력으로 붙드셔서 놀라운 주님의 말씀을 증거할 수 있도록 함께하시옵소서. 저희들은 주님의 말씀을 듣는 순간 죄인 된 자신을 발견하며, 마음을 쏟고 영혼을 쏟는 참회가 터져 나오게 하시옵소서. 그리하여 찬양이 힘이요 능력임을 깨닫게 하여 주옵소서. 말씀을 선포할 때 그 말씀이 불의 말씀이 되게 하시고, 미지근했던 저희들의 신앙에 개혁이 일어나는 놀라운 말씀이 되게 하여 주시옵소서.

찬양 예배를 위해 봉사하는 모든 손길들을 기억하시고, 주님이 채우시는 위로가 넘쳐나게 하시옵소서. 이 예배를 주님께서 인도하실 줄 믿으며, 예수 그리스도의 이름으로 기도합니다. 아멘!

저희의 반석이시며, 구원이신 하나님!

저희가 하나님을 찬양하며 이 시간 찬양 예배를 위해 모였습니다. 사랑이 많으신 아버지! 저희가 세상으로 눈을 돌린 채 주님을 잃어버린 때가 너무도 많았습니다. 저희가 구원의 주님을 찬양하며, 오직 주님만이 나의 반석이 되심을 고백하오니, 저희를 긍휼히 여겨 주시기를 간구합니다. 바로 지금 회개하게 하시고, 순종으로 헌신하도록 복을 주시옵소서. 넓고 쉬운 죄악의 길을 버리고, 주님의 뜻을 찾을 수 있는 저희가 되게 하여 주시옵소서.

교만과 허위, 부정, 부패와 자만이 앞서는 시대 속에서 주님이 찾으시는 의인으로 살게 하시고, 저희의 상한 마음을 주님의 사랑으로 고쳐주시옵소서.

이 시간 하나님의 섭리함을 고백하게 하시고, 사람이나 세상의 어떤 것으로도 저의 문제를 해결할 수 없음을 고백하오니, 오직 하나님을 저의 구원자로 바라보게 하시고, 저희의 문제를 하나님께만 구하게 하여 주시옵소서.

저희로 하여금 주님을 찾고 의지하게 하신 은혜에 감사합니다. 저희가 어떤 상황에 있든지 주님을 위해서 살도록 하시고, 현재에 처한 환경이나 욕심 때문에 세상적인 삶에 연연하지 않도록 도와주시옵소서. 특별히 주님의 보혈 위에 세워진 주님의 교회를 위하여 기도합니다.

일찍이 주님의 크신 섭리가 있으셔서 이곳에 저희 교회를 세워주셨사오니, 성령의 뜨거운 역사가 늘 강하게 역사하는 교회가 되게 하시고, 부르짖는 기도마다 응답받는 복의 현장이 되게 하시옵소서. 무엇보다도 주님의 도우심 아래 날로 왕성해지는 교회가 되게 하시고, 영혼 구원의 사명 또한 잘 감당할 수 있는 교회가 되게 하여 주시옵소서. 예배가 하나님께 영광이 되고 성령으로 감화되는 역사가 일어나게 하여 주시옵소서.

하나님은 예배하는 자를 찾으신다고 하셨는데, 아직도 북한에는 예배를 하지 못해 가슴으로 울부짖는 주의 자녀들이 있습니다. 저희 민족이 아직도 분단의 아픔을 겪고 있습니다. 남북 화해의 길이 열리고 있다고 하오나 온 민족이 하나로 되는 것은 아직도 멀게만 느껴질 뿐입니다. 성령의 능력으로 저희 민족을 하나로 엮어 주셔서 더 이상 분단으로 인한 아픔이 발생하지 않도록 은총을 베풀어주시옵소서. 북한 사회에도 주님의 강력한 통치가 속히 이루어지기를 원합니다.

예수 그리스도의 이름으로 기도합니다. 아멘!

　자비로우신 하나님, 오늘도 찬양 예배를 위해 온 회중이 모였습니다. 이 시간 찬양 중에 하나님의 영광을 보게 하시고 느끼게 하여 주옵소서.

　거룩하신 하나님 아버지! 주님에 대한 사랑 때문에 주님을 섬기며, 그 사랑 때문에 주님께 예배하며, 그 사랑 때문에 말씀에 순종하기를 원합니다. 그러나 주님을 담지 못하고 경건의 모습만 흉내 내는 연약한 저희들을 긍휼히 여겨 주시옵소서. 그리스도의 생명으로 저희 속에 채워주시기를 원하여 저희 마음을 비워 드립니다. 주님의 진리의 말씀으로 저희들을 충만하게 채워주시옵소서.

　주님! 저희가 주님의 선하신 계획에 순종하지 않았던 때가 많았음을 고백하오니, 저희를 긍휼히 여겨 주옵소서. 저희를 죄에서 건지사 성도로 삼으셨사오니, 이후로 저희가 죄와 타협하지 않도록 복을 주옵소서.

　알고도 행하지 못하고, 감격하면서도 은혜대로 살지 못한 저희들입니다. 육신의 욕망을 위해서만 사용되었던 입술이 영원한 가치를 위해서 사용되게 하시옵소서. 보이는 세상의 것들이 저희의 마음에 위로와 평안을 주는 것이 아님을 알면서도 주님을 기쁘시게 해드리기보다는 세상에 종노릇하며 사탄을 도왔던 삶이었음을 고백합니다. 저희의 완악한 심령을 불쌍히 여기시고, 저희의 죄를 씻어주시기를 원합니다.

　부활의 영광을 위해 십자가의 길을 기꺼이 걸어가신 주님!

오늘도 너희 자신을 부인하고 십자가를 지고 나를 따르라고 말씀하시지만, 저희들은 저희 자신의 욕망과 계획을 포기하지 못하고, 오히려 십자가를 등지는 생활을 했나이다. 오, 주님! 연약한 저희들을 긍휼히 여겨 주시옵고, 저희들에게 새 믿음과 용기를 주셔서, 주님을 끝까지 따르는 자들이 되게 하여 주시옵소서.

공의로우신 하나님 아버지!

찬양 중에 회복하게 하시는 성령이 임하기를 기도합니다. 주님의 교회가 점점 세상의 손가락질을 당하는 것을 기억하옵소서. '오직 은총, 오직 믿음, 오직 성령으로'라는 진리의 기치를 높이 들었던 개혁자들의 신앙을 되새기며, 저희들의 변화되지 못하고 형식화된 신앙을 과감히 척결하는 시간이 되게 하시옵고, 새 사람, 새 신앙으로 새롭게 다짐하는 시간이 되게 해주시옵소서. 찬양을 통하여 심령이 회복되고, 교회가 회복되면 믿는 자들을 통하여 세상이 회복되게 하여 주옵소서.

찬양대원들과 예배를 위하여 보이지 않는 곳에서 수고하는 모든 손길들에게 복을 주옵소서. 예수 그리스도의 이름으로 기도합니다. 아멘!

8월 • 넷째 주일 저녁

저희의 인생을 풍성한 것으로 먹이시는 하나님 아버지!

아무것도 가진 것 없는 이 세상에 온 저희들이 주님의 은혜를 입어 많은 것을 얻게 되었나이다. 광야 같은 메마른 삶 위에도 만나와 메추라기를 내려주신 하나님의 은혜가 한시도 쉼 없이 계속되어왔음을 깨달을 때 저희들은 만 입이 있어도 감사가 부족한 인생들이옵니다. 오늘 이 예배가 하나님께서 기뻐하실 감사의 예배가 되어, 지금까지 주님이 내려주신 은혜의 지극히 작은 부분이라도 채우는 자리가 되게 하여 주시옵소서.

은혜로우시고 자비하신 하나님 아버지! 험난하고 복잡한 이 세상의 삶 가운데서도 그동안 입을 것, 먹을 것을 주시고, 베풀고 나눌 수 있도록 은혜 주신 것을 감사하여, 또한 풍성한 은혜를 느낄 수 있도록 복을 주신 것을 감사합니다. 이 시간 저희들이 정성을 모아 드리는 이 예배를 받아주시옵소서.

사랑의 하나님 아버지! 지난날을 돌이켜 보건대 저희들은 하늘의 신령한 은혜와 양식을 쌓는 일보다 세상의 썩어질 양식을 얻는 일에 더 분주하고, 주님의 나라와 의를 구하는 일에 너무도 게을렀음을 고백하지 않을 수 없나이다. 주님이 주신 귀한 은사와 복을 주님의 몸 된 교회를 섬기고, 이웃과 나누고 베푸는 데 쓰기보다는 저희 자신의 만족과 쾌락을 위해 더 많이 썼음을 고백합니다. 감사보다 불평이 많았던 것도 사실입니다. 이 시간 주님의 보혈로 저희의 심령을 정하게 하여 주시고, 주님께서 저희를 위해 이루신 일들과 은혜를 깨닫게 하여 주시옵소서.

복 주시기를 즐겨하시는 하나님 아버지!

오늘 저희들의 찬양 예배를 기쁘게 받으시기를 원합니다. 이 찬양 속에 깊은 감사와 전체를 바치는 거룩한 결의가 들어 있사오니 기쁘게 받아주시옵소서.

저희의 이웃이 천국 백성이 될 수 있음에도 불구하고 지옥을 가게 되면 그것은 전적으로 주님께서 저희들에게 맡겨주신 귀한 사명을 저희들이 제대로 감당하지 못한 까닭인 줄 압니다. 지금부터라도 영혼의 추수에 태만했던 저희 자신들을 되돌아보며 참회하는 심정으로 영혼의 추수에 마음을 쏟을 수 있는 저희들 되게 하여 주시옵소서. 한 영혼이라도 더 주님께로 돌아올 수 있도록 하기 위하여 영혼의 추수를 힘써 할 수 있는 저희들 되게 하여 주시옵소서. 날마다 생명의 복음을 힘써서 전파하는 저희들 되게 하여 주시옵소서.

오늘도 말씀을 전하도록 단 위에 세우신 목사님을 성령으로 붙들어 주시고, 저희 모두가 말씀의 신령한 꼴을 먹기에 부족함이 없게 하시옵소서.

예수 그리스도의 이름으로 기도합니다. 아멘!

　기쁨과 평안과 안전을 저희에게 부어주시는 하나님 아버지! 오늘 하루도 주의 은택을 입어 주일을 성수하게 하시며, 이 저녁 시간까지 주님을 사모하여 찬양과 말씀의 자리에 나오게 하심을 감사합니다. 찬양 중에 임하시는 주님께 간구합니다. 아침에 여호와로 인하여 눈을 뜨게 하셨사오니, 저녁에는 여호와 하나님께 찬양하게 하옵소서. 이 저녁 저희의 예배가 하나님께 영광을 돌리게 하시고, 성도들에게 충만한 은혜를 끼치게 하여 주시옵소서. 황소를 드림보다 찬양의 제사를 기뻐하신다고 말씀하셨습니다. 저희들의 입술이 찬양의 입술이 되게 하옵소서.

　하나님 아버지, 이 자리에 꿇어 엎드려 간구하오니, 주께서 들어주시고 응답해 주시옵소서. 먼저 하나님 말씀대로 살아가는 믿음을 허락하시고, 생활 속에서, 삶 전체를 통하여, 주님의 영광을 드러내는 살아있는 믿음을 허락하시옵소서.

　오늘 저녁 찬양 예배는 오직 성령이 임하시는 장소와 시간이 되게 해주옵소서. 주님의 무한하신 사랑을 깨닫게 하옵소서, 또한 그 사랑을 실천하는 예배 되게 하옵소서.

　의뢰하는 자의 하나님이 되시는 주여! 오늘 저희들이 주 앞에 나와 부르짖는 기도를 들어 주시옵소서. 마음의 상처는 싸매어 주시고, 믿음의 시련을 당하는 성도들에게 위로와 응답으로 함께 해주셔서 새로운 힘으로 살아가게 하여 주시옵소서. 영적인 시험에 빠진 성도들을 기억하시고, 말씀으로 해결 받을 수 있도록 인도하여 주시옵소서.

의인의 간구를 기뻐하시는 하나님!

저희의 성품이 성결하여지도록 인도하여 주시옵소서. 죄를 미워하게 하시고, 어둠을 물리칠 힘을 허락하여 주시옵소서. 저희가 정죄하지 않게 하시고, 선으로 악을 이기게 하여 주시옵소서. 선한 눈으로 여호와를 바라보며, 의인에게 주시는 복을 맛보게 하옵소서. 저희들의 마음이 모여 온전히 아버지 앞에 나아가기를 원합니다. 한 심령 한 심령이 아버지 앞에 바로 설 수 있는 믿음을 가지길 원합니다. 아버지를 온전히 신뢰하고 순종하는 법을 배우기를 원합니다.

찬양을 인도하는 거룩한 무리를 기억하여 주옵소서. 저들이야말로 말세에 흰옷 입은 이슬 같은 청년들입니다. 오늘도 말씀을 증거하실 목사님을 위하여 간절히 간구합니다. 입술을 주장하시고, 심령을 주장하셔서 하나님의 말씀을 대언할 때 말씀이 저희들의 삶을 변화시키게 하여 주시옵소서.

하나님의 말씀은 살았고 운동력이 있다고 말씀하셨사오니, 살아 있는 말씀이 역동적으로 활동하는 말씀 충만한 교회와 예배가 되게 하여 주옵소서. 예수 그리스도의 이름으로 기도합니다. 아멘!

9월 · 둘째 주일 저녁

은혜와 평강을 주시는 하나님, 이 시간에도 주일 저녁 예배로 모여 주님을 찬양합니다. 할렐루야! 성령으로 임하시어 말씀하시고, 성령으로 기름 부어주시옵소서.

지난날의 어두운 삶을 용서하시고, 거짓된 마음을 바로잡아 밝은 마음과 정직한 심령으로 만들어 주시옵소서. 게으른 생활을 용서하시고, 근면한 의지를 심어 주시며, 세속에 물든 습관을 고쳐주옵소서. 하나님의 선하시고, 기뻐하시고, 온전하신 뜻에 따라 살게 하시옵소서. 저희의 삶 전체가 주님께 영광이 되도록 복 내려주시옵소서. 주님께서 저희들을 택하여 주시고, 인도하시고, 주님을 찬양하게 하시니, 감사하고 감사합니다. 저희가 받은 복이 많음을 알면서도 주님을 찬양할 것을 잊어버리고, 불평과 슬픔 속에서 살아가는 저희들에게 이 예배를 통하여 확신과 감사가 넘치며 찬양이 솟아나게 하옵소서.

주님을 높이고 찬양하는 일에 인색하며, 교만과 아집으로 살았음을 고백하오니 주님! 용서하여 주옵소서. 주님께서 임하시는 그날, 저희가 찬양하는 입과 기뻐하는 마음으로 맞이하게 하여 주시옵소서.

은혜의 주 하나님! 저희가 어떠한 자리에 있든지 늘 주님을 기억하게 하시고, 주님의 이름을 높이는 자리에 있을 수 있는 은혜를 허락하여 주시옵소서.

주님의 자녀 된 본분을 지키게 하심으로 저희의 삶이 늘 주님께 드리는 예배의 삶이 되게 하여 주시옵소서. 주님이 저희를 위하여 고난받으시고 죽으시기 위하여 오신 주님이심을 알게 하시고, 저희가 더욱 경건한 마음으로 매일의 삶을 살아가게 하여 주시옵소서.

이 찬양 예배 시간에도 주님의 말씀과 주님의 명령을 듣고자 저희가 나왔사오니, 저희에게 들을 수 있는 귀를 허락하시고, 순종할 수 있는 마음을 허락하시고, 하나님을 온전히 만날 수 있는 시간이 되게 하여 주시옵소서. 영적인 시야를 넓힐 수 있는 시간이 되기를 원합니다. 주님의 주권을 고백할 수 있는 시간이 되기를 원합니다. 담대한 복음 전도자로 부름 받을 수 있는 시간이 되기를 원합니다.

그저 왔다가 가는 형식적인 예배가 되지 않게 하시고, 주님을 온전히 바라는 시간 되게 하옵소서. 말씀을 전하는 목사님에게 영육 간에 놀라운 은혜를 허락하시고, 하나님께서 저희에게 주시는 말씀을 전할 때, 복의 말씀을 전할 수 있도록 하여 주시길 간절히 원합니다. 저희의 마음도 주님께 집중함으로 하나님과 하나 되는 시간이 되고, 그 말씀에 순종하며 한 주간을 살아가는 하나님의 백성이 되게 하여 주시옵소서.

예수님의 이름으로 기도합니다. 아멘!

9월 • 셋째 주일 저녁

주린 영혼을 만족케 하시며, 찬양받으시기에 합당하신 하나님!
오늘도 찬양 예배 중에 임하신 하나님을 찬양합니다. 이 시간
하나님의 선하시고 기쁘신 뜻을 바라보며, 저희들이 찬양하며 나
아갑니다. 저희에게 향하신 하나님의 신실하심이 크고 영원하심
을 믿사오니 항상 하나님의 뜻을 겸손하게 받아들이며 세상으로
향하는 저희의 의지와 욕심을 십자가에 못을 박게 하여 주시옵소
서. 저희에게 생명을 주신 것과 같이 저희가 주님 앞에 예배할 수
있도록 허락하신 주님의 모든 섭리하심을 감사합니다. 이 시간 하
나님만을 바라보며 주의 말씀에 겸손히 순종함으로 주님을 더욱
섬기기를 원합니다. 주님께서 저희를 다스려 주시옵소서.

아버지, 저희 삶에, 저희 생활에, 저희의 생각과 행동에 일일이
간섭하셔서 아버지의 자녀로서 부끄럽지 않도록 저희를 훈련시
켜 주시옵소서. 저희 속에 아버지의 거룩한 영을 부어주시고, 정
직하고 깨끗한 영을 주시옵소서. 저희 가운데서 아버지를 나타내
게 하시옵소서. 아버지의 형상대로 지음 받은 저희들을 거룩하게
하여 주시고, 상한 심령을 치유하고 회복시켜 주시옵소서. 믿음
은 들음에서 난다고 하였는데, 저희에게 말씀을 주시고, 들을 수
있게 하시고, 마음 문을 열고 받아 믿게 하신 놀라운 은혜에 감사
드립니다. 성령 안에서 아버지의 말씀을 듣고, 아버지의 얼굴을
뵙기를 원하옵니다.

사랑의 하나님! 저희에게 주님의 사랑을 전하는 귀한 사명을 감

당하게 하여 주시옵소서. 저희에게 더욱 큰 믿음을 허락하사, 주님의 사랑의 복음을 세상에 전하는 귀한 영혼들이 되도록 복을 주시옵소서. 주님의 놀라우신 복음의 능력을 믿고 의지하여 기도하오니, 저희에게 주님의 크신 권능으로 사마리아와 땅끝까지 이르러 증인이 되라고 하신 주님의 사명을 감당하도록 복을 더하여 주시옵소서.

저희에게 주님의 백성 된 본분을 지켜 행하게 하심으로, 주님께 저희의 삶이 예배가 될 수 있도록 복을 더하여 주시옵소서.

저희의 예배를 아버지께서 주관하여 주시고, 말씀을 전하게 하신 목사님에게 아버지의 능력을 더하셔서 아버지의 영광을 나타내게 하옵소서. 목사님 가정에 복을 주시고 영육 간에 강건함을 허락하여 주시옵소서. 예배를 위해 봉사하는 손길들 위에도 주님의 크신 권능으로 은총을 더하여 주실 줄로 믿사오며, 저희를 구원하신 예수 그리스도의 이름으로 기도합니다. 아멘!

9월 · 넷째 주일 저녁

찬양 중에 임하시는 하나님! 모든 만물이 하나님을 찬양합니다. 할렐루야! 거룩하신 하나님!

귀한 주일 오전부터 지금 이 찬양 예배 시간까지 주님께 나와서 경배와 찬양을 드리게 하신 은혜를 감사합니다. 하나님이 창조하신 만물들이 영적인 잠에서 깨어나 주님 앞에 늘 새롭게 돋아나는 주님의 제자의 삶을 살아가게 하여 주시옵소서.

봄비 같은 성령의 단비를 내려주셔서, 메마른 심령을 해갈하게 하옵소서. 저희 영혼에 따사로운 주의 자비와 사랑을 베푸시어, 용서받고, 풍요한 삶을 살게 하여 주시옵소서. 연약한 저희들이지만 만군의 하나님은 권능의 하나님이시오니, 저희에게 능력을 허락하여 주시옵소서. 마귀가 저희를 삼키려고 우는 사자와 같이 덤벼들어도 능히 물리치게 하시고, 그 어떤 어려움이 닥쳐와도 능히 이겨 나갈 수 있는 저희들이 되게 하여 주시옵소서. 선한 싸움을 싸우고, 달려갈 길을 마치고, 승리의 면류관을 받게 하시옵소서.

주님의 몸 된 교회로 인하여 감사합니다. 혼란스러운 세대 속에서 주님의 교회를 통하여 은혜를 공급받게 하시니 감사합니다. 이처럼 주님이 임재하시는 교회를 통하여 함께 일하기를 원하시는 주님의 열심을 깨달아 순종이 넘쳐날 수 있는 저희들이 되게 하여 주시옵소서.

천국에 소망을 두고 주님의 몸 된 교회를 사랑해야 할 저희가 세상의 분주함으로 인해 주의 일에 무관심했음을 고백합니다. 주님의 기대를 외면했습니다. 잎만 무성한 무화과처럼 열매가 없었습니다. 저희에게 성령의 아름다운 열매들이 맺히게 하시므로 온전히 하나님을 찬양할 수 있는 복을 허락하여 주시고, 세상을 이길 수 있는 힘을 허락하여 주시옵소서. 저희를 강하고 담대하게 하시어, 저희로 주님의 향기를 풍기는 성도들이 되게 하여 주시옵소서.

찬양을 준비하며 저희를 찬양으로 인도하는 찬양대원들에게 복을 주옵소서. 또 엔지니어와 반주로 섬기며, 보이지 않는 곳에서 수고하는 손길도 하나님은 다 기억해주실 줄 믿습니다. 이 시간, 찬양 예배를 통하여 저희의 심령이 새롭게 거듭나는 복을 허락하여 주시옵소서. 이 예배에 참석한 모든 심령이 은혜를 충만히 받고 돌아갈 수 있도록 주께서 지켜주시옵소서.

말씀을 증거하는 목사님을 성령으로 강하게 붙들어 주시기를 바랍니다. 저희의 예배가 하나님께 영광이 되고, 성령으로 감동되는 귀한 시간이 되게 하시며, 그 예배를 통하여 저희를 새롭게 하여 주시기를 원하옵니다.

저희를 사망에서 생명으로 옮기신 예수 그리스도의 이름으로 기도합니다. 아멘!

저희의 예배를 기뻐하시는 하나님!

저희의 찬송과 영광을 영원히 받으시옵소서. 저희와 항상 함께 하시는 은혜에 감사합니다. 하나님의 은혜로 예배하게 하심을 감사합니다. 찬양과 감사를 드리며 아버지 앞에 나아갑니다. 저희를 받아주시옵소서. 저희의 찬양을 받으실 분은 오직 하나님뿐이십니다.

세상의 고달픔에 지쳐 고단한 심령으로 주님 앞에 나온 저희들에게 위로의 영으로 오시옵소서. 저희 모두 성령 충만한 사람이 되어 불신앙과 육신의 정욕들을 이겨내는 하나님의 능력 있는 자녀로 살아갈 수 있도록 복을 허락하여 주시옵소서. 저희가 세상에서 주님의 증인으로 충성되게 하시고, 저희가 주님의 손과 발이 되어 세상을 변화시키는 역사가 일어날 수 있도록 성령으로 함께해주시기를 간구합니다.

사랑이 많으신 하나님!

이 시간 저희가 성령 안에서 기도하고, 성령 안에서 은혜를 받게 하여 주시옵소서. 저희의 상한 심령을 주님의 강하고 의로운 손으로 치유하시기를 간구합니다. 저희의 연약한 믿음을 강하고 담대하게 하시기를 간구합니다. 새로운 심령으로 거듭나게 하시옵소서. 그리하여 어제보다는 오늘이, 오늘보다는 내일이, 저희 안에서 하나님 나라가 더욱 확장되기를 원합니다. 찬양과 감사로 저희 마음의 천국이 확장되지 않으면 저희는 아무것도 아님을 고백합니다.

예배를 위하여 여러 가지 모습으로 봉사하는 손길들을 주님께서 복을 주시고, 인도하시며, 날마다 승리하고 형통케 되는 복을 허락하여 주시옵소서. 찬양대의 찬양을 기쁘게 받으시고, 하늘 문을 여셔서, 저희에게 은혜의 단비를 주옵소서. 저희가 더욱 공교히 찬양할 수 있는 은혜를 더하여 주시며, 저희의 헌신으로 하나님의 영광이 드러나게 하여 주시옵소서.

하나님! 특별히 말씀을 대언하게 하신 목사님을 권능으로 채우사, 저희에게 주시는 신령한 말씀들이 꿀송이 같은 귀한 생명의 만나가 되게 하여 주시옵소서. 저희의 심령을 고치는 말씀이 되게 하여 주시옵소서. 저희의 삶의 지표가 되게 하여 주시옵소서. 귀한 말씀으로 세상을 이기는 권세를 허락하여 주시옵소서.

저희의 예배를 기쁘게 받아주시기를 간구하오며, 거룩하신 예수 그리스도의 이름으로 기도합니다. 아멘!

10월 · 첫째 주일 저녁

 찬양과 예배로 하나님을 저희 가운데 모십니다.
 새벽부터 이 오후 찬양 예배까지 저희가 주님을 의지하게 하심
을 감사합니다. 이 시간 저희를 성결하게 하셔서, 하나님의 성호
를 찬양할 수 있는 믿음을 더하여 주시옵소서. 저희의 마음을 겸
손하게 하사, 은혜를 누리며 받는 귀한 시간이 되게 하여 주옵소
서.
 저희가 주님의 은혜에 합당치 못한 삶을 살고 있음을 고백합니
다. 저희가 주님 앞에 부끄러운 자들임을 고백합니다. 기쁨으로
감사드려야 할 주님께 근심과 눈물을 보여드린 것을 용서하여 주
시옵소서. 육신이 연약하고 부족한 저희들을 불쌍히 여기사, 사랑
을 실천하는 사람으로 살아갈 수 있도록 복을 주시옵소서.
 저희의 연약함을 강하게 하시는 주님의 은혜를 감사합니다. 하
나님의 말씀을 의지하여 하나님 앞에 나아와 저희의 연약함을 고
백하게 하심을 감사합니다.
 예수님의 은혜로 저희가 죄를 사함 받았사오며, 의롭다 인정받
았사오니, 하나님의 사죄와 구속의 은혜에 감사합니다.
 이 시간 드리는 예배가 향기가 넘치는 거룩한 산 제사가 되게
하여 주시고 주님께서 기뻐 받으시는 헌신이 되게 하시며, 예비하
신 은혜를 넘치도록 받은 시간이 되게 하여 주시옵소서.
 저희의 육신을 낳고 길러주신 어버이가 계시지만 효도하며 받
드는 일에 인색했던 저희들임을 고백합니다. 네 부모를 공경하라

명하신 하나님의 법이 저희 입에만 있었음을 회개하오니, 주님 용서하여 주시옵소서.

주님 앞에 늘 서 있는 모습으로 저희의 정성을 드리게 하시고, 이 땅에서 하나님의 자녀로서의 삶을 살아갈 때 부족할지라도 인내하며 성실하게 살아갈 수 있는 저희들이 되게 하여 주시옵소서

이 시간 정성으로 예배하오니, 성령으로 저희를 인도하여 주옵시고, 진리로 이끌어 주시기를 원합니다. 주님을 떠나서는 아무것도 아님을 고백합니다. 구원의 감격이 저희 모두에게 골고루 내려지는 역사가 일어나게 하여 주시옵소서. 예배를 통하여 저희의 근심이 변하여 기쁨이 되게 하실 줄로 믿사옵나이다. 오늘도 이 저녁에 모여 예배하게 하신 은혜를 감사드립니다. 저희의 마음을 하나님의 은혜를 사모하는 갈급한 심령이 되도록 허락하심을 감사합니다. 저희로 하나님의 말씀으로 인하여 복을 받게 하시고, 그 약속의 말씀으로 소망을 갖게 하심으로 세상을 이기는 복을 허락하여 주시옵소서!

부족한 저희들의 예배를 기쁘게 받아주시기를 바라오며, 예수 그리스도의 이름으로 기도합니다. 아멘!

10월 · 둘째 주일 저녁

저희를 언제나 사랑과 은혜로 도우시는 하나님 아버지!

그 크신 사랑과 은혜를 감사하며 오늘도 주일 저녁 예배를 위해 모였사오니 저희들의 예배를 기쁘게 받아주시옵소서. 늘 하나님을 의지하며 주님의 뜻대로 살기를 원하는 성도들이 이 자리에 모였습니다. 저희들이 하나님께 헌신하게 하여 주시고, 언제 어디서든지 주님의 귀한 도구가 될 수 있는 저희들이 되게 하여 주시옵소서. 저희가 주를 향하여 더욱 기도하게 하시고, 죽어가는 영혼들을 불쌍히 여기는 긍휼을 주옵소서. 복음의 씨앗이 되기를 원합니다.

귀한 주일 찬양 예배에 저희들이 이렇게 모였사오니, 이 시간 드리는 찬양에 하나님의 은혜가 있게 하시며, 찬양 중에 주의 능력이 임하게 하여 주옵소서. 바울과 실라가 옥중에서도 찬양하였고, 다니엘이 기도할 수 없는 중에도 기도하며, 하루에 세 번씩 감사한 것처럼 저희의 믿음이 환경에 지배받지 않게 하시고, 주님을 믿는 절대 믿음으로 하나님을 찬양하게 하옵소서. 하나님의 전능하심을 믿사오니 저희를 찬양의 도구가 되게 하여 주옵소서. 불의와 적당히 타협하며 세속의 종이 되지 않게 하시며, 뿌리를 잃은 갈대처럼 세상에 떠다니는 어리석음을 범치 않게 하옵소서.

저희의 염려는 기도의 제목이 되게 하시고, 저희들의 한숨은 찬양이 되게 하옵소서.

오늘의 찬양 예배가 저희들의 허물로 인하여 방해될까 두렵사오니, 저희의 모든 죄를 용서하여 주옵소서. 오직 여호와를 신뢰함으로 저희의 마음이 정결케 되기를 원하오며, 마음이 깨끗하게 됨으로 하나님의 성호를 찬양하도록 복을 주시옵소서. 저희의 모든 것들을 친히 주장하시기를 원합니다. 저희의 기도를 들어 응답해 주시옵소서. 또한 성도의 가정마다 붙들어 주시기를 원합니다. 고통과 어려움이 있는 가정도 있사오니, 이런 때일수록 고난도 유익이 된다는 성경 말씀을 굳게 의지하고, 저희의 목자 되셔서 좋은 것을 주시기를 원하는 주님만을 의지하게 하여 주시옵소서.

이 나라와 교회를 위해서 간구하오니 정치의 혼란과 경제의 어려움으로 불안한 백성들의 마음을 위로하여 주옵소서. 나라가 힘들고 어려워지면서 교회의 책임도 크고 무거워짐을 고백합니다. 저희가 진정으로 나라를 위하여 주님 앞에 부르짖지 아니하고는 견딜 수 없는 영적인 부담으로 교회마다 성도마다 기도하게 하여 주시옵소서!

하나님 아버지! 진리의 말씀을 들고 강단 위에 서게 하신 목사님을 기억하시어 강건케 하시되, 주의 말씀을 증거할 때 담대함을 허락하시고, 성령의 인도하심 속에 주의 진리만을 전할 수 있도록 하옵소서. 말씀 중에 은혜가 있게 하시고, 깨달음이 있게 하시며, 결단이 있게 하옵소서.

예수님의 이름으로 간절히 기도합니다. 아멘!

10월 · 셋째 주일 저녁

오늘도 저희의 기도를 들어주시는 하나님 아버지 감사합니다.

이 시간에도 저희의 입술을 열어 주님의 은혜를 찬양할 수 있도록 도와주시고 저희의 부정한 입술이 있다면 주님의 말씀으로 깨끗하게 씻겨지는 시간이 되게 하여 주시옵소서.

주님의 말씀을 사모하여 모였사오니, 주님의 은혜로 충만할 수 있는 시간이 되게 하여 주시며, 찬양 예배를 통하여 하나님과 하나가 될 수 있는 저희가 되게 하여 주시옵소서. 저희의 예배가 하나님과 신령한 교제를 나눌 수 있는 귀한 시간이 되게 하시고, 성도들 간에도 사랑이 넘치는 교제가 이루어지게 해주시옵소서.

특별하신 하나님의 섭리 속에 이곳에 주님의 몸 된 교회를 세워 주셨으니, 주님의 사랑을 실천하는 귀한 지체가 될 수 있는 믿음을 더하여 주시옵소서. 저희에게 늘 공급하여 주시는 주님의 돌보심과 같이 저희가 이웃을 돌아보게 하여 주시옵소서. 저희가 주님의 사랑으로 본을 보임으로 그들이 거룩한 백성으로 변화될 수 있도록 그들에게 주님을 증거하게 하여 주시옵소서.

주님! 저희 교회가 세운 목표가 있습니다. 결실의 계절을 맞이하여 목표한 모든 일들이 열매 맺게 하시고, 주님의 영광을 나타낼 수 있도록 복 되게 하여 주시옵소서. 경제적으로 어려운 때를 당하여 저희의 마음이 연약해질까 두렵사오니, 성령님께서 저희의 마음을 주장하셔서 모든 일에 담대하게 실천해 갈 수 있도록 도와주시옵소서.

저희의 기도를 받으시고 응답하시는 하나님!

저희의 약함이 주님의 강함이 되게 하여 주시고, 저희의 근심이 주님께 기도할 수 있는 기도의 끈이 되게 하여 주시옵소서. 기도의 응답이 없음으로 인해 실망하지 않게 해주시고, 연단과 인내로 끝까지 승리할 수 있는 믿음이 되게 하여 주시옵소서.

오늘 이 시간 단 위에 세우신 목사님을 붙들어 주셔서, 저희들에게 생명의 말씀을 전하실 때 성령 충만, 말씀 충만, 은혜 충만하여 저희들 심령이 변화 받게 하시고 뜨거워지는 놀라운 역사가 있게 하여 주시옵소서.

믿음은 하나님의 말씀을 듣는 데서 나는 것이오니, 하나님의 말씀이 선포되는 이 시간 말씀으로 거듭나게 하시고, 저희의 약함이 주님 앞에서 강하게 되는 역사를 체험하게 하여 주시옵소서.

이 시간뿐 아니라, 언제나 찬양이 끊이지 않으며, 항상 기뻐하며, 감사가 넘치는 생활이 되게 하옵소서. 조건을 초월하여 하나님을 섬기게 하시고, 경외하게 하옵소서. 이 시간 저희의 감사와 찬양을 통하여 저희에게 앞날이 열려 형통케 되는 복을 허락하시옵소서. 예수 그리스도의 이름으로 기도합니다. 아멘!

10월 · 넷째 주일 저녁

찬송과 영광을 세세 무궁토록 받으시기에 합당하신 하나님 아버지!

이 시간 저희를 구원하신 주님의 은혜를 생각하며 감사와 찬양을 드립니다.

시와 찬미와 신령한 노래로 주님께 영광 돌리오니 저희의 예배를 기쁘게 받아주시옵소서. 이 시간 찬송을 통하여 주님을 만나게 하옵시며, 찬송을 통하여 상한 심령이 치유되게 하옵소서.

10월의 마지막 주간입니다. 가을이 깊어 온 들판이 추수를 기다리고 있습니다. 과수원마다 열매가 수확을 기다리고 있습니다. 저희들도 열심히 신앙생활을 하며 주님께 열매를 드릴 수 있도록 오늘도 이 자리에 임하신 성령님이 도와주시옵소서. 믿음의 불길이 계속해서 타오르게 하시고, 저희의 심령이 온전한 변화를 이루게 하여 주시옵소서. 새로운 성령의 힘으로 삶의 멍에를 잘 짊어지게 하시고, 늘 주님을 향한 뜨거운 고백이 넘치는 신앙생활을 할 수 있도록 복을 더하여 주시옵소서.

주님께서 인도하시는 길을 따라 저희가 순종하며 새롭게 거듭나는 삶을 살아갈 수 있도록 복을 주시옵소서. 저희의 심령을 사로잡아 주셔서, 마음을 쏟고 영혼을 쏟으며 회개하지 아니하고는 견딜 수 없는 마음을 주시고, 주님의 자녀로서 맡은 바 본분을 다할 수 있는 저희들이 되게 하여 주시옵소서.

세상에 빠지고 향락에 취하여 주님을 부인할 수 밖에 없었던 저희들을 예수 그리스도를 십자가에 대신 못 박히게 하심으로 용서하여 주시고, 구원하여 주시니, 감사를 드립니다. 이제는 주님 안에서 새로운 삶의 목표와 비전을 가졌사오니, 승리하게 하옵소서. 이제는 예수님을 잃어버리지 않게 하시고, 아버지를 향한 사랑과 믿음을 버리지 않도록 강건케 하옵소서. 영적으로 날마다 성장하게 하셔서 예수 그리스도의 장성한 분량에 까지 자랄 수 있도록 복을 주옵소서. 정죄 받을 죄악들을 용서하시고, 저희들의 허물로 기도가 막히지 않게 하옵소서.

저희 교회에 은혜를 주셔서 예배를 사모하여 모이게 하셨사오니, 모일 때마다 은혜와 믿음으로 충만히 채워지게 하옵소서. 성도들의 가정을 위하여 기도하오니, 부부가 하나 되게 하시고, 자녀들에게 지혜와 건강을 주셔서 가정이 건강함으로 믿음 안에서 평안을 누리게 하옵소서. 저희들의 삶이 시험에 들지 않도록 은혜 주시고, 주의 사랑으로 충만케 하여 주옵소서. 주님께 예배하지 못하는 많은 심령들이 주님의 은혜를 알 수 있는 기회를 허락하시기를 원하오며, 이 예배를 주님이 친히 주장하여 주시기를 원하오며, 거룩하신 예수님의 이름으로 기도합니다. 아멘!

11월 · 첫째 주일 저녁

호흡이 있는 자마다 여호와를 찬양하라 말씀하신 하나님 아버지! 하나님의 성호를 찬양케 하심을 감사합니다. 메말랐던 저희의 심령을 주님의 단비로 적셔주시길 간절히 원합니다.

태초부터 영원까지 저희를 사랑하시는 하나님!

찬양 예배를 통하여 영광 받으실 하나님! 사랑합니다. 부족한 저희 인생을 버려두지 아니하시고, 주님의 백성으로 불러 주셔서 빛과 진리 가운데로 인도하여 주시니 감사합니다.

사망의 길에서 벗어나지 못한 죄인들을 죄인이라 아니 하시고, 하나님 자녀 삼아주시니 감사합니다. 저희의 연약함으로 인하여 또다시 주님과 멀어지고 있지는 않은지 두렵고 떨리는 마음으로 주님을 찾았습니다. 믿음이 부족한 저희들의 연약함을 용서하여 주시옵소서. 지난 한 주간도 저희 영혼을 지키시는 주님께서 함께 계심에도 불구하고, 저 혼자인 것처럼 살며 힘들어했습니다. 주님 이제 주님의 품으로 돌아온 저희들을 긍휼이 여기시고, 탕자를 용서하심과 같이 저희를 용서하여 주셔서 주님을 주인으로 모시고 살아갈 수 있는 심령으로 거듭나게 하시옵소서.

능력의 주 하나님! 우리나라를 위하여 저희가 먼저 바로 서게 하여 주시옵소서. 온 교회와 성도들이 도탄에 빠진 우리나라와 백성을 위하여 눈물의 회개할 수 있도록 복을 주시옵소서. 미스바 회개 운동 같은 회개 운동이 방방곡곡에서 일어나게 하여 주시옵소서. 그리하여 하루속히 우리나라가 복음화되고, 저희 민족이 복음화되어서 하나님 앞에 인정받는 이스라엘 백성같이 복을 받는 민족이 되게 하여 주시옵소서.

오늘도 주님 앞에 메고 온 온갖 근심과 절망의 멍에들을 풀어서 가볍게 하시옵소서. 수고하고 무거운 짐 진자들아 다 내게로 오라 하신 주님 앞에 저희들의 어려운 문제들을 내려놓고 해결 받는 복된 시간이 되기를 원합니다.

오늘도 예배하는 가운데 성령의 위로가 있게 하옵시고, 목사님을 통하여 주의 말씀을 전달받을 때 위로부터 내리시는 계시의 은총을 충만히 받는 시간이 되게 하여 주시옵소서.

교회를 위하여 세우신 각 기관이 반석 위에 튼튼히 세워지게 하옵시며, 각 기관을 통해 주의 나라가 날마다 확장되는 역사가 있게 하여 주시옵소서. 저희에게 예수님의 고난을 기억함으로 이웃을 사랑하게 하시며, 그들의 필요를 공급할 수 있는 복을 허락하여 주시옵소서. 세상의 빛과 소금의 역할을 충실히 감당함으로 하나님의 영광을 드러내게 하옵소서.

예수 그리스도의 이름으로 기도합니다. 아멘!

11월 · 둘째 주일 저녁

신실하신 하나님 아버지!

새 노래로 여호와께 찬양하라. 큰 소리로 찬양하라. 모든 악기로 여호와를 찬양하라고 하신 아버지 하나님은 찬양을 받으시기에 합당하신 하나님이십니다.

사랑의 하나님, 저희의 죄로 인하여 돌아가신 예수님을 알고 있으면서도 저희는 한 주간 동안 주님과는 상관없는 삶을 살았음을 고백하오니, 하나님 저희를 긍휼히 여겨 주시옵소서.

저희의 죄로 인하여 저희를 멸하지 마시고, 의인의 길로 인도하시고, 죄인 된 습성을 버릴 수 있는 지혜와 힘을 허락하여 주시옵소서. 주님의 피 흘리심과 고난을 기억하게 하시며, 주님의 고난에 동참할 수 있는 믿음을 주옵소서.

사랑과 은혜가 충만하신 하나님 아버지! 저희로 믿지 않는 가족을 구원할 수 있도록 능력을 더하여 주시옵소서. 가족의 구원을 위하여 눈물로 간구할 수 있는 믿음을 주옵소서. 먼저 믿은 저희들이 온전한 가정을 이루게 하시고, 모든 것을 주님께 드릴수 있는 저희가 되게 하여 주시옵소서.

오늘 이 시간 주일 저녁 예배를 위해 모였습니다. 예배 가운데 거하시는 하나님을 만나는 체험이 있게 하시고, 찬양으로 하나님께 영광 돌리는 복된 시간이 되게 하옵소서. 저희 교회가 늘 건강한 교회가 되어 말씀으로 새롭게 되고, 성령으로 뜨거워지며, 기도로 역사가 끊이지 않으며, 찬양이 살아있는 역동적인 교회가 되기를 소원합니다.

　오늘도 저희가 주 앞에 나왔사오니, 저희들의 입술을 복되게 하옵소서. 맡은 자들에게 구할 것은 충성이라고 하셨사오니, 주님께서 주신 직분을 인하여 더욱더 눈물을 흘리며 무릎을 꿇는 자들이 되게 하시옵소서.

　가난하여 굶주리며 추위에 떠는 이웃들을 불쌍히 여기시고, 그들에게도 따뜻한 주님의 손길이 전달되게 하여 주시옵고, 모두가 잘살고 더불어 행복하게 사는 복지 사회와 정의 사회가 구현될 수 있도록 복을 주옵소서.

　예배하며 말씀을 듣는 가운데, 찬양 중에 질병이 치유되게 하시고, 근심이 해결되게 하시며, 사탄이 떠나가는 역사가 있게 하옵소서. 하나님의 말씀은 살았고, 운동력이 있어, 좌우에 날 선 어떤 검보다도 예리하여, 혼과 영과 관절과 골수를 찔러 쪼개기까지 한다고 하였사오니, 저희 마음의 생각과 뜻을 감찰하시어 사악한 것이 없게 하여 주옵소서.

　예수 그리스도의 이름으로 기도합니다. 아멘!

11월 · 셋째 주일 저녁

은혜로우신 하나님 아버지!

예배의 자리에 인도하신 하나님을 찬양합니다. 오늘 하루도 주일 새벽부터 이 시간 찬양을 통하여 예배하는 순간까지 하나님의 역사하심을 보게 하시고, 지켜주심을 감사합니다.

목자 되시어 저희를 늘 인도하시는 주님의 은혜에 감사합니다. 오직 주님만이 저희의 방패시요, 힘이십니다. 오늘 이 시간도 주님의 사랑으로 인도하여 주시옵소서. 예배에 승리하게 하여 주옵소서. 저희에게 행하신 모든 일들과 능력과 행하심에 영광과 찬송을 돌립니다. 주님을 사모하는 자를 만족케 하시며, 주린 영혼에게 좋은 것으로 채워주시는 그 크신 사랑을 생각할 때 감사합니다. 저희에게 일찍이 믿음을 주셔서 말씀과 예배를 통하여 하나님 아버지를 만나게 하여 주시니 참 감사합니다. 또한 저희의 속죄자이시며, 중보자이신 예수님을 알고 믿고 구원받게 하여 주신 은혜를 다시 또 감사드립니다.

아버지 하나님! '너희는 먼저 그의 나라와 그의 의를 구하라'고 말씀하신 주님의 가르침을 너무나도 잘 알고 있지만, 떠나지 않는 염려로 인하여 늘 경직된 삶을 살 수밖에 없는 연약함을 불쌍히 여겨 주시기를 원합니다. 모든 죄악된 습관들을 믿음으로 물리치게 하시고, 모든 어려움을 믿음으로 극복하게 하시며, 믿음의 주요, 또 온전케 하시는 예수만 바라보고 살아가는 성도들이 되게 하옵시고, 달음박질하여도 곤비치 아니하고, 걸어가도 피곤함을 모르는 성도들이 되게 하여 주시옵소서.

오늘도 예배를 통하여 주님의 음성을 듣게 하옵시고, 갈급한 심령들이 성령의 위로하심을 받는 시간이 되게 하여 주시옵소서.

하나님께 나올 때만 순종했으며, 생활 속에서는 경건의 모양만 있고, 경건의 능력을 상실한 저희를 용서하여 주옵소서. 피리를 불어도 춤추지 않고 애곡하여도 가슴을 칠 줄 모르는 세상을 한탄하면서도 저희들도 그러한 모습으로 살아왔음을 고백하오니 저희의 죄를 용서하여 주시옵소서.

저희의 모든 모습이 이 시간 주님 앞에 예배할 때 새롭게 되는 역사를 체험케 하여 주시옵소서. 은혜를 충만히 받는 시간이 되게 하옵소서. 이 시간의 예배가 응답의 예배가 되게 하시고, 문제 해결의 역사가 일어나는 예배가 되게 하시고, 질병이 치료되며, 답답한 심령에 새 힘을 얻는 복된 시간이 되게 하여 주옵소서. 영적으로 새로운 눈도 열리게 하여 주옵시고, 신령한 세계를 바라보게 하시며, 믿음의 시야를 넓게 가짐으로써 주님의 주권을 인정하며 살아가는 복된 삶이 될 수 있도록 인도하여 주시옵소서. 말씀을 전하는 목사님에게 성령의 충만함이 있게 하시옵소서.

모든 영광을 하나님께 돌리오며, 예수님의 이름으로 기도합니다. 아멘!

11월 • 넷째 주일 저녁

할렐루야! 찬양과 영광 가운데 거하시는 은혜로우신 하나님, 오늘도 주님의 사랑 가운데 모이게 하심을 감사드립니다.

저희의 소원을 이루어 주시는 은혜의 하나님!

진실로 주 하나님을 찬양합니다. 이 시간, 저희를 정결케 하사 마음껏 주를 찬양하며 높이게 하옵소서. 이 예배를 저희들이 사모하며 기다렸습니다. 저희들의 기도와 예배 위에 성령의 기름을 부으소서.

저희를 날마다 사랑하시는 하나님! 부족한 저희의 인생을 버려두지 아니하시고, 주님의 백성으로 불러 주셔서 빛과 진리 가운데로 인도하여 주시니 감사드립니다. 이 시간도 떨리는 마음으로 주님을 찾았습니다. 믿음이 부족한 저희들의 연약함을 용서하여 주시옵고, 항상 범사에 주님을 주인으로 모시고 살아갈 수 있는 심령으로 거듭나게 하시옵소서.

오늘도 주님 앞에 메고 온 온갖 근심과 절망의 멍에들을 풀어서 가볍게 하시옵소서. 수고하고 무거운 짐 진 자들아, 다 내게로 오라고 하신 주님 앞에 저희들의 어려운 문제들을 내려놓음으로 해결 받는 복된 시간이 되기를 원합니다. 주의 나라가 날마다 확장되는 역사가 있게 하여 주시옵소서.

이제 곧 추위가 심해질 것입니다. 가난하여 굶주리며 추위에 떠는 이웃들을 불쌍히 여기시고 그들에게도 따뜻한 주님의 손길이 전달되게 하여 주시옵소서. 오늘도 예배하는 가운데 성령의 위로가 있게 하옵시고, 목사님을 통하여 주의 말씀을 전해 받을 때에 위로부터 내리는 계시의 은총을 충만히 받는 시간이 되게 하여 주시옵소서. 기관마다 세우신 귀한 주의 지체들을 기억하시고, 저들을 통해서 주의 교회가 반석 위에 든든히 세워지게 하옵소서.

저희는 이 가을, 최선을 다해 주님을 위한 열매를 맺길 원합니다. 그래서 세상의 빛과 소금의 역할을 충실히 감당하기를 원합니다. 하나님의 영광은 영원히 온 세상에 드러나게 될 것입니다. 저희들이 그 사랑을 만분의 일이라도 입으로 전하게 하옵소서. 사업과 일터와 가정 위에 주님의 인도하심이 늘 함께해주시옵소서. 저희 교회에 복을 주셔서 우리나라 교회에 본이 되게 하시고, 믿음의 동역자들을 많이 허락하여 주셔서 세계 복음화의 주역이 되게 하옵소서.

오늘도 말씀 증거하실 목사님을 위하여 간절히 간구합니다. 입술과 생각을 주장하셔서 하나님의 음성을 대언할 때 말씀이 저희들의 삶을 변화시키게 하여 주시옵소서. 이 시간 하늘의 문을 넓게 여시고, 충만한 주의 능력이 온 영혼을 변화시키게 하여 주시옵소서. 목사님에게 늘 강건하도록 복을 더하여 주시옵고, 예배를 위해 봉사하는 손길들에게도 복을 주옵소서.

예수 그리스도의 이름으로 기도합니다. 아멘!

12월 · 첫째 주일 저녁

심지가 견고한 자를 평강으로 지키시는 하나님 아버지!

기쁨과 평안과 안전을 저희에게 부어주시옵소서. 오늘 하루도 주의 은택을 입어 주일을 성수하게 하시며, 저녁 시간까지 주님을 사모하여 찬양과 말씀의 자리에 나오게 하심을 감사합니다. 찬양 중에 저희의 예배가 하나님께 영광을 돌리게 하시고, 성도들에게 충만한 은혜를 끼치게 하여 주시옵소서. 황소를 드림보다 찬양의 제사를 기뻐하신다고 말씀하셨습니다. 저희들의 입술이 찬양의 입술이 되게 하옵소서.

이제 한 해를 한 달 남겨 놓은 이 저녁에 모여 귀한 찬송과 영광을 주님께 드립니다. 하나님께 나아와 하나님께서 가장 기뻐하시는 예배를 올리게 하신 은혜 또한 감사를 드립니다. 하나님의 사랑이 차고 넘치게 하시고, 그 은혜로 인하여 저희가 날마다 새 힘을 얻도록 복을 주시옵소서.

은혜의 주님! 이제 한 달을 남겨 놓고 되돌아보니, 후회되는 일들이 너무도 많았음을 고백합니다. 저희가 영성을 쌓는 일을 소홀히 하여 주님의 음성을 듣지 못했고, 주님께 날마다 간구와 기도로 겸손히 고백해야 할 것들을 지나쳤음을 고백하오니, 용서하여 주시옵소서. 의인의 간구를 기뻐하시는 하나님! 우리의 성품이 성결하여지도록 인도하여 주시옵소서. 죄를 미워하게 하시고, 어둠을 물리치게 하여 주시옵소서. 선한 눈으로 여호와를 바라보며 의인에게 주시는 복을 맛보게 하옵소서.

저희가 주님의 부르심에 응답하지 못하고, 주님이 원하시는 일을 외면한 채 다른 곳에서 방황한 적이 많았습니다. 주님 안에 거한다고 하면서도 스스로의 생각을 앞세웠으며, 주님의 뜻을 구하여 알기 전에 제 뜻대로 행동한 어리석은 자들임을 고백합니다. 이제 돌아와 후회의 눈물을 흘리는 저희를 불쌍히 여기시고, 용서하여 주시옵소서.

은혜의 주님! 이 시간 특별히 목사님을 위해서 기도합니다. 저희 양 떼들을 양육하기 위하여 헌신하는 목사님을 주님께서 친히 붙들어 주시며, 솔로몬에게 주신 지혜를 더하여 주셔서, 목사님의 입술을 통하여 나오는 하나님의 말씀이 능력의 말씀이 되게 하시며, 완악한 심령이 그 말씀 앞에 엎드려지는 놀라운 역사가 일어나게 하시옵소서.

이 시간 예배를 주님께서 기쁘게 받으시기를 원하오며, 예비된 하늘의 놀라운 은혜를 체험하게 하여 주시옵소서. 다시금 주님을 사모하는 열정으로 불타오르게 하여 주시옵소서. 모든 성도들이 성령으로 하나 되게 하시어, 서로의 허물을 가려 주고 주님만 자랑하는 믿음의 공동체가 되게 하여 주옵소서.

예수 그리스도의 이름으로 기도합니다. 아멘!

은혜와 평강이 넘치시는 하나님! 아버지께 찬양과 경배를 드립니다.

저희의 반석이시며, 구원이신 하나님께 다 내려놓고 두 손 들고 나아갑니다. 이 시간 모든 지각에 뛰어나신 하나님의 평강이 그리스도 예수 안에서 저희의 마음과 생각을 지키심을 믿고 감사와 영광을 돌립니다. 매일 후회를 하면서도 하나님을 멀리하며 세상의 풍조와 쾌락을 추구하며 나아갔음을 회개하오니 저희를 용서하여 주시옵소서!

의뢰하는 자의 하나님이 되시는 주님! 예배에 나와 성도들이 주앞에 부르짖는 기도를 들어 주시옵소서. 마음의 상처는 싸매어 주시고, 믿음의 시련을 당하는 성도들에게 위로와 응답이 있게 하옵소서. 영적인 시험에 빠진 성도들을 기억하시고 말씀으로 해결받을 수 있도록 인도하여 주시옵소서. 저희가 세상으로 눈을 돌린 채 주님을 잃어버린 때가 너무도 많았습니다. 저희가 구원의 주님을 찬양하며, 오직 주님만이 저희의 반석이 되심을 고백하오니 저희를 긍휼히 여기시기를 간구합니다. 바로 지금 회개하게 하시고, 순종으로 헌신하도록 복을 주시옵소서. 넓고 쉬운 죄악의 길을 버리고, 주님의 뜻을 찾을 수 있는 저희가 되게 하여 주시옵소서.

주님이 이 땅에 계실 때에는 사람들에게 경배받지 못하셨지만, 십자가에 달려 죽으시고, 사망의 권세를 이기신 후에는 만물들도 주님을 찬양했음을 기억하나이다. 모든 피조물이 영광의 주님을 찬양할 수 있는 깨우침과 은혜를 베풀어주시옵소서.

저희가 주님을 이웃에게 증거할 수 있는 믿음을 더하여 주시옵소서. 저희의 입술이 주님의 기사와 이적을 전하게 하시고, 저희의 발걸음이 하나님의 긍휼이 필요한 곳에 하나님의 약속의 말씀을 전하게 하시고, 저희의 생각이 주님의 나라를 향하여 삶을 영위할 수 있도록 복을 주시옵소서. 주님의 피 값으로 사신 영혼들을 위하여 저희로 헌신하게 하시고, 저희에게 그들을 용납할 수 있는 믿음을 더하여 주시옵소서.

사랑의 하나님! 이 추운 겨울에 저희에게 주님의 사랑을 전하는 귀한 사명을 감당하게 하여 주시옵소서. 저희에게 더욱 큰 믿음을 허락하사 주님의 사랑의 복음을 세상에 전하는 귀한 영혼들이 되도록 복을 주시옵소서. 주님의 놀라우신 복음의 능력을 믿고 의지하여 기도하오니, 저희에게 주님의 크신 권능으로 사마리아와 땅끝까지 이르러 증인이 되라고 하신 주님의 사명을 감당하도록 복을 더하여 주시옵소서.

하나님! 오늘 저녁 찬양 예배에 저희에게 하늘의 비밀을 알게 하시려고 강단에 세우신 목사님에게 말씀의 능력을 더하셔서 말씀으로 인하여 하나님의 나라를 더욱 사모하며, 주님의 재림을 기다릴 수 있도록 복을 주시옵소서. 예배를 위하여 헌신하는 모든 손길들에게 하늘의 창고에 보화가 쌓일 수 있도록 복을 허락하여 주시옵소서.

이 모든 말씀을 저희를 죄에서 구원하신 예수님의 이름으로 기도합니다. 아멘!

12월 · 셋째 주일 저녁

할렐루야! 사랑과 은혜의 주 하나님!

찬양과 영광과 예배를 받아주옵소서. 이 시간 저희가 스스로 하나님의 길에서 벗어난 것을 고백하오니, 저희의 죄를 용서하여 주옵소서. 하나님의 길에서 벗어나지 않고 온전히 거할 수 있는 복을 허락하여 주옵소서.

저희가 어떠한 자리에 있든지 늘 주님을 기억하게 하시고, 주님의 이름을 높이는 자리에 있을 수 있는 은혜를 허락하여 주시옵소서. 주님의 자녀 된 본분을 지키게 하심으로 저희의 삶이 늘 주님께 드리는 예배의 삶이 되게 하여 주시옵소서. 주님이 저희를 위하여 고난받으시고, 죽으시기 위하여 오셨음을 알게 하시고, 저희가 더욱 경건한 마음으로 매일의 삶을 살아가게 하여 주시옵소서.

이 저녁 시간에도 주님의 말씀과 주님의 명령을 듣고자 저희가 나왔사오니, 저희에게 들을 수 있는 귀를 허락하시고, 순종할 수 있는 마음을 허락하시고, 하나님을 온전히 만날 수 있는 시간이 되게 하여 주시옵소서

그냥 왔다가 가는 형식적인 예배가 되지 않게 하시고, 주님을 온전히 바라는 시간 되게 하옵소서. 찬양 예배 시간, 오직 주님만을 바라보며 주의 말씀에 겸손히 순종함으로 주님을 더욱 섬기기를 원합니다. 주님께서 저희를 다스려 주시옵소서.

성령께서 저희의 삶 가운데 임재하셔서, 매일의 삶을 주관하시고 지켜주시옵소서. 매일매일 분주함으로 인하여 주님을 멀리하

지 않게 하시고, 하나님을 온전히 섬길 수 있게 하옵소서. 겨울이 되면 더욱 추워하는 사람들이 있습니다. 따뜻한 겨울을 보낼 수 있도록 사랑과 온정의 손길이 넘쳐나게 하여 주시옵소서.

저희가 저희의 감정과 육체의 소욕을 따르지 않고, 주님의 인내를 본받을 수 있도록 도와주시옵소서. 하나님의 사랑과 인내를 본받아 저희 중 누군가 실수하였을 때 따스한 사랑으로 품어 줄 수 있게 하시고, 하나님의 위로와 평강을 전하게 하여 주시옵소서. 저희의 삶 가운데 놀라운 기적을 체험할 수 있도록 도와주시옵소서. 저희에게 주님의 백성 된 본분을 지켜 행하게 하심으로 저희의 삶이 주님께 예배가 될 수 있도록 복으로 더하여 주시옵소서.

말씀을 전하게 하신 목사님에게 영육 간에 놀라운 은혜를 허락하시고, 하나님께서 저희에게 주시는 말씀을 전할 때, 복된 말씀을 전할 수 있도록 해주시길 간절히 원합니다. 저희의 마음도 주님께 집중함으로 하나님과 하나 되는 시간이 되며, 그 말씀에 순종하며 한 주간도 살아가는 하나님의 백성이 되게 하여 주시옵소서. 예배를 위해 봉사하는 손길들 위에도 주님의 크신 권능으로 은총을 더하여 주실 줄로 믿사오며, 저희를 구원하신 예수 그리스도의 이름으로 기도합니다. 아멘!

12월 • 넷째 주일 저녁

은혜로우신 하나님!

귀한 성탄절을 앞두고 주일 저녁 예배의 자리에 모이게 하시고 이 저녁 시간까지 저희와 함께하심으로 주의 백성들이 함께 모여 주님 앞에 기도하고 예배할 수 있도록 이끌어 주신 은혜를 감사드립니다.

이스라엘의 찬양 중에 임하시는 아버지! 아침에 여호와의 은혜로 눈을 뜨게 하셨사오니, 오늘 이 저녁에는 여호와를 찬양하게 하옵소서. 성탄절을 알리는 캐롤이 온 사방에 퍼집니다. 황소를 드림보다 찬양의 제사를 기뻐하신다고 말씀하셨습니다. 저희들의 입술이 찬양의 입술이 되게 하옵소서. 이 저녁까지 저희를 하나님 앞에 나아오게 하신 은혜를 감사합니다. 저희의 삶에 주님을 향한 감사의 열매가 주렁주렁 맺히도록 복을 주옵소서. 영적인 타락과 도덕적 부패가 쌓여 위태로운 이 시대에 저희를 부르셔서, 구원의 복된 소식을 들려주신 은혜 또한 감사합니다.

겸손의 본을 보이신 주님 앞에 간구합니다. 저희가 교만하여 주님의 이름을 더럽히지 않도록 주님의 겸손을 본받기를 원합니다. 저희의 기도를 들어 주시옵소서. 이제는 저희가 속사람을 벗고, 주님의 오심을 준비할 수 있는 귀한 시간이 되게 하여 주시고, 믿음으로 주님을 기다리게 하시며, 소망으로 주님을 바라보게 하여 주시옵소서. 사랑한다고 말하면서 미워하고, 존경한다고 말하면서 경멸하고, 믿는다고 말하면서 의심하며, 용서한다고 하면서도 형제의 허물을 기억하는 저희를 용서하여 주시옵소서. 이제는 깨닫게 하여 주시옵소서. 누구보다도 자신을 먼저 알게 하시고, 주님을 바로 알게 하여 주시옵소서.

이제 성탄절이 얼마 남지 않았습니다. 저희를 구원하시기 위하여 낡고 허름한 말 구유에 오신 주님을 늘 가슴에 품고, 이웃을 위하여 진정한 주님의 사랑을 베풀 수 있는 저희가 되게 하여 주시옵소서. 원수 갚음이 주 앞에 있는 줄 압니다. 성탄절을 맞아 지난 일 년간을 되돌아보며 미워하는 사람이 있다면 모두 내려놓고 주님 앞에서 용서하게 하옵소서. 주는 선하시며 그 인자하심이 영원하시기에 저희들도 아기 예수님 앞에 모두 내려놓고 그들을 정죄하지 않게 하시고, 선으로 악을 이기게 하여 주시옵소서. 성탄을 앞두고 기쁜 마음으로 모였습니다. 하늘의 영광이 저희에게는 평화가 되게 하시고 온 세상에 구주의 나심이 증거되는 12월이 되게 해주옵소서. 성탄을 준비하는 기관마다 주님을 사랑하는 마음으로 준비하게 하여 주시옵소서.

이 시간 저희를 위하여 귀한 말씀을 전하게 하신 목사님을 위하여 기도하오니, 주님의 크신 권능으로 함께 하여 주시옵소서. 말씀을 듣는 중에 심령의 귀가 열림으로 하나님의 세미한 음성을 듣게 하옵소서. 죄로 가려져 있는 심령에 영의 눈을 뜨게 하셔서, 저 자신의 실존을 바로 보게 하옵소서. 예수 그리스도의 이름으로 기도합니다. 아멘!

12월 · 다섯째 주일 저녁

할렐루야! 거룩하신 하나님!

귀한 주일 저녁에 주님께 나와서 경배와 찬양을 드리게 하신 은혜를 감사합니다. 하나님이 창조하신 만물들이 영적인 잠에서 깨어나 주님 앞에 늘 새롭게 돋아나는 제자의 삶을 살아가게 하여 주시옵소서.

성령의 단비를 내려주시어 메마른 심령을 해갈하게 하옵소서. 저희 영혼에 따사로운 주의 자비와 사랑을 베푸시어 용서받고, 풍요한 삶을 살게 하여 주시옵소서.

주님의 몸 된 교회로 인하여 감사합니다. 혼란스러운 세대 속에서 주님의 교회를 통하여 은혜를 공급받게 하시니 감사합니다. 주님이 임재하셔서 저희들과 함께 하시는 거룩한 예배의 자리를 사랑하게 하시고, 교회를 통하여 일하기를 원하시는 주님의 열심을 깨달아 순종이 넘쳐날 수 있는 저희들이 되게 하여 주시옵소서.

천국에 소망을 두고 주님의 몸 된 교회를 사랑하며 봉사해야 할 저희가 세상의 분주함으로 인해 주의 일에 무관심했음을 고백합니다. 주님의 기대를 외면했습니다. 잎만 무성한 무화과처럼 열매가 없었습니다. 저희에게 성령의 아름다운 열매들이 맺히게 하심으로 온전히 하나님을 찬양할 수 있는 복을 허락하여 주시고, 세상을 이길 수 있는 힘을 허락하여 주시옵소서. 저희를 강하고 담대하게 하셔서 저희가 주님의 향기를 풍기는 성도들이 되게 하여 주시옵소서.

예배를 통하여 저희의 심령이 새롭게 거듭나는 복을 허락하여 주시옵소서. 예배에 참석한 모든 심령들이 은혜를 충만히 받고 돌아갈 수 있도록 주께서 지켜주시옵소서.

저희 교회가 성령의 불이 타오르는 능력의 교회 되게 하여 주옵소서. 아무리 강팍한 심령도 교회에 발을 들여놓는 순간 성령의 능력으로 변화되는 역사가 있게 하시고, 죄의 자백이 일어나며, 회개의 역사가 있게 하여 주옵소서. 죄의 자백과 회개로 삶에 지친 저희들의 영혼이 안식을 얻을 수 있도록 복 주옵소서. 병든 심령은 치료받게 하시고, 믿음 없는 자들은 믿음 위에 굳게 서고, 확신에 찬 생활을 하게 하여 주옵소서. 기도하는 자마다 주님의 사랑의 응답을 받을 수 있는 거룩한 교회가 되게 하여 주옵소서.

이 시간 정성으로 예배하오니 성령으로 저희를 인도하여 주옵시고, 진리로 이끌어 주시기를 원합니다. 저희는 주님을 떠나서는 아무것도 아님을 고백합니다. 구원의 감격이 저희 모두에게 골고루 내려지는 역사가 일어나게 하여 주시옵소서. 이 예배를 통하여 저희의 근심이 기쁨이 되게 하실 줄로 믿사옵나이다.

말씀을 증거하실 목사님을 성령으로 강하게 붙들어 주시옵소서. 이 예배가 하나님께 영광이 되고, 성령으로 감동되는 귀한 시간이 되게 하시며, 예배를 통하여 저희를 새롭게 하여 주시기를 원하옵니다. 부족한 저희들의 예배를 기쁘게 받아주시고, 예배를 주님께서 주관해주옵시며, 예수 그리스도의 이름으로 기도합니다. 아멘!

제3부

수요(삼일) 기도회 기도문

1월 · 첫째 수요일 저녁

전능하신 하나님!

저희들을 오늘까지 인도하시다가 주님 앞에 경배와 찬양을 드리게 하심을 감사합니다. 수요 기도회로 모였사오니, 큰 은혜를 주시고, 허물을 가지고 나온 성도들에게 죄 문제가 해결되게 하옵시고, 기도 제목을 가지고 나온 성도들에게 응답의 은혜를 허락하여 주시옵소서.

주님의 말씀이 죄가 들어오지 못하게 하는 성벽이 되게 하옵시고, 성결한 삶을 살아갈 수 있도록 복을 주시옵소서. 저희의 연약함을 강하게 하시는 주님의 은혜에 감사합니다. 하나님 앞에 나아와 하나님의 말씀을 의지하여 저희의 연약함을 고백하게 하심을 감사합니다. 예수님의 은혜로 저희가 죄 사함을 받았고, 의롭다는 인정을 받았사오니, 주님의 대속의 은혜에 감사드립니다.

이 예배가 하나님께 드리는 거룩한 산 제사가 되게 하여 주시고, 주님께서 기쁘게 받으시는 헌신이 되게 하시며, 예비하신 은혜를 넘치도록 받은 시간이 되게 하여 주시옵소서.

생명의 주인이신 주님! 지난 삼 일간도 돌이켜 보면, 저희는 주님이 주신 생명의 감사함을 잊은 채, 숨 쉬며, 생각하고, 행동하였음을 고백하지 않을 수 없습니다.

생명은 죄와 죽음과 함께 할 수 없음을 깨닫사오니, 이제 주님의 영원한 기운을 저희에게 허락하시어, 죽어가는 것들로부터 새로워지게 하옵소서.

사랑의 주님!

성령님께서 더욱더 새로운 삶이 될 수 있도록 역사하시고 인도하여 주시옵소서. 무엇보다도 자기를 비워 종의 형체를 가져 사람과 같이 되셔서 십자가에 달리시기까지 저희를 사랑하신 주님을 본받게 하시고, 항상 순종하시며, 아버지의 뜻을 따름으로 하나 됨을 실천하신 예수님을 본받아, 저희도 주님과 하나가 되게 하시고, 성도들과 온전히 연합할 수 있게 하시옵소서. 저희도 주님의 십자가의 사랑을 본받아 세상에 드러낼 수 있는 성도의 삶을 살게 하여 주시옵소서.

겨울 추위가 계속되고 있습니다. 육신적으로도 준비 없는 겨울이 더욱 추울 수밖에 없듯이, 믿음으로 굳게 무장하고 준비하여 감사와 기쁨을 잃지 않는 복된 삶이 되게 하여 주시옵소서.

오늘도 성령님을 의지하여 말씀을 선포하는 목사님을 주님의 권세로 사로잡아 주셔서 능력의 말씀, 생명의 말씀을 온전히 전할 수 있도록 하여 주시옵소서. 또한 저희들은 말씀에 귀를 기울여 성령의 역사하심을 체험하고 은혜받는 시간이 되게 하여 주시옵소서. 주 하나님의 거룩하심을 믿사오며, 예수 그리스도의 이름으로 기도합니다. 아멘!

1월 · 둘째 수요일 저녁

길이요 진리이신 하나님 아버지!

지난 사흘간도 저희를 인도해주신 하나님을 찬양합니다. 성령을 충만케 하심으로 권능을 허락하시는 하나님 아버지! 저희가 생활 가운데 그리스도의 증인이 되게 하시다가, 이 시간 기도회에 나와 다시 충만하게 하심을 믿고 감사를 드립니다.

영안이 열리게 하시고, 하늘의 문을 여셔서, 성령의 충만함과 말씀의 은혜를 내려주시옵소서. 저희에게 새 생명을 허락하신 주님을 찬양합니다.

용서의 하나님! 백 번을 잘하다가도 실언하고 실수하여 실족하는 저희를 용서하여 주시옵소서. 저희의 죄에 대해서 죽게 하시고, 주님의 의에 대하여 온전히 새로운 인격과 신앙을 갖춘 변화된 사람들이 되게 하시옵소서.

이 시간 영광을 받으시고, 이 예배가 신령과 진정을 다하는 예배가 되게 하여 주시옵소서. 이 예배가 저희의 일상생활에 윤활유가 되어 강팍해지고 거칠어진 심령을 순화시키게 하여 주시옵소서. 저희 모두를 하나님의 영으로 뜨겁게 감동케 해주셔서, 말씀으로 은혜받고, 새로운 각오와 결심으로 신앙의 무장을 하게 하여 주시옵소서.

이 시간도 간구합니다. 주님의 피 값을 주고 사신 교회입니다. 모든 권속들을 축복하시어 자랑스러운 주님의 제자들이 되게 하여 주옵소서. 외식은 버리고 오직 성심으로 주를 위해 봉사하는 교회가 되게 하옵소서. 또한 어디를 가든지 주의 영광을 위하여, 진정으로 주님의 이름을 드높이고 죄악의 사슬을 풀어 영원한 생명과 자유를 주신 주님을 정성을 다해 찬양할 수 있는 교회가 되게 하여 주옵소서.

저희의 하나 됨을 위하여 간절히 기도하신 주님!

저희도 주님의 사랑 안에서 아름다운 동역이 있게 하여 주시옵소서. 조화를 이루며 살 수 있도록 복을 주시옵소서. 가정에도 조화와 아름다운 동역이 있게 하시고, 이 사회도 자신만을 생각하는 주장들이 무너지고, 상대를 높이고 상대방을 위해서 서로 봉사하는 아름다움이 있게 하여 주시옵소서.

아버지의 사랑은 지난 사흘 동안도 세상에서 상하고 찢긴 저희 심령들을 위로하시고 인도해주셨습니다. 이 시간 다시 한번 구하오니, 주일을 맞이할 때까지 은혜 속에 강하도록 성령을 충만히 받게 하여 주시옵소서. 주님은 마르다와 마리아를 사랑하시며 칭찬하셨습니다. 일에 분주하여 주님과의 교제가 사라지지 않고, 늘 주님과 더불어 동행하는 마리아의 영성을 부어주시기 원합니다. 그리하여 이 시간도 주와 가까이하며, 성도들과의 교제에 승리하는 예배가 되게 하여 주시옵소서.

말씀을 전하게 하신 목사님에게 성령의 능력으로 함께 하시고, 주님께서 계시하신 말씀을 저희에게 선포할 때 주의 능력이 나타나는 놀라운 역사가 있게 하여 주시옵소서. 이 시간 예배하는 가운데 보혜사 성령님이 친히 운행하심을 믿사오며, 예수님의 이름으로 기도합니다. 아멘!

1월 · 셋째 수요일 저녁

모든 것이 합력하여 선을 이루게 하시는 전능하신 하나님!

이 수요일 저녁에도 주를 찬양합니다. 무엇보다 저희를 죄악된 세상에 버려두지 않으시고, 주님 앞으로 인도하여 주신 은혜에 감사합니다. 풍성한 은혜의 기쁨을 맛보게 하시니 감사합니다. 예배를 드릴 때 주님의 은혜와 사랑으로 가득 덮이게 하시고, 진리의 말씀으로 가득 채워주시옵소서. 오늘 거룩하신 주님의 교회에 참석한 저희들에게 용기와 힘을 주셔서, 신앙에 역행하는 것을 단호하게 거절하고, 믿음에 일치하는 것만을 확고하게 따라가게 하여 주시옵소서.

은혜와 능력의 하나님!

성령의 은혜로 죄를 깨닫게 하시고, 회개하게 하시고, 예수님을 믿고 영접하게 하시고, 예수님을 닮아가는 이 모든 일에 성령이 역사하심을 믿습니다.

아직은 겨울이라 모든 것이 춥고 얼어붙어 온 세상이 차갑기가 그지없습니다. 하지만 이제 곧 봄이 올 것입니다. 곧 세상이 푸르름으로 물들 줄 믿습니다. 저희들의 신앙도 봄에 눈이 녹고 초록으로 대지가 새 옷을 입듯이 새로워지게 하여 주시옵소서.

은혜의 주님! 지난날들을 되돌아보면, 허물이 가득한 죄인이 여기 섰습니다. 주님의 말씀으로 날마다 무장을 하지만 저희가 달라지지 않은 모습으로 여기에 있사오니, 저희를 긍휼히 여기사, 용서하여 주옵소서. 이제 남아있는 날들을 주님의 주권을 인정하고 살아갈 수 있도록 복을 주시옵소서.

주님의 몸 된 교회도 주님의 사랑을 전하기 위하여 선교에 힘을 낼 수 있도록 복을 주시옵소서. 국내 선교와 북한 선교에 힘쓸 수 있도록 이끌어 주시옵고, 민족 복음화를 위해서 앞장서는 교회가 되게 하여 주시옵소서. 기도로 믿음의 역사를 일으키며, 믿음의 좋은 소문을 낼 수 있는 교회가 되게 하여 주시옵소서.

하나님 앞에서 교만한 태도를 버리게 하시고, 이제 세상의 방종의 꿈에서 깨어나 정신을 차리게 하시고, 진정으로 저희 민족이 살길은 주님 앞에 돌아오는 일이라는 것을 깨닫게 하여 주시옵소서.

이 시간 모든 예배를 주님께서 주관해주옵소서. 수요 기도회에 참석한 성도들에게 미리 예비한 은혜를 주옵소서. 또한 예배하는 동안 평화와 구원의 왕이신 주님과 깊은 교제를 나누는 시간이 되기를 간절히 원합니다. 이 시간 함께 모이지 못한 성도들에게도 성령의 교통이 있게 하여 주옵소서. 말씀을 전하는 목사님에게 성령의 능력으로 붙들어 주시옵소서. 예수님의 이름으로 기도합니다. 아멘!

1월 • 넷째 수요일 저녁

지금도 살아서 역사하고 계신 주 아버지 하나님!

오늘도 교회에 임하신 성령의 불길이 앞으로도 계속해서 타오르게 하시고, 저희의 심령이 온전한 변화를 이루게 하여 주시옵소서. 새로운 성령의 힘으로 삶의 멍에를 짊어지게 하시고, 늘 주님을 향한 뜨거운 고백이 넘치는 신앙생활을 할 수 있도록 복을 주시옵소서.

새롭게 거듭나는 삶으로 주님이 인도하시는 길을 저희가 순종할 수 있도록 복을 주시옵소서. 저희의 심령을 사로잡아 주셔서, 마음을 쏟고 영혼을 쏟으며 회개하지 아니하고는 견딜 수 없는 마음을 주시고, 주님의 자녀로서 맡은바 본분을 다할 수 있는 저희들이 되게 하여 주시옵소서.

저희들은 사랑하는 주님의 고난과 피 흘리심으로 이 자리에 앉아 있나이다. 새해부터 연말까지 이 은혜를 기억하게 하옵소서. 만일 주님께서 고난의 쓴잔을 받지 않으셨더라면 저희들은 여전히 죄의 종노릇 하면서 마귀의 자식으로 살았을 것입니다. 이제부터는 오직 주님의 은혜를 사모하며 축복된 자녀로 살도록 말씀과 기도로 거룩하게 하옵소서. 하루하루가 얼마나 빨리 가는지 모릅니다. 올해도 벌써 3주가 흘렀습니다. 저희들로 하여금 세월의 짧음을 기억하게 하셔서 사명을 가지고 살 수 있도록 도와주옵소서.

이 마지막 때에 악한 마귀들이 세력을 떨치고 있습니다. 늘 깨어 기도하며 진리로 무장하고 주님의 말씀을 방패 삼아, 악한 세력들을 물리치고 승전가를 부르면서 전진할 수 있는 굳건한 믿음이 되게 하여 주시옵소서.

오늘 수요 기도회 시간에 주님께 참 예배를 올리기를 원하면서도 세상의 온갖 염려와 근심으로 인하여 무거운 마음으로 예배하는 성도가 있는 줄로 압니다. 저들의 답답한 마음들이 예배를 드리는 동안 주님의 평안으로 채워지게 하시고, 주님의 말씀으로 위로받게 하시며, 신앙의 힘을 얻어서 소망이 넘치는 생활이 되게 하여 주시옵소서.

성도들을 위하여 간구합니다. 질병과 영혼의 질병에서 놓이게 하옵소서. 가난에서 부요함을 허락하시고. 사업이 형통하도록 경영을 주장하여 주시옵소서. 가정을 지켜주옵소서. 자녀들을 붙들어 주옵소서. 경제가 어려워지면서 근심하지 않는 가정이 없고, 미래에 대한 계획도 불투명하여 저희의 삶이 무거워 감당할 수 없을 때가 많사오니, 저희에게 주님의 권능으로 새 힘을 허락하여 주시옵소서.

주님께 예배하지 못하는 많은 심령들이 주님의 은혜를 알 수 있는 기회를 주시고, 저희가 드리는 예배를 주님이 친히 주장하시기를 원합니다.

거룩하신 예수님의 이름으로 기도합니다. 아멘!

1월 • 다섯째 수요일 저녁

은혜로우신 하나님 아버지!

은혜와 사랑을 감사하며 찬양을 드립니다. 이스라엘의 오랜 절 망을 깨고 애굽의 신을 멸하심으로 선민을 구원하신 것 같이 저 희들을 짓누르는 모든 죄와 우상 가운데서 저희들을 건지시며 구 원하심을 감사드립니다. 오늘 수요 기도회를 맞아 입을 열어 기 도하고 찬양하며 예배할 때 저희의 심령을 강하게 붙잡아 주옵소 서. 저희가 하나님의 자녀가 된 것이 만일 은혜로 된 것이면 행 위로 말미암지 않음입니다. 그러므로 저희는 은혜의 자녀입니다. 만약 은혜가 없었다면 저희가 결코 이 자리에 앉아 있지 못할 것 입니다.

할렐루야! 저희들의 부족함에도 은혜로 용서하여 주신 것을 감 사하고 찬양합니다. 하나님이 저희를 구원하심은 저희의 공로 때 문에 복 주시는 것이 아니시라는 것을 압니다. 그래서 저희들이 사랑의 포로가 되어 이 저녁에도 이 사랑 안에 들지 못한 친구들, 이웃들 그리고 가족들을 위해 기도하려고 나왔습니다. 하나님! 오 늘도 하나님을 바라보며 나왔사오니, 저희들이 기도하는 이웃들 과 형제들과 가족들에게 위로와 믿음의 소망을 주시옵소서.

세상은 아직 차갑기만 하고, 온 땅이 눈과 얼음으로 꽁꽁 얼어 있습니다. 이 추운 겨울, 저희들의 신앙도 얼어붙을까 염려가 됩 니다. 곧 비쳐올 봄 햇살처럼 하나님의 빛이 온 세상을 비추기를 기도합니다. 그리하여 어둠이 쫓겨가게 하시고, 공의로우신 하나

님의 정의가 이 땅을 덮도록 하여 주옵소서,

지난 사흘 동안도 주신 은혜를 저버렸으며, 알고 지은 죄, 모르고 지은 죄도 있습니다. 용서하여 주옵시고, 저희가 저희에게 죄 지은 자를 용서하는 것같이, 저희의 죄도 용서하여 주시옵소서. 겨울이 되면 가정에 어려운 문제와 경제적인 문제가 많이 생깁니다. 이 일로 고민하며 힘겨워하는 성도들이 있습니다. 하나님은 살아계시오니, 이들을 도와주시기를 원합니다. 그러나 혹 저희들이 도울 일이 있다면 힘써 성도의 사랑으로 기도하고 나눌 수 있도록 허락하옵소서. 또 병마와 싸우며 고통 중에 있는 성도들도 있습니다. 이 시간 서로 병 낫기를 간구하며 부르짖을 때 주께서 신유의 역사를 베풀어주옵소서.

오늘도 말씀을 통하여 은혜 주시옵소서. 말씀을 증거하실 목사님을 성령의 능력으로 지켜주시고, 주님 친히 임재하시는 복된 예배가 되게 하여 주시옵소서.

예배를 주님께서 주관해주실 줄 믿사오며, 거룩하신 예수님의 이름으로 기도합니다. 아멘!

2월 · 첫째 수요일 저녁

날마다 새로운 은혜를 주시는 주 하나님 아버지!

오늘 수요 기도회를 잊지 않고, 많은 성도들이 모였습니다. 이 시간을 성령으로 뜨겁게 하시고, 영생을 주시는 하나님을 생각하며, 성령으로 드리는 예배가 되게 하여 주옵소서.

저희의 삶에 주님의 공의가 나타나게 하심을 감사합니다. 저희의 삶이 주님께 드려지는 예배가 되게 하여 주시옵소서. 저희가 입술로 주님의 공의를 증거하며, 저희의 삶이 성도 된 자의 본을 보일 수 있도록 믿음을 더하여 주시옵소서.

상한 갈대를 꺾지 않으시며, 꺼져가는 등불도 끄지 않으시는 하나님 아버지!

패역하고 죄 많은 세상에서 환경의 유혹으로 허약해진 심령들이 모여 거룩하신 주님께 머리를 숙입니다. 저희의 갈급한 심령에 성령의 단비를 허락하여 주시옵소서. 연약해진 믿음의 심지를 돋우어 주시옵소서. 저희를 소생시켜 주셔서, 저희들 마음의 잔에 성령의 생수가 넘치도록 복을 주시옵소서.

특별히 이 시간 마음 가운데 믿음의 확신이 없는 성도들에게는 말씀을 통하여 확고한 믿음으로 덧입혀 주시옵소서. 시험과 고난 중에 있는 성도들에게는 어려움을 이겨내는 말씀을 주시옵소서.

이 시간 기도합니다. 특히 질병으로 고생하는 성도들에게는 인간의 생사화복을 주관하시어 죽은 자도 살리시는 전능하신 하나님을 영접할 수 있도록 복을 주시옵소서. 저희의 교만한 마음을 겸손하게 하여 주시옵소서. 거짓에 찬 입술을 진실하게 하시고, 허영과 다툼이 가득한 생활을 변화시켜 주시옵소서. 또한 형제와 자매에게 칭찬과 영광을 돌리는 낮은 자의 삶이 되게 하여 주시옵소서.

이 시간 주의 영이 냉랭한 저희의 가슴에 뜨거움을 주시고, 주의 말씀으로 빈속을 채우며, 주의 위로로 힘을 얻어 하나님의 은혜가 저희의 심령 속에 충만하게 하여 주시옵소서.

저희의 찬송과 영광을 받아주시옵소서. 저희의 기도를 들으사 응답하여 주시옵소서. 저희의 마음과 뜻과 정성을 드리오니, 받아주시옵소서.

이 시간, 목사님을 통하여 하나님의 말씀을 듣게 하시니 감사합니다. 오늘 전하게 하신 말씀에 깨달음과 큰 은혜를 받게 하여 주시옵소서. 말씀 속에서 자신을 발견하게 하시며, 주의 뜻을 알아 영광을 돌리는 삶이 되게 하여 주시옵소서.

믿음으로 시작된 예배가 끝까지 승리할 줄 믿으며, 예수 그리스도의 이름으로 기도합니다. 아멘!

2월 · 둘째 수요일 저녁

사람의 생각과 뜻을 아시고 이끄시는 하나님!

오늘 수요 기도회를 기억하고 모이게 하시니 감사합니다.

간절히 원하오니, 저희의 마음에 하나님의 영을 보내셔서, 이 시간 진정으로 예배하게 하여 주옵소서. 창조적인 삶을 살 수 있는 근본이 주님께 있음을 고백합니다. 주님께서 들려주시는 음성을 바로 듣고, 그 음성에 순종하는 믿음을 주시옵소서. 주님께서 허락하신 삶을 하나님의 소명으로 귀하게 여길 수 있는 진정한 용기를 허락하여 주시옵소서. 저희의 예배를 기쁘게 받아주시옵소서. 저희 모든 성도들에게 하늘의 복과 신령한 은혜를 허락하여 주시옵소서.

긍휼의 하나님! 주님의 뜻과 말씀에서 벗어난 저희를 용서하여 주시옵소서. 저희의 입술로 정죄하던 이웃을 위해 기도하게 하시기를 원합니다. 이 시간 저희의 영혼을 어루만지셔서, 새롭게 하시고, 잘못된 마음을 고쳐주시옵소서. 많은 거짓과 숨은 죄악과 저지른 죄들을 용서하여 주시고, 외로운 마음에 위로를, 병든 몸에 건강함을 허락하여 주시옵소서. 저희의 절망스러운 가슴에 주님의 성령으로 소망을 주시옵소서.

회복하게 하시는 하나님!

저희가 생활의 분주함으로 인하여 주님을 멀리했음을 고백합니다. 분주함 속에서도 주님과의 교제가 끊어지지 않게 하시고, 하나님을 향한 저희의 첫사랑을 늘 회복할 수 있도록 복을 주시옵소서.

교회의 각 기관을 주님의 오른팔로 강하게 붙드시기를 원합니다. 비전을 잃은 시대에 세속의 관점을 좇아 불경건한 마음이 없게 하시고, 더욱 힘써 활발하게 움직일 수 있는 교회가 되게 하여 주시옵소서.

이 시간, 말씀을 증거 하는 목사님에게 성령의 두루마기를 입히셔서 말씀의 능력을 주시옵소서. 입술을 통해 나오는 그 말씀으로 저희의 가슴에 감동이 되게 하시고, 믿음이 약한 심령에게 확고한 믿음과 시험 중에 있는 심령에게 이길 수 있는 확신을 주셔서 더욱더 굳건한 믿음으로 무장할 수 있도록 도와주시옵소서.

주님의 피로 값 주고 세우신 저희 교회가 말씀이 충만한 교회가 되게 하시고, 주님의 사랑을 본받아 사랑이 식어가는 이 세대에 사랑의 빛을 나타내게 하시옵소서. 주님께서 들려주시는 음성을 바로 듣고, 그 음성에 순종하는 믿음을 주시옵소서. 주님께서 허락하신 삶을 하나님의 소명으로 귀하게 여길 수 있는 진정한 용기를 허락하여 주시옵소서. 저희의 예배를 기쁘게 받아주시옵소서. 저희 모든 성도들에게 하늘의 복과 신령한 은혜를 허락하여 주시옵소서. 이 자리에 주님 앞에 예배하기 위해 겸손하게 머리 숙인 저희들, 주님의 뜻을 받들어 섬기기에 부족함이 없도록 역사하여 주실 줄 믿사옵고, 거룩하신 예수님의 이름으로 기도합니다. 아멘!

2월 · 셋째 수요일 저녁

거룩하신 하나님!

약속하신 메시야 예수 그리스도를 이 땅에 보내셔서 구속의 사역을 완성하심으로 저희가 생명을 얻게 되었음을 감사합니다. 저희의 예배가 기쁨의 예배가 되기를 원합니다. 신령한 예배가 되기를 원합니다. 진정한 예배가 되게 하옵소서.

하나님 아버지!

저희가 세상의 유혹에 빠져 탕자처럼 방황하고, 주님께서 허락하신 은혜를 허비하지 않도록 동행하시기를 원합니다. 오늘의 평안으로 인하여 하나님의 구속에서 떠난 삶을 살고 있지는 않은지, 오늘의 배부름으로 인하여 하나님의 간섭하심을 잊고 있지는 않은지, 저희의 삶을 되돌아보게 하옵소서. 저희의 교만함을 고백하오니, 용서하여 주시옵소서.

오늘 이 시간 주님께 예배하는 이 모습이 십자가의 사랑 앞에 죄 사함 받은 인생들의 삶인 것을 믿습니다. 주님 앞에 예배할 때마다, 저희를 위하여 죽으신 주님을 기억하며, 주님의 몸에서 쏟아지는 십자가 보혈에 저희 영혼이 살아나는 은혜가 있게 하시옵소서. 저희의 마음을 깨끗하게 하셔서, 주의 영광을 보게 하여 주시옵소서. 우리의 입술을 정하게 하셔서, 저희로 하나님의 영광을 찬양하게 하여 주시옵소서. 신령한 귀를 열어주시어, 진리의 말씀을 듣게 하여 주시옵소서. 온 심령이 새롭게 창조되고, 피곤한 육신이 쉼을 얻을 수 있는 귀한 시간이 되기를 원합니다. 저희를 향하신 선하심과 인자하심을 찬양합니다.

이 시간 하나님께서 예정하신 하늘의 복을 충만히 내려주시옵소서. 그리하여 저희의 마음 문을 활짝 열게 하시고 하늘의 복을 받는 시간이 되게 하여 주시옵소서.

겸손히 비오니 저희에게 필요한 지혜와 힘과 권능을 은사로 내려주시옵소서.

또한 아버지! 저희 교회가 은혜 충만, 말씀 충만, 성령 충만한 교회가 되게 하시고, 저희 모두에게 성령의 충만함을 주셔서 죄악으로 가득 차 있고 병들어 있는 세상에 주님의 복음을 증거하여 세상을 정결하고 깨끗하게 변화시키는 귀한 직분을 감당하도록 인도하여 주시옵소서. 진정한 한 알의 밀알이 되어서 세상에 구원의 소식을 전하고 만인에게 구원의 기쁨을 가져다주는 놀라운 역사가 일어나도록 복을 주시옵소서.

오늘도 십자가의 복음을 전하는 목사님을 성령의 능력으로 붙드시고, 말씀을 듣는 저희 모두는 저희의 삶을 붙들고 계시는 주님의 은혜를 깨닫게 하여 주시옵소서. 주님의 몸 된 교회를 위하여 몸 바쳐 충성하는 일꾼들을 기억해주시고, 저들의 수고가 더해질 때마다 신령한 주의 은혜를 맛보게 하시옵소서.

이 예배를 주님께서 주장하여 주시고, 주님 홀로 영광 받으시기를 원하오며, 예수 그리스도의 이름으로 기도합니다. 아멘!

2월 · 넷째 수요일 저녁

할렐루야! 거룩하신 하나님!

지난 사흘 동안도 보호하시고 지켜주시며 인도하신 하나님께 감사와 찬양을 돌립니다. 하나님으로 즐거워하게 하시고, 하나님으로 기뻐하게 하시니, 감사와 찬양을 돌립니다. 영광을 받으시옵소서.

오늘도 예배하게 하신 은혜에 감사드립니다. 저희의 마음에 하나님의 은혜를 사모하는 갈급한 심령을 허락하셔서 말씀을 사모하여 이 자리에 오게 하시니 감사합니다. 저희가 하나님의 말씀으로 인하여 복을 받게 하시고, 그 약속의 말씀으로 소망을 갖게 하셔서, 세상을 이기는 복을 허락하여 주시옵소서!

거룩하신 하나님!

이 예배를 받아주셔서, 죄악된 것과 잘못된 것이 있다면 긍휼히 여기시고 용서하여 주시기를 원합니다. 주님의 은총 속에 살면서도 저희는 삶이 늘 괴롭고 힘들다고 불평만 했습니다. 주님을 대하기에 부끄러운 저희를 주님의 보혈로 정케하사, 용서받은 기쁨으로 주님께서 원하시는 길을 걷게 하옵소서. 세상을 이길 능력을 허락하시고 생명을 위하여 자신을 내어주는 십자가의 은혜를 덧입게 하시옵소서.

이 시간 회개하며 기도하오니, 생활 속에 하나님을 부정하고, 기도 없이도 할 수 있으리라 행하였던 모든 불신앙을 용서하여 주옵소서. 믿음 없는 것만 한탄하지 않게 하시고, 하나님의 말씀을 부지런히 읽고 듣고 새겨서, 믿음이 더하여지게 해주시옵소서. 오직 여호와를 신뢰함으로 저희의 마음이 정결케 되기를 원하오며, 저희의 마음이 깨끗하게 되어 하나님의 성호를 찬양하도록 복을 주시옵소서. 저희의 모든 것들을 친히 주장하시기를 원합니다. 저희의 기도를 들어 응답해 주시옵소서.

또한 성도들의 가정마다 붙들어 주시기를 원합니다. 고통과 어려움이 있는 가정도 있사오니, 이런 때일수록 고난도 유익이 된다는 성경 말씀을 굳게 의지하고, 저희의 목자 되셔서 좋은 것을 주시기를 원하는 주님만을 의지하게 하여 주시옵소서.

나라가 힘들고 어려워지면서 교회의 책임도 크고 무거워짐을 고백합니다. 저희가 진정으로 나라를 위하여 주님 앞에 부르짖지 아니하고는 견딜 수 없는 영적인 부담으로 교회마다 성도마다 기도하게 하여 주시옵소서!

오늘도 목사님을 붙들어 주옵시고, 전하는 말씀마다 저희 심령 속에 살아서 역동하는 역사가 있게 하여 주시옵소서.

이 예배에 성령께서 함께하여 주시기를 원하오며, 예수님의 이름으로 기도합니다. 아멘!

3월 · 첫째 수요일 저녁

살아계신 하나님!

새봄이 오는 길목, 3월입니다. 이 놀라운 천지의 변화가 아버지의 작품인 줄 믿습니다. 오늘도 주 하나님 지으신 모든 세계를 마음에 그리며 주를 찬양합니다. 수요일 이 고요한 봄의 저녁에 예배하오니, 아버지, 받아주시옵소서.

저희들 지난 사흘 동안도 세상 가운데 사람들과 더불어 죄악 속에 살다가 죄인의 모습으로 하나님 아버지께 나왔습니다. 이 시간 저희의 죄악을 용서하여 주시고, 고난과 역경이 끊이지 않는 세상을 살아야 하는 저희들에게 힘과 용기를 주시옵소서. 오직 여호와를 앙망하는 자는 새 힘을 얻어 독수리의 날개 치며 올라감 같을 것이라고 했사오니, 저희에게 새 힘을 주시며, 주님을 앙망하며 경외하는 믿음을 허락하여 주시옵소서. 저희의 삶이 여호와의 영광을 위하여 드려질 수 있도록 복을 주시옵소서.

주님이 저희의 기쁨이심을 믿습니다. 주님, 원하옵나니, 오늘 이 저녁에도 저희에게 큰 기쁨이 되실 줄 믿사오며, 즐거움이 되시는 만왕의 왕, 주님을 찬양합니다.

저희의 삶 속에서 늘 주님의 고난을 철저히 배우게 하옵소서. 나귀 새끼를 타시고 예루살렘에 올라가신 주님의 겸손, 자기의 뜻보다 아버지의 뜻이 이루어지기를 원하시고, 섬김을 받기보다는 섬기며 사신 주님의 생애, 만민의 죄를 담당하시고, 희생의 제물이 되어 주신 주님의 사랑을 상기하며, 저희들 또한 그렇게 살기를 원하며 다짐하는 저희들이 되게 하여 주시옵소서. 이 시간 또한 저희의 믿지 아니하는 이웃을 위해서 기도합니다.

무엇보다도, 갈 길을 몰라 방황하는 심령들이 자유와 평화를 주시기 위해 오신 주님을 만나게 하시고, 천국의 복음이 임함으로 주님의 복된 소식을 깨닫게 하시옵소서. 주님의 교회를 사랑하여 몸을 드려 충성하는 성도들에게 주께서 주시는 기쁨이 충만하게 하시옵소서.

호산나를 부르고 주님을 왕으로 섬긴다고 하였으나, 곧 마음이 변하여 주님을 십자가에 못 박은 무리처럼 저희들도 알게 모르게 주님을 부인하고 배반하는 짓을 일삼고 있습니다. 저희를 강하게 세워주셔서, 하나님의 거룩한 백성으로 살기에 부족함이 없도록 복을 주시옵소서.

특별히 강단 위에 세워주신 목사님을 위해서 기도합니다. 저희에게 하나님의 말씀을 대언할 때에 성령님의 인도하심으로 저희의 심령들이 깨어지는 역사가 일어날 수 있도록 복을 주시옵소서. 온전히 말씀에 의지하여 하나님의 인도하심에 순종하는 저희들이 되도록 은혜를 더하여 주시옵소서.

거룩하신 예수 그리스도의 이름으로 기도합니다. 아멘!

3월 · 둘째 수요일 저녁

사랑과 자비의 하나님!

수요 기도회로 모인 저희들을 기억하여 주십시오. 얼마나 저희들이 간절히 주를 사모하는지 주께서는 아실 줄 믿습니다. 주님은 믿음으로 나아오는 자에게 반석이 되시며, 쫓기는 자에게 요새가 되시고, 위험을 당한 자를 건지시는 분이시니, 하나님의 한없는 은혜에 존귀와 경배를 드립니다.

이 저녁 시간에도 자비한 자에게는 주의 자비하심을, 완전한 자에게는 주의 완전하심을 보이시는 줄 믿습니다. 저희로 하여금 깨끗하게 하시고, 사특함으로 주를 거스르는 자가 되지 않게 하여 주시옵소서. 주님의 고통은 저희의 허물 때문인 것을 이제 깨닫고, 감격과 찬양으로 십자가를 바라봅니다. 저희들의 죄를 용서하여 주시옵소서.

주께서는 곤고한 백성을 구원하시는 줄 믿습니다. 겸손과 가난한 심령으로 나온 성도들에게 구원을 베푸시고, 애통함으로 나온 성도들에게 치유와 위로와 응답을 허락하여 주시옵소서.

주님, 저희 교회가 기도하는 교회가 되기를 간구합니다.

모세가 손을 들 때 아말렉을 파하고 이스라엘을 이기게 하신 하나님, 기도할 때 승리가 보장되는 줄 믿습니다. 온 교회와 성도들이 기도로 무장하게 하옵소서. 만물의 마지막이 가까웠으니, 깨어 근신하며 기도하게 하여 주시옵소서.

저희 교회에 복을 주셔서 새벽마다 주님의 자녀로 넘치게 하여 주옵소서. 저녁마다 눈물의 간구가 있도록 은혜를 주시옵소서. 어려움을 기도로 이길 수 있도록 복을 주시옵소서.

목사님의 사역을 기도로 동역하게 하시고, 각 기관의 헌신을 기도로 돕게 하여 주시옵소서. 이웃을 정죄하지 않게 하시며, 그들을 위하여 눈물로 기도와 간구를 드리게 하여 주시옵소서.

저희 교회가 마지막 시대적인 사명을 감당하게 하옵소서. 선지자적인 사명을 허락하심으로 세상을 깨우게 하여 주시옵소서. 하나님께로 돌이키게 하시고, 복음을 바로 외치게 하여 주시옵소서. 빛과 소금의 사명을 감당하게 하옵소서. 그리스도의 향기가 나게 하옵소서.

오늘 예배를 통하여 역사하시기를 간구합니다. 찬양 중에 함께 하시고, 기도에 응답을 주시며, 목사님을 통해 증거하실 하나님의 말씀에 변화 받는 은혜를 주시옵소서.

예수 그리스도의 이름으로 기도합니다. 아멘!

3월 · 셋째 수요일 저녁

전능하시며 영화로우신 아버지 하나님!

수요 기도회 날이 되어 세상으로 가던 발걸음을 잠시 멈추고 주 앞에 나왔습니다. 주님, 저희들을 기쁘게 맞아주시고, 이 시간 올리는 기도를 받아주시옵소서.

항상 주를 바라는 자에게 좋은 것으로 주시는 줄 믿습니다. 하나님! 성도들 이 저녁 시간, 슬픔을 기쁨으로 바꾸시고, 괴로움을 희락으로 바꾸시는 주님의 은혜를 사모하여 주님 앞에 나아왔사오니 저희에게 복을 주시옵소서. 주님의 거룩한 백성이 되게 하여 주시옵소서.

사랑의 하나님! 주님을 믿고 사랑한다고 하면서도 주님의 영광을 위하여 살지 못했음을 고백합니다. 주님 앞에 엎드려 용서를 구합니다. 주님을 따르는 자들은 자기를 부인하고 제 십자가를 져야 한다는 말씀처럼 저희도 그런 삶을 통해 주님의 참 제자가 되게 하여 주시옵소서.

은혜와 자비가 풍성하신 하나님! 하나님의 은혜를 사모합니다. 영혼이 잘 됨 같이 범사에 잘 되고 강건케 될 줄 믿사오니 늘 성령의 충만함을 허락해 주옵소서. 상처 입은 영혼을 주님의 손길로 치유하여 주옵시고 연약한 심령은 강하게 하시므로 주님의 자녀로서 세상의 세파에 휩쓸리지 않도록 담대함을 주옵소서. 은혜와 사랑이 충만하신 하나님! 주님 은혜를 더욱 사모하게 하시기를 원합니다.

예배하는 귀한 이 시간, 이 자리가 성령으로 충만하게 하여 주시옵소서. 주님의 새로운 은혜를 체험하는 귀한 시간이 되게 하여 주시옵소서. 교회의 역할을 잘 감당할 수 있도록 복을 주시고, 주님의 은혜로 날마다 세상에서 주님의 귀한 사명을 잘 감당하게 하여 주시옵소서. 저희의 발길이 전도하는 발길이 되게 하시고, 저희의 손길이 봉사하는 손길이 되게 하여 주시옵소서. 저희의 모든 것들이 주님의 도구로 쓰이기를 원하오니, 저희의 기도를 들어 응답해 주시옵소서.

교회에 속한 여러 기관 가운데 연약해지는 기관이 없게 하시고, 풍요로운 열매를 거두는 귀하고 복된 기관들이 되게 하여 주시옵소서.

오늘도 주님께 예배하는 이 시간에 나오지 않은 성도들이 있습니다. 어떤 이유로 주님 앞에 나오지 않았는지 저희는 알 수 없사오나 주님께서 저들의 사정을 아시오니, 긍휼히 여겨 주시옵소서. 또한 이 시간 주님께 올리는 거룩한 예배를 위하여 봉사하는 손길들이 있사오니, 주님께서 함께하셔서, 하늘의 신령한 비밀들을 알게 하시고, 하늘의 복으로 동행하여 주시옵소서.

주님의 말씀을 전하게 하신 목사님 위에 함께하시고, 권세 있는 말씀을 전하기에 부족함이 없도록 성령께서 붙들어 주시기를 원합니다.

거룩하신 예수 그리스도의 이름으로 기도합니다. 아멘!

3월 • 넷째 수요일 저녁

영원부터 영원까지 사랑과 능력으로 저희를 인도하시는 주 하나님 아버지!

지난 주일을 은혜롭게 보내고 이제 수요일 저녁 시간까지 주의 백성들이 함께 모여 주님 앞에 예배할 수 있도록 이끌어 주신 은혜를 감사드립니다. 특별히 저희에게 주님을 경외하고 의지하는 지혜를 주셔서 감사합니다.

하나님 아버지! 어느새 3월의 마지막 주간이 되었습니다. 달력을 보며 지나간 3개월을 생각합니다. 너무나 빨리 지나가는 시간에 놀랍니다. 그래서 주님, 이 시간 주님 앞에 머리를 숙입니다. 새해에 세운 결심을 실천한 것보다 죄 속에서 산 날이 더 많았습니다. 저희의 온전치 못한 믿음과 부족함을 부디 용서하여 주옵소서. 이 세상의 무엇보다도 누구보다도 나를 더 사랑하느냐고 물으시는 주님 앞에 담대히 '주여! 제가 주님을 사랑하나이다.'라고 고백할 수 있는 믿음과 은혜를 더하여 주시옵소서. 주님을 사랑함으로 이웃을 전도하게 하시고, 주님을 사랑함으로 저희의 성품이 변화되는 역사가 있게 하옵소서.

주님, 저희의 삶은 주님의 용서를 구할 수밖에 없는 삶임을 고백합니다. 주님의 영적인 일에 우선하기보다는 썩어 없어질 육신의 양식을 위해 몸부림치며 살아가는 저희들임을 고백합니다.

주님의 것보다는 세상에 눈이 멀고, 이웃을 위해 선한 일을 하지 못하고 오히려 귀찮아했던 저희들이었습니다. 영원한 생명의 양식을 위해 일하지 못했던 저희를 불쌍히 여겨 주시옵소서. 오늘도 주님 앞에 아뢰는 허물이 다윗의 고백처럼 진정한 것이 되어서 주님의 긍휼과 용서를 받을 수 있게 하여 주시옵소서.

저희를 새롭게 하시는 주님!

주님을 사모합니다. 이것이 저희들의 힘입니다. 저희는 기도합니다. 날마다 숨 쉬는 순간마다 주님을 부르며 바라봅니다.

이제 저희가 주님 앞에 빈 마음으로 나왔사오니 주님의 것으로 채워지는 시간이 되게 하여 주시옵소서. 주님만이 저희 삶의 인도자가 되심을 감사합니다. 주님이 아니면 소망도, 살길도 없는 저희임을 고백합니다. 이 시간도 죄를 씻음 받고, 감사와 감격에 차서 예배하게 하여 주시옵소서.

생명의 말씀을 증거하도록 강단 위에 세우신 목사님을 기억하시고, 선포하는 말씀마다 권세를 더하여 주셔서 이 자리에 참석한 모든 성도의 심령에 뜨거움을 경험하게 하시고, 새 힘을 얻어 승리의 삶을 살아가도록 다짐하는 복된 시간이 되게 하여 주시옵소서. 저희로 주님의 역사를 이끌어가는 도구로 삼아주시옵소서.

이 시간 하늘의 문을 넓게 여시고, 충만한 주의 능력이 온 영혼을 변화시키게 하여 주시옵소서. 주 예수 그리스도의 이름으로 기도합니다. 아멘!

4월 · 첫째 수요일 저녁

영화로우시며, 거룩하신 아버지 하나님!

주님을 구하는 것이 저희들의 복입니다. 새벽마다, 수요일 저녁마다 기도하는 것이 저희들은 너무나도 좋습니다. 오늘도 주님께서 택하여 구원을 받게 하셔서, 영생의 복을 받는 아버지의 거룩한 백성들이 이 수요일 저녁 시간에 복된 자리에 모여 신령과 진정으로 예배하오니, 저희를 성령으로 거룩하게 하여 주시옵소서.

저희의 죄와 허물을 사하여 주시고, 의의 거룩한 옷을 입혀 예배하기에 합당한 형상으로 거듭나게 하옵소서. 예배하는 무리 속에 낮아지는 저희를 돌아보시옵소서. 거룩한 하나님 앞에 나아가기에는 아직도 사랑의 마음이 열리지 못하였고, 영적 빈곤이 드러나곤 하는 저희들이오니, 불쌍히 여겨 주시고, 채워주시옵소서. 부족함을 깨닫고 머리 숙인 자들을 그냥 돌려보내지 않으시는 주님의 사랑이 함께 하실 줄을 믿고 왔사오니, 주님의 것으로 변화시켜 주시옵소서.

기다리던 봄이 왔습니다. 이 봄을 얼마나 기다렸습니까? 매서운 한겨울의 추위와 눈보라와 얼음 속에서 하루라도 빨리 봄이 오기를 기다리는 마음이 오아시스를 찾는 광야의 나그네와 같은 마음이었습니다. 만약 저희들이 주님을 이토록 사모했다면 얼마나 좋았겠습니까? 그런데 주님을 사모하고 기다리기보다 죄를 더 사모하고 죄를 더 기다리는 저희들임을 고백합니다.

이 봄에 저희들의 영혼을 아지랑이 같이 피어 일어나게 하옵소서. 온 산천을 뒤덮는 봄 안개와 같이 저희 영혼이 성령의 은혜 속에 들어가기를 원합니다. 사방 어디를 가든지 성령 안에 들어 있게 하옵소서. 주의 성령의 은혜에 감격하여 날마다 주님과 동행하게 하여 주시옵소서.

이제 곧 씨를 뿌리고 심어야 하는 날이 다가옵니다. 한 해의 시작은 봄에 있고, 인생의 시작은 심는 데 있습니다. 적게 심는 자는 적게 거두고, 많이 심는 자는 많이 거둔다고 하셨습니다. 하나님! 저희로 하여금 이 봄에 많이 심을 수 있도록 큰 비전과 그림을 그리게 하여 주옵소서. 믿음을 심기를 원합니다. 주님, 사랑을 심기를 원합니다. 물질로 섬기는 사랑을 심기를 원합니다. 선교를 위하여 기도를 심기를 원합니다. 교회를 위해 수고로 심게 하여 주옵소서. 온전히 하나님만을 바라보며 심을 수 있도록 성령님께서 동행하여 주옵소서. 가을을 맞을 때 아름다운 열매들이 맺히도록 은혜 더하여 주시옵소서.

오늘 저녁 말씀을 대언하게 하신 목사님을 기억하시고, 성령의 능력을 덧입혀 주셔서, 힘 있고 권세 있는 말씀을 증거할 수 있도록 붙들어 주시옵소서.

예수님의 이름으로 기도합니다. 아멘!

4월 · 둘째 수요일 저녁

신실하신 하나님!

하나님은 저희의 길을 인도하시며, 저희의 길을 평탄케 하시는 분이십니다. 할렐루야! 하나님 아버지! 수요일 저녁 이 시간에도 저희를 주님 앞으로 불러 주셔서 예배하게 하신 은혜를 감사합니다.

주님의 귀한 은혜로 날마다 승리케 하심을 감사합니다. 저희의 기도를 들어 응답하시고, 저희의 예배를 기쁘게 받으시어 주님께서 영광을 받으시기를 간구하옵니다.

저희가 주님의 사랑을 늘 깨닫고, 주님의 사랑 안에 거하게 하여 주시옵소서. 주님의 사랑 안에서 날마다 승리할 수 있도록 복을 주시옵소서.

지금껏 세상을 악하다고 하면서, 저희 스스로는 선하다고 생각했음을 고백합니다. 사람이 보는 눈이 아닌 주님이 보실 때, 저희의 그러한 모습이 얼마나 가식적이며, 위선적이었는지 고백하오니, 저희를 용서하여 주시옵소서. 주님의 의를 행하는 데 주저하며, 강포를 행하는 불의한 백성이 다른 사람이 아닌 바로 저희들임을 깨닫지 못하고 있었던 무지를 용서하여 주시옵소서. 믿음으로 거듭나기 원하는 저희들의 간구를 들어주시옵소서. 저희를 풍요케 하시고, 소외된 이웃들에게 주님의 사랑을 나누어 줄 수 있도록 복을 주시옵소서.

주님의 사랑을 항상 구하면서도 이웃에게 사랑을 베푸는 일에는 너무도 소홀히 했음을 고백합니다. 저희의 영생에만 관심을 보였을 뿐 주님께서 천하보다 귀하게 여기시는 생명들을 향해 전도하는 사명조차 망각하고 있었습니다.

주님! 이 시간도 저희의 따뜻한 손길을 기다리며 뜨거운 사랑을 원하고 있는 심령들이 있습니다. 저들의 기다림을 외면하지 않는 저희들이 되게 하시고, 저들의 고통과 외로움에 힘써 동참할 수 있는 사랑을 주시옵소서.

사랑의 하나님!

주님의 역사하심으로 세워주신 교회를 주님께서 지켜주시고, 많은 심령을 구원할 수 있도록 성령으로 함께 하여 주시옵소서. 주님의 예비하심으로 동행하여 주시고, 늘 채워지는 역사가 있게 하여 주시옵소서.

거룩하신 하나님!

이 시간 주님의 말씀을 대언하도록 강단 위에 세우신 목사님을 복 주셔서, 주님의 능력 있는 말씀으로 저희에게 역사할 수 있도록 함께 해주시옵소서. 말씀의 권세와 성령의 동행하심의 역사가 늘 있게 하여 주시옵소서. 목사님에게도 동행하시는 하나님의 은혜가 충만하기를 원합니다.

예수 그리스도의 이름으로 기도합니다. 아멘!

4월 · 셋째 수요일 저녁

사랑의 아버지 하나님!

주일 지나 오늘까지도 주의 손으로 안보하여 주심을 감사합니다. 이렇게 귀한 수요일 저녁에 다시 한번 나와 주님을 부를 수 있도록 하신 하나님 아버지, 이 시간 하나님의 말씀을 묵상하며 예배하게 하시니, 감사와 영광을 돌립니다.

4월이 중반을 넘어 어느새 봄의 기운이 여름이 가까움을 느끼게 할 정도입니다. 하루하루 어김없이 찾아오는 계절의 정확함을 보면 참 우리 하나님은 어김없는 분이심을 느끼게 됩니다. 춘하추동과 밤낮의 해와 달을 주관하시며, 우주의 저 수많은 천체들을 한 치의 오차도 없이 운행하시는 하나님의 솜씨를 저희들은 경탄할 뿐입니다. 이 놀라운 하나님의 운행을 보고도 하나님께 영광을 돌리지 못하는 저 수많은 죽어가는 영혼들을 하나님이 긍휼히 여겨 주셔서 하루빨리 주님의 품으로 불러주옵소서.

황무지 같은 이 땅 위에 복음의 씨앗을 뿌려 주시고, 교회를 세우셔서 구원의 역사로 열매 맺게 하시니, 감사와 찬송을 드립니다. 주님께서 저희들을 위하여 당하신 십자가의 고통을 기억하며, 복음의 동역자가 될 수 있도록 은혜를 내려주옵소서.

저희들이 작은 십자가도 지기 싫어서 회피하고 다가서지 않았던 지난날들을 회개하오니, 주님 저희를 불쌍히 여겨 주시옵소서.

주님의 복음에 헌신하며 결단할 수 있도록 용기를 주시옵소서. 찬송과 기도로 성령의 은혜와 도우심을 간구하는 심령 위에 흡족한 은혜를 베풀어주시옵소서. 예배 중에 임하시는 성령의 충만함을 누리게 하시고, 주님의 은혜가 생수 같이 흐르게 하여 주시옵소서.

사랑의 주 하나님! 하나님 나라의 확장을 위해 세상 것들을 포기하고 멀리 나가 있는 선교사들을 위해 기도합니다. 저희들이 일일이 선교 현장에는 동참하지 못하더라도 눈물의 기도와 물질로 함께 동역하게 하시며, 주님의 나라가 이 땅에 이루어지기까지 관심과 열정이 식지 않게 하시옵소서. 가까운 이웃에게 주님의 사랑을 증거할 수 있는 저희들이 되게 하여 주시옵소서.

저희가 비록 멀리서 기도하고 있지만, 선교사들이 있는 곳에서 그 기도의 응답이 큰 울림으로 나타나게 하여 주시옵소서

은혜의 하나님! 오늘도 주님의 말씀을 선포하는 목사님을 성령의 능력으로 붙들어 주시옵고, 저희들은 주님의 말씀에 새롭게 다짐하는 시간이 되게 하여 주시옵소서. 주님의 말씀이 저희의 삶의 척도가 될 수 있도록 복을 주시옵소서. 예배를 위해 수고하는 많은 사람의 손길 위에도 성령님께서 함께 하셔서 그들의 헌신하는 모든 것이 거룩함으로 채워지게 하시옵소서.

저희의 예배를 기쁘게 받아주실 줄 믿으며, 예수 그리스도의 이름으로 기도합니다. 아멘!

4월·넷째 수요일 저녁

매일 저희를 인도하시는 주 하나님!

주일 지나 삼 일이 되어 성령의 인도를 받아 아버지 앞에 나왔습니다. 언제나 좋은 것으로 주시는 주를 사랑하며 감사합니다. 저희가 하나님을 청종할 때마다 좋은 것을 먹이시며, 기름진 것으로 즐거움을 허락하시는 아버지 앞에 감사와 찬양을 돌립니다.

저희의 부족함과 연약함을 아시고 채워주시는 은혜 또한 감사하오니 영광을 받으옵소서. 죄로 인해 멸망 받아 마땅한 죄인들에게 주님의 사랑으로 독생자를 통해 대속의 은총을 베푸시고, 희망이 없던 저희들이 소망의 삶을 누리게 하신 하나님께 영광과 찬양과 감사함으로 경배합니다.

주님! 이 시간 저희 주변의 형제와 이웃을 위해 기도합니다. 저희의 형제와 이웃들에게 무례히 행하고 미워했던 것을 자복합니다. 나 혼자만 선하다고 생각했고, 다른 사람은 어리석으며 모질고 악하다고 교만했던 과거를 용서하여 주시옵소서. 저희가 하나님과 여러 이웃에게 얼마나 많은 잘못을 범하였으며, 마음을 아프게 했는지를 깨달아 알고, 주님의 은혜를 구할 수 있게 하여 주시옵소서.

위로와 소망의 하나님!

택함 받은 자녀로서 그 어떤 시련이 닥쳐온다 할지라도 언제나 주님의 크신 사랑과 능력을 신뢰하며 살아갈 수 있도록 하시고, 주님의 사랑의 능력으로 하나님을 날마다 찬양하는 저희들이 되게 하여 주시옵소서.

저희의 삶의 주관자가 되시는 주님께 온전히 의지할 수 있도록 은혜를 더하여 주시옵소서. 저희의 연약함에 소망을 주시어, 강하고 담대하게 하여 주시옵소서. 저희가 주님의 나라를 바라보는 믿음으로 세상을 이길 수 있도록 복을 주시옵소서.

거룩한 하나님의 성호를 찬양할 때 성령의 나타나심이 있을 줄 믿습니다. 치유가 나타나며, 갇힌 영혼이 놓이며, 우울하고 포기하고자 했던 마음들이 새로워져, 새 영이 들어감으로 거룩해지는 역사가 나타나게 해주시옵소서.

주님! 저희의 예배를 기쁘게 받으시기를 원하오니, 저희에게 각 사람이 구하는 대로 성령 충만함으로 허락하옵소서. 예배를 통해 하나님의 나라와 의를 위하여 쓰임 받는 결단의 시간이 되도록 인도하여 주옵소서.

이 시간 교회와 예배를 위하여 헌신적으로 봉사하는 손길들을 주님 기억하시고, 귀하신 주님의 사랑 안에서 날마다 승리할 수 있도록 은혜를 더하여 주시옵소서. 오늘도 목사님이 주님의 말씀을 대언할 때 저희에게 귀한 은혜의 말씀이 되도록 복을 주시옵소서. 귀한 말씀으로 늘 승리하는 역사가 있게 하여 주시옵소서.

예수 그리스도의 이름으로 기도합니다. 아멘!

5월 · 첫째 수요일 저녁

위로와 소망을 넘치도록 주시는 하나님!

오늘도 종일 주를 사모함이 목마른 사슴이 시냇물을 사모함같이 하였습니다. 수요일 저녁이 되어 주님을 만나 동행하려고 여기에 모였사오니, 저희를 기억하여 주옵소서. 주님의 구별된 자리로 저희를 불러주신 은혜를 감사합니다. 지난 사흘간 저희가 주님의 보호 아래 늘 충만한 삶을 살게 하심을 감사하오며, 모든 영광을 주님께 돌립니다.

교회의 머리가 되시고 역사를 진행하시는 하나님! 많은 사람 중에 저희들을 자녀 삼으시고, 그리스도의 좋은 군사가 되게 하셔서 주를 기쁘시게 하는 삶을 살아갈 수 있도록 은혜를 주심을 감사합니다.

주님께 예배로 영광 돌리게 하시니 감사를 드립니다. 고난과 갈등 속에서도 화평을 위하여 애쓰게 하시고, 어둠의 세상 중에 빛이 되게 하시며, 부패를 허락지 않으시려고 소금의 사명을 감당케 하시는 은혜에 감사를 드립니다. 죄로 인해 멸망을 받아야 마땅한 저희를 사랑하사, 독생자를 통한 대속의 은총을 베푸시고, 희망이 없던 저희들이 은혜로 인하여 소망의 삶을 누리게 하셨사오니, 아버지께 영광을 돌리는 자녀들이 되게 하옵소서.

사랑의 주님! 은혜 가운데 삼 일을 보내고 주님 앞에 나아왔습니다. 그동안 묻은 때와 세상적인 것들을 말씀으로 점검하게 하시고, 하나님의 뜻에서 벗어난 모습들을 바로 잡을 수 있는 은총을 허락하여 주시옵소서. 기도할 때 회개하게 하셔서 심령도 입술도 정결케 하여 주시기를 원합니다. 말씀을 들을 때 깨달음이 있게 하시고, 찬양 중에 기쁨이 있게 하여 주시옵소서.

은혜의 하나님! 날마다 모여 기도하고 전도하며, 교제에 힘쓰는 성도들을 위해서 기도합니다. 모일 때마다 주님의 사랑과 은혜가 넘치게 하시고, 주님의 몸 된 교회를 세우고, 가정을 주님의 말씀으로 세우는 성도들이 되게 하여 주시옵소서. 특별히 저희들을 통하여 이웃들이 주님을 영접하게 하시고, 그리스도의 몸 된 교회로 나아오도록 하시며, 주님의 사랑을 가지고 복음을 증거하는 영혼들이 되도록 복을 주시옵소서.

오늘도 강단 위에 세워주신 목사님 위에 함께 하사 준비하신 말씀을 힘 있게 전하게 하셔서, 주님의 능력이 나타나고, 성령의 역사가 강하게 일어나는 시간이 되게 하여 주시옵소서. 오늘 증거되는 말씀이 저희 앞의 등불이 되게 하셔서 한 주간을 인도받게 하옵소서. 예배를 위해 봉사하는 찬양대와 예배위원, 봉사위원들에게도 성령으로 충만함을 허락하여 주시옵소서.

예수 그리스도의 이름으로 기도합니다. 아멘!

5월 · 둘째 수요일 저녁

언제나 저희에게 가장 좋은 것을 주시는 하나님!

할렐루야! 찬양받으시기에 합당하신 하나님이십니다. 주일이 지나고 사흘이 되도록 하나님께 약속한 것을 못 지켰습니다. 하지만 은혜받고 사랑받고자 수요일 저녁 시간에 나왔습니다. 은혜 주실 줄 믿고 감사하며 찬양합니다.

항상 인도하시고 보호하시기를 깊은 물 가운데로 지날 때라도 침몰치 않게 하시며, 불 가운데 지날 때 타지 않도록 하시는 하나님께 감사와 찬양을 돌립니다.

위험할 때마다 저희들을 보호하시고, 지키시며, 안위하심을 믿습니다. 한 주간 동안도 주의 날개 그늘 아래 품어 주셨다가 주일을 성수하게 하시고, 사모하는 심령으로 수요일 저녁 시간에 나와 경배와 찬양을 돌리게 하심을 감사합니다.

오늘 예배로 하나님을 섬길 때 신령한 찬미의 예배가 되게 하시고, 찬양을 드릴 때 저희 안에 거하시는 주님을 만나는 복된 시간이 되게 하옵소서. 찬양을 받으시기 위하여 사람을 창조하심을 믿습니다. 여호와의 이름을 높이며, 하나님의 얼굴을 구할 때 기쁨이 충만하게 하옵소서.

허물을 사함 받고, 죄의 가림을 받게 하여 주옵소서. 마음의 간사함과 이웃을 정죄한 죄악을 고백하오니, 용서하여 주시옵소서. 교만과 완악한 말로 의인의 길을 굽게 하였다면 용서하여 주옵소서. 정직의 영을 사모하게 하시고, 성결의 은혜를 받게 하여 주시옵소서.

신령과 진정으로 예배하는 자들을 찾으시는 주님!

오늘 수요 기도회가 은혜의 시간이 되기를 원합니다. 찬양에 은혜받게 하시고, 목사님이 전하는 말씀에 은혜받게 해주시옵소서. 위로가 넘치는 예배가 되게 하여 주시고, 기쁨이 충만한 예배가 되게 하여 주시옵소서. 성도의 교제로 승리하게 하옵소서. 주 안에서 만날 때마다 사랑으로 문안하게 하시고, 모이면 기도하고, 흩어지면 전도하게 하여 주시옵소서. 나눔의 신앙생활을 감당하게 하옵소서.

사람의 마음과 생각과 뜻을 감찰하셔서 운동력 있는 말씀으로 삶을 변화시키시는 전능하신 하나님 앞에 경배와 찬양과 예배를 드립니다. 저희의 마음에 하나님의 영을 보내셔서 이 시간 예배 드리게 하심을 감사합니다. 창조적인 삶을 살 수 있는 근본이 주님께 있음을 고백합니다.

저희 교회의 전도의 사명을 놓고 간구합니다. 목표를 정하여 전도하고, 초청하고, 인도하여 주님이 택하신 자들을 이곳으로 날마다 불러 모으는 역사를 체험하게 하여 주시옵소서. 모든 과정을 통하여 구원받는 이웃이 날마다 더하여지게 하옵소서.

예수 그리스도의 이름으로 기도합니다. 아멘!

5월 · 셋째 수요일 저녁

찬양받으시기에 합당하신 아버지 하나님! 사흘 동안도 지켜주심을 감사합니다.

하나님을 사랑하는 자, 곧 그 뜻대로 부르심을 입은 모든 사람에게 하나님의 자비와 은혜가 넘칩니다. 주님! 사랑과 은혜가 이삼일 저녁 기도회에 가득 차고 충만하게 하옵소서. 저희에게 날마다 감사의 귀한 열매가 맺혀지게 하여 주시옵소서. 시온에서 주시는 복을 받게 하여 주시옵소서.

거룩하신 하나님! 주님 앞에 모여 예배를 드리게 하시니 감사합니다. 저희의 입술을 주장하사, 주님의 거룩한 백성이 되게 하시며, 저희의 부족함과 교만과 믿음 없음을 고백하오니 채워주옵소서. 저희의 교만을 주님의 거룩하심으로 낮아지게 하여 주시옵소서. 또한 주님, 저희의 믿음 없음을 용서하시고, 주님을 절대적으로 신뢰하고, 주님만을 의지하도록 귀하신 은혜와 복으로 동행하여 주시옵소서.

또한 이 저녁에 주님께 구하오니, 믿지 않는 모든 영혼을 긍휼히 여겨 주시옵소서. 주님의 사랑 안에서 충만함을 맛보게 하심으로 주님의 사랑이 얼마나 기쁜 은혜인지 알게 하여 주시옵소서. 주님의 사랑으로 삶의 척도가 바뀌게 하시고, 주님의 사랑으로 성품이 변화되게 하시고, 귀한 주님의 성도가 될 수 있는 복을 허락하여 주시옵소서.

기도를 쉬는 죄를 범치 않게 하여 주옵시고, 날마다 사랑을 담아 기도하는 저희들 되게 하여 주옵소서. 지역을 위한 기도뿐 아니라, 가족과 친지들 그리고 열방을 위해서도 기도하오니, 가까운 일본에서부터 중국, 동남아시아, 필리핀을 넘어 말레이시아, 싱가폴, 인도를 거쳐 이슬람 지역까지 모든 열방을 위해 기도하는 저희들이 되게 하여 주옵소서.

　거룩하신 하나님! 이 시간 예배를 위하여 봉사하는 손길들을 기억하시고, 귀하신 은혜와 복으로 함께 하여 주시옵소서. 저들의 수고와 봉사가 하늘나라에 귀한 상급으로 쌓이도록 은혜로 더하여 주시옵소서. 주님의 교회를 위한 봉사와 주님을 섬기는 귀한 봉사 또한 주님께서 갚아 주시기를 기도합니다. 교회를 사랑하는 복을 허락하시고, 주님께 영광 돌리기에 부족함이 없도록 은혜와 능력으로 동행하여 주시옵소서. 이 시간 말씀을 듣는 저희에게도 하나님의 은혜가 넘치게 하여 주시고, 목사님이 주님의 말씀을 전할 때, 힘 있는 말씀, 권세 있는 말씀이 되어서 저희의 상한 심령이 치유 받고 돌아갈 수 있는 시간이 되게 하여 주시옵소서. 이 시간 하나님 홀로 영광 받으시기를 원합니다. 예수님 이름으로 기도합니다. 아멘!

5월 • 넷째 수요일 저녁

　모든 만물을 창조하신 전능하신 아버지 하나님!

　복된 주일을 보내고, 이제 사흘이 지난 오늘 저녁 주님께 기도할 수 있는 시간을 주심에 감사합니다. 이 시간 기도와 간구로 아버지를 뵈올 때, 함께하여 주시기를 바랍니다. 주님! 먼저 주님의 은혜와 사랑을 감사드리며 영광을 돌립니다.

　거룩하신 주님! 주님의 말씀을 받아 새롭게 저희 자신을 정비하게 하시옵소서. 세상에서 여러 일로 상처받고 흩어진 마음을 가지고 또다시 주님 앞에 나왔사오니, 상처받은 심령을 가지고 나온 죄인을 긍휼히 여겨 주시옵소서. 이 모든 죄악과 허물에서 건져주시기를 기도하옵니다. 십자가의 보혈로 속량하시고, 크신 권능으로 새롭게 하여 주시옵소서.

　저희에게 십자가의 사랑을 주시는 주님! 이제는 용서받기보다는 용서하면서 살아가도록 크신 은혜로 동행하여 주시옵소서. 남을 탓하기 전에 먼저 스스로 마음을 정하게 하여 주시옵소서. 저희의 참회하는 마음과 심령을 불쌍히 여겨 주셔서, 사죄의 은총을 덧입는 저희가 되게 하시옵소서.

　주님의 말씀을 들을 수 있는 열린 귀를 주시옵소서. 사탄의 유혹을 이기고 믿음에 굳게 서게 하여 주시옵소서. 이 시간 귀한 말씀을 전하게 하신 목사님과 동행하여 주셔서 성령의 불길을 일으키고, 이 시대에 주시는 하나님의 음성을 선포하게 하여 주시옵소서. 말씀을 통해 저희의 영혼이 소생하게 하셔서 변화 받게 하옵시고, 말씀을 붙들고 날마다 승리할 수 있도록 복 되게 하여 주옵소서. 아브라함이 하나님을 믿으매 저를 의롭게 여기셨다고 하신 것 같이 저희들도 믿음으로 한 걸음 한 걸음 내딛게 하여 주옵소서. 그리하여 저희들이 복의 근원이 되게 하셔서 후손들도 잘되게 하옵소서. 사람들이 저희의 가문을 보고 하나님께 영광을 돌리는 날이 속히 오게 하여 주옵소서.

가정에 평강을 허락하시고, 저희 교회에 날마다 믿는 무리가 많아지게 하옵소서. 저희의 영과 몸과 마음도 하나 되게 하시고, 겸손과 진실로 하나님이 기쁘게 받으시는 예배가 되게 하여 주시옵소서.

저희에게 성령의 능력을 주셔서 죄악과 마귀를 이기게 하시고, 자신의 혈과 육을 이기게 하여 주시옵소서. 성령님, 도와주시옵소서.

이 예배의 향기가 주님의 보좌로 올려지기를 간구하오며, 거룩하신 예수님의 이름으로 기도합니다. 아멘!

5월 · 다섯째 수요일 저녁

저희를 오래 참으심으로 구원하시는 하나님!

저희를 구원하시어 하나님의 자녀가 되게 하시고, 하나님의 나라를 유업으로 받게 하심을 감사드립니다. 주님의 구속하시고 속량하신 은혜에 감격하여, 사흘 동안 세상에서 힘차게 살다가 주님 앞에 영광 돌리고 기도하기 위하여 수요 기도회로 모였습니다. 주님! 저희의 이 예배를 기쁘게 받아주옵소서.

5월이 어느새 마지막 주가 되었습니다. 지난 5개월도 돌아보니, 굽이굽이 하나님의 손길과 은혜가 넘쳤습니다. 하나님이 저희와 동행하지 않으셨다면 많이 실족했을 것입니다. 믿음의 주요, 온전케 하시는 주께서 저희에게 믿음을 더하여 주시니, 감사합니다. 날마다 하나님을 경외하게 하시고, 하나님을 온전히 기쁘시게 할 수 있는 복된 삶이 되게 하옵소서.

하나님 아버지, 이제 완연한 여름입니다. 앞으로 점점 날씨가 무더워지면서 밤낮으로 더위와 습기에 시달릴 것입니다. 환경에 지배받지 않고, 말씀과 성령에 지배받는 저희들 되게 하여 주옵소서. 어디를 가든지 단을 쌓고, 예배와 기도를 드렸던 아브라함의 믿음처럼 하나님을 경외하며 살게 하여 주옵소서. 하나님을 경외하는 자를 주님이 복 주시며, 주의 행사를 보여주시는 것을 믿습니다.

하나님께서 아브라함에게 약속하시기를 '내가 너로 큰 민족을 이루고 네게 복을 주어 네 이름을 창대하게 하리니 너는 복의 근원이 될지라. 너를 축복하는 자에게는 내가 복을 내리고 너를 저주하는 자에게는 내가 저주하리니 땅의 모든 족속이 너를 인하여 복을 얻을 것이니'라고 약속하셨습니다. 저희는 미세한 작은 자신의 행동이 엄청나게 다른 미래를 만든다는 것을 아브라함을 통해 배웠습니다. 한 사람의 발걸음이 유대 민족을 만들고 그 속에서 예수님이 태어나시고, 결국 복의 근원이 되는 약속이 이루어지게 되었습니다. 주님, 긍휼히 여기사 아브라함처럼 늘 믿음의 발걸음을 떼는 복을 저희에게도 주옵소서.

　오늘 이 수요 기도회를 위하여 헌신하는 손길들이 있습니다. 주님, 저들의 손길을 더욱 풍성하게 하심으로, 하나님의 영광이 더욱더 높이 드러나게 하시고, 저희의 심령이 온전한 충성으로 결단할 수 있도록 믿음을 더하여 주시되, 하나님을 경외하며 예배를 섬기는 것으로 인하여 형통한 복을 허락하여 주시옵소서. 특별히 이 시간 말씀을 들고 강단 위에 서게 하신 목사님을 기억하시고, 대언하는 말씀으로 인하여 성령의 불길이 저희에게 임하게 하시기를 원합니다. 이 밤에 저희의 심령이 쪼개지는 역사가 일어나게 하옵소서. 성령님의 충만하신 은혜가 예배하는 모든 이들에게 함께하시옵소서. 예수님의 이름으로 기도합니다. 아멘!

6월 · 첫째 수요일 저녁

　노하기를 더디 하시며 한 영혼이 회개하기까지 인내하시는 아버지 하나님!

　수요 기도회를 통하여 주님을 만나기를 원합니다. 그리하여 귀한 이 예배 시간에 저희의 기도와 찬양이 주님을 기쁘시게 하는 시간이 되길 원합니다. 이 시간 저희의 육신과 세상의 정욕들을 다 버리게 하여 주시고, 신령과 진정으로 주님 앞에 예배하는 자들이 되게 하여 주시옵소서.

　오늘도 갈급한 심령으로 나왔사오니, 주님께서 저희의 기도에 응답하여 주시옵소서.

　먼저 하나님의 말씀대로 살아가는 믿음을 허락하시고, 삶 전체를 통하여 주님의 영광을 드러내는 믿음을 허락하여 주시옵소서. 주님께서 저희에게 명하신 대로 땅끝까지 이르러 주님의 복음을 전할 수 있도록 은혜를 더하여 주시고, 영혼 구원의 사명을 감당하기에 부족함이 없도록 복을 주시옵소서.

　행함이 없는 잠잠한 영혼이 되지 않게 하시고, 주님의 명령에 순종하여 열매를 맺게 하여 주시옵소서. 교회의 머릿돌이 되셔서 지켜주시고, 주님의 사랑과 진리와 은혜가 가득 찬 교회가 되게 하여 주시옵소서.

　여름의 초입이라 그런지 벌써 덥습니다. 6월에도 복을 주셔서 부지런히 더위와 싸우며 믿음을 따라 인생의 복을 심게 하여 주옵소서. 보혜사 성령님을 통하여 날마다 믿음의 씨를 뿌리게 하시고, 많이 심어 많이 거둘 수 있는 저희들 되게 하여 주옵소서. 하나님 나라의 놀라운 복이 저희를 붙잡아 주심을 믿습니다. 아브라함이 가는 길 곳곳에 하나님이 친히 인도하시고, 복 주사 결국 승리하게 만드셨습니다. 하지만 저희들은 늘 의심 많은 도마처럼 하나님의 동행하심을 잊어버리고, 순간순간 의심하며, 불안해합니다. 때론 저희 삶에 기근이 임하기도 합니다. 그럴 때 욕심에 이끌리는 생활이 되지 않게 하시고, 성실함으로 하나님의 말씀을 실천하는 성숙된 믿음이 되게 하여 주시옵소서.

하나님께서 귀하게 들어 쓰시는 담임 목사님의 가정과 심령에 평강이 넘치게 하시고, 성령의 권능으로 인도하여 주시옵소서. 말씀을 선포할 때 말씀이 성령의 검이 되어서 저희의 심령과 골수를 찔러 쪼개고 변화되는 생명의 말씀이 되도록 허락하여 주시옵소서. 병든 사회, 병든 인간, 상한 심령들이 말씀을 듣는 중에 신유의 역사를 체험하기를 원합니다. 에스겔 골짜기의 새 생명의 바람이 이 지역, 이 민족의 심령 속에 불어와 역사하게 될 줄 믿습니다.

오늘도 마음을 다하여 예배를 위해 봉사하는 손길들을 기억하시고, 저들의 헌신을 통하여 이 예배가 더욱 주님께 큰 영광을 돌리는 예배가 되게 하여 주시옵소서.

거룩하신 예수 그리스도의 이름으로 기도합니다. 아멘!

6월 · 둘째 수요일 저녁

사랑의 주님!

주일을 보내고 사흘 동안 주를 떠나 딴 길로 가기를 즐거워한 저희를 용서하여 주옵소서, 길이요 진리요 생명이신 예수님을 이 땅에 보내신 하나님 아버지의 크신 은혜와 사랑에 감사를 드립니다.

독생자 구주 예수님을 십자가에 못 박으시기까지 저희를 사랑하신 하나님의 그 크고 놀라우신 사랑을 저희는 알고 있습니다. 또한 저희는 하나님을 사랑하고, 이웃을 사랑한다고 고백도 하고 있습니다. 그러나 이 시간 진정으로 저희 자신을 돌아보게 하옵소서. 진실로 겸손하게 거짓 없이 하나님의 사랑 속에 거하면서 그 사랑을 실천하고 있다고 자신 있게 말할 수 없는 부끄러운 저희 자신을 고백합니다. 저희의 이 모든 죄악을 용서하여 주옵소서.

사랑의 하나님, 그리고 의로우신 하나님, 이제 저희가 아버지의 말씀 안에 거함으로 저희의 믿음이, 저희의 행동이, 그리고 저희의 모든 삶이 날마다 변화되어 예수님을 닮아가게 하옵소서. 하나님은 영이시라, 주의 주시는 말씀도 영이요 생명인 줄 믿습니다. 특별하신 하나님의 섭리를 믿습니다. 이곳에 주님의 몸 된 교회를 세우시고, 어두운 세상의 등대가 되게 하셨습니다. 저희 교회가 어둠 속에 놓인 이 지역의 빛이 되게 하여 주옵소서. 빛으로서의 사명뿐만 아니라, 소금으로서의 사명도 잘 감당하게 하여 주옵소서.

저희의 모습을 통해 의로우신 하나님과 사랑의 하나님이 조금이라도 세상에 보여지게 하옵소서. 진실로 저희 성도들이 하나님의 진실된 사녀임을 깨달아 알게 하시고, 또한 그렇게 살게 하옵소서. 불의하게 잘 사는 것보다 의로운 가난을 택하게 하시고, 죄인의 갈등과 번민 속에서 지내기보다는 하나님의 의로우신 사랑과 평강 속에 거하는, 하나님이 의롭다 칭하는 삶이 훨씬 더 고귀하다는 것을 깨닫게 하옵소서. 세상에 보물을 쌓아두는 것으로 만족하지 말게 하시고, 흔들림 없고 앗아갈 수 없는 하늘나라에 저희의 보물을 쌓음으로써 참된 배부름, 진실된 만족감이 넘쳐흐르게 하옵소서. 그리고 그것이 가장 큰 저희의 재산임을 아는 지혜가 있게 하옵소서.

이 시간에도 저희에게 말씀하여 주옵소서. 말씀을 대언하는 목사님에게 성령의 두루마기를 입혀주셔서 성령의 은혜를 전하게 하여 주시고, 저희는 하나님의 은혜와 사랑을 받는 귀한 시간이 되게 하여 주시옵소서.

오늘도 사랑과 의로 저희를 보호하시며 단련하시는 하나님 아버지 앞에 예수님의 이름으로 기도합니다. 아멘!

6월 • 셋째 수요일 저녁

주 여호와 아버지 하나님!

저희 영혼의 구주가 되시고, 더욱이 저희를 흑암에서 건지사, 빛으로, 생명으로 옮기신 사랑을 감사합니다.

지난 사흘 동안 주님의 사랑과 은혜와 보호 속에 살게 하시고, 다시금 이 시간 주님의 거룩하신 임재 앞에 기도하게 하시니 감사합니다. 오늘도 주님의 사랑 속에 부름 받아 모였사오니, 은혜를 충만히 받는 승리하는 예배가 되게 하여 주옵소서. 오늘 예배를 통하여 찬양할 때 기쁨이 넘치게 하시고, 기도할 때 능력을 받게 하시며, 말씀을 들을 때 은혜를 충만히 받는 시간이 되게 하여 주옵소서.

수고하고 무거운 짐 진 자들이 주 앞에 내려놓으므로 쉼을 얻는 시간이 되게 하옵소서. 저희가 세상에 살면서 걱정과 두려움이 많았고, 육신의 피로도 감당하기 어려울 때가 있었습니다. 때로는 괴로움 속에서 주님을 원망할 때도 있었습니다. 이웃이 짜증스러울 때도 있었습니다. 경건한 생활이 아니라, 방탕하고 나태할 때도 많았습니다.

주님! 크신 사랑으로 다시 한번 저희 영혼을 격려해 주시고, 새로운 힘으로 삶의 멍에를 기꺼이 짊어지게 하여 주시옵소서. 진실한 마음으로, 강한 믿음으로 살아가게 하여 주시옵소서.

주 하나님 아버지! 주님께서 오실 때, 칭찬받는 자녀, 인정받는 저희들이 되게 해주옵소서. 저희의 삶이 하나님을 경배하는 생활이 되게 하시고, 하나님의 역사하심과 동행하심을 확신하는 삶이 되게 하옵소서. 성도들과의 교제에 승리하게 하시고, 목회자들과의 관계에 승리케 하셔서 하나님의 나라가 날마다 확장되게 하옵소서.

저희의 기도를 받으시고 응답하시는 하나님!

할렐루야! 이 시간도 주의 음성이 들리길 원합니다. 주의 말씀으로 저희의 믿음을 강하게 하옵소서. 말씀을 통하여 찬양이 끊이지 않으며, 기쁨이 중단되지 않고, 감사가 넘치는 생활이 되게 하옵소서. 조건을 초월하여 하나님을 섬기게 하시고 경외케 하옵소서.

이 시간 주의 말씀을 전하도록 강단 위에 세우신 목사님을 붙들어 주시옵소서. 오직 윤택한 목양을 위하여, 푸른 초장과 쉴 만한 물가를 찾는 수고로움을 보시고, 양들을 선한 길, 복된 길로 인도하기에 부족함이 없도록 붙들어 주시옵소서. 복음의 사역을 감당하는데 어려움을 만나지 않도록 인도하셔서, 늘 능력 있는 말씀, 삶을 변화시키는 말씀을 전할 수 있도록 복을 주시옵소서.

오늘도 저희의 믿음을 강건케 하시는 예수 그리스도의 이름으로 기도합니다. 아멘!

6월 · 넷째 수요일 저녁

흑암의 권세에서 저희를 건져내시고, 영원히 저희의 빛과 진리 되시는 하나님 아버지! 사흘 동안 저희들을 지켜주시고, 소망 가운데 살게 하시다가 다시 예배의 자리로 인도하여 주시니 감사를 드립니다. 예배할 때마다 저희들의 약함과 죄악됨을 깨닫고 주님의 긍휼을 간절히 구합니다.

6월의 마지막 수요 기도회가 저희의 약함이 주님의 강함이 되는 시간 되게 하여 주옵소서. 저희의 근심이 오히려 이 시간 주님께 기도할 수 있는 기도의 연결 끈이 되게 하여 주시옵소서. 저희들은 부족하고 연약하여 늘 결심하고 살지만 저희의 생각과 힘으로 할 수 없음을 고백합니다. 그래서 날마다 기도하며 엎드림으로 인해 주님의 공급하심을 경험하길 원합니다. 주님, 진실로 저희들의 힘은 주님과의 교제와 성령과의 코이노니아인 줄 믿습니다.

자비의 하나님 아버지, 저희의 그릇됨을 용서하여 주시고, 악하고 더러운 모든 허물을 성령의 불로 태우셔서 저희를 깨끗하게 하시고, 정결하게 하여 주옵소서. 늘 쓰러지는 저희를 불쌍히 여기시고 넘어질 때마다 주님께서 붙잡아 주시옵소서.

하나님 아버지, 주님의 보혈 위에 세워주신 귀한 교회에 늘 함께 해주셔서 은혜와 진리가 가득한 교회가 되게 해주옵소서. 믿음의 행위와 사랑의 수고와 인내의 소망을 가진 성도들이 되게 해주시고, 말씀을 전하는 목사님에게 함께하셔서 주님의 전신 갑주를 입혀주시고, 성령의 검으로 악한 부분을 치시고, 거룩하고 성결한 영으로 채워주옵소서. 목사님에게 늘 주님의 크신 권능으로 채워 주시고, 강건함을 주시며, 새 힘을 부어주옵소서. 저희 가정과 부모님, 자녀들을 보호하여 주시고, 믿음으로 승리하게 하시며, 화평을 허락하여 주옵소서. 질병과 여러 가지 어려움을 당하는 성도들에게 함께하셔서 능력이 무한하신 주님을 의지하고 더욱 열심히 간구하여 기도하는 제목들이 응답받게 하옵소서.

평화의 도구가 되기를 원합니다. 저희들이 가는 곳마다 그리스도의 향기를 내게 하옵소서. 저희 교회로 인하여 고난 중에 있던 사람이 평안을 얻게 하시고, 고통 중에 있던 영혼이 놓임을 받을 수 있게 하여 주시옵소서. 또한 아버지, 저희들의 이웃을 위하여 기도하오니, 주님의 보혈을 의지하여 그들의 영혼을 위하여 기도할 수 있는 저희가 되게 하시며, 저희의 사랑 없음으로 인하여 그들을 고난 중에 두지 마시고, 주님의 사랑을 실천할 수 있는 믿음을 더하여 주시옵소서.

예배가 저희의 삶의 중심이 되게 하시고, 그리하여 모든 삶이 하나님 중심으로 살아가도록 인도하여 주옵소서. 이 시간 하나님 앞에 예배하는 모든 심령 위에 놀라운 은혜로 함께 하시고, 알파와 오메가 되시는 하나님께 영광 돌리는 시간이 되게 하여 주옵소서. 예수님의 이름으로 기도합니다. 아멘!

7월·첫째 수요일 저녁

은혜가 풍성하신 하나님!

오직 하나님 안에 있는 사랑은 경건과 아름다운 것과 소망과 능력입니다. 오늘도 저희에게 신령한 은사를 마음껏 부어주시기를 원하오며, 저희를 푸른 초장으로 늘 인도하여 주신 하나님을 찬양합니다.

수요 기도회 시간에도 저희를 광야 같은 세상에 버려두지 않으시려고 주님의 푸른 초장으로 인도하시니 감사합니다. 하나님의 말씀을 받을 때마다 꿀보다 더 달고 송이꿀보다 더 단 말씀임을 이 시간 저희의 영이 체험하게 하옵소서. 말씀이 갈급하여 모인 저희들에게 신령한 말씀의 은혜를 허락하셔서 믿음의 양식이 되게 하옵소서. 인간의 의지와 노력으로 실패했던 은혜 생활이 하나님의 도우심으로 다시 회복되는 시간이 되게 하옵소서.

저희의 싸움은 혈과 육에 대한 것이 아니요, 하늘에 있는 악의 영들, 어둠의 세력들인 것을 알면서도 혈기로 마음을 지키지 못하여 늘 넘어지고 있습니다. 저희의 씨름의 대상을 바로 깨달을 수 있는 은혜를 주시며, 눈에 보이는 것 때문에 감추어져 있는 영적인 보화들을 잃어버리지 않도록 복을 주옵소서.

하나님이 저희에게 허락하신 은혜의 풍성함을 알고도 기도하기보다는 저희의 생각이 앞섰고, 사랑하기보다는 판단하며, 전도하기보다 정죄했던 저희들을 용서하여 주옵소서. 저희의 신앙이 세상 권세에 위축되지 않도록 도우시며, 세상을 변화시키는 능력 있는 그리스도의 자녀들이 되게 하옵소서.

교만한 자를 물리치시며, 상한 심령을 받아주시는 주님! 이 시간 상처 입은 심령들이 치유되기를 원하오니, 위로의 말씀, 권능 있는 말씀을 주옵소서. 저희 자신은 부서지게 하시고, 주님께서 다스리시는 살아있는 말씀을 허락하여 주옵소서. 저희가 선교의 도구가 되기를 원합니다.

올해도 어느새 절반이 지났습니다. 저희들에게는 늘 새로움으로 거듭나는 한 해가 되기를 원합니다. 그날이 도적 같이 오며, 해산하는 여인이 언제 해산할지 알지 못하는 것처럼 주님은 이 땅에 다시 오실 것입니다. 주님 다시 오실 때에 부끄럽지 않게 영접하기를 원합니다. 기름을 준비하지 못한 다섯 처녀들과 같이 교만함과 나태함으로 주님의 영광을 가리는 일이 없도록 도와주옵소서, 올 한 해는 서로가 뜨겁게 사랑하고 전도함으로 부흥하는 한 해가 되게 하여 주옵소서.

예배에 승리함으로 생활 예배에도 승리케 하옵소서. 오늘 예배를 통하여 기도하는 성도들의 소원이 이루어지게 하옵시고, 주의 사랑의 음성으로 충만케 되어 돌아가도록 복을 주옵소서. 저희들의 귀가 복된 귀가 되게 하셔서 언제나 말씀을 들을 때마다 깨닫게 하시고, 믿음으로 행하는 사람이 되게 하여 주옵소서.

예수 그리스도의 이름으로 기도합니다. 아멘!

7월 • 둘째 수요일 저녁

새 하늘과 새 땅을 저희를 위해 예비하신 아버지 하나님!

오늘도 수요 기도회에 은혜받기 위해 나왔습니다. 사랑과 은혜가 충만하신 하나님! 은혜를 사모하며 구하는 자를 외면하지 않으시고, 채워 주실 줄 믿습니다. 이 밤도 저희에게 주님을 경외하며, 주님을 찬양할 수 있게 하심을 감사합니다.

위로의 하나님, 저희가 연약하고 부정하여 하나님을 원망한 죄를 용서하옵시고, 공의의 주님이심을 기억하게 하옵소서.

저희가 고난받을 때 주님을 부인했던 죄를 용서하시고, 저희를 위한 주님의 고난을 기억하게 하셔서 고난을 주님의 사랑으로 이겨낼 수 있는 믿음을 더하여 주시옵소서.

때로는 고난도 진정 하나님의 은혜요, 사랑이었던 것을 기억합니다. 저희에게 건강이 있게 하시고, 생명이 있게 하심으로 오늘도 호흡하며 나왔사오니, 하나님께 감사하는 마음으로 예배하게 하옵소서. 나라와 민족을 위하여 기도하오니, 이 나라의 경제가 회복되게 하여 주시옵소서.

죽어가는 영혼들을 사랑하셔서 이곳에 저희 교회를 세우신 것을 감사하오니, 교회에 속해 있는 저희 모두가 오직 하나님의 영광을 위한 삶을 영위하게 하시고, 주님의 빛과 사랑을 실천할 수 있는 지혜를 저희에게 주시옵소서. 저희가 하나님의 자녀로 세상에서 구별되어 늘 주님의 말씀으로 승리할 수 있도록 도와주시옵소서.

소망을 주시는 주님!

이 어려운 시대에 교회의 교육이 더욱 중요함을 깨닫습니다. 하나님의 뜻을 찾고 구현하며 행하는 교육이 되게 하시고, 어린이와 청소년과 청년의 삶을 변화시키는 교육이 되게 하여 주시옵소서.

교회의 교육이 올바른 목표와 방향으로 향해 갈 수 있도록 좋은 지도자들을 세워주시고, 그들을 통하여 이 땅에 온전한 사상과 세계관에 입각한 인물들이 꾸준히 늘어나게 하여 주시옵소서.

저희의 이웃과 믿지 않는 가족을 위하여 간구하오니, 그들의 영혼을 불쌍히 여기사, 죄악 가운데서 해방될 수 있는 은혜를 허락하여 주옵소서. 저희가 그들에게 주님의 사랑을 실천함으로 전도의 문이 열리게 하시고, 저희들의 선한 행실이 복음을 심는 일에 유익이 되도록 복을 주옵소서. 오늘 예배를 통하여 말씀 전하게 하신 목사님을 위해 기도하오니, 성령과 진리로 충만케 하시어, 영감 있는 말씀을 증거하게 하시고, 들을 때에 마음이 뜨거워지는 역사가 있게 하옵소서.

예수 그리스도의 이름으로 기도합니다. 아멘!

7월 · 셋째 수요일 저녁

여호와 라파, 치료의 하나님 아버지!

아버지는 진정한 치료자이십니다. 영혼을 치료하실 뿐만 아니라, 저희의 몸도 치유하심을 믿습니다. 구하옵나니, 이 시간 저희의 기도에 귀를 기울여 주시옵소서.

지난 사흘 동안도 하나님의 섭리 가운데 살게 하시며, 저희로 하나님의 권능을 힘입어 승리하게 하시다가 주님 앞에 거룩한 예배를 하게 하심을 감사합니다.

그러나 저희가 온전히 주님의 뜻대로 살지 못하였음을 고백하오니, 용서하여 주시옵소서. 주님의 사랑으로 세상을 이길 수 있도록 은혜를 더하여 주시고, 온전히 주님을 의지할 수 있도록 복을 더하여 주시옵소서.

매일 상처 입고 아파하는 저희를 위로하시고 치료하여 주시니 감사합니다.

이 시간 저희들이 주님께 신령과 진정으로 예배하게 하시고, 주님께서 응답하시는 귀한 예배가 되게 하여 주시옵소서.

이 시간 찬양할 때 하나님의 영광이 나타나게 하시며, 저희들의 기도를 통하여 하나님의 뜻이 속히 이루어지기를 원합니다. 저희의 입술에 감사가 넘치게 하시고, 하나님을 향한 헌신된 손길이 끊이지 않도록 복을 주옵소서.

사랑이 많으신 아버지! 저희의 모든 허물과 절망과 좌절은 아버지의 도움으로만 해결될 수 있나이다. 사유(赦宥)하심의 은혜로 용서하여 주옵소서. 믿음으로 하나님 아버지의 보좌 앞에 담대히 나왔습니다. 저희들에게 충만한 은혜를 주옵소서.

교회를 사랑하시는 주여!

이 땅 위에 흩어진 많은 주님의 교회들을 위해서 기도합니다. 교회가 성장해 감에 따라 주님의 나라가 이 땅 위에 확장될 수 있도록 은혜로 더하여 주시옵소서. 저희가 주님 나라의 증인이 될 수 있도록 복을 주시옵소서. 저희의 모든 것을 주님 나라의 확장을 위해 드릴 수 있도록 도와주시옵소서. 이 자리를 사모하면서도 함께 하지 못한 성도들이 있습니다. 그들을 위하여 기도하오니, 하나님을 힘있게 섬길 수 있는 형편과 여건을 허락하시며, 믿음을 더하여 주옵소서.

주님의 몸을 내어주시기까지 희생하신 사랑을 배우게 하셔서 행함 가운데 봉사하며 헌신하게 하옵소서. 빛이 없는 곳에 빛이 되게 하시고, 썩어지는 곳에 소금이 될 수 있는 믿음을 더하여 주시옵소서.

이 시간 목사님을 통하여 주시는 말씀이 은혜가 되게 하사, 저희의 신앙이 뿌리를 내리고, 인격이 성숙하여 저희의 믿음이 성장하게 하시고, 저희를 선하게 인도하여 주시옵소서. 저희를 시험에 들지 않도록 주장하여 주시고, 하나님의 영광을 구하게 하옵소서. 저희의 연약함으로 범죄하지 않도록 함께하시길 원하오며, 거룩하신 예수님의 이름으로 기도합니다. 아멘!

7월 · 넷째 수요일 저녁

언제나 저희를 진정으로 안아주시고, 품어 주시는 사랑의 하나님!

지난 삼 일간도 잘 보호해 주시고, 오늘 수요 기도회로 하나님을 섬길 수 있는 믿음과 환경을 허락하신 아버지께 감사와 찬송을 올려 드립니다.

거룩한 자녀의 권세를 가지고도 힘없고 연약하게 살아온 한 주간의 삶을 용서하여 주시옵소서. 이 시간 저희의 심령과 영혼의 양식을 말씀으로 채우사, 마음으로 하나님을 사랑하고 힘을 다하여 주를 섬기는 복된 시간이 되게 하여 주옵소서. 저희의 육신만 왔다가 가는 시간이 아니라, 저희의 영혼에 양식을 채워가는 예배가 되게 하시고, 삶을 고치지 않으면서도 태연히 예배만 드리는 사마리아인의 그릇된 예배가 되지 않도록 은혜로 붙들어 주옵소서. 늘 동행하시는 성령의 감동을 따라 감사와 기도가 끊이지 않는 주의 자녀들이 되기를 원합니다. 더 크고 위대한 이상을 주시되, 영혼을 위해 기도하고, 헌신하고, 구원하는 전도의 삶을 살게 하여 주시옵소서. 저희들의 생활이 예배가 되도록 인도하시며, 저희의 삶에 하나님의 나라가 이루어지게 하여 주옵소서.

저희의 마음이 성령의 전(殿)이 되게 하시고, 저희가 움직이는 교회가 되게 하셔서 범사에 하나님을 인정하고 찬미하는 믿음의 역사가 있도록 복을 주옵소서. 저희의 마음을 순결하게 하시고, 하나님이 아니고는 채울 수 없는 사랑을 늘 갈급해 할 수 있도록 복을 주옵소서. 청결한 마음이 되게 하시고, 의에 주리고 목마른 자들이 되어 하늘나라의 기쁨으로 행복을 보장받게 하여 주옵소서. 먹고 마시는 것으로만 즐거워하지 않게 하시고, 하나님의 나라가 이 땅에 이루어져 가는 것으로 기뻐할 수 있는 주님의 마음을 주시옵소서. 저희로 세상과 구별하사 거룩한 성도가 되게 하시며, 저희를 성결하도록 지켜주시옵소서. 세상과 타협하게 마시고, 저희를 세상에서 승리할 수 있도록 권능을 허락하여 주시옵소서. 하나님의 나라가 이 땅에 이루어질 수 있도록 저희로 주님의 증인이 되게 하여 주시옵소서.

성도들이 귀한 시간에 모여 찬양하고 기도할 때에 하늘 문이 열리기를 기도합니다. 오직 주의 말씀으로 거룩하게 되며, 성령이 역사하심을 믿습니다.

진정으로 구하옵나니, 이 시간에도 저희에게 말씀하여 주옵소서. 대언하게 하신 목사님에게 성령의 두루마기를 입혀주셔서 성령의 은혜를 전하는 귀한 목사님이 되게 하여 주시고, 저희에게는 하나님의 은혜와 사랑을 받는 귀한 말씀을 전하게 하여 주시옵소서.

오늘도 사랑과 의로 저희를 보호하시며 단련하시는 하나님 아버지 앞에 예수님의 이름으로 기도합니다. 아멘!

삼위일체 하나님께 영광을 돌립니다.

창조의 구속과 역사로 저희들과 함께 하시는 주님! 지난 사흘 동안도 저희들을 은혜의 빛으로 인도하여 주시다가 주님 앞으로 다시 불러주셔서 임재하시는 주님과 대면할 수 있게 하시고, 기도로 교제할 수 있도록 이끌어 주시니 감사합니다.

용서의 하나님!

저희의 약함을 도와주시고 이끌어 주시는 성령님의 인도하심 속에서도 쾌락을 즐기며, 이생의 자랑과 안목의 정욕을 좇아 살기를 좋아했던 저희들을 긍휼히 여겨 주시고, 용서하여 주시기를 원합니다. 더 이상 성령을 탄식하게 하는 죄악 된 일들을 하지 않도록 저희들의 부족한 심령을 성령의 능력으로 사로잡아 주시고, 주님의 손에 붙잡혀 경건하고 거룩한 삶을 살아갈 수 있는 저희들이 되게 하시옵소서.

저희들은 주님의 선택 받은 자녀들이면서도 주님의 이름을 제대로 부르지 못하는 나약한 때가 너무도 많았음을 고백하지 않을 수 없습니다. 저희들의 연약함을 긍휼히 여기시고 용서하여 주셔서, 언제 어느 장소에서라도 주님의 이름을 부르며, 주님의 영광을 드러내기를 주저하지 않는 저희들이 되도록 담대함을 주옵소서.

은혜의 하나님!

이 시간도 주님 앞에 찾아 나온 성도들 중에 육신의 연약함, 질병의 무거운 짐을 지고 있는 성도가 있습니까? 주님께 간절한 마음으로 부르짖을 때, 신음과 고통이 사라지고, 회복되고 치유되는 주님의 은총이 있게 하시옵소서. 상한 심령 가지고 나온 성도들이 기도하는 가운데 주님의 위로하심과 격려하심 속에서 새로워지고 온전케 되는 역사가 있게 하시옵소서.

예배와 기도에 성령의 위로가 있게 하옵시고, 목사님을 통하여 주의 말씀을 전달받을 때 위로부터 내리시는 계시의 은총을 충만히 받는 시간이 되게 하여 주시옵소서. 저희 교회가 반석 위에 든든히 세워지게 하옵시며, 전도를 통해 주의 나라가 날마다 확장되는 역사가 있게 하여 주시옵소서. 이 시간 열방으로 나간 선교사들을 위해 기도합니다. 선교사들에게 복을 내려주시되, 표적과 기사와 이적으로 함께하여 주옵소서. 세상의 빛과 소금의 역할을 충실히 감당하는 주의 종들 되게 하여 주시옵소서. 그리하여 만방에 하나님의 영광을 드러내게 하시옵소서.

이 시간도 세상의 염려보다 주님의 몸 된 교회를 위하여 거룩한 염려를 하는 주님의 사랑하는 종들을 기억하시고, 저들의 헌신과 충성을 통해서 주님의 나라가 확장되며, 복음이 전파되고, 교회가 든든히 서갈 수 있도록 하시옵소서.

이 자리에 참석한 저희 모두에게 주님께서 임마누엘이 되어 주실 줄로 믿사옵고, 예수 그리스도의 이름으로 기도합니다. 아멘!

8월 · 첫째 수요일 저녁

모든 믿는 자의 하나님!

수요 기도회를 위해 오늘도 아버지 앞에 나왔습니다. 오늘도 진정으로 회개하는 자의 친구가 되시는 하나님의 은혜에 감사드립니다. 성결한 심령으로 한 해를 승리하게 하옵소서. 깨끗한 심령으로 날마다 거듭나기를 소원합니다. 저희를 새롭게 하시는 주님! 저희를 받으시기에 합당한 심령이 되게 하옵소서. 하나님은 믿는 자에게 역사하시는 하나님이십니다. 오늘도 주님께 구하고 간구하며, 또 연약한 지체들을 위해 기도하기 위해 모였사오니, 주님이 함께하시는 증거를 보여주실 줄 믿습니다.

오! 사랑의 주님! 길이요 진리요 생명이신 예수님을 이 땅에 보내신 하나님 아버지의 크신 은혜와 사랑에 감사드립니다.

의로우신 하나님, 이제 저희가 아버지의 말씀 안에 거함으로 저희의 믿음이, 저희의 행동이, 그리고 저희의 모든 삶이 날마다 변화되어 예수님을 닮아가게 하옵소서.

저희의 모습을 통해 의로우신 하나님과 사랑의 하나님이 조금이라도 세상에 보여지게 하옵소서. 진실로 저희 성도들이 하나님의 진실된 자녀임을 깨달아 알게 하시고 또한 그렇게 살게 하옵소서. 불의하게 잘사는 것보다는 의로운 가난을 택하게 하시고, 죄인으로 갈등과 번민 속에서 지내기보다는 하나님의 의로우신 사랑과 평강 속에 거하는 쪽을 택하는 지혜를 주시옵소서. 하나님이 의롭다 여겨 주시는 삶이 훨씬 더 고귀하다는 것을 깨닫게 하옵소서. 세상에 보물을 쌓아두는 것으로 만족하지 말게 하시고, 흔들림 없고 빼앗아갈 수 없는 하늘나라에 저희의 보물을 쌓음으로써 참된 배부름, 진실된 만족감이 넘쳐흐르게 하옵소서. 그리고 그것이 가장 큰 저희의 재산임을 아는 지혜가 있게 하옵소서.

저희가 드리는 예배를 기쁘게 받아주옵시고, 특별히 찬양대의 찬양으로 하늘 문이 열리게 하셔서 성령의 충만한 은혜를 받게 하여 주옵소서. 공교한 찬양으로 심령의 문도 열리게 하셔서 저희 목사님을 통하여 증거하실 하나님의 복된 말씀이 생명력 있게 증거될 수 있도록 복을 주옵소서. 예배를 보는 성도에서 예배하는 성도로 변화되게 하시고, 수동적인 성도에서 행동하는 성도로 변화되게 하옵소서. 저희가 새롭게 됨으로 교회가 변화되게 하시고, 온 성도의 열심으로 주님의 나라가 확장되도록 인도하여 주옵소서.

예수님의 고난을 기억하여 어떠한 어려움도 인내로 이겨 낼 수 있도록 하시고, 용서하기 어려운 억울함도 견딜 수 있는 힘을 더하여 주옵소서. 예수님의 이름으로 기도합니다. 아멘!

8월 · 둘째 수요일 저녁

빛과 진리 되시는 하나님 아버지, 감사합니다!

주일 지나 사흘 동안도 저희들을 지켜주시고, 소망 가운데 살게 하시다가 주님 앞으로 인도하여 주시니 감사를 드립니다. 아버지 앞에 나올 때마다 저희들의 약함과 죄악을 깨닫고 주님의 긍휼을 간절히 구합니다.

자비의 하나님 아버지, 저희의 그릇됨을 용서하여 주시고, 악하고 더러운 모든 허물을 성령의 불로 태우셔서 깨끗하게 하시고, 정결케 하여 주옵소서.

늘 쓰러지는 저희를 불쌍히 여기시고 넘어질 때마다 주님께서 붙잡아 주시기 위해 독생자 예수님을 십자가에 못 박으시기까지 사랑하심에 감사합니다.

저희는 하나님의 그 크고 놀라우신 사랑을 너무나 잘 알고 있습니다. 또한 하나님을 사랑하고 이웃을 사랑한다고 고백도 하고 있습니다. 그러나 이 시간 진정으로 저희 자신을 돌아볼 때 부끄러움이 많습니다. 하오니, 사는 날 동안 진실로 겸손하게 거짓 없이 살게 하옵소서,

지난 사흘간에도 저희가 지은 죄악을 용서하여 주옵소서. 수요 기도회를 통해서도 주님의 사유(赦宥)의 은총을 기뻐하며 누리게 하옵소서.

하나님 아버지, 주님의 보혈 위에 세워주신 귀한 교회에 늘 함께해주셔서 은혜와 진리가 가득한 교회가 되게 해주옵소서. 믿

음의 행위와 사랑의 수고와 인내의 소망을 가진 성도들로 만들어 주시고, 주님께서 오실 때 칭찬받는 자녀, 인정받는 자녀들 되게 해주옵소서.

귀하신 주님께서 저희를 자녀로 삼아주신 은혜를 감사합니다. 저희의 기도를 들어 응답해 주시옵고, 죄악으로 인하여 시들해진 주님과의 관계가 다시금 향기나는 꽃으로 피어 새로운 기쁨이 넘치는 귀한 시간이 되도록 복을 주시옵소서.

말씀을 전하게 하신 목사님께 함께하셔서 주님의 전신 갑주를 입혀주시고, 성령의 검으로 악한 부분을 치시고, 거룩하고 성결한 영으로 채워주옵소서. 목사님에게 늘 주님의 크신 권능으로 채워주시고, 강건함을 주시며, 새 힘을 부어주옵소서. 저희 가정과 부모님, 자녀들을 보호하여 주시고, 믿음으로 승리하게 하시며, 화평을 허락하여 주옵소서. 질병과 여러 가지 어려움을 당하는 성도들에게 함께하셔서 능력이 무한하신 주님을 의지하고 더욱 열심히 간구하여 기도하는 제목들이 응답받게 하옵소서. 이 시간 하나님 앞에 예배하는 모든 심령 위에 놀라운 은혜로 함께 하시고, 알파와 오메가 되시는 하나님께 영광 돌리는 시간 되게 하여 주옵소서.

예수님의 이름으로 기도합니다. 아멘!

8월 · 셋째 수요일 저녁

날마다 저희에게 사랑과 은혜를 풍성히 주시는 하나님 아버지!
주일 이후 사흘 동안도 지켜주시고, 수요 기도회를 저녁 시간에
허락하심을 감사합니다. 이 시간 예배를 통하여 저희들의 모든 허
물과 죄악은 주의 십자가 뒤로 감추어 주시고, 오직 하나님이 원
하시고 모든 성도들과 저희 교회가 마땅히 아버지께 아뢰어야 할
참된 기도를 드릴 수 있도록 성령께서 인도해 주옵소서.

물질은 드려도 자신을 드리지 않는 형식적인 사람이 되지 않기
를 기도합니다. 몸은 드려도 마음은 드리지 않는 사람이 되지 않
기를 기도합니다. 마음과 영이 하나 되어 주 앞에 드리는 이 시간
이 되게 하시옵소서. 신령과 진정으로 예배하게 하여 주시옵소서.
저희의 부족함을 아시면서도 주님을 간절히 찾는 자를 거절치 않
으시는 주님의 사랑을 생각하며, 오늘도 꿀송이보다 더 달콤한 주
의 말씀을 사모하게 하옵소서.

주님, 이 시간 먼저 저희 교회의 모든 연약한 지체들을 위하여
기도합니다. 마음이 가난한 자들을 불쌍히 여기시고 일으키시며,
주께서 약속하신 천국의 주인되는 소망을 주옵소서. 물질의 부
족과 병든 육신과 사람들과의 단절 속에서 애통해 하는 성도들
이 있으면 주께서 그 모든 문제를 해결하여 주옵소서. 무엇보다
도 저희가 이런 것들로 슬퍼하며 애통해 하기보다는 하나님 앞에
서 지은 죄악들을 슬퍼하고 고백하게 하옵소서. 그리하여 주께
서 주시는 하늘의 위로가 나타나 참된 해방과 자유의 기쁨을 맛

보게 하옵소서.

사랑의 주님, 이 시간 저희에게 기도의 영을 내려주시길 원합니다. 저희 교회의 모든 성도가 깨어 기도함으로써 신뢰의 관계가 회복되게 하옵소서. 비록 연약한 저희들이지만 성령이 함께하심으로 한 손으로는 하나님 보좌를 붙들고, 다른 한 손으로는 주님의 몸 된 교회와 약한 지체들을 붙잡고 땀 흘려 기도하게 하옵소서. 그 간구가 하늘에서 이룬 것과 같이 땅에서도 이루어짐으로써 하나님이 저희를 기뻐하시고, 저희 또한 그 놀라운 은총에 감사하며 일평생 주를 찬송하게 하옵소서.

기도 생활이 저희의 중심이 되게 하시고, 언제나 하나님께 간구하고 교제하며 살아가는 삶이 되도록 인도하여 주옵소서. 저희의 이 기도와 간구가 하나님이 받으시는 새 역사의 제사, 몸으로 드리는 진정한 산 제사가 될 줄로 믿습니다.

주님의 말씀을 대언하게 하신 목사님에게 권능을 주셔서 주님의 말씀을 온전히 선포하게 해주시고, 말씀이 저희의 모든 골수와 육신을 쪼갤 수 있게 하시며, 말씀으로 한 주를 살아가는 양식이 되게 하여 주시옵소서.

이 시간도 성령의 역사하심을 믿사옵고, 예수 그리스도의 이름으로 기도합니다. 아멘!

8월 · 넷째 수요일 저녁

빛과 진리이시며, 저희의 생명이신 하나님!

온 땅이 다 주를 찬양하는 것은 태초부터 지금까지 주의 언약이 변함없이 지켜졌기 때문입니다. 저희에게도 하나님의 말씀은 받을 때마다 꿀보다 더 달고 송이꿀보다 더 단 말씀임을 고백합니다. 그리고 이 시간 저희의 영이 체험하고 있습니다.

주일이 삼 일 지난 오늘 이 저녁도 말씀이 갈급하여 모인 저희들입니다. 하오니 저희에게 신령한 말씀의 은혜를 허락하셔서 믿음의 양식이 되게 하옵소서. 인간의 의지와 노력으로 실패했던 은혜 생활이 하나님의 도우심으로 다시 회복되는 시간이 되게 하옵소서. 저희의 싸움은 혈과 육에 대한 것이 아니요, 하늘에 있는 악의 영들, 어둠의 세력들인 것을 알면서도 혈기로 마음을 지키지 못하여 늘 넘어지고 있습니다. 저희의 씨름의 대상을 바로 깨달을 수 있는 은혜를 주시며, 눈에 보이는 것 때문에 감추어져 있는 영적인 보화들을 잃어버리지 않도록 복을 주옵소서. 하나님이 저희에게 허락하신 은혜의 풍성함을 알고도 기도하기보다는 저희의 생각을 앞세웠고, 사랑하기보다는 판단하며, 전도하기보다는 정죄했던 저희들을 용서하여 주옵소서. 저희의 신앙이 세상 권세에 위축되지 않도록 도우시며, 세상을 변화시키는 능력 있는 그리스도의 자녀들이 되게 하옵소서.

교만한 자를 물리치시며, 상한 심령을 받으시는 주님! 이 시간 상처 입은 심령들이 치유되기를 원하오니, 위로의 말씀을 주옵소서. 권능 있는 말씀을 주옵소서. 능히 저희 자신이 부서지고, 주님께서 다스리시는 살아있는 말씀을 허락하여 주옵소서. 저희가 선교의 도구가 되기를 원합니다. 평화의 도구가 되기를 원합니다. 저희들이 가는 곳마다 그리스도의 향기를 내게 하옵소서.

새해의 다짐과 결심을 잊지 않고 있사오니, 예배를 통해 저희에게 새로운 빛으로 살아갈 수 있는 한 해가 되도록 은혜를 허락하소서. 금년 내내 아버지께 영광 돌리고, 말씀을 듣고 전하며, 승리하는 한 해가 되게 하옵소서.

말씀을 전하시는 목사님과 함께하시어 성령의 충만함을 허락하옵소서. 주의 말씀은 저희의 길에 등이요, 빛입니다. 주님과 말씀으로 동행하는 자는 빛으로 다니고, 어둠에 놓이지 않을 것을 믿습니다.

예배에 승리함으로 생활 예배에도 승리하게 하옵소서. 오늘 예배를 통하여 기도하는 성도들의 소원이 이루어지게 하옵시고, 주의 사랑의 음성으로 충만케 되어 돌아가도록 복을 주옵소서. 저희들의 귀가 복된 귀가 되게 하셔서 언제나 말씀을 들을 때마다 깨닫게 하여 주옵소서. 행하는 믿음의 사람이 되게 하여 주옵소서.

예배를 주님께서 인도해주시기를 원하오며, 예수 그리스도의 이름으로 기도합니다. 아멘!

9월 · 첫째 수요일 저녁

언제나 변함없는 사랑을 주시는 하나님 아버지!

이 시간 수요 기도회에 모여 예배하오니, 저희에게 영적인 복을 더하여 주시옵소서. 성령님 임재하신 줄 믿사오니, 기도하는 저희들이 언제나 주님과 만나는 기쁜 시간이 될 줄 믿습니다. 온전히 마음을 다해 기도하는 내용이 주님 앞에 드려지길 원합니다. 이 시간 저희의 기도가 신령과 진정을 담은 기도가 되게 하여 주시고, 저희의 모든 세포, 조직 하나하나가 온통 주님께 집중되는 시간이 되게 하여 주시길 원합니다.

주님! 저희의 삶의 모습이 주님께 헌신하는 삶이 되기를 원합니다. 이 시간 성령께서 역사하셔서 저희의 모든 것이 온전케 됨을 보게 하옵소서.

지나간 삼 일간, 하나님의 은혜로 주신 삶의 터전에서 열심히 살게 하셔서 감사합니다. 저희들이 경성(警醒)하여 믿음으로 살고자 하더라도 저희의 연약함으로 인하여 알게 모르게 주님의 이름을 가렸을 줄 압니다. 하지만 주님의 피는 저희의 범죄보다 더 강력하시오니, 무엇보다도 주님의 피 흘리심으로 저희를 죄에서 구원하심으로 인해 감사드립니다.

하나님 아버지, 지금 저희가 사는 세상은 마치 폭풍을 만난 배같이 이리저리 요동치며 휩쓸리고 있습니다. 그 배 안에서 공포에 떨며 아우성치는 승객처럼 저희도 지금 절규하며 죽음과 무가치와 혼돈 속에서 떨고 있습니다. 악한 물질을 좇아 허덕이며, 허망한 권력을 향해 질주하고, 하나님과 어긋난 명예임에도 서로 차지하기 위하여 경쟁하고 있습니다.

생명의 주님, 먼저 이러한 저희의 모습을 용서하여 주옵소서.

주님의 철저한 간섭하심으로 이제 저희가 새로운 자세로 변화되는 시간을 맞게 하옵소서. 사도 바울이 타고 가던 배가 유라굴로라는 광풍을 만났을 때 그 배에 탄 사람이 모두 죽음 앞에 떨며 아우성쳤지만 조금도 흔들림이 없었던 바울의 모습을 기억합니다. 저희로 하여금 그 바울의 모습을 닮아가게 하옵소서. 바울처럼 하나님 안에서, 진리 안에서 사는 사람 되게 하옵소서. 그리하여 이 어려운 세대 속에서도 주의 구원의 손길이 있을 것이라는 놀라운 하나님의 계시의 메시지를 전하게 하옵소서. 이 태풍이 몰아치는 세상에서도 저희가 섬기는 하나님이 저희를 능히 구원해 주실 것이라는 확신을 얻게 하옵소서.

말씀을 들고 강단 위에 서게 하신 귀한 목사님과 동행하여 주셔서 주님의 말씀만을 전할 수 있는 목사님이 되게 하여 주시옵소서. 늘 강건함으로 주님의 일을 감당하게 하옵소서. 이 모든 말씀을 주 예수 그리스도의 이름으로 기도합니다. 아멘!

9월 · 둘째 수요일 저녁

저희를 용서하시고, 구원하신 아버지 하나님!

한 주간도 벌써 사흘이 지나갔습니다. 오늘도 새벽부터 이 시간까지 성령의 인도를 따라 살며 기쁨을 누리게 하시고, 기도회를 통해 새로운 힘을 주시는 하나님을 찬양합니다. 저희의 힘이 되시는 여호와 하나님의 성호를 높여 드립니다.

예배 때마다 신령한 복으로 함께하시어 오늘에 일용한 영의 양식과 은혜를 맛보게 하옵소서. 주님 앞에 설 때마다 저희의 모습을 보게 하시고, 다시 한번 주님의 신실하심과 온전하심을 바라봄으로 이 자리를 떠날 때 주님의 전신 갑주로 무장하게 하여 주시옵소서.

세상의 악함을 대적할 때 저희의 능력과 권세로 하지 않고, 하나님의 말씀의 검으로 이기는 역사를 체험하게 하옵소서. 입으로만 주여! 주여! 하는 자가 되지 않게 하시고, 온전히 주님을 의지하며 나아가는 자가 되게 하여 주시옵소서.

옛사람을 벗어버리게 하여 주시고, 주님의 성품을 닮아가고, 하나님의 형상을 회복하게 하옵소서. 저희를 미워하고 핍박하는 자도 사랑하라고 하셨으니, 순종하게 하시고, 하늘에 계신 아버지의 온전하심을 닮게 하옵소서. 모든 것을 참으며, 모든 것을 믿으며, 모든 것을 바라며, 견디는 사랑의 힘을 주옵소서.

오늘 드리는 예배를 통하여 저희들에게 믿음의 전신 갑주를 입혀주옵소서. 저희의 삶 자체가 영적 싸움임을 늘 기억하게 하여 주시옵소서. 저희가 이웃과 상처받는 자들을 위해 늘 기도하는 주님의 자녀들이 되기를 원합니다. 아픔과 슬픔이 가득한 자들에게 주님께서 찾아가 주셔서 그들을 위로하여 주시고, 그들이 알지 못하는 평안으로 채워주시옵소서.

교회는 세상에 맑은 물을 공급하는 시냇물과 같습니다. 맑은 물이 흘러 들어가야 강물이 깨끗해지듯이 교회에서 생수의 시냇물이 솟아나지 않으면 세상은 탁해질 수밖에 없습니다. 에스겔이 본 성전 문에서 흘러나온 생수의 환상처럼 이 시간부터 저희 교회가 성령의 충만한 은혜의 근원이 되게 하여 주옵소서.

불의와 대항하고, 유혹과 미혹에 대적하며, 세상 풍조를 거스르는 이 싸움에서 진리와 의와 믿음과 말씀을 가지고 깨어 기도함으로 악한 자를 소멸하고 승리하게 하옵소서. 목사님을 통해 살아 움직이는 하나님의 말씀을 들을 때에 우리의 심령과 골수를 쪼개는 역사가 있게 하옵소서. 찬양과 기도를 통하여 하나님의 은혜가 풍성히 넘치게 하시며, 마음의 선한 소원을 아뢰는 귀한 시간 되게 하옵소서.

예수님의 이름으로 기도합니다. 아멘!

9월 · 셋째 수요일 저녁

할렐루야! 저희들의 기도를 받으시기에 합당하신 하나님 아버지!

지난 사흘간도 주님께서 하늘의 신령한 만나를 내려주시니 감사를 드립니다.

아버지 하나님! 저희의 속사람을 살펴주시고 깨끗하게 하여 주시옵소서. 저희는 입술이 부정했고, 목이 곧았으며, 불순종의 나날을 보내기도 했습니다. 입술로는 주여! 주여! 했지만 진실한 고백과 믿음의 삶을 살지 못했음을 고백합니다. 저희 모두를 용서하시고, 말씀의 능력과 성령의 역사로 새롭게 하옵소서. 이 시간에도 다 내려놓고 빈손 들고 왔습니다. 빈 마음 가지고 왔습니다. 그러나 이 자리를 떠날 때는 하늘의 은총과 능력의 말씀으로 가득 채워 갈 수 있도록 하여 주시옵소서.

반석 위에 집을 짓는 자를 말씀 위에 집을 짓는 사람이라고 하셨습니다. 그러하오니, 주님의 말씀으로 가득 참으로 인해 하나님의 은혜로 이 시대에 필요한 자로 세워주시고, 이 시대를 변화시키는 저희로 훈련시켜 주옵소서. 하나님과 사람을 사랑하고, 자연과 생명을 사랑하고, 어린아이처럼 순수한 믿음으로 살게 하옵소서. 하나님 아버지, 저희 교회가 그리스도의 형상을 닮기를 원합니다. 실패한 자가 힘을 얻고, 상처받은 자가 치유되며, 낙심한 자가 소망을 발견하는 교회가 되기를 원합니다. 주님께서 우리나라와 민족을 사랑하셔서 주님 안에 하나가 될 수 있는 날이 속히 올 수 있도록 도와주시옵소서.

폭염과 무더위를 참고 이기어 비로소 약속의 절기를 얻게 하심을 감사드립니다. 인내의 결실이 이처럼 달고 보람된 것임을 깨닫게 하시고 시름에 잠긴 이 민족이 용기를 얻는 계기가 되게 하여 주시옵소서.

이 시간, 예배하는 저희들이 무엇보다도 신실한 믿음으로 하나님께 나아가도록 도와주시옵소서. 저희의 기도를 들어 응답하여 주시옵소서. 이 시간 육신의 고통을 가지고 주님의 전으로 나아온 심령들이 있사오니, 주님의 치료하시는 광선으로 치료하여 주시고, 마음의 상처를 가지고 나아온 심령들도 있사오니, 주님의 사랑으로 어루만져 주시옵소서.

모든 성도가 그리스도 안에서 풍성한 삶을 누리며, 성령의 열매를 맺을 수 있도록 도와주옵소서. 아버지의 거룩한 뜻이 하늘에서 이룬 것 같이 저희 교회를 통하여 풍성하게 이루어지게 하옵소서. 저희의 이웃을 불쌍히 여겨 주옵소서. 병으로 고통당하며, 실직으로 아파하며, 가난으로 가슴 졸이는 외롭고 소외된 주님의 백성들에게 은혜를 베풀어주시옵소서.

예수님의 이름으로 기도합니다. 아멘!

9월 • 넷째 수요일 저녁

거룩하신 주 하나님!

이 수요일 저녁 시간에도 주님 앞에 나아와 기도하게 하심을 감사드립니다. 기도하는 즐거운 시간 동안 주님과 만나 동행하게 하여 주옵소서.

승리케 하시는 주님! 이 시간 모든 이름 위에 뛰어나신 하나님께 감사드립니다.

여호와를 자기 하나님으로 삼는 백성은 복이 있다 하신 말씀에 의지하여 이 시간 하나님을 저희의 참 소망과 주인으로 믿고 나왔사오니, 은총을 내려 주옵소서.

주님! 오늘 수요 기도회를 통하여 저희의 영혼이 주님과 만나 동행하며, 기쁨을 얻게 하시기를 간절히 원합니다. 저희 민족을 사랑하시는 하나님 아버지, 오천 년의 역사 속에서 우상숭배와 가난과 진노의 자식으로 살던 저희 민족에게 주님의 피로 사신 복음의 씨를 뿌려 주시고, 구원의 도를 붙잡을 수 있도록 인도하신 은혜를 감사드립니다. 그러나 아직도 우리나라에는 우상을 섬기며 헛된 신을 찾는 어리석은 백성들이 많습니다. 스스로 지혜롭다 하며, 자기 교만과 자랑에 빠진 불쌍한 자들과 하나님의 정의와 법을 무시하고 쾌락과 탐욕의 노예가 되어 살아가고 있는 자들도 있습니다. 주님의 자비롭고 전능하신 손으로 건져주시고, 잘못된 길에서 돌이키게 하옵소서.

무엇보다 경건하고 참되며, 또한 무슨 일을 하든지 하나님이 원하시는 저희의 모습이 되길 원합니다. 악을 버리고 믿음을 따르게 하시고, 오직 공의와 사랑의 주님을 닮아가는 저희들이 되게 하여 주옵소서. 자신을 나타내기보다는 주님을 나타내는 삶을 살게 하시고, 하나님만을 높이는 삶을 살게 하옵소서.

저희에게 능력을 주시는 사랑의 하나님 아버지! 저희가 사는 이 세상은 소돔과 고모라 같은 곳입니다. 하나님의 심판의 대상이기도 하지만 구원받아야 할 세상입니다. 그래서 세상엔 곳곳에 사랑을 나타내고, 또 심어야 할 곳이 많습니다. 문제는 저희들이 약하고 결심을 실천하지 못하는 것입니다. 주님의 사랑을 실천할 수 있는 저희가 될 수 있도록 인도하여 주시옵소서. 저희들의 믿음이 연약하여 주의 도우심을 간구하오니, 그리스도의 빛을 세상에 발하게 하시고, 주님의 거룩한 백성으로 세상에서 승리할 수 있도록 힘을 주시고 능력 주시기를 원합니다.

이 시간 신령한 말씀을 사모하여 나왔사오니, 한 주간 이 세상에서 살아갈 넉넉한 영혼의 양식을 얻게 하옵소서. 가정에서, 직장에서, 어느 일터에서나 하나님의 사람으로 담대히 살아가며, 하나님 나라의 일꾼으로 일하게 하옵소서, 저희의 이웃들에게 주님의 아름다운 향기를 나타내게 하옵소서.

예수님의 이름으로 기도합니다. 아멘!

10월 · 첫째 수요일 저녁

온 세상을 만드시고 그것들을 보살피시는 하나님!

태초부터 영원까지 만유의 주재가 되시며, 사랑과 질서로 우주 만물을 다스리시는 여호와 하나님, 크신 사랑과 은혜를 감사드립니다.

보잘것없는 저희를 사랑하셔서 이 수요 기도회 시간에도 주님 앞에 나아올 수 있도록 은혜를 주시니 감사합니다.

너는 내 것이라고 지명하여 불러 주셨사오니, 주님이 원하시는 뜻대로 저희를 사용하여 주시고, 주님을 향한 마음이 늘 열려있는 저희가 되게 하여 주시옵소서.

하나님 아버지, 저희는 주님을 사랑한다고 하면서도 언제나 미련하고 부족하였으며, 주님을 모른다고 세 번이나 부인한 베드로처럼 언제나 자책 가득한 심령으로 주님 앞에 나아옵니다. 그러나 어제도 오늘도 영원토록 변함없이 동일하게 저희를 사랑해 주시고, 용납해 주시는 주님께 감사를 드립니다. 하나님 아버지, 저희의 연약함을 도우시고, 저희의 마음과 생각을 지켜주셔서 주님께서 원하시는 길을 따라 행하게 하시며, 언제나 주님의 기쁨이 되게 하여 주옵소서.

교회의 머리가 되시는 주님!

이 땅 위에서 빛의 역할을 감당하지 못하는 교회가 없게 하시고, 세상의 것들로 채워지는 교회가 없게 하여 주시옵소서. 신령한 하나님의 은혜로 늘 충만한 교회가 되게 하시옵소서. 길을 잃은 영혼들에게 등불이 되어 줄 수 있는 교회가 되게 하시고, 슬픔으로 아파하는 영혼들에게는 진정한 위로를 줄 수 있는 교회가 되게 하여 주시옵소서. 안식이 없는 세상에서 이 예배를 통하여 안식을 얻게 하여 주시옵소서.

주님, 저희 교회의 모든 기관이 잘 연합하여 한마음이 되기를 원합니다. 모든 기관들이 주님께 집중하게 하시고, 모든 일에 주님의 화합을 이룰 수 있도록 하여 주시고, 어떤 일을 할 때도 남을 나보다 낫게 여기고, 모든 일을 주께 하듯 하며, 서로 돌아보아 사랑과 선행을 실천하는 저희가 되게 하옵소서.

이 시간 말씀을 증거하실 목사님과 함께하셔서 큰 권세와 영감을 더해 주시고, 선포하는 말씀이 저희에게 기름진 꼴이 되며, 영생하도록 솟아나는 샘물이 되게 하여 주옵소서. 저희의 찬양을 기쁘게 받아주시옵소서. 예배하는 모두가 같은 마음으로 찬양하게 하시고, 저희의 삶에서도 늘 향기로운 찬양이 있게 하여 주시옵소서. 온 만물이 함께 찬양하며, 호흡이 있는 자마다 크게 기쁨으로 찬양하는 시간이 되게 하옵소서. 예수님의 이름으로 기도합니다. 아멘!

10월 · 둘째 수요일 저녁

찬양을 받기에 합당하신 아버지 하나님!

오늘도 상처 입고 아파하는 저희를 위로하시고, 치료하여 주시니 감사합니다.

이 시간 저희들이 주님께 신령과 진정으로 예배하게 하시고, 주님께서 응답하시는 귀한 예배가 되게 하여 주시옵소서.

찬양하는 가운데 하나님의 영광이 나타나게 하시며, 저희들의 기도를 통하여 하나님의 뜻이 속히 이루어지기를 원합니다. 저희의 입술에 감사가 넘치게 하시고, 하나님을 향한 헌신된 손길이 끊이지 않도록 복을 주시옵소서.

은혜로우신 하나님!

하늘이 높고 오곡이 무르익는 계절입니다. 저희 인생의 삶도 무르익게 하여 주시옵소서. 그 은혜를 감사하며 찬양할 수 있게 하여 주시옵소서.

사랑이 많으신 아버지! 저희의 모든 허물과 절망과 좌절은 아버지의 도움으로만 해결될 수 있습니다. 사유(赦宥)하심의 은혜로 용서하여 주시옵소서. 저희의 마음을 주님께 열게 하시고, 강퍅했던 심령에 부드러운 마음을 주셔서 옥토가 되게 하시고, 주의 흡족한 은혜의 단비로 새롭게 하여 주시옵소서. 믿음으로 하나님 아버지의 보좌로 담대히 나아왔습니다. 저희들에게 충만한 은혜를 주시옵소서.

이 자리를 사모하면서도 함께하지 못한 성도들이 있습니다. 그들을 위하여 기도하오니, 하나님을 힘 있게 섬길 수 있는 형편과 여건을 허락하시며, 믿음을 더하여 주옵소서. 저희의 삶이 하나님을 경배하는 삶이 되게 하시고, 하나님의 역사하심과 동행하심을 믿는 삶이 되게 하옵소서. 성도들과의 교제에 승리하게 하시고, 목회자들과의 관계에 승리하게 하셔서 하나님의 나라가 날마다 확장되게 하옵소서.

주님의 몸을 내주시기까지 희생하신 사랑을 배우게 하셔서 행함 가운데 봉사하며 헌신하게 하옵소서. 빛이 없는 곳에 빛이 되게 하시고, 썩어지는 곳에 소금이 될 수 있는 믿음을 더하여 주시옵소서.

또한 이 시간 목사님을 통하여 주시는 말씀으로 은혜받게 하셔서, 저희의 신앙이 뿌리를 내리고, 인격이 성숙하여 믿음이 성장하게 하시며, 저희를 선한 길로 인도하여 주시옵소서. 저희를 시험에 들지 않도록 주장하여 주시고, 하나님의 영광을 구하게 하시옵소서.

저희의 연약함으로 범죄하지 않도록 함께하시기를 원하옵고, 거룩하신 예수님의 이름으로 기도합니다. 아멘!

10월 · 셋째 수요일 저녁

자비로우신 하나님 아버지!

지난 사흘 동안도 아버지를 사모하며 기다리다가, 기도하며 주님과 동행하기 위해 이 자리에 나왔습니다.

저희에게 아름다운 가을 하늘과 수확의 기쁨을 허락하신 주님의 사랑에 감사합니다. 무르익어 가는 가을 들판을 바라보며, 하나님의 섭리를 생각하게 하시니 감사합니다. 오늘도 저희를 죄악의 들판에 버려두지 않으시고, 복 받고 열매 맺는 구원의 자녀로 살게 하시려고 불러주신 주님의 은혜에 감사합니다.

주님 앞에 부끄러운 저희들의 삶을 고백하오니, 오래 참으시는 주께서 긍휼히 여기셔서 용서해 주시옵소서. 날이 갈수록 주님의 은혜와 사랑을 더 깊이 깨달아 알게 하시고, 믿음을 더하여 주셔서 주님이 기뻐하시는 영적인 열매를 더욱 알차게 맺을 수 있는 저희들이 되게 하여 주시옵소서.

저희에게 평안과 기쁨을 주신 하나님! 자신의 너무도 많은 욕구와 만족만을 위해 살아가고 있는 저희들을 발견합니다. 참되고 온유하고 겸손하게 살도록 가르쳐 주신 주님의 진리를 외면한 저희들입니다. 그 결과로 저희의 영혼은 날로 그 빛을 잃어가고, 방황의 길에 빠져서 갈팡질팡하는 삶을 살았나이다. 주님의 보혈로 저희의 죄를 씻어주시고, 그 귀한 말씀 속에서 새 생명을 얻게 하시옵소서.

사랑의 주님! 시대의 어려움을 아시는 아버지께 간구하오니, 어려울 때일수록 하나님을 붙들게 도와주옵시고, 인간의 한계가 주의 은혜의 시작임을 인정할 수 있는 믿음을 주시옵소서. 어둡고 혼탁한 세상에 타협하지 않게 하시고, 믿음으로 하나님을 바라볼 수 있도록 복을 주시옵소서. 의심을 버리고 주를 바라보게 하옵소서. 하나님의 역사를 기대하게 하옵소서. 적당주의와 형식주의를 버리고, 사실적이고 역동적인 믿음을 주시옵소서. 어느 때보다 세상에 그리스도의 진리가 필요하오니, 저희를 복음의 증인들이 되게 하옵소서. 저희의 입술이 주님 나라의 기쁨을 전하는 거룩한 입술이 되게 하시고, 주님의 증인으로 땅끝까지 이르러 복음을 전하는 입술이 되게 하여 주시옵소서. 예배를 위하여 봉사하는 손길들과 말씀을 전하게 하신 목사님 위에도 복을 주시고 주님의 크신 능력으로 동행하여 주시옵소서.

저희 양 떼들을 양육하기 위해 헌신하는 목사님을 주님께서 친히 붙들어 주셔서 솔로몬에게 주신 지혜를 더하여 주시고, 목사님을 통하여 주시는 말씀이 능력의 말씀이 되게 하시고, 완악한 저희의 심령이 그 앞에 엎드려지는 놀라운 역사가 일어나게 하시옵소서.

주님 홀로 영광 받으시기를 원하오며, 거룩하신 예수 그리스도의 이름으로 기도합니다. 아멘!

10월 · 넷째 수요일 저녁

사랑과 은혜가 충만하신 하나님 아버지!

지난 사흘 동안도 저희를 지켜주셔서 은혜 가운데 살게 하시다가, 다시금 주님 앞에 나와 예배하게 하시니 감사합니다. 저희의 예배가 신령과 진정으로 드리는 영적인 예배가 되도록 인도하여 주옵소서.

한없이 부족한 저희들을 또다시 불러주시니 감사합니다. 사흘동안 그릇된 생각과 실언, 실수가 있었던 시간들을 회개하오니, 용서하여 주시옵소서. 속된 삶을 살 수밖에 없는 연약한 저희들을 용서하시고, 무거운 죄악들을 깨끗하게 하시어 정결한 삶을 살아갈 수 있도록 인도하여 주시옵소서. 저희에게 믿음을 주셨지만, 저희는 믿음대로 살지 못했습니다. 십자가의 은혜를 의지하여 통회하오니, 성령의 권능을 내리셔서 인간의 정욕은 죽고, 예수 그리스도의 구속의 은총만이 충만하게 하옵소서.

나라와 민족을 위하여 기도합니다. 우리나라를 지켜주시옵소서. 아직도 남북이 분단된 채 서로 다른 사상과 이념을 가지고 살아가고 있습니다. 반드시 민족의 통일이 이루어지게 하옵시고, 이산가족의 아픔이 치유되게 하여 주옵소서.

저희 교회도 부흥케 하시되, 더욱 건강하고 성숙한 교회가 되게 하옵소서. 우리나라 교회가 아시아를 복음화시키는 주역이 되게 하시옵고, 세계에 흩어진 교회들이 주 안에서 하나 되어 복음의 빛으로 사명을 감당하게 하옵소서.

거룩하신 하나님!

이 시간, 주님의 거룩하심으로 저희가 주님의 몸 된 교회를 위하여 헌신하도록 복을 주시옵소서. 주님의 신부인 저희들이 주님의 몸 된 교회를 위하여 헌신하는 것이 큰 기쁨임을 깨닫게 하시고, 주님께 드리는 봉사와 같이 모든 일을 행하게 하시옵소서. 그러므로 저희를 통하여 주님의 향기를 발하게 하시고, 주님의 사랑을 세상에 널리 전할 수 있도록 저희를 복 되게 하여 주시옵소서. 저희에게 더욱 큰 사명을 허락하시기 전에 작은 일에 순종하는 것을 알게 하시고, 작은 순종일지라도 하나님의 은혜를 체험하는 귀한 순종이 되도록 은혜를 더하여 주시옵소서.

저희 교회의 각 선교 기관, 교육 기관을 강건케 하셔서 주어진 사명을 감당하게 하시며, 당회와 제직회의 효과적인 정책 결정과 시행을 통하여 온 교회가 크게 성장하게 하시옵소서. 새해에는 소원을 가지고 기도하는 모든 일이 이루어지게 하시고, 결단한 마음이 변치 않게 하시며, 계획한 일들이 성취되게 하옵소서. 저희에게 마음의 평강, 가정의 화목, 교회의 부흥, 그리고 이 나라의 평화를 주시옵소서.

이 시간, 귀한 말씀을 듣고 강단 위에 서신 목사님에게 하나님의 특별하신 능력을 더하셔서, 선포되는 그 말씀으로 저희가 거듭나게 하시기를 원합니다.

모든 영광을 하나님께 돌리오며, 예수님의 이름으로 기도합니다. 아멘!

10월 · 다섯째 수요일 저녁

귀한 날을 허락하신 하나님!

주님께서 저희를 부르신 것을 저희가 깨닫게 하시니 감사합니다. 주님의 사랑으로 충만하도록 복을 주시옵소서. 주님께서 저희에게 주님의 사명을 감당하도록 인도하여 주신 것을 감사합니다. 주님의 은혜 가운데 늘 거하도록 복 되게 하여 주시옵소서.

이제 저희 자녀들이 대학입시라는 큰 관문을 통과해야 하는 시기에 와 있습니다. 그동안 인내하는 가운데 꾸준히 학업에 전념하며 힘써온 시험 준비가 헛되지 않게 하시고, 기쁨의 열매를 맺을 수 있도록 함께하옵소서. 성실하게 공부해온 학생들에게 평강과 담대함을 허락하시고, 끝까지 최선을 다할 수 있도록 복을 주시옵소서.

은혜의 주 하나님! 믿음의 눈을 뜨게 하셔서 저희의 삶을 되돌아볼 수 있도록 하시고, 헛되고 잘못된 것을 진실하게 주님 앞에 고백하게 하시오니 감사합니다. 무릇 여호와를 의지하고 의뢰하는 사람은 복을 받을 것이라 하셨사오니, 저희가 주님을 의뢰하며 의지합니다. 주님의 은혜와 능력 속에서 언제나 살게 하시고, 믿음이 없는 세대에 더욱 큰 믿음을 갖게 하여 주시옵소서.

사랑의 주님! 저희는 주님이 저희들의 목자가 되셔서 인도하시니, 늘 하나님의 사랑을 받으며 살고, 그 사랑을 기대하며 살아가지만, 세상에 있는 많은 사람들은 이 자리에 들어오지 못하고, 목자 없는 양과 같이 방황하며 살아갑니다. 하루라도 빨리 저들이 주님의 품으로 돌아올 수 있도록, 저들을 불쌍히 여기는 마음으로 전도에 힘쓰는 저희들이 되게 하여 주옵소서. 저들에 대한 책임을 느끼며, 전도하기를 원합니다. 주님이 저희들에게 학자의 혀를 주시고, 복의 통로가 되게 하셔서, 누구를 만나든지 위로하게 하시고, 사랑으로 권면하여 주님께 데려오게 하여 주시옵소서.

이 시간, 예배에 참석하지 못한 성도들을 위해서 기도합니다. 어느 곳에 있든지 이 자리를 기억하게 하시고, 잠시라도 주님께 기도할 수 있는 은혜를 허락하여 주시옵소서. 이 세상은 주님을 멀리하도록 유혹하고 있지만, 담대하게 세상을 뿌리치고, 주님 앞으로 나아올 수 있도록 복을 주시옵소서. 저희에게 믿음을 더하여 주시옵소서.

오늘도 말씀을 전하게 하신 목사님을 성령의 능력으로 붙들어 주시옵고, 많은 사람이 시련을 겪는 이 시대에 소망의 메시지가 전해질 수 있도록 인도해 주시옵소서. 기도해야만 하는 이 절박한 때에 기도하기를 쉼으로 믿음이 시들어가지 않도록 함께하여 주시옵소서.

저희의 예배를 기쁘게 받아 주실 줄 믿사오며, 거룩하신 예수 그리스도의 이름으로 기도합니다. 아멘!

11월 · 첫째 수요일 저녁

저희의 능력이신 아버지 하나님!

수요 기도회로 모여 저희들이 올려드리는 찬송과 영광을 받으시옵소서. 저희와 항상 함께하시는 은혜에 감사합니다. 하나님의 은혜로 저희가 늘 주님 안에 거할 수 있도록 도와주시옵소서.

은혜의 하나님!

저희에게 믿음의 눈을 뜨게 하셔서 저희의 삶을 돌아보게 하시고, 헛되고 잘못된 것들을 진실하게 주님 앞에 고백하게 하여 주시옵소서. 저희가 주님께 진실한 마음으로 꿇어 엎드리오니, 저희의 죄를 용서하여 주시옵소서. 주님의 은혜로 저희가 하나님의 사랑을 늘 증거하게 하시고, 저희의 믿음을 더욱 신실하게 하셔서 세상에서 빛과 소금의 역할을 감당하도록 복을 더하여 주시옵소서. 저희의 연약함을 고백합니다. 저희의 작음을 고백합니다. 저희의 연약함을 강하고 담대하게 하시고, 저희의 작음을 주님께서 크게 하시어, 주님의 거룩하심을 나타내는 십자가의 군병이 될 수 있도록 은혜를 더하여 주시옵소서.

세상의 고달픔에 지쳐 고단한 심령으로 주님 앞에 나온 저희들에게 위로의 영으로 오시옵소서. 저희 모두 성령 충만한 사람이 되어 불신앙과 육신의 정욕들을 이겨내는 하나님의 능력 있는 자녀로 살아갈 수 있도록 복을 허락하여 주시옵소서. 저희가 세상에서 주님의 증인으로 충성되게 하시고, 저희가 주님의 손과 발이 되어 세상을 변화시키는 역사가 일어날 수 있도록 성령으로 함께

해 주시기를 간구합니다.

　사랑이 많으신 하나님! 이 시간 저희가 성령 안에서 기도하고 성령 안에서 은혜를 받게 하여 주시옵소서. 저희의 상한 심령을 주님의 강하고 의로운 손으로 치유하여 주시옵소서. 연약한 믿음을 강하고 담대하게 하여 주시기를 간구합니다.

　예배를 위하여 여러 가지 모습으로 봉사하는 손길들을 주님께서 인도하시며 날마다 승리하고 형통케 되는 복을 허락하여 주시옵소서. 찬양대의 찬양을 기쁘게 받으시고, 하늘 문을 여시어 저희에게 은혜의 단비를 주옵소서. 찬양을 통해 은혜를 더하여 주시며, 하나님의 영광이 드러나게 하여 주시옵소서.

　하나님! 특별히 말씀을 대언하게 하신 목사님 위에 주님께서 복에 복으로 함께하셔서 저희에게 주시는 신령한 말씀들이 꿀송이 같은 귀한 생명의 만나가 되게 하여 주시옵소서. 저희의 심령을 치유하는 말씀이 되게 하여 주시옵소서. 저희의 삶의 지표가 되게 하여 주시옵소서. 귀한 말씀으로 세상을 이기는 권세를 허락하여 주시옵소서.

　이 시간 저희의 예배를 기쁘게 받으시기를 간구하오며, 거룩하신 예수 그리스도의 이름으로 기도합니다. 아멘!

11월 · 둘째 수요일 저녁

사랑과 은혜가 풍성하신 하나님!

오늘도 주일을 지나 사흘을 보내고, 잊지 않고 주님 앞에 나왔습니다. 여호와께 돌아오는 자들의 회복을 약속하시고 보장하시는 신실하신 아버지께 기도하기 위해 모였사오니, 믿음으로 예배하는 기도에 응답이 있는 시간이 되게 하옵소서.

주님! 저희가 주님의 선하신 계획에 순종하지 않았던 때가 더 많았음을 고백하오니, 저희를 긍휼히 여겨 주옵소서. 저희를 죄에서 건지셔서 성도로 삼으셨사오니, 저희가 더 이상 죄와 타협하지 않도록 복을 주시옵소서.

주님! 저희는 믿음이 부족하여 세상을 바라보며 소망을 잃어가고 있습니다. 소망을 갖게 하여 주시옵고, 허무함에 빠지게 하는 유혹에 넘어가지 않게 하시고, 모든 일이 주님의 주권 아래 있음을 인정하도록 복을 주시옵소서.

이제 얼마 남지 않은 한 해를 이생의 자랑과 안목의 정욕을 충족하는 데 허비하지 말게 하시고, 이제껏 맺지 못한 성령의 열매를 풍성히 맺는 기간이 되게 하여 주시옵소서. 오늘도 탄식하는 세상을 봅니다. 도움을 구할 수 있는 대상을 몰라 더욱 방황하는 저들을 불쌍히 여기고 긍휼히 여기사, 주님을 바라볼 수 있는 눈을 열어주시옵소서. 이 어렵고 힘든 때에 지친 삶을 도우실 분은 주님밖에 없음을 깨닫게 하옵소서.

교회의 역할을 기대하시는 주님께 간구합니다. 방황하는 이 세대를 위하여 소망의 등대가 되는 교회가 되게 하여 주시옵소서. 저희들 또한 주님의 자녀로서 빛을 발하게 하심으로 어려운 이웃들에게 주님의 소망을 나누어 줄 수 있도록 복 주시옵소서.

사랑의 주님! 가정마다 허락하시는 사랑과 은혜에 감사합니다. 안정되고 평화로운 가정이 될 수 있도록 늘 복을 주시옵소서. 저희 모든 가족이 질병으로 고생하지 않게 하시고, 다툼이 일어나지 않도록 함께하시며, 화평이 깨어져 고통받지 않도록 복을 주시옵소서. 계획하는 일마다 주님의 평안으로 이루어지게 하시고, 사랑이 넘치는 교제가 활발히 이루어지는 가정되게 하여 주시옵소서.

주님께서 귀하게 쓰시는 목사님을 붙들어 주시고, 인간의 연약함은 모두 십자가 뒤에 감추시고, 성령의 두루마기를 입히셔서 말씀의 능력을 받게 하여 주시옵소서.

주님의 피 값으로 세우신 저희 교회가 말씀이 충만한 교회가 되게 하시고, 주님의 사랑을 본받아 사랑이 식어가는 이 세대에 사랑의 빛을 나타내게 하시기를 원합니다.

이 시간 하나님께서 예비하시고 예정하셨던 하늘의 신령한 복을 충만히 내려주시옵소서. 그리하여 저희들이 마음 문을 활짝 열고, 하늘의 신령한 복을 받는 시간이 되게 하여 주시옵소서.

이 시간 예배를 주님께서 충만케 하시기를 원하오며, 거룩하신 예수 그리스도의 이름으로 기도합니다. 아멘!

11월 · 셋째 수요일 저녁

항상 물가로, 푸른 초장으로 인도하시는 주 하나님 아버지!

날마다 저희의 목자가 되셔서 늘 지켜주심을 감사합니다. 하나님! 오늘까지 지켜주신 은혜에 감사드리오며, 주의 능력으로 승리케 하옵소서. 혹 광야의 이스라엘 백성들처럼 불순종하여 오랜 세월을 유리하지 않도록, 주의 인도하심에 순종할 수 있는 힘을 주옵소서. 저희의 마음 밭을 옥토와 같게 하시어, 오늘 예배를 통해 주시는 말씀에 열매를 맺게 하여 주시옵소서. 지금 저희의 만족이 저희 스스로의 힘과 자랑이 되지 않게 하시고, 오직 주님만을 바라보며 순종하고, 오직 주님께만 영광 돌릴 수 있도록 은혜를 더하여 주시옵소서. 신령한 것들로 저희를 채워주시기를 간구합니다. 저희의 기도를 들으시고 응답하시기를 간구합니다. 저희의 입술을 열어 마땅히 구해야 할 것들을 간구하게 하시기를 원합니다. 저희가 기도할 때 성령님의 도우심을 간구합니다.

저희는 다시 오실 주님을 기다리면서도 온전한 마음으로 주님을 섬기지 못했음을 고백합니다. 주님이 다시 오실 것을 두려워하며 저희의 죄를 감추려 하고 있음을 봅니다. 저희의 허물을 용서하여 주시옵소서. 저희의 연약함으로 지은 죄들과 저희의 교만함으로 지은 죄들과 저희의 게으름으로 지은 죄들을 모두 용서하여 주시옵소서. 주님의 은혜를 구하오니 저희의 기도를 들어 응답하시옵소서.

오늘의 예배 또한 주님의 임재하심으로 주께서 받으시는 거룩한 예배가 될 수 있도록 복을 주시옵소서. 저희가 이 예배에 적극적으로 헌신하며 동참할 수 있게 하시고, 성령의 교통하심을 강하게 느끼는 승리하는 예배가 될 수 있도록 하여 주시옵소서.

저희들의 믿음이 전도의 삶으로 이어지기를 사모합니다. 복음을 증거하고, 하나님의 살아 계심을 간증할 수 있는 은혜를 주옵시고, 저희의 선행이 하나님 아버지의 사랑을 증거할 수 있도록 하여 주옵소서.

저희에게 주님의 사랑을 전할 수 있는 손길을 허락하여 주시고, 저희가 주님의 성도의 본분을 잘 감당하도록 복을 더하여 주시옵소서. 주님의 사랑을 모르는 많은 이웃들을 향하여 주님의 긍휼하심과 대속하심의 복음을 전할 수 있도록 저희의 입술과 손과 발을 주장하시고, 특별히 주님을 본받아 그들을 긍휼히 여기는 마음을 허락하여 주시옵소서.

오늘도 지친 저희의 심령이 위로받게 하시옵고, 상처받은 심령이 말씀을 통하여 치유함을 얻게 하옵소서. 이 시간 저희에게 주님의 주권을 고백하는 귀한 시간이 되게 하시고, 담대한 복음의 전도자로 부름을 받을 수 있는 시간이 되게 하여 주옵소서.

저희가 주님을 찾기 전에, 먼저 저희들을 부르신 주님께서 오늘도 사랑의 손길로 어루만져 주실 줄 믿사옵고, 예수 그리스도의 이름으로 기도합니다. 아멘!

11월 · 넷째 수요일 저녁

사랑과 은혜가 풍성하신 하나님!

올 한 해를 지켜주신 은혜에 감사드립니다. 올해도 이제 한 달밖에 남지 않았습니다. 이 한 달을 주님의 영광을 위하여 헌신하도록 저희를 인도하여 주시어 한 해를 잘 마무리하는 귀한 시간이 되게 하시고, 저희의 심령이 주님의 사랑을 온전히 받아 그 사랑을 전할 수 있도록 복을 더하여 주시옵소서.

거룩하신 주님! 세상 풍조는 나날이 악해져 가고 혼란스럽지만, 그 속에서도 주님을 의지할 수 있는 믿음을 주시니 감사합니다. 오늘 수요일 밤도 저희의 심령이 주께로 향하오니, 저희의 삶을 주관하시는 주께서, 날마다 기도하는 삶을 살게 하여 주옵소서. 저희의 연약함을 아시는 성령님으로 저희를 충만하게 하옵소서. 날마다 더욱 강건한 믿음으로 성장하게 하여 주옵소서.

주님 앞에 설 때마다 저희들의 연약함을 고백합니다. 입으로는 '부름 받아 나선 이 몸 어디든지 가오리다'라는 찬송을 부르면서도, 가야 할 곳을 가지 않고, 순종하지 않는 사실에 마음을 찢어 회개하오니, 용서하여 주옵소서. 주님의 뜻을 실천하기 위하여 힘쓰고 노력하기보다는 세상의 영광과 세속적인 영화를 유지하려고 힘쓰는 저희들의 모습을 용서하여 주시옵소서. 세속적인 것을 버리지 못하는 나약한 믿음을 붙들어 주옵소서. 주님께서 진정한 일꾼을 찾으시는 이때 주님의 음성을 들을 수 있는 영적인 귀를 열어주시옵소서. 주님 앞에 설 때마다 거룩함이 회복되게 하시고,

세속의 종으로서가 아닌 주님의 충성스러운 자녀로 살기에 부족함이 없는 인생이 되게 하여 주시옵소서.

저희들 자신만을 위하여 구원을 지켜가는 성도가 아니라, 주님의 몸 된 교회를 세우기 위하여 헌신하는 성도가 되게 하여 주시옵소서. 교회 빈자리의 주인들을 권면하여 주님 앞에 같이 나올 수 있게 하여 주시옵소서. 주님을 닮아가기를 원합니다. 주님의 향기를 발하는 믿음의 사람이 되게 하옵소서. 그리하여 세상에 주님의 살아 역사하심을 드러낼 수 있도록 믿음을 더하여 주시옵소서. 주님과 같이 영혼 구원을 위하여 십자가를 지며, 주님을 따를 수 있는 성도가 되게 하여 주시옵소서.

귀한 말씀을 대언하게 하신 목사님 위에 함께하셔서, 저희가 오늘도 말씀을 듣는 가운데 하나님의 섭리를 바로 깨달을 수 있는 영안이 열리게 하옵소서. 주님의 십자가의 아픔을 경험하는 시간이 되기를 원합니다. 지금도 여전히 사랑으로 인도하시는 주님의 사랑을 체험하기를 원합니다. 주님, 이 시간도 주의 능력 있는 말씀으로 저희를 변화시켜 주옵소서. 예수님의 이름으로 기도합니다. 아멘!

12월 · 첫째 수요일 저녁

언제나 좋은 것으로 채워주시는 사랑의 하나님!

주 하나님의 거룩하심 앞에 무릎을 꿇게 하신 귀한 은혜에 감사합니다. 아버지를 경외함으로 나아갈 때 주신 말씀으로 인해 세상을 이기게 하시는 은혜에 감사합니다. 주님을 찬양하며 주님을 위하여 시간과 예물을 드리게 하시니 감사합니다.

거룩하신 하나님!

주님 앞에 나아와 영과 진리 안에서 예배하려고 하오니, 저희의 죄악이 크고 중함을 느끼게 하시고, 주님의 사랑으로 용서받는 시간이 되게 하옵소서. 악한 때에 악에 물들어 주님의 빛을 드러내지 못하였고, 신앙 없는 사람들과 서로 짝하며 어울리느라 믿음의 길을 저버렸기도 했음을 고백합니다. 자비로우시고 은혜로우시며, 노하기를 더디 하고 인자하심이 풍부하신 주님께서 저희의 못난 모습을 불쌍히 여기시고, 용서하여 주시옵소서. 저희의 마음이 깨끗해져서 구속의 노래를 부르고 은혜받은 마음으로 감사, 찬미하게 하옵소서.

산 소망이 끊어진 채 하루하루를 살아가고 있는 사람들을 불쌍히 여겨 주옵소서. 무엇보다도 구원의 주님을 만남으로 주님을 믿고 의지하여 새 생명과 새 평안을 누리게 하여 주시고, 하늘의 소망을 갖고 사는 복된 삶이 될 수 있도록 이끌어 주시기를 원합니다. 저희의 소망이 오직 주님께 있음을 고백하오니, 저희의 삶속에서 주님의 역사하심에 순종하는 믿음을 더하여 주시고, 진정한 주님의 뜻이 무엇인지 깨달을 수 있는 귀한 복을 허락하시며, 주님의 선한 역사 위에 헌신하고 순종할 수 있도록 도와주시기를 원합니다.

교회를 통하여 역사하시는 주님! 저희 교회를 위하여 간구합니다.

이 지역의 복음화와 주님을 기쁘시게 하기 위하여 이곳에 저희 교회를 세우셨으니 저희가 진리의 파수꾼이 되게 하시고, 사회의 소금과 빛의 역할을 다 할 수 있도록 복을 주옵소서. 연중 부흥 성장하게 하여 주시옵소서.

모든 것을 마무리하는 이 겨울에 저희도 성숙하게 하셔서 한 해를 시작하면서 가졌던 믿음과 결단을 회복하게 하시고 처음 가졌던 사랑이 되살아나게 하여 주시옵소서.

저희에게 목사님을 허락하셨사오니, 주님께서 늘 도와주셔서 하나님께 마음이 합한 귀한 목사님이 될 수 있도록 도와주시옵소서. 주님의 말씀을 대언할 때에 저희에게 향하신 주님의 뜻이 무엇인지 알게 하시고, 저희의 약하고 상한 심령을 강하게 하시고, 치유하시는 은혜가 있게 하옵소서.

이 예배를 위하여 주님을 사모하는 모든 심령들의 마음을 보시고, 저희에게 귀한 복을 허락하여 주시옵소서. 예수 그리스도의 이름으로 기도합니다. 아멘!

12월 • 둘째 수요일 저녁

저희를 사랑하시는 하나님!

언제나 저희의 삶을 인도하시는 주님을 찬양합니다. 이 시간, 주님의 은혜를 사모하는 저희에게 하늘의 신령한 은혜를 맛보게 하여 주실 것을 믿습니다.

연약한 저희를 구원하시려고 십자가를 지신 예수님을 생각할 때마다 주님의 한없는 사랑과 은혜에 감사합니다. 이 시간에도 예수님의 고난을 기억하며 저희들의 허물과 죄를 고백하며 기도하오니 받아주옵소서. "구하라 그리하면 얻을 것이요, 찾으라 그리하면 찾을 것이요, 두드리라 그리하면 열릴 것이니라"라고 하신 말씀을 의지하여 구하고 간구하는 기도의 사람들이 되게 하여 주옵소서. 저희에게 기도를 통해서 평화와 기쁨을 얻게 하시고, 기도로써 하나님의 은총의 풍성함을 알게 하시어, 기도로 승리하는 삶이 되게 하옵소서.

말씀을 사모하여 하나님 앞에 나아오게 하심을 감사합니다. 하나님의 말씀을 저희의 삶의 지표로 삼게 하시고, 말씀으로 하나님께 복을 받을 수 있도록 도와주시옵소서. 예배를 잊지 않도록 주님 앞으로 불러주신 하나님께서 복을 받을 만한 심령으로 변화되게 하여 주시옵소서. 슬픔 중에 나온 성도들을 위로해 주시고, 근심 중에 나온 성도들에게 새 힘을 주시며, 은혜를 사모하여 나온 성도들에게 영적 충만함을 허락하시옵소서.

일용할 양식을 구하도록 허락하신 하나님 아버지!

하나님의 사랑을 실천할 수 있는 저희가 되게 하여 주시기를 원합니다. 주님, 저희에게 새 힘을 허락하여 주시옵소서. 고통에 몸부림치는 이웃들에게 고상한 지식만을 앞세우기보다는 그들의 고통을 함께 나누게 하시고, 주님의 십자가의 사랑을 심령 깊이 깨닫게 하셔서 이웃을 사랑하게 하여 주시옵소서.

이제 성탄절을 눈앞에 두고 있습니다. 저희에게 찾아오신 하나님의 사랑, 저희를 대신하여 죄 값을 지불하신 그리스도의 피 묻은 십자가를 기억하게 하여 주시옵소서.

주님을 증거하게 하심으로 그들의 심령에 주님의 사랑을 알게 하셔서, 그들로 다시금 주님의 증인이 될 수 있는 복을 허락하여 주시옵소서. 그들의 영혼을 불쌍히 여기셔서, 하나님의 사랑과 자비와 긍휼을 알게 하여 주시옵소서.

영과 진리 안에서 예배하기 위해 수고하는 손길들과 십자가의 사랑을 증거하기 위하여 강단 위에 세우신 목사님을 능력으로 붙들어 주시기를 원합니다. 특별히 찬양대를 기억하셔서 찬양의 직분을 온전히 감당케 하시고 영광의 예배가 되게 하시옵소서. 저희들의 정성을 담고 힘을 다하는 예배를 기쁘게 받아주옵소서.

예수님의 이름으로 기도합니다. 아멘!

12월 · 셋째 수요일 저녁

교만한 자를 물리치시고, 겸손한 자에게 은혜를 주시는 자비로우신 하나님 아버지!

오늘도 은혜와 사랑을 감사드립니다.

죄로 인하여 고통받던 저희들을 구원하시고, 예배의 사람이 되게 하심으로, 하늘의 보고에서 주시는 은사와 능력과 복을 누리게 하심을 감사합니다. 주 앞에 나올 때마다 영광 중에 주님을 만나게 하시고, 들어가고 나가며 신령한 꼴을 얻도록 풍성함을 허락하여 주시옵소서.

저희를 위하여 이 땅에 오신 주님을 찬양합니다. 주님의 성육신이 없었다면 저희가 사망의 그늘에서 벗어날 수 없었음을 고백합니다. 저희를 긍휼히 여기사 이 땅에 오신 주를 찬양하고 경배합니다.

주님의 사랑하심과 희생에 감사할 줄을 모르고, 죄인의 속성을 벗지 못함을 용서하여 주시옵소서. 주님의 사랑을 늘 체험하면서도 주님을 욕되게 하는 삶을 살아온 저희를 용서하여 주시옵소서. 이 시간 주님의 은혜를 저버린 것을 회개하오니 용서하시어 회개에 합당한 열매가 맺히게 하시고, 주님의 나라를 유업으로 받는 저희들이 되게 하여 주시옵소서. 이제는 저희로 하여금 주님의 강권적인 간섭하심에 순종하게 하시기를 원합니다.

사랑의 열매, 봉사의 열매, 섬김의 열매도 가득히 맺히게 하시고, 충성의 열매, 헌신의 열매도 가득히 맺히게 하셔서, 주님의 오심을 진정으로 기뻐할 수 있는 저희들이 되게 하여 주시옵소서. 주님의 뜻을 본받아 산다고 교회 안에서만 외치고 다짐하는 백성들이 되지 않게 하시고, 선한 사마리아인처럼 고통당하는 이웃에게 진정한 이웃으로 다가갈 수 있는 주님의 귀한 성도가 되게 하여 주시옵소서.

아버지의 말씀을 그리워하며 모였습니다. 오늘 저희들에게 주시는 말씀이 복음이 되게 하시고, 생활을 움직이는 능력이 임하게 하여 주옵소서. 저희의 믿음이 환경으로 인하여 변질되지 않도록 인도하시고, 오히려 고난 중에 기뻐하며 하나님을 찬양할 수 있도록 복을 주옵소서. 다니엘은 기도할 수 없는 중에도 기도했사오며, 그의 친구들은 기뻐할 수 없는 중에도 여호와로 인하여 기뻐했사오니, 저희들에게도 기도와 감사, 기쁨과 소망이 끊어지지 않는 믿음을 주시옵소서.

정체되어 있는 저희의 믿음이 성장하게 하시고, 경직되어 있는 신앙이 역동적으로 변할 수 있는 부흥을 주옵소서. 가난과 어려움 가운데 있는 성도들의 고통을 아시는 아버지! 가정의 문제와 사업과 직장의 문제들이 해결되게 하시고, 자녀들의 필요가 부모들의 기도로 채워지게 하옵소서.

믿음의 본이 되게 하시되, 먼저 믿는 자들에게 본이 되게 하옵소서. 성령과 동행함으로 생활에 열매가 있게 하시고, 삶에 능력이 나타나도록 복을 주시옵소서.

예수님의 이름으로 기도합니다. 아멘!

12월 • 넷째 수요일 저녁

은혜로우신 하나님!

지난 한 해를 다 보내고 이제 마지막 수요일입니다. 저희들 지금까지 주님 앞으로 나아오는 것을 잊지 않게 하신 은혜를 감사합니다. 저희의 삶에 주님을 향한 감사의 열매가 주렁주렁 맺히도록 복을 주옵소서. 영적인 타락과 도덕적 부패가 쌓여 위태로운 이 시대에 저희를 부르셔서 구원의 소식을 들려주신 은혜를 주시니 감사합니다.

지난 한 해를 돌아볼 때 주님의 은혜가 아니었으면 결코 이 자리까지 이르지 못하였을 것임을 다시 깨닫게 되오니, 진심으로 찬양과 경배를 드립니다.

저희의 기도를 들으시고 응답하여 주시는 주님!

이제는 속사람을 벗고 주님의 오심을 준비할 수 있는 귀한 시간이 되게 하여 주시고, 믿음으로 주님을 기다리게 하시며, 소망으로 주님을 바라보게 하여 주시옵소서.

사랑한다고 말하면서 미워하고, 존경한다고 말하면서 경멸하고, 믿는다고 말하면서 의심하며, 용서한다면서도 아직까지 형제의 허물을 용서하지 못한 저희를 용서하여 주시옵소서. 이제는 주님의 은혜로 깨닫게 하여 주시옵소서. 누구보다도 자신을 먼저 알게 하시고, 주님을 바로 알게 하여 주시옵소서.

주님을 늘 가슴에 품고 이웃을 위하여 진정한 주님의 사랑을 베풀 수 있는 저희가 되게 하여 주시옵소서. 주님! 우리 주변에 있는 어려움에 처한 이웃을 위해 기도하는 교회와 주님의 자녀가 되길 원합니다. 아픔과 상처로 인해 신음하고 염려하는 자들을 위해 기도하게 해주옵소서.

이번 성탄절은 하늘의 영광 보좌를 버리시고 죄에 고통받는 인간들을 구원하시기 위하여 성육신하신 주님의 사랑이 곳곳에 스며드는 기쁜 성탄절이 되게 하여 주시옵소서. 이런 때일수록 사랑을 베푸는 교회가 많아지게 하시고, 소망의 문을 열어주시기를 원합니다. 천국의 소망을 가지고 살아가는 기쁨을 알게 하여 주시옵소서. 오늘도 이 자리에 참석하지 못한 성도들이 있습니다. 어디서 무엇을 하든지 주님을 기억하게 하여 주시옵소서.

세상의 좋은 것보다 주님의 일을 택하여 선교지로 떠난 선교사들과 가족들을 주님께서 기억하여 주시옵소서. 그들의 필요를 주님께서 때를 따라 채워주시기를 원합니다. 저희도 선교사들을 위해 최선을 다하여 기도하는 동역자들이 되게 하여 주시옵소서. 이 시간 귀한 하나님의 말씀을 전하는 목사님을 위하여 기도하오니, 주님의 크신 권능으로 함께 하여 주시옵소서. 늘 목사님을 강건하게 하시옵고, 예배를 돕는 손길들에게도 복을 내려주옵소서.

예수 그리스도의 이름으로 기도합니다. 아멘!

○월 · ○째 수요일 저녁

하나님을 사모하는 모든 사람의 마음에 빛이 되시며, 하나님을 믿는 모든 영혼의 생명이 되시는 하나님 아버지, 지난 사흘 동안에도 저희를 주님의 사랑과 은혜와 보호 속에서 살게 하시고, 다시 이 시간 거룩하신 주님 앞에 엎드려 기도하게 하시니, 그 사랑과 은혜에 감사와 영광을 드리나이다.

그러나 저희들은 주의 뜻대로 살지 못하고, 주님의 품을 떠나려고 애쓰며, 세상과 불의에 타협하며, 자신의 죄를 합리화하는 나약한 신앙을 가지고 살아왔습니다. 용서하여 주시옵소서. 이제 저희들의 죄를 제거해 주시고, 자비로써 저희들 마음에 성령의 불을 붙여 주옵소서. 그리하여 돌 같은 마음에 새로운 마음을 허락하셔서 기쁜 마음으로 주님을 따르며 즐거워할 수 있는 귀한 믿음을 주시옵소서.

오늘도 갈급한 심령으로 예배하기 위해 나왔사오니, 주께서 저희들의 기도에 응답해 주시옵소서. 주님, 저희 성도들의 사업과 가정과 자녀들을 도우사, 복에 복을 더해주시는 놀라운 주님의 역사가 일어나게 하옵소서.

하나님 아버지. 그러나 저희들이 물질의 복에만 만족하는 어리석은 자들이 되지 않게 하시고, 영의 복을 사모하며, 늘 기도에 힘쓰는 성도들이 되게 하옵소서. 닫혔던 입술과 마음을 활짝 열어주시고, 저희 교회와 가정에서 기도드리는 간구의 소리가 늘 끊어지지 않게 하시옵기를 간절히 원합니다.

은혜로우신 하나님 아버지. 주님의 거룩한 교회를 위하여 간절히 기도하오니, 주님의 교회를 모든 진리로 채워주시고, 온 교회에 평화와 진리가 가득하게 하옵소서. 주님께서 저희 교회의 머릿돌이 되어 주셔서, 온 성도들이 서로 사랑하고, 이해하며, 감싸줄 수 있는 마음을 허락해 주옵소서. 그리하여 저희 교회를 분열과 싸움과 교만과 같은 마귀의 역사가 없는 아름다운 교회로 이끌어 주옵소서.

주님의 몸 된 교회를 위하여 수고하는 목사님에게 은혜와 진리로 충만하게 하여 주시고, 장로들과 전도사들, 성도들에게도 더욱 큰 복을 내리셔서, 교회와 목사님의 사역을 돕는데 부족함이 없게 해주시옵소서.

교회의 머리 되시는 예수 그리스도의 이름으로 기도합니다. 아멘!

○월 · ○째 수요일 저녁

하나님을 사모하는 모든 사람의 마음에 빛이 되시며, 하나님을 믿는 모든 영혼의 생명이 되시는 하나님 아버지, 지난 사흘 동안에도 저희를 주님의 사랑과 은혜와 보호 속에서 살게 하시고, 다시 이 시간 거룩하신 주님 앞에 엎드려 기도하게 하시니, 그 사랑과 은혜에 감사와 영광을 드리나이다.

그러나 저희들은 주의 뜻대로 살지 못하고, 주님의 품을 떠나려고 애쓰며, 세상과 불의에 타협하며, 자신의 죄를 합리화하는 나약한 신앙을 가지고 살아왔습니다. 용서하여 주시옵소서. 이제 저희들의 죄를 제거해 주시고, 자비로써 저희들 마음에 성령의 불을 붙여 주옵소서. 그리하여 돌 같은 마음에 새로운 마음을 허락하셔서 기쁜 마음으로 주님을 따르며 즐거워할 수 있는 귀한 믿음을 주시옵소서.

오늘도 갈급한 심령으로 예배하기 위해 나왔사오니, 주께서 저희들의 기도에 응답해 주시옵소서. 주님, 저희 성도들의 사업과 가정과 자녀들을 도우사, 복에 복을 더해주시는 놀라운 주님의 역사가 일어나게 하옵소서.

하나님 아버지. 그러나 저희들이 물질의 복에만 만족하는 어리석은 자들이 되지 않게 하시고, 영의 복을 사모하며, 늘 기도에 힘쓰는 성도들이 되게 하옵소서. 닫혔던 입술과 마음을 활짝 열어주시고, 저희 교회와 가정에서 기도드리는 간구의 소리가 늘 끊어지지 않게 하시옵기를 간절히 원합니다.

은혜로우신 하나님 아버지. 주님의 거룩한 교회를 위하여 간절히 기도하오니, 주님의 교회를 모든 진리로 채워주시고, 온 교회에 평화와 진리가 가득하게 하옵소서. 주님께서 저희 교회의 머릿돌이 되어 주셔서, 온 성도들이 서로 사랑하고, 이해하며, 감싸줄 수 있는 마음을 허락해 주옵소서. 그리하여 저희 교회를 분열과 싸움과 교만과 같은 마귀의 역사가 없는 아름다운 교회로 이끌어 주옵소서.

　　주님의 몸 된 교회를 위하여 수고하는 목사님에게 은혜와 진리로 충만하게 하여 주시고, 장로들과 전도사들, 성도들에게도 더욱 큰 복을 내리셔서, 교회와 목사님의 사역을 돕는데 부족함이 없게 해주시옵소서.

　　교회의 머리 되시는 예수 그리스도의 이름으로 기도합니다. 아멘!

○월 · ○째 수요일 저녁

하나님 아버지!

사람이 아름답게 가꾸고 변신하고자 하는 욕구가 있으나 겉 사람은 아무리 가꾸어도 날마다 녹슬고 후패하여 간다고 주님께서 말씀하셨습니다. 영생을 얻은 저희들 주님의 백성들은 날마다 속사람이 강해지게 하여 주옵소서. 속사람, 영의 사람이 날마다 새로워지기를 원합니다. 거룩한 성회로 저희를 다시 하나님 앞에 불러주신 은혜에 감사합니다.

오늘 수요 기도회에 모여 하나님의 은혜를 바라며 기도합니다. 저희의 예배를 받아주옵소서. 언제나처럼 이 기쁘고 영광스러운 예배의 순간에도 부끄럽게도 저희의 약한 모습을 먼저 내놓습니다. 저희의 약함으로 인하여 정죄하지 마시고, 저희의 부끄러움으로 인하여 저희를 외면하지 않으시기를 원하오니, 하나님 저희를 성결하게 하심으로 오직 하나님의 성결하심을 찬양하기에 부족함이 없는 저희가 되도록 복을 주시옵소서.

경배받으시기에 합당하신 하나님 아버지! 주님이 이 땅에 계실 때에는 사람들에게 경배받지 못하셨지만, 십자가에 달려 죽으시고, 사망의 권세를 이기신 후에는 만물들도 주님을 찬양했음을 기억하나이다. 모든 피조물이 영광의 주님을 찬양할 수 있는 깨우침과 은혜를 베풀어주시옵소서.

저희가 주님을 이웃에게 증거할 수 있는 믿음을 더하여 주시옵소서. 저희의 입술이 주님의 기사와 이적을 전하게 하시고, 저희의 발걸음이 하나님의 긍휼이 필요한 곳에 하나님의 약속의 말씀을 전하게 하시고, 저희의 생각이 주님의 나라를 향하여 삶을 영위할 수 있도록 복을 주시옵소서. 성령의 뜨거운 역사가 늘 강하게 역사하는 저희 교회가 되게 하시고, 부르짖는 기도마다 응답받는 복의 현장이 되게 하시옵소서. 무엇보다도 주님의 도우심 아래 날로 왕성해지는 교회가 되게 하시고, 영혼 구원의 사명도 잘 감당할 수 있는 교회가 되게 하여 주시옵소서.

하나님! 오늘 이 저녁 저희에게 하늘의 비밀을 알게 하시려고 강단에 세우신 목사님에게 말씀의 능력을 더하시고, 말씀으로 인하여 하나님의 나라를 더욱 사모하며 주님의 재림을 기다릴 수 있도록 복을 주시옵소서. 예배를 위하여 헌신하는 모든 손길 위에 복을 주시고, 저들이 수고하는 만큼 하늘의 창고에 보화가 쌓이는 복을 허락하여 주시옵소서.

저희를 죄에서 구원하신 예수님의 이름으로 기도합니다. 아멘!

제4부

절기 예배 기도문

신년 예배(1)

저희들의 예배를 기쁘게 받으시는 하나님!

찬양과 경배를 드립니다. 사랑하는 성도들이 아버지께 나아와 영광을 돌립니다.

한 해를 회개와 결단으로 새롭게 시작하기를 원하는 심령으로 이 시간 주님 앞에 나왔습니다. 저희들을 긍휼히 여기사, 올해에는 회개를 계속 반복하지 않는 은혜를 주옵소서. 마음과 정성과 힘을 다하여 주 하나님을 사랑하게 하시고, 충성스러운 종이 되어 잘했다 칭찬받게 하여 주옵소서.

한 해 동안의 등졌던 인간관계도 사랑으로 회복하게 하시고, 주님께서 저희를 용서하신 것과 같이 저희들도 이웃들을 용서하게 하여 주옵소서. 죄악을 끊게 하시고, 하나님을 신뢰하고 의뢰함으로 복된 삶을 살아갈 수 있도록 은혜를 주옵소서. 하나님이 허락하신 시간들을 세상의 죄악 가운데 허비하지 않게 하시고, 지혜로운 자들이 되어 세월을 아끼게 하여 주옵소서.

새해에는 더욱 주님께 나아가는 한 해가 되게 하시고, 기도에 힘쓰며, 말씀을 마음 판에 새기고 부지런히 순종하는 저희들이 되게 하여 주옵소서.

마음을 새롭게 함으로 변화를 받아 하나님의 선하시고, 기뻐하시고, 온전하신 뜻이 무엇인지를 분별하며, 하나님의 빛 된 자녀로 거룩한 삶을 살게 하여 주옵소서.

믿는 자들에게나 믿지 않는 자들에게 본이 되어 저희로 인하여 주님의 복음이 전파되게 하여 주옵소서.

새해에는 성도의 가정마다 함께하시기를 원합니다. 심히 어렵고 힘들어서 연약해져 넘어지고 흔들리기 쉬우니, 주님의 능력의 오른손으로 강하게 붙들어 주셔서 강하고 든든하게 서는 복된 가정들이 되게 하시고, 감사가 넘치며 날마다 믿음이 성장하는 성도와 가정들이 되게 하여 주옵소서.

또한 새해를 맞이하며 결심하는 이 다짐들이 주 안에서 일 년 내내 불변하게 하시고, 저희의 계획이 주님의 계획과 일치되어 주님이 허락하신 복된 열매를 많이 맺을 수 있게 하옵소서.

예수님의 이름으로 기도합니다. 아멘!

신년 예배(2)

영광을 받으시기에 합당하신 아버지 하나님!

새로운 한 해를 허락하신 하나님께 감사와 찬송과 존귀와 영광을 돌립니다. 예배하며 찬양과 기도로 새해를 시작하오니, 새롭게 하시고, 형통케 하시며, 승리하는 한 해가 되도록 저희들을 복 주옵소서. 허물 많은 저희들을 구원하시고, 주 앞에 나와 찬양하게 하시며, 주님과 함께 시작하게 하시니 감사합니다. 올 한 해는 예배에 승리하게 하시고, 말씀에 순종하게 하시며, 기도에 응답받는 복된 은혜를 주시옵소서.

이웃을 용서하게 하시고, 저희들의 심령이 새롭게 되어 주와 동행하며 승리하게 해주옵소서. 허물로 인한 회개 기도보다는 승리에 대한 감사의 기도가 넘치는 복된 한 해가 되게 하옵소서. 은혜를 사모하게 하시고, 사명에 충성하게 하시며, 감사로 열매 맺는 복을 허락하여 주옵소서.

우리나라와 민족을 복 주시어 복지 국가가 되게 하시며, 정의 사회가 구현되게 하시되, 하나님을 경외하여 민족적으로 회개하고 돌아오는 복음의 역사가 있게 하옵소서. 우리나라 교회를 기억하시고, 민족과 세계를 품고 기도할 때, 다시금 이 나라에 복음의 불길이 타오르게 하옵소서. 저희 교회가 살아남으로 이웃이 살게 하시고, 죽어가는 수많은 영혼들을 주님 앞으로 인도하는 구원의 방주가 되게 하옵소서.

저희 교회에 부흥의 불길을 주옵소서. 주님의 일을 위하여 새로운 직분을 받았사오니, 충성을 다하여 주님께 영광 돌리는 한 해가 되게 하옵소서. 저희 교회 성도들에게 복을 주시어, 직장을 잃은 자들에게는 직업을 주옵소서. 가난한 성도들에게는 물질의 복을 열어주옵소서. 질병이 있어 고통받는 성도들이 있습니다. 치료의 하나님을 만나게 하옵소서. 소원이 있어 부르짖어 기도하는 성도들에게 응답받는 한 해가 되게 하옵소서.

오늘 강단에 세우신 목사님을 위해 기도합니다. 올해도 목사님을 통하여 말씀이 선포될 때마다 하나님의 능력이 함께 하심으로, 말씀을 듣는 저희들이 하나님의 온전하시고 기뻐하시는 뜻을 알고, 회개하고 결단하는 역사가 일어나게 하옵소서.

새해 첫 주일 예배를 기쁘게 받으시기를 원하오며, 새 힘을 주시는 예수 그리스도의 이름으로 기도합니다. 아멘.

설날

사랑이 풍성하신 하나님!

하나님의 거룩한 성회를 기억하게 하시고, 저희의 마음을 주장하시어 주님 앞으로 불러주신 은혜에 감사합니다. 저희가 하나님을 알기 전부터 저희를 아시고, 예수님의 보혈로 저희를 구원하신 은혜, 참으로 감사합니다.

사랑의 하나님! 이제 며칠 있으면 민족의 명절인 설날입니다. 이웃을 돌아볼 수 있는 저희가 될 수 있도록 도와주옵소서. 모든 은사 중에 으뜸인 사랑의 은사를 받게 해주시옵소서. 주님, 저희에게 세상의 빛이 되라고 하셨으니, 빛의 소명을 감당할 수 있게 하옵소서. 사랑이 없는 곳에 사랑을, 썩어져 가는 곳에 소금의 역할을 감당할 수 있는 성도들이 되게 하여 주옵소서. 믿지 않는 이 나라의 많은 이웃을 향하여 기도하게 하시며, 그들을 위하여 봉사의 손길을 쉬지 않게 하여 주옵소서. 하나님의 성호를 찬양하며, 하나님 앞에 모인 저희에게 서로 협력하며 선을 이루게 하옵소서.

또한 하나님께 간절히 원하옵기는, 저희 교회를 위하여 기도드립니다. 각 기관마다 하나님께서 친히 역사하심으로 저희의 모든 것을 다 바쳐 주님의 몸 된 교회를 위하여 지체의 역할을 감당할 수 있는 믿음을 허락하여 주옵소서. 저희를 향한 주님의 뜻을 찾게 하심으로, 그 안에서 저희가 충성을 다 하도록 은혜 베풀어주옵소서.

늘 저희들을 사랑으로 돌보시는 하나님 아버지, 저희의 심령이 세상 죄악으로 인하여 완악해졌습니다. 예수님의 피 흘리심을 이 시간에도 기억하게 하셔서 저희의 완악한 심령을 하나님의 말씀으로 녹여주시고, 하나님의 말씀을 대언하는 목사님 위에 크신 은혜와 능력으로 함께하사 저희 심령을 치유하여 주옵소서. 하나님 아버지! 엘리야에게 주셨던 갑절의 능력을 더하여 주옵소서.

저희에게 주님이 주시는 한없는 복으로 인하여 날마다 승리케 하시며, 저희의 연약함과 부족함도 주님의 강하심과 부요하심으로 채워주실 줄 믿습니다. 저희의 예배를 기쁘게 받아주옵소서. 예수님의 이름으로 기도합니다. 아멘!

삼일절

천지 만물을 창조하시고 역사를 주관하시는 하나님!

온 인류를 하나 되게 하시며, 모든 민족을 그리스도의 이름 앞에 무릎 꿇게 하시고, 그중에서 특별히 저희 민족을 사랑하셔서 평화를 사랑하는 나라를 이루게 하여 주신 사랑의 하나님께 감사드립니다.

저희 민족이 일본의 압제에서 신음하며 고통당하다가, 정의와 자유를 위하여 독립운동을 일으킨 자랑스러운 선배들의 고귀한 정신을 기리기 위해 예배하게 하시니 감사드립니다.

사랑과 공의의 아버지 하나님! 나라를 빼앗기고 온 민족이 일제의 노예로 전락하였을 때, 하나님이 백성 가운데 복음의 씨앗을 심으시고 키워주셔서, 그 속에서 기드온의 칠백 용사, 엘리야 시대의 남은 자들과 같은 민족 신앙 지도자들이 홀연히 일어나 나라를 찾는 운동을 하였으니, 주님의 은총에 감격하며 진심으로 감사를 드립니다.

아버지 하나님, 모세를 통하여 이스라엘을 애굽의 노예 생활로부터 구원하신 하나님이 바로 저희 민족의 하나님이시며, 저희를 구원하신 하나님이신 것을 확신합니다.

이스라엘 백성들이 유월절을 기념하며 저들을 구원하신 여호와를 기억함과 같이, 저희들과 후손들도 민족을 구원하신 하나님의 손길을 영원히 기억하게 하옵소서.

저희 민족의 슬픔을 외면치 않으시고, 복음의 능력으로 이기게 하셨으니, 이제는 저희가 복음의 횃불을 들고 고통당하는 모든 민족에게 나아가게 하옵소서.

평화를 지키기 위한 3.1운동의 고귀한 정신을 기억하게 하시고, 주님의 사랑을 끝까지 실천한 선배들의 믿음을 본받게 하여 주옵소서.

주님! 저희 민족이 다시는 치욕을 당하지 않게 하시고, 악한 세력에 굴복하지 않도록 강성함과 부요함을 주시옵소서. 그리하여 고통받는 자들을 돕고, 그리스도의 화평의 복음을 전하는 주님의 나라가 되게 하여 주옵소서.

우리나라 정치인들과 모든 국민들이 각자의 책임을 다하며, 역사의 심판자 되시는 하나님을 두려워하는 민족이 되게 하옵소서. 아직도 복음을 외면하고 있는 백성들을 불쌍히 여기사, 구원하여 주시고, 북한의 형제들도 복음의 문이 열려 예수 그리스도를 영접하는 날이 속히 오기를 원합니다.

세상의 모든 권세를 이기시는 예수님의 이름으로 기도합니다. 아멘!

종려주일(1)

저희들의 큰 기쁨이 되시고, 즐거움이 되셔서 찬양케 하시는 하나님 아버지!

예수님의 고통은 저희의 허물 때문이었음을 깨달으며, 감격과 찬양으로 십자가를 바라봅니다. 저희들의 죄를 용서하여 주옵소서.

이 고난 주간에 예수님의 고난을 철저히 배우게 하옵소서. 나귀 새끼를 타시고 예루살렘으로 입성하신 예수님의 겸손, 자기의 뜻보다 아버지의 뜻이 이루어지기를 원하시고, 섬김을 받기보다는 섬기며 사신 예수님의 생애, 만민의 죄를 담당하고 희생의 제물이 되어 주신 예수님의 사랑을 상기하며, 저희들 또한 그렇게 살기를 원하고 다짐하게 하여 주옵소서.

이 시간 또한 저희의 믿지 않는 이웃들을 위해서 기도합니다. 갈 길을 몰라 방황하는 심령들에게 자유와 평화를 주시기 위해 오신 예수님을 만나게 하시고, 천국의 복음이 임함으로 주님의 복된 소식을 깨닫게 하옵소서. 주님의 교회를 사랑하여 몸을 드려 충성하는 성도들에게 주께서 주시는 기쁨이 충만하게 하옵소서.

호산나를 부르고 예수님을 왕으로 섬긴다고 하였으나, 곧 마음이 변하여 예수님을 십자가에 못 박은 무리처럼 저희도 때때로 알게 모르게 주님을 부인하고 배반하는 것을 일삼고 있나이다. 저희를 강하게 주장하사 하나님의 거룩한 백성으로 살기에 부족함이 없도록 복 내려주옵소서.

오늘도 하나님의 말씀을 대언하는 목사님에게 성령님이 함께하여 주시며, 말씀으로 말미암아 저희의 심령들이 깨어지는 역사가 일어날 수 있도록 역사하여 주옵소서. 저희로 온전히 말씀에 의지하여 순종할 수 있게 하시고, 하나님의 인도하심에 따라 순종하는 저희들이 되도록 은혜를 더하여 주옵소서.

거룩하신 예수 그리스도의 이름으로 기도합니다. 아멘.

종려주일(2)

영광과 찬송과 예배를 받으시기에 합당하신 하나님 아버지!

경배와 찬양을 주님께 드립니다. 오늘 왕으로 입성하신 예수 그리스도를 기억하며 종려주일을 지켜 예배하오니 영광 받아주옵소서. 나귀 새끼를 타시고 입성하신 왕 되신 예수님을 기억하며, 죄로 말미암아 죽을 저희들에게 왕 같은 제사장의 신분을 주시어 주님을 섬길 수 있는 영광을 주시니 감사합니다.

'호산나, 호산나, 다윗의 자손이여!'라고 외치며 예수님을 찬양하던 무리가 결국 예수님을 십자가에 못 박는 배반자들이 되었듯이, 저희들도 주님을 찬양하던 입술로 주님을 부인하고 저주하지 않도록 은혜를 더하여 주옵소서.

고난의 십자가를 지시기 위해 예루살렘에 입성하신 것을 생각할 때 가슴이 아프지만, 그 십자가에서 죽음을 이기시고 승리하셨기에 저희들에게는 죄 사함이 있고 영생이 있음을 감사합니다.

아직도 예수님을 본받기에 부족한 저희들을 긍휼히 여기시고, 예수님의 십자가 사랑만을 붙잡고, 어두운 세상을 십자가의 정신으로 밝히며, 불꽃처럼 살아갈 수 있는 저희들이 되게 하여 주옵소서.

전능하신 하나님 아버지! 하나님의 뜻으로 세우신 저희 교회를 위하여 기도합니다. 하나님의 거룩한 성도의 본분을 잘 감당할 수 있는 저희들이 되게 하시고, 하나님의 말씀에 순종하게 하셔서 하나님의 교회를 세우는 일을 감당할 수 있도록 헌신하게 하여 주옵소서.

오늘도 말씀을 전하게 하신 목사님 위에 함께하셔서 구속의 원리를 깨닫게 하시고, 십자가의 사랑을 깨닫게 하옵소서. 오늘 이 예배에서 승리케 하심으로 한 주간도 말씀을 붙들고 기도하며 살아감으로, 생활 속에서 영광 돌리게 하옵소서. 한 주간의 삶이 주 앞에 영광이요, 저희들에게는 은혜의 시간들이 되게 하옵소서. 가는 곳마다 그리스도의 복음을 증거하는 전도자가 되게 하옵소서.

예수 그리스도의 이름으로 기도합니다. 아멘!

부활절(1)

능력의 주 하나님 아버지!

예수님의 부활을 믿사오며, 구원에 대한 감사로 예배하오니, 저희들이 삶의 목적을 새롭게 확인하고, 아버지의 뜻에 맞는 인격과 신앙으로 주께 영광 돌리게 하옵소서.

저희의 믿음이 더욱 장성하게 하시고, 저희로 하나님을 찬양하는 귀한 영혼들이 되게 하여 주옵소서. 사랑의 길로 인도하시는 하나님께 순종하게 하시고, 하나님의 길에서 떠나지 않도록 이끌어 주옵소서. 저희를 하나님의 복 된 길에 온전히 거하게 하여 주옵소서.

거룩한 부활절을 맞이하여 하나님의 사랑을 세상에 널리 전하게 하시고, 저희가 하나님을 찬양하며, 하나님께 영광을 돌리기에 부족함이 없도록 은혜를 더하여 주옵소서. 저희에게 주님을 증거하는 신앙을 갖게 하시고, 하나님의 나라를 위하여 헌신하는 기쁨을 맛볼 수 있는 복을 허락하여 주옵소서. 저희의 연약함으로 범죄치 않도록 하시고, 저희의 어리석음으로 주님을 부인하는 죄를 저지르지 않도록 해주시며, 저희의 부족함으로 하나님의 이름을 경솔히 부르지 않도록 하여 주옵소서. 오직 주 여호와만을 의지하여 하나님 나라의 소망을 가지고 살아가기를 간구하오니, 승리하게 해주옵소서.

특별히 말씀을 전하게 하신 목사님과 함께하셔서 저희에게 하나님의 동행하심을 깨닫는 귀한 시간이 되게 하여 주옵소서. 예배를 위하여 수고하는 손길들로 하여금 온전히 충성하게 하시고 복 주셔서 부활의 예수님이 전파되는 곳에 저들의 이름도 기억되게 하옵소서.

　죽음의 권세를 이기고 부활하신 예수 그리스도의 이름으로 기도합니다. 아멘!

부활절(2)

할렐루야 참 생명이 되신 하나님 아버지!

사망의 권세를 이기시고 부활하심으로 영원한 승리를 주신 날인 부활절에 저희들을 위해 죽으시고 부활하신 예수 그리스도가 생명의 자리에 계심을 믿고 주님 앞에 기쁘게 나아왔습니다.

이제껏 예수님의 부활하심을 의심하여 널리 증거하지 못했던 저희들이었습니다. 믿음이 없이는 주를 기쁘시게 하지 못한다고 하셨는데, 믿음 없는 저희들을 용서하시고 주님의 은혜 가운데 새로운 인생길을 걷게 하여 주옵소서. 부활하신 예수님의 뒤를 따라, 죽어도 주를 위하여 죽고 살아도 주를 위하여 사는 믿음이 되게 하옵소서. 소망 중에 고통을 이기며, 환난을 극복하며, 예수님처럼 승리하며 살게 하옵소서.

이 약한 심령에 부활의 신앙을 갖게 하셔서, 옛 행실을 벗고 주님의 구속의 사랑을 이웃에게 전할 수 있는 저희들이 되게 하여 주옵소서. 믿음으로 승리의 삶을 살 수 있도록 도와주옵소서. 저희들에게 부활을 믿는 확신을 주시고, 죽었던 대지에 새 생명을 허락하시는 것처럼 저희들에게도 새 생명을 허락하여 주옵소서.

두려움에 사로잡혔던 마리아가 부활하신 예수님을 만나고 기뻐하였던 것 같이 이 시간 저희들에게도 기쁨과 소망을 주옵소서. 세 번씩이나 예수님을 부인하던 베드로가 부활하신 예수님을 만나고 성령의 충만함을 받았을 때 사명을 되찾았던 것 같이, 저희들에게도 성령 충만함을 허락하셔서 능력 있는 사명자들이 되게 하여 주옵소서.

부활의 처음 열매가 되신 예수님을 만나게 하셔서 저희들의 연약한 것을 강건하게 하시고, 예수님과 영생 복을 누릴 것을 굳게 믿는 저희들이 되게 하여 주옵소서. 이 시간 저희들의 잠자던 영혼이 깨어나게 하시고, 믿음과 충성과 사랑이 식어가는 교회도 부활의 기쁨으로 충만케 하여 주옵소서.

오늘도 부활의 메시지를 들고 강단 위에 서게 하신 목사님을 성령으로 붙드시고, 권세 있는 말씀으로 저희 온 심령을 채울 수 있게 하옵소서.

저희를 위해 사망의 권세를 이기신 예수 그리스도의 이름으로 기도합니다. 아멘!

부활절(3)

만물을 새롭게 하시는 하나님!

죽음을 이기시고 부활하신 예수님을 구주로 믿는 저희들이 이 거룩한 자리에 모여 찬송하며 예배를 드리게 하시니 감사합니다. 주님, 의혹과 암흑의 시대를 살고있는 사람들도 죄로 인하여 죽을 수밖에 없는 인생임을 깨닫고 부활하신 예수님을 만나게 하옵소서. 죄 사함 받고, 영원한 소망을 주시는 주님을 모시고 소망과 기쁨으로 살게 하옵소서!

거룩하신 하나님! 저희의 연약한 믿음도 심히 창대해질 줄 믿사오니, 저희를 긍휼히 여겨 주옵소서. 교회를 찾는 자들이 믿는 자들과 함께하시는 주님의 임재를 체험케 하시고, 부활의 담대한 신앙으로 불의한 세상에 생명이신 주님을 힘차게 외칠 수 있는 교회가 되게 하여 주옵소서. 저희를 대신하여 십자가를 지신 예수님의 사랑을 알게 하시고, 그 사랑을 실천하게 하여 주옵소서. 믿지 않는 이웃을 돌아보게 하시고, 저희로 하나님의 역사하심에 순종할 수 있는 자들이 되게 하여 주옵소서.

저희의 예배를 기쁘게 받으시기를 원합니다. 예배를 통하여 하나님의 선하신 계획이 이루어지게 하시고, 주님의 기쁜 소식을 증거하기 위해 강단 위에 서게 하신 목사님을 성령께서 친히 붙드시며, 예배하는 저희 모두에게 구원과 소망이 넘치는 시간이 되게 하옵소서. 저희의 연약함도 이 예배를 통하여 강건해지기를 원하오니, 주님, 저희의 모든 것들을 친히 주장하여 주옵소서. 하나님의 선하신 계획에 순종할 수 있는 저희가 되게 하여 주옵소서.

찬양으로 주님께 영광을 드리는 찬양대와 예배를 위하여 봉사하는 모든 직분자들을 주님의 크신 은혜와 복으로 채워주옵소서.

예배의 모든 것을 주님께서 주관해 주시옵고, 사망 권세를 이기신 예수님의 이름으로 기도합니다. 아멘!

부활절(4)

사랑과 은혜가 풍성하신 거룩하신 하나님!

저희에게 왕으로 오신 예수님을 생각할 때마다 하나님을 찬양합니다. 감사와 경배를 받으시옵소서. 사랑과 능력의 주님을 찬양합니다. 영광을 받으시옵소서.

죄악과 시기와 불의함이 저희 속에 거하지 않게 하시고, 오직 산 소망과 생명만이 있게 하여 주옵소서. 예수님의 부활하심을 기리며 세계 모든 민족이 기뻐하는 것을 볼 때 모든 영광을 하나님께 돌립니다. 죄와 죽음을 이기신 예수님께 저희들의 믿음을 드립니다. 이 시간 저희 모두가 환희와 소망으로 주님을 찬양하오니, 영광이 영원히 아버지께 있나이다.

주님께서 저희와 함께하심에도 불구하고 믿음이 너무도 연약하였음을 고백합니다. 저희의 믿음 없음을 용서하여 주옵소서. 저희가 사소한 일에도 평안을 잃고 두려워하는 마음을 가졌던 것을 고백합니다. 저희의 마음에 담대한 믿음을 허락하셔서 저희들의 심령이 오직 하나님의 영광을 위하여 세상을 이길 수 있는 믿음을 더하여 주옵소서.

주님! 아직도 마귀는 우는 사자와 같이 두루 삼킬 자를 찾으며 저희들을 위협하고 있습니다. 그러나 이미 예수 그리스도께서 십자가에서 승리하신 것을 믿고 감사합니다. "나는 부활이요 생명이니 나를 믿는 자는 죽어도 살겠고 무릇 살아서 나를 믿는 자는 영원히 죽지 아니하리라"고 말씀하셨사오니, 죽어도 다시 살게 되는 영생의 주님을 영원히 의지하며 사는 저희들이 되게 하여 주옵소서.

저희로 하나님을 위하여 헌신하는 자가 될 수 있는 믿음을 더하여 주옵소서. 하나님을 찬양하는 저희의 삶이 되게 하시고, 삶 속에서 하나님의 살아 역사하심을 날마다 발견할 수 있는 저희가 될 수 있도록 인도하여 주옵소서.

하나님을 대신하여 말씀을 전하는 목사님 위에 함께 하시고, 입술의 권세를 허락하셔서 증거되는 말씀이 능력있게 하옵소서. 이 예배를 위하여 세우신 찬양대원들에게 특별히 복 주옵소서. 또한 여러 가지 모습으로 봉사하는 손길들도 복 주옵소서. 예수 그리스도의 이름으로 기도합니다. 아멘!

부활절(5)

믿음의 주요 온전케 하시는 분이신 하나님 아버지!

거룩한 주일 주님 앞에 나아와 살아 계신 하나님께 찬양하며 영광 돌릴 수 있도록 이끌어 주신 은혜를 감사합니다. 주님의 품에 안기기를 소망하는 믿음으로 왔사오니, 지금까지 지은 허물을 용서하여 주시기를 원합니다.

저희들이 부활의 기쁨을 망각하는 어리석음을 범치 않게 하여 주시고, 부활의 증거자로 사명을 감당할 수 있는 믿음을 허락하여 주옵소서. 이 귀한 사명을 잃어버리지 않게 하시어 예수님의 부활에 참예하는 복된 삶이 지속되게 하여 주시옵소서.

저희 교회를 위해서 기도합니다. 저희 교회도 사망 권세를 이기시고 부활하신 예수님을 높이고 온전히 주님의 영광을 드러내는 교회가 되기를 원합니다. 예수님이 영광 중에 재림하시는 그날까지 주님의 몸 된 교회를 세워나가고 주님을 나타내기에 부족함이 없는 교회가 되게 하시고, 신앙의 수고가 늘 동반됨으로써 순종과 사랑의 욕구를 충족하며, 구원의 기쁜 소식을 전파하는 데 부족함이 없는 교회가 되게 하여 주옵소서.

사랑의 하나님 아버지!

주님의 몸 된 교회를 위하여 헌신하는 손길들이 있습니다. 특별히 주님께서 귀한 직분으로 허락하신 은혜에 감사함으로 감당하기를 원하는 성도들에게 지혜와 힘을 주시고 믿음을 주셔서 맡은 바 직분을 잘 감당할 수 있도록 인도하여 주옵소서.

주님과 교회를 섬기면서 저희들을 항상 푸른 초원으로 인도하기에 온 힘을 쏟고 있는 목사님에게 성령의 능력으로 함께하시고, 진리의 말씀을 선포하기에 부족함이 없도록 지혜와 능력을 허락하여 주옵소서.

예배의 모든 것을 주님께서 온전히 주장하시기를 원하오며, 예수 그리스도의 이름으로 기도합니다. 아멘!

가정의 달

거룩하시고 사랑이 많으신 하나님 아버지!

가정의 달 5월을 맞이하여 주님 앞에 나아와 예배하며 기도하게 하시니 감사합니다. 주님이 만드신 아름다운 세상으로 인하여 더욱 주님을 찬양할 수 있는 5월이 되게 하시고, 푸르름을 더해가는 자연과 같이 저희의 심령도 주님의 사랑으로 풍성하게 채워지게 하시옵소서.

입술로는 주님의 자녀라고 말하면서 저희의 삶 속에는 아직도 죄의 습관들이 자리 잡고 있음을 고백합니다. 저희의 삶 속에 주님이 오셔서 죄의 습관들을 제거하여 주시고, 주님과의 복 된 교제가 이어지는 삶이 될 수 있도록 인도해 주옵소서.

높은 보좌를 뒤로 하시고, 낮은 이 세상에 육신을 입고 겸손하게 오셔서 저희들의 죄를 속량하시기 위하여 고난을 받으신 예수님! 저희들이 그런 예수님의 사랑으로 인하여 감격하며 사는 인생이 되기를 원합니다. 저희로 예수님의 평안을 체험하게 하시고, 예수님의 평강으로 죄를 이기고, 악의 유혹을 극복하며, 교만함과 게으름을 이겨나가게 하여 주옵소서.

주님의 교회는 기도하는 집이라 하셨사오니, 주님 앞에 모여서 늘 기도할 수 있는 저희들이 되게 하시고, 모든 성도가 일치된 기도 속에 성령 충만함을 체험하며, 능력이 나타나고, 치료가 나타나는 놀라운 역사가 있게 하여 주옵소서.

말씀을 전하게 하신 목사님을 성령의 능력으로 붙드시고, 교회와 양 떼를 위하여 수고할 때 기쁨으로 감당할 수 있도록 도와주옵소서.

이 시간 저희의 신앙의 눈이 떠져서, 하나님의 음성을 듣게 하시며, 영적인 기쁨이 충만한 시간이 되게 하여 주실 줄을 믿사옵고, 기도의 본을 보여주신 예수 그리스도의 이름으로 기도합니다. 아멘!

어린이 주일

온 땅과 온 하늘을 빛과 기쁨으로 충만케 하신 하나님 아버지!

오늘은 어린이 주일로 아버지께 예배드립니다. 이 땅에 사는 모든 어린이들이 예수 그리스도를 통해 흠 없는 거룩한 백성이 되도록 복을 내려 주옵소서.

저희에게 가정을 주셔서 그리스도의 사랑을 깨닫게 하시고, 귀한 자녀를 주심을 감사 드립니다. 주님께서 잘 양육하라고 맡겨 주신 자녀들이오니, 소유물로 여기지 않게 하시고, 그들이 하나님을 알게 하시며, 하나님의 말씀 안에서 주님의 교양과 훈계로 양육하여, 저들을 향한 하나님의 계획과 비전에 순종할 수 있게 하여 주옵소서.

사랑의 주님, 이 악한 세상에서 주님이 그들을 눈동자같이 보호하여 주시고, 하나님의 보호의 손길을 한시도 거두지 마옵소서. 올바르게 자라서 교회와 사회의 귀한 일꾼이 되게 하여 주옵소서.

예수님께서도 키와 지혜가 자라가며, 하나님과 사람에게 더욱 사랑스러워가셨습니다. 저희의 아이들도 키가 자라는 만큼 지혜도 자라게 하시고, 믿음도 자라게 하셔서 하나님과 이웃에게 사랑받는 사람이 되게 하여 주옵소서. 비뚤어지지 않게 하시고, 영적, 신체적, 정신적으로 균형 잡힌 성장을 이루도록 주님이 도와주시기를 원합니다.

주님께서 너희가 돌이켜 어린아이들과 같이 되지 아니하면 결단코 천국에 들어가지 못한다고 하신 말씀을 기억합니다. 저희들도 어린이들과 같이 순수한 마음을 회복하여 믿음의 본이 되게 하시고, 하나님을 기쁘시게 하는 삶을 살 수 있도록 인도하여 주옵소서.

특별히 결손 가정의 어린이들을 위로하시고, 장애아동에게는 치유와 용기의 은혜를 베풀어주옵소서. 다문화 가정의 어린이들도 차별 대우받지 아니하고, 함께 구원받아 예배하는 하나님의 자녀들로 삼아주옵소서. 기근이나 전쟁으로 헐벗고 굶주리는 어린이들에게 양식을 허락하여 주시고, 학대받는 어린이들을 악에서 구하여 주옵소서.

오늘 어린이 주일 예배를 기쁘게 받아주시고, 모든 어린이들이 하나님의 말씀으로 교육받아 신앙의 열매를 맺게 하옵소서.

예수님의 이름으로 기도합니다. 아멘!

어버이 주일

은혜로우신 하나님 아버지! 오늘 거룩한 주일을 어버이 주일로 지키게 하시니 감사합니다. 이 예배를 기쁘게 받아주시옵소서.

"자녀들아 너희 부모를 주 안에서 순종하라 이것이 옳으니라. 네 아버지와 어머니를 공경하라 이것이 약속 있는 첫 계명이니라"라고 말씀하셨으나 저희가 주님의 뜻에 합당치 못한 삶을 살고 있음을 고백합니다. 저희가 주님 앞에 부끄러운 자들임을 고백합니다. 감사해야 할 어버이에게 기쁨 대신 근심과 눈물을 드린 것을 용서하여 주옵소서. 육신이 연약하고 부족한 저희들을 불쌍히 여기시어 용서하여 주옵소서. 사랑을 실천하는 사람으로 살아갈 수 있도록 복 주옵소서.

저희를 낳고 길러주신 육신의 어버이를 효도하며 받드는 일에 소홀히 했던 저희들임을 고백합니다. 부모를 공경하라고 명하신 하나님의 법이 저희 입에서만 머물 뿐, 가슴에 새겨지지 않았음을 고백하오니 용서하여 주옵소서.

이제껏 저희를 위하여 모든 것을 희생하신 어버이들에게 평강을 주시고, 늙음에서 오는 외로움과 서러움, 쓸쓸함과 섭섭함, 이 모든 것들이 사라지게 하여 주옵소서. 외로운 이들과 허약한 이들과 가난한 이들을 위로하여 주시고, 힘을 더하여 주시며, 이 땅에 계시는 동안 끝까지 훌륭한 믿음의 어버이로 모범을 보여줄 수 있게 하여 주옵소서.

부모님 살아 계실 때에 효도를 다 하도록 도와주시고, 부모님들의 남은 생에 하나님의 위로와 복을 더하시며, 그리스도 앞에서 더욱 존귀하게 쓰임 받게 하옵소서.

먼저 하늘나라에 가신 부모님을 생각하며, 부모님의 믿음을 본받게 하시며, 아직도 주님을 영접하지 않은 부모님들은 속히 주님께로 인도할 수 있는 기회를 허락하여 주옵소서.

이제 뜻과 마음과 정성을 다하여 예배하오니, 성령으로 인도하여 주시고, 진리로 이끌어 주시기를 원합니다. 저희들이 주님을 떠나서는 아무것도 아님을 고백하오니, 구원의 감격이 모두에게 골고루 내려지는 역사가 일어나게 하여 주옵소서. 이 예배를 통하여 저희의 근심이 기쁨이 되게 하여 주옵소서.

예수 그리스도의 이름으로 기도합니다. 아멘!

성령 강림절

영원토록 찬송과 존귀와 영광을 받으시기에 합당하신 하나님 아버지!

성령 강림 주일을 맞아 주님께 예배하게 하시니 감사합니다. 저희의 예배가 주님께서 기쁘게 받으시는 산 제사가 되기를 원합니다. 거룩한 날 한마음으로 모여 예배하게 하여 주시고, 아침부터 신령한 은혜를 베풀어주시니 감사합니다. 세상 풍조에 휩싸이지 않고, 죄의 유혹을 이기게 하시며, 사탄의 시험도 이기게 하시니 감사합니다. 때를 따라 예배할 수 있는 은혜를 주심도 감사합니다.

거룩하신 하나님 아버지, 저희 앞에는 많은 장애물이 있어서 믿음의 경주를 하기가 심히 어려우며, 저희를 유혹하여 경건 생활을 하지 못하게 하는 요소들이 너무나도 많습니다. 세상의 빛보다도 더 밝은 생명의 빛을 비추셔서 방황하지 않고 바른길을 걷게 하옵소서. 그 생명의 말씀이 저희 마음속에 충만하여 항상 힘이 있게 하옵소서. 성령께서 충만한 은혜로 역사하사, 모든 육체의 소욕을 물리치고, 성령의 아름다운 열매를 주렁주렁 맺게 하옵소서. 저희 곁에 늘 계셔서 지켜주시고, 저희의 기도를 들어주시는 주님! 주님의 현존하심을 믿는 저희를 긍휼히 여겨 주옵소서. 주 예수 그리스도, 하나님의 아들이시여, 저희를 불쌍히 여겨 주시옵소서.

저희는 죄인입니다. 주님의 뜻을 따라 산다고 하면서도 저희들의 기도는 하나님의 나라와 의를 제일 먼저 구하는 기도가 되기보다는 저희들의 필요와 욕망을 따라 되기를 원하는 이방인들과 같은 기도였음을 고백하고 회개합니다. 저희들의 허위를 용서하여 주옵소서.

역사 앞에 정직하지 못하고 진실 앞에 성실하지 못했던 저희들의 모습을 보면서 실망과 부끄러움, 안타까움을 느낍니다. 먼 옛날 억압과 고통 속에서 신음하던 이스라엘 백성이 이집트를 탈출하던 역사를 생각합니다. 오늘 저희 민족이 벗어나야 할 것은 힘과 권위주의의 논리, 패배 의식의 사슬, 이기심과 소영웅주의의 울타리인 줄 압니다. 멀리 내다볼 줄 아는 역사의 눈 없이는 진정한 발전도 번영도 없음을 알게 하옵소서.

하나님의 자녀로 부름 받은 저희들이 회개와 자기부정을 통해 나날이 새로워지는 믿음을 갖도록 이끌어 주옵시고, 나눔과 화해의 삶을 살아감으로써 이 땅 위에 평화를 이루게 하여 주옵소서.

은혜로우신 주님, 저희들의 삶을 주님께 봉헌하고, 주님의 살과 피를 받는 성만찬 예식을 통해 저희들의 삶이 주님의 부활을 증거하는 삶으로 변화되도록 복 내려주옵소서. 성령께서 예배를 인도하시고 말씀을 온전히 전할 수 있도록 이끌어 주시옵소서. 저희들의 부족함을 덮으시고, 나아가야 할 길을 몰라 방황할 때 이끌어 주옵소서.

말씀을 대언하는 목사님과 그 가정에 복을 더하여 주옵소서. 예수 그리스도의 이름으로 기도합니다. 아멘!

현충일

거룩하신 주님!

산천이 푸르름을 더해 가는 6월에, 주님의 사랑과 은혜를 입은 저희들이 주님 앞에 예배하게 하시니, 감사드립니다.

십자가 공로를 힘입어 주님 앞에 나왔지만, 아직도 저희들 속에는 아름답지 못한 것들로 가득 차 있음을 고백합니다. 저희들을 긍휼히 여기시어 용서하여 주시고, 성령의 능력으로 강력하게 붙들어 주셔서 주님께서 원하시는 길을 기쁨 가운데 걷게 하시고, 주님의 영광을 드러내고 주님의 뜻을 좇아갈 수 있는 저희들이 되게 하여 주옵소서.

위로의 주님! 오늘은 지난날 나라가 풍전등화의 위기에 놓였을 때, 몸을 아끼지 않고 앞장서서 나라의 평화와 자신의 목숨을 맞바꾼 순국선열들의 고귀한 희생을 기리는 현충일입니다. 아직까지도 전쟁의 상처와 사랑하는 가족을 잃은 그때의 아픔을 잊지 못하고 슬픔에 잠겨있는 유족들을 위로하여 주시고, 우리나라가 발전하고 평화로운 나라가 되어, 나라를 위해 목숨을 바친 그들의 고귀한 희생이 결코 헛되지 않음을 알게 하옵소서.

이 땅에 다시는 젊은이들이 전쟁으로 인하여 피 흘리는 일이 없도록 하나님께서 막아 주시고, 더 이상 악한 무리가 득세하지 않도록 그 세력을 멸하여 주옵소서.

은혜의 주님! 아직도 저희 민족은 이념으로 인하여 남과 북으로 분단된 채 화합하지 못하고 반목하고 대립하고 있습니다. 저희들의 기도를 들으시어 이 민족을 보호하고 인도하여 주셔서, 속히 평화 가운데 하나가 되는 귀한 역사를 베풀어주옵소서.

저희 교회도 복음이 온 민족에게 전파되는 날까지 끊임없이 기도하는 공동체가 되게 하시고, 주님의 은혜와 사랑으로 하나가 되는 그날까지 눈물 흘리며 기도하는 주의 백성들이 되게 하여 주옵소서.

주님을 간절히 사모하는 마음으로 기도하고 예배하오니, 목사님을 통하여 주님의 귀한 말씀을 들을 때, 상처 입고 고통받는 영혼들이 치유되고 위로받는 역사가 일어나는 복된 시간이 되게 하여 주옵소서.

주님의 위로와 평안이 넘치는 예배로 인도하여 주시기를 원하오며, 거룩하신 예수 그리스도의 이름으로 기도합니다. 아멘.

6.25 전쟁 기념일

저희의 생사화복을 주관하시는 전능하신 여호와 하나님!

오늘날까지 이 나라를 지켜주신 하나님의 은혜를 진심으로 감사드립니다.

역사를 주관하시는 하나님! 오늘은 저희들이 결코 잊을 수 없는 6·25 전쟁이 일어났던 날입니다. 이 전쟁으로 인하여 국군은 31만 명이나 전사하거나 부상했고, 민간인은 100만 명이 넘는 사상자와 행방 불명자가 발생하는 비참한 피해를 입었습니다. 전 국토는 폐허가 되었습니다.

주님, 숱한 세월이 흘렀으나 아직도 아픈 상처를 안고 있는 저희 민족을 긍휼히 여겨 주시옵소서. 저희는 이 전쟁을 통하여 많은 교훈을 얻었습니다. 후손 대대로 이 전쟁의 교훈을 되새기고 기억하게 하시며, 다시는 이런 잔혹한 전쟁이 일어나지 않도록 지켜주옵소서.

자비하신 주님, 남북 간의 관계는 인간의 노력이나 정치적 협상만으로는 해결될 전망이 보이지 않습니다. 전능하신 하나님께서 복음으로 남북이 하나 되게 하시고, 이 땅에 평화가 깃들게 하여 주옵소서.

사랑의 주님, 남과 북이 다 같이 깊은 상처를 안고 있습니다. 그러나 아직도 가난에서 벗어나지 못하고 식량 부족 때문에 큰 고통을 당하고 있는 북한 땅에 긍휼을 베풀어주시옵소서. 굶주리다 못해 북한을 탈출하는 주민들이 아직도 끊이지 않고 있으니, 주님께서 이 강산을 지켜주시고 보호해 주옵소서.

아직도 북한 공산당은 회개하지 못하고, 끊임없이 도발을 하고 있습니다. 저들을 불쌍히 여기시어 하나님을 알게 하시고, 하나님 앞에 굴복하게 하옵소서.

주님, 이 강산에 통일을 이루어 주옵소서. 그 옛날 모세를 앞세워 홍해를 가르고, 이스라엘을 가나안 복지로 인도하신 여호와 하나님의 그 권능의 손길이 분단된 한반도를 하나 되게 하옵소서. 그리하여 이산가족들이 상봉하며, 남북의 힘을 모아 잘 사는 나라를 세우게 하옵소서.

예수님의 이름으로 기도합니다. 아멘!

광복절

사랑의 하나님!

오늘은 일제의 잔학무도한 식민지 지배에서 벗어나 민족이 해방된 날입니다.

홍해를 가르시어 길을 내시고, 반석에서 샘물을 솟게 하시며, 광야에서 만나를 내리사 백성들을 매일매일 먹이시던 능력의 하나님 아버지, 저희 민족을 긍휼히 여기셔서 일제의 압박으로부터 해방되게 해주시고, 오늘날 번영과 풍요로움 속에 살게 하신 은혜를 감사드립니다.

일제 치하 36년을 회고해 볼 때, 하나님의 은혜에 감사하지 않을 수 없습니다. 민족의 고유한 문화와 언어를 빼앗기고, 고귀한 신앙마저 빼앗길 뻔했던 저희 민족의 아픔을 돌아보셔서, 이스라엘을 구원하시듯 저희 민족을 구원하신 주님의 은총에 다시 한번 감사를 드립니다.

조국의 광복을 위하여 저희는 스스로 아무것도 한 것이 없고, 오직 하나님 아버지께서 역사하신 은혜라고 믿습니다. 이제 온 겨레가 다시는 종의 멍에를 메지 않도록 일치단결하여 분열이 없게 하옵소서.

대통령을 비롯한 모든 위정자들로부터 젊은이들과 어린아이들에 이르기까지 조국을 위하여 전심으로 기도할 수 있도록 도와주셔서, 하나님만을 경외하는 나라가 되게 하여 주옵소서.

국가보다는 자신을 사랑하는 이기주의와 욕심을 버리게 하시

고, 국가가 요구하면 주 안에서 생명까지도 아낌없이 내놓을 수
있는 이스라엘 민족 같은 참된 애국자들이 다 될 수 있도록 도와
주옵소서.

찬양과 영광을 세세토록 받으실 예수님의 이름으로 기도합니
다. 아멘!

교회 설립일

전능하신 하나님 아버지!

예수 그리스도로 친히 모퉁이의 머릿돌을 삼으시고, 교회를 세우신 여호와 하나님께 영광과 찬송을 올립니다.

특별히 주님의 몸 된 ○○교회를 ○○년 전에 이곳에 세우시고, 많은 영혼을 구원하시어, 말씀으로 양육하게 하시니 진심으로 감사를 드립니다.

오늘 뜻깊은 교회 설립일을 맞아 온 성도가 한자리에 모였습니다. 마음과 정성을 다하는 예배를 주께서 기쁘게 받으시고, 저희의 간구하는 기도를 들어 주옵소서.

긍휼과 자비로 다스리시는 하나님! 교회를 세우신 날로부터 오늘에 이르는 동안 저희 교회가 하나님 앞에 잘못했던 것을 용서하여 주옵소서. 뿐만 아니라 저희 교회가 이웃에 대하여 덕을 끼치지 못한 것 있으면 그것도 다 사하여 주옵소서.

은혜의 주님! 이때까지 주님의 뜻을 따라 영혼 구원의 사역을 감당하며, 목회를 위해 헌신해온 담임 목사님에게 복 주시고, 이 교회와 양들을 먹이기에 부족함이 없도록 능력으로 채워주시며, 영육 간에 강건함을 허락해 주옵소서.

그동안 교회를 거쳐 간 많은 주의 종들을 기억하시고, 그들이 지금 어디에서 주의 사역을 감당하든 그들 위에 주님의 보살피심이 늘 함께하여 주시기를 원합니다.

저희 교회를 세워가는 동안 몸과 마음과 물질을 바쳐 주님께 충성한 많은 성도들이 있습니다. 그들도 기억하셔서 크신 복으로 갚아 주시고, 더욱더 충성하는 자리에 머물게 하여 주시옵소서.

주님, 주님의 능력으로 저희 교회에 강권적인 역사를 하셔서, 양적으로나 질적으로 부흥 발전하여 하나님께 영광 돌릴 수 있도록 은혜를 베풀어주시옵소서. 전도와 봉사에 더욱 힘쓰며, 교역자와 성도가 합심하여 세상에서 빛과 소금의 역할을 다하며, 교회 본연의 사역을 잘 감당하여 나가도록 도와주옵소서.

교회의 여러 지체들이 있습니다. 각기 맡은 자리에서 충성할 수 있도록 이끌어 주시옵소서. 그리하여 주님이 뜻하신 바를 꼭 이루시기를 간절히 기도드립니다.

오늘 목사님을 통하여 선포되는 말씀이 성령의 인도하심에 따라 능력을 나타내며, 듣는 사람들로 하여금 크게 깨닫고 은혜받는 귀한 시간이 되게 하여 주옵소서.

예배에 참석한 모든 성도들이 오늘 교회 설립 예배를 계기로 새로운 마음으로 충성을 결단하는 시간이 되게 하여 주옵소서.

예수님의 이름으로 기도합니다. 아멘!

종교개혁 주일

　거룩하신 하나님 아버지!

　그리스도의 생명으로 저희를 채워주시기를 원하여 마음을 바쳐 예배합니다. 주님의 진리의 말씀으로 저희들을 충만하게 하여 주시옵소서.

　자비하신 주님! 알고도 행하지 못하고, 말씀으로 살지 못한 저희들입니다. 육신의 욕망을 위해서만 사용되었던 입술이 영원한 가치를 위해서 사용되게 하시옵소서. 보이는 세상의 것들이 저희의 마음에 위로와 평안을 주는 것이 아님을 알면서도 주님을 기쁘시게 해드리기보다는 세상의 종노릇하였음을 고백합니다. 저희의 완악한 심령을 불쌍히 여기시고, 저희의 죄과를 도말하여 주시기를 원합니다. 주님, 연약한 저희들을 긍휼히 여겨 주시고, 저희들에게 믿음과 용기를 주셔서 주님을 끝까지 따르는 종들이 되게 하여 주옵소서.

　공의로우신 하나님 아버지! 오늘은 종교개혁 주일입니다. 주님의 교회가 썩어져 가는 것을 그냥 버려두실 수가 없으셔서 몸의 일부를 도려내는 수술을 친히 주관하신 주님의 놀라운 은혜를 생각하면서 이날을 지키게 됨을 감사드립니다.

　'오직 은총, 오직 믿음, 오직 성령으로'라는 진리의 기치를 높이 들었던 개혁자들의 신앙을 되새기며, 저희들의 변화되지 못하고 형식화된 신앙을 과감히 척결하고, 새 사람, 새 신앙으로 새롭게 다짐하는 시간이 되게 하여 주옵소서.

오늘의 교회도 인본주의와 기복주의 신앙으로 오염되어 있습니다. 부패하고 타락하여 잘못된 신앙으로 얼룩진 교회를 성령의 능력으로 새롭게 변화시켜 주시고, 인간의 수단이 아니라, 하나님의 주권적인 통치가 역사하는 교회가 되게 하여 주옵소서.

　　예수님이 이 땅에 오셔서 사시다가 죽기까지 자신을 희생하신 그 모습을 본받을 수 있는 교회가 되게 하시고, 가난하고, 헐벗고, 굶주린 자의 친구가 되어 주신 주님의 사랑을 본받아 소외되고 외로운 자들을 섬기는 교회들이 되게 하여 주옵소서.

　　주님의 교회를 온전히 세우기 위하여 맡은 바 사명을 잘 감당할 수 있도록 세워주신 기관들이 단순한 친목 모임이 되지 말게 하시고, 주님의 뜻을 높이고, 주님의 몸 된 교회를 세우는 기관들이 되게 하여 주옵소서.

　　강단 위에 세우신 목사님을 성령의 능력으로 붙들어 주셔서, 선포하는 그 말씀이 불 같은 말씀이 되게 하시어 미지근한 저희들의 신앙이 개혁되는 놀라운 역사를 이루어 주옵소서. 예수 그리스도의 이름으로 기도합니다. 아멘!

추수감사절(1)

사랑의 하나님 아버지!

하나님께 전심으로 감사하며, 영원히 감사합니다. 추수감사절을 맞아 진정한 감사를 배우기를 원합니다. 상황과 조건에 따라 변하는 것이 아니라, 범사에 감사하게 하시고, 믿음에 굳게 서서 감사함이 넘치게 하시고, 마음에 감사함으로 하나님을 찬양하게 하옵소서.

하나님께서 이와 같이 풍성한 은혜를 베풀어주시는 데도 그 은혜를 깨닫지 못하고, 하나님을 영화롭게 하지도, 감사하지도 아니하고, 오히려 그 생각이 허망하여지며, 마음이 어두워지는 어리석은 자들이 되지 않게 해주옵소서. 하나님의 은혜를 망각하고, 하나님께 배은망덕하는 무지몽매한 백성이 되지 않게 하여 주옵소서. 주께서 주신 은혜가 큼을 잊지 말고 기억하게 하옵소서.

이 시간 간구합니다. 한 알의 밀을 심으면 30배, 60배, 100배로 주시는 하나님의 법칙을 깨닫고, 추수 감사의 의미를 되새기게 하옵소서. 저희들 또한 세상 사는 날 동안 선한 청지기로 하나님께 영광을 돌릴 만큼의 풍성한 열매를 거두어야 할 줄 믿습니다. 저희들이 더욱 분발하여 인생의 농사도 잘 짓게 하여 주옵소서. 하나님께서 주신 이 귀한 양식과 재물을 자신만을 위해 쓰지 않게 하시고, 오직 주의 나라와 의를 위하여 사용하게 하여 주옵소서.

이 시간 하나님께서 추수하게 해주신 은혜를 찬양하며 감사드리기를 원합니다. 예배를 통하여 받는 은혜가 넘치게 하여 주시고, 예배를 준비한 손길들에 복을 주시옵소서. 말씀을 선포하는 목사님을 위해 기도합니다. 이 한해도 주님의 일을 위해 많이 수고한 목사님에게 풍성한 은혜가 넘치게 하여 주옵소서.

이 자리에서 예배하는 성도들 가정마다 주님이 주신 은혜가 차고 넘치게 하여 주옵소서. 여러 가지 사정으로 생활이 어려운 성도들 가정도 있습니다. 주님의 자비하심을 본받아, 많이 거둔 자가 적게 거둔 자에게 베풀고 나누어주는 형제 사랑의 아름다운 복을 저희들에게 주시옵소서.

할렐루야! 찬양대의 찬양을 받으시고, 예배에 복을 내려주옵소서. 선포되는 말씀에 모두가 아멘으로 화답하게 하시고, 오직 주의 훈계를 통해 하나님의 사람이 되어가고, 모든 선한 일을 하기에 온전한 사람이 되어가게 하옵소서. 주님께서 주시는 기쁨은 이 세상 어떤 기쁨보다 더 크오니, 오늘도 주님께서 기쁨을 주시는 아름다운 잔치가 되게 하옵소서. 그리고 마지막에 인생의 추수를 하는 날이 될 때, 풍성한 열매로 주님 앞에 부끄럽지 않게 나아가 뵙기를 소원합니다.

할렐루야! 구주 예수님의 이름으로 기도합니다. 아멘!

추수감사절(2)

은혜로우시고 자비로우신 하나님 아버지!

지금까지 입을 것, 먹을 것을 주시고, 베풀고 나눌 수 있도록 은혜 주신 하나님을 찬양합니다. 오늘 추수감사절을 맞아 이토록 풍성한 결실을 얻을 수 있도록 복 주신 은혜에 감사하여 주님께 정성을 모아 예배합니다.

지난날을 돌이켜 보면, 하늘의 신령한 양식보다 세상의 썩어질 양식을 구하였으며, 주님이 주신 귀한 은사와 복을 주님의 몸 된 교회를 섬기고 이웃과 나누고 베푸는 데 쓰기보다 저희 자신의 만족과 쾌락을 위해 더 많이 썼으며, 감사보다 불평이 많았음을 고백합니다. 이 시간 회개하오니, 주님의 보혈로 정하게 하여 주시고, 용서하여 주옵소서.

복 주기를 즐겨 하시는 하나님 아버지! 오늘 저희들이 드리는 감사의 예물을 기뻐 받으시기를 원하오며, 더욱 감사의 조건이 늘어가는 귀한 믿음이 되게 하여 주시옵소서. 그리하여 삶 속에서 거둔 소중한 열매를 주님 앞에 더 많이 드리게 하옵소서.

자비로우신 하나님 아버지! 감사 주일을 맞이하여 돌아보니, 저희 주변에 추수할 영혼들이 많이 있는데, 그동안 저희들이 영혼의 추수에 너무나 태만했습니다. 이제는 영혼의 추수에 더욱 마음을 쏟을 수 있는 저희들이 되게 하여 주옵소서. 한 영혼이라도 더 주님께로 돌아올 수 있도록 생명의 복음을 힘써 전파하는 저희들이 되게 하여 주옵소서.

긍휼이 풍성하신 하나님 아버지! 뜻하지 않은 재난으로 말미암아 일 년 동안 땀 흘려 지은 농사를 망쳐버린 농민들을 기억하시고 긍휼을 베풀어주옵소서. 아픔을 딛고 새로 일어설 수 있는 용기를 더하여 주시고, 주님을 알지 못하는 이들에게는 만물을 조성하시고 다스리시는 창조주 하나님을 믿음의 눈으로 확실히 만나는 계기가 되게 하여 주옵소서.

오늘도 감사 주일을 맞이하여 복된 말씀을 대언하게 하신 목사님을 붙들어 주셔서 이 시간 말씀을 듣는 저희들 모두 남은 삶이 항상 감사가 넘치는 복된 삶이 될 수 있도록 이끌어 주옵소서.

예수 그리스도의 이름으로 기도합니다. 아멘!

추수감사절(3)

은혜가 풍성하신 아버지 하나님!

파종에서 추수까지 이른 비와 늦은 비를 주시고 가꿔주시며, 풍성한 열매를 맺게 하셔서, 저희를 입히시고 먹여주시는 사랑과 은혜에 감사드립니다. 저희의 감사 예배를 기쁘게 받아주옵소서.

해마다 풍성한 열매로 채우셔서 저희로 궁핍한 데 처하지 않도록 늘 보살펴 주셨지만, 저희는 욕심에 눈이 어두워 세상의 것들을 구하고, 이웃의 것을 탐내며, 먹을 것, 입을 것을 위해 전전긍긍하면서 주님이 저희에게 맡겨주신 귀중한 사명을 잊고 지냈습니다. 저희 심령을 바로 세워주셔서 통회하고 자복하게 하시며, 변화시켜 주시고, 용서하여 주시옵소서. 세상의 헛된 것을 바라보지 않게 하시고, 하늘의 신령한 것을 위해 간구하는 저희들이 되게 하여 주옵소서.

들의 백합화도 입히시고, 공중의 나는 새도 먹여주시는 은혜의 하나님!

추수 감사 주일을 맞이하여 저희들이 정성을 모아 감사 예물을 드리오니 주께서 기쁘게 받아주시고, 드리는 손길에 복 내려주시며, 드리는 심령에 은혜의 단비를 내려 주옵소서. 물질만 바치는 것이 아니라, 저희를 다 바쳐 주님을 기쁘시게 하는 삶을 살게 하여 주옵소서. 입으로만 감사하는 것이 아니라, 믿음 안에서 거듭난 자로서 시련과 고난 속에서도 기뻐하며, 주님을 찬양하는 귀한 믿음의 자녀들이 되게 하여 주옵소서.

마지막 추수 때가 되어 악한 마귀들이 세력을 떨치고 있는 이때, 저희들이 늘 깨어 기도하며, 진리로 무장하고, 하나님의 말씀으로 방패 삼아 저희를 둘러싸고 있는 악한 권세에 굴하지 않고, 굳건하게 믿음을 지켜, 승리의 주님만을 바라볼 수 있도록 늘 지켜주옵소서.

주님, 아직도 때의 임박함을 깨닫지 못하고 잠들어 있는 심령들을 깨워주시고, 신랑을 맞이해야 할 처녀들에게는 어리석은 다섯 처녀처럼 당황하지 않도록 미리 기름을 준비하게 하시고, 추수 때에 저희들이 모두 주님의 곳간에 들어가는 알곡이 되게 하여 주옵소서.

하나님 아버지, 이 기쁜 감사 주일에 마음에 근심과 고통이 있어 주님께 감사드리지 못하는 심령들에게는 위로와 평안을 주시고, 육신의 질병으로 감사 예배에 함께하지 못한 심령들에게는 질병이 깨끗하게 나음을 받는 은총을 허락하여 주시고, 물질이 없어 감사하고 싶어도 감사의 예물을 드리지 못해 낙심하고 있는 심령들은 위로하여 주시고 물질의 복도 허락하여 주옵소서.

이 시간 주님의 말씀을 듣고 강단에 서게 하신 목사님을 성령의 검으로 무장시켜 주셔서, 그 입술을 통해 나오는 말씀이 저희 심령과 골수를 쪼개는 말씀이 되게 하여 주옵소서. 예수 그리스도의 이름으로 기도합니다. 아멘!

성탄절(1)

지극히 높으신 하나님!

하나님의 본체로서 이 땅으로 오신 주 예수님께 찬양과 경배, 영광과 존귀를 올려드립니다. 멸망에서 영생으로 인도하시고, 고통과 어둠을 물리치신 예수님을 맞이하는 이 거룩한 주일에 예배의 자리에 나오게 하시니 감사합니다. 예수님을 영접하는 모든 백성에게 평화와 승리를 주시옵소서.

은혜의 예수님! 저희 같은 죄인을 위하여 친히 이 땅에 고난받고 죽임을 당하려고 오셨으니, 그 은혜에 감격할 따름입니다. 이 엄청난 은혜 앞에 저희의 추하고 더러운 죄악들이 모두 사라져 없어지기를 간구합니다. 저희에게 오신 예수님, 지금도 저희와 영원히 함께 계신 줄 믿습니다. 주님은 저희의 힘이요, 기쁨이요, 생명이심을 고백합니다. 흑암을 비추는 생명의 빛이심을 고백합니다. 영원토록 저희를 밝게 비추어 주시옵소서.

자비하신 주님! 주님이 세상의 빛으로 오시고 생명으로 오셨으나 아직도 흑암에 휩싸여 깨닫지 못하고 있는 영혼들이 있습니다. 사망의 음침한 골짜기를 정처 없이 헤매고 있는 영혼들을 불쌍히 여겨 주시옵고, 미련하고 강퍅하여 죄악의 길에서 방황하고 있는 영혼들에게 이 위대한 사실을 깨닫는 기회를 주시옵소서. 주님의 몸 된 교회도 이 위대한 복음을 증거할 수 있는 교회가 되게 하시고, 천사를 통해 주님의 말씀을 듣고 겸손히 무릎 꿇어 순종했던 마리아의 신앙처럼, 저희 교회도 주님의 말씀에 순종하고 주님의 뜻을 신실하게 행하는 교회가 되게 하여 주시옵소서.

저희 민족에게도 구원하시는 주님의 은혜가 넘치게 하시옵소서. 저희 민족이 주님이 베풀어주신 은혜를 기억하여, 사신(邪神)과 우상을 숭배하는 못된 버릇을 버리게 하시고, 만유의 주재이신 주님께 소망을 두게 하시옵소서. 또한 주님을 의지하지 않는 번영과 평화는 진정한 번영과 평화가 아님을 깨달아 주님이 허락하신 진정한 번영과 풍요를 누릴 수 있는 민족이 되게 하시고, 평화의 왕이신 주님만을 의지하게 하시옵소서.

예수님이 오신 이날은 구원의 날이요, 생명의 날이오니, 이 기쁜 소식이 특별히 가난한 자와 병든 자 그리고 믿지 않는 수많은 이웃에게 전파되게 하시어, 저들에게 구원의 소식, 영원한 소망의 소식이 되게 하시옵소서.

이 시간, 아기 예수님의 탄생을 축하하기 위하여 저희들이 한자리에 모였습니다. 황금과 유향과 몰약을 드린 것처럼 진실하고 값진 정성으로 예배하기를 원합니다. 주님께서 받아주시고, 주님이 주시는 기쁨과 평화가 넘쳐 감사가 강물같이 흘러넘치는 예배가 되게 하시옵소서.

오늘 생명의 말씀을 전하게 하신 목사님에게 주의 은혜를 충만하게 내려주시고, 찬양으로 영광 돌리는 찬양대 위에도 은혜를 부어주시옵소서.

임마누엘이신 예수 그리스도의 이름으로 기도합니다. 아멘!

성탄절(2)

하늘에 계신 아버지 하나님!

저희를 사랑하셔서 독생자를 십자가에 달려 죽게 하시고, 부화하게 하셔서, 저희로 하여금 이날을 기뻐하며 예배하게 하신 하나님의 그 크신 은혜에 진심으로 감사드립니다. 저희를 위하여 이 땅에 오신 예수님을 찬양하고 경배합니다. 주님의 성육신이 없었다면 저희가 어찌 사망의 그늘에서 벗어날 수 있었겠습니까.

그러나 저희는 아직도 주님의 사랑하심과 희생하심에 감사할 줄을 모르고, 죄인의 속성을 벗지 못함을 용서하여 주옵소서. 주님의 사랑을 늘 체험하면서도 주님을 욕되게 하는 삶을 살아온 저희를 용서하여 주옵소서. 이 시간 주님의 은혜를 저버린 것을 회개하오니, 용서하여 주옵소서.

회개의 합당한 열매가 맺히게 하시고, 주님의 나라를 유업으로 받는 저희들이 되게 하여 주옵소서. 이제는 저희로 하여금 주님의 강권적인 간섭하심에 순종하게 하시기를 원합니다.

사랑의 열매, 봉사의 열매, 섬김의 열매가 맺게 하시고, 충성의 열매, 헌신의 열매도 가득히 맺게 하셔서, 예수님의 오심을 진정으로 기뻐할 수 있는 저희들이 되게 하여 주옵소서.

교회 안에서만 주님의 뜻을 본받아 산다고 외치고 다짐하는 백성들이 되지 않게 하시고, 선한 사마리아인처럼 고통당하는 이웃에게 진정한 이웃으로 다가갈 수 있는 주님의 귀한 성도가 되게 하여 주옵소서.

이번 성탄절은 하늘의 영광 보좌를 버리시고 죄에 고통받는 인간들을 구원하시기 위하여 성육신하신 예수님의 사랑이 곳곳에 스며드는 기쁜 성탄절이 되게 하여 주옵소서. 사랑을 베푸는 교회가 많아지게 하시고, 어려울 때일수록 소망의 문을 열어주시기를 원합니다. 천국의 소망을 가지고 살아가는 기쁨을 알게 하여 주옵소서.

오늘도 이 자리에 참석하지 못한 성도들이 있습니다. 어디서 무엇을 하든지 주님을 기억하게 하여 주옵소서.

이 시간, 늘 주님의 은혜를 사모하는 저희에게 하늘의 신령한 은혜를 맛보게 하여 주실 것을 믿습니다.

예수 그리스도의 이름으로 기도합니다. 아멘!

성탄절(3)

하늘에는 영광, 땅에는 평화를 허락하신 하나님!

저희를 구원하시기 위하여 유대 땅 베들레헴 말 구유에서 탄생하신 예수님을 찬양합니다.

예수님께서는 하늘과 땅의 통로가 막힌 절망의 역사 가운데 오셔서, 저희들에게 새 소망의 길을 열어 만인의 구세주로 탄생하셨고, 사망의 길로 내려가던 저희들에게 새로운 바른길을 가르치셔서 천국 길로 인도하셨습니다. 그러나 저희는 죄악의 늪에서 방황하며 빛과 소금의 삶을 살지 못했습니다.

예수님께서는 섬김을 받으러 오신 것이 아니라, 오히려 섬기려고 오셨다고 말씀하셨습니다. 그러나 저희는 섬김을 받으려고 할 때가 많이 있었음을 고백하오니, 저희의 어리석음을 용서하여 주옵소서. 주님, 예수님의 나신 소식이 온 세상에 널리 퍼지기를 원합니다. 저희의 성탄절 예배가 동방박사의 황금과 유황과 몰약처럼 진실하고 값진 정성을 바치는 예배가 되어 하늘 보좌에 상달되게 하옵소서.

예수님이 오신 성탄절을 하나의 절기로만 지내는 것이 아니라, 예수님이 저희를 위하여 고난받으시고 죽으시기 위하여 오심을 깨닫게 하시고, 더욱 경건한 마음으로 주님의 뜻을 기리게 하여 주옵소서.

사랑의 주님, 아직도 이 땅에는 복음으로 인한 기쁨을 누리지 못하는 사람들이 많이 있사오니, 주님의 복음이 온 세상에 가득하기를 원합니다. 주님, 인생의 무거운 짐을 지고 고통을 당하는 이웃들이 있습니다. 슬픈 자들에게 기쁨을, 소외된 자들에게 위로를, 절망하는 자들에게 소망을 주옵소서.

이 세상의 예수님을 모르는 영혼들이 성탄절을 맞아 왜 예수님이 이 땅에 오셔야만 했는지 진정으로 깨닫게 하셔서, 예수님을 영접하고 새 삶을 살 수 있는 귀한 계기가 될 수 있도록 허락하여 주옵소서. 주님의 평화가 그들의 마음속에도 임하게 하시고, 그리하여 이 땅에 주님의 나라가 속히 이루어지게 하옵소서.

이 시간 예배하는 모든 성도가 구원의 기쁨을 누리게 하시고, 마음을 열어 주님을 온전히 영접하게 하옵소서.

예수님이 탄생하신 성탄절에 주의 천사들이 잠들었던 목자들을 깨웠듯이, 오늘 주시는 말씀으로 잠들어 있는 저희의 영혼을 깨워주실 줄 믿습니다.

저희를 구원하시려고 하늘 영광 버리고 이 땅에 오신 예수님의 이름으로 기도합니다. 아멘!

성탄절(4)

은혜로우신 하나님!

어두운 이 땅 위에 빛으로 오신 아기 예수님께 영광과 감사와 찬송을 드립니다. 지극히 작은 자의 모습으로 내려오셔서 이 땅에 탄생하신 예수님, 주님이 오시지 않으셨다면, 저희에게는 희망도 사랑도 평화도 구원도 없었을 것입니다.

그러나 저희들의 삶을 돌아보면 부끄러움밖에 없습니다. 주님께서 원하시는 대로 살지 못했습니다. 주님의 사랑을 따르지 못했습니다. 주님을 위하여 고난도 당하지 않았습니다. 불의가 넘치는 이 세상에서 주님의 이름으로 빛을 발하지도 못했습니다. 저희 이웃에 있는 헐벗은 자, 병든 자, 배고픈 자의 모습 속에서 주님의 모습을 보지 못했습니다. 믿음이 약한 저희들을 용서하여 주옵소서.

이 시간 저희들의 믿음을 회복시켜 주시고, 주님께 받은 영혼 구원의 사명을 잊지 않게 하옵소서. 매일의 삶 속에서 예수님 사랑의 불빛이 꺼지지 않게 하옵소서.

주님, 예수님께서는 저희의 죄를 구속하기 위해 낮고 누추한 곳에 오셨는데, 저희들은 헛된 욕망을 비우지 못하고 있습니다. 물질의 욕망, 명예의 욕망, 모든 허영을 주님 오신 마구간에 내려놓고, 가난하고 겸손한 마음을 갖게 하옵소서. 아기 예수님을 모실 정결한 믿음의 구유를 마련케 하옵소서. 기쁨과 소망으로 예수님을 맞이하게 하옵소서.

동방박사들은 순결한 아기 예수님 앞에서 황금과 유향과 몰약을 드렸는데, 저희들은 드릴 것이 없습니다. 말씀 안에 거하는 믿음과 이웃에 대한 사랑과 귀한 봉사를 드리게 하옵소서. 삶 전체를 들어 감사하게 하옵소서. 주신 것에도 감사하고, 주시지 않은 것에도 감사하게 하옵소서. 주시는 데에도 주님의 뜻이 있고, 주시지 않는 데에도 주님의 뜻이 있사오니, 오늘까지 지켜주신 삶 전체를 겸허한 마음으로 감사하게 하옵소서.

주님, 하나님께서 강단 위에 세우신 목사님을 위하여 기도드립니다. 주님의 권능을 허락하셔서 말씀을 전할 때에 굳어진 저희의 심령이 깨어지게 하옵소서. 성령의 뜨거운 은혜가 넘치게 하옵소서.

말씀이 육신이 되어 저희 가운데 오신 예수님의 이름으로 기도합니다. 아멘!

송년 예배

영원하신 하나님 아버지!

한 해의 마지막을 보내며, 저희들이 주 앞에 예배하게 하심을 감사드립니다. 금년 한 해를 복을 주셔서 믿음으로 시작하여 믿음으로 마무리하게 하셨으니, 새해에도 새로운 은혜를 충만히 받게 하여 주옵소서.

저희가 받은 복이 많음을 알면서도 주님을 찬양할 제목을 잃어버리고, 불평과 슬픔 속에서 살아가는 저희들에게 이 예배를 통하여 확신과 감사가 넘치며 찬양이 솟아나게 하옵소서.

주님께 찬양하기에 인색하며 교만하게 살아온 지난날을 고백합니다. 주님, 용서하여 주옵소서. 저희의 마음이 주님을 기뻐하기보다는 세상의 명예와 재물을 더 사랑했음을 고백합니다. 주님께서 임하시는 그날, 저희가 찬양하는 입과 기뻐하는 마음으로 맞이하게 하여 주옵소서.

주의 은택으로 은사에 관을 씌우시고, 주의 인도하시는 길에는 기름 같은 윤택함으로 복 주옵소서. 주의 사랑하시는 성도들 가정을 기억하시고, 아직도 하나님을 알지 못하는 가족들에게 구원의 빛이 비치게 하옵소서. 온 가정이 임마누엘의 복으로 하나님의 나라를 이루게 하여 주옵소서. 사업의 터전과 직장을 붙들어 주시고, 건강도 지켜주시고, 가정마다 안전의 은혜를 허락하여 주옵소서. 자녀들마다 감람나무 같게 하시고, 아내들에게는 결실을 주옵소서. 가정마다 허락하신 기도 제목들이 이루어지게 하옵소서. 삶의 문제를 해결 받게 하옵소서. 올해도 혹독한 경제난을 겪어야 했음을 아시오니, 회복의 은혜를 주셔서 꾸어줄지라도 꾸지 않는 저희들이 되게 해주옵소서.

은혜의 주 하나님! 연말연시를 맞아 여러 가지 모임에 많이 참석합니다. 어떤 모임에서도 주님의 이름을 망각하지 말게 하시고, 주님의 이름을 더럽히는 일을 하지 않도록 저희에게 지혜를 허락하여 주옵소서. 주님의 자녀 된 본분을 지키게 하심으로 저희의 삶이 늘 주님께 드리는 귀한 예배가 되게 하여 주옵소서.

저희 교회를 사랑하시고 복 주시는 하나님!

주의 목장에 양 떼가 더하게 하시고, 초장에 푸른 꼴들로 덮이게 하여 주옵소서. 교회의 머리가 되시는 주님의 인도를 받게 하시고, 날마다 부흥되는 역사가 있게 하옵소서. 새해에는 더욱 분발하여 전도할 수 있도록 하시고, 주의 복음으로 세상을 변화시키는 데 큰 역할을 감당하는 저희 교회와 성도들이 되게 하여 주옵소서. 경배로 시작하여 충성으로 열매 맺는 교회가 되기를 원합니다.

새해에는 인격과 믿음에 큰 성장을 주실 줄 믿사오며, 예수 그리스도의 이름으로 기도합니다. 아멘!

제5부

심방 및 예식 기도문

정기 (대)심방

거룩하시고, 만복의 근원이시며, 유일하신 하나님 아버지!

저희 교회를 사랑하시어, 첫 번째 달에 다른 일보다 우선하여 성도들의 가정을 심방할 수 있도록 주관하여 주심을 감사드립니다.

아버지! 정기 심방은 성도들의 가정을 더욱더 믿음 위에 든든히 세우고, 하나님께 영육 간의 풍성한 복을 빌기 위함이오니, 저희의 뜻을 선히 여기셔서, 이번 심방을 통해 성도들의 가정마다 복되고 형통한 일만 있게 하셔서 일 년 내내 감사하게 하여 주시옵소서!

저희 교회의 모든 구역(셀 모임)을 사랑하셔서, 구역마다, 구역원들이 하는 일마다, 가는 곳마다, 항상 희락이 넘쳐나게 하여 주시옵소서! 구역을 돌아보는 구역장, 권찰, 예배 인도자들에게 은혜 베푸셔서 맡은바 직분에 최선을 다하고 능력으로 감당할 수 있도록 늘 성령 충만하게 하여 주시옵소서!

아버지! ○○○집사님 가정에 하나님께서 친히 임재하시어 저희의 예배를 기쁘게 받아주시고, 가정을 위한 집사님의 간절한 기도가 하나하나 다 이루어지게 하옵소서. ○○○집사님, 먼 곳에서 교회를 열심히 섬기는 중에 있사오니, 모든 주의 일을 더 열심히 몸 바쳐, 물질 바쳐, 기쁨으로 섬길 수 있도록 영육 간에 부요하고 여유로운 삶으로 복 내려주옵소서. 금년에는 남편이 주님을 구주로 영접하게 하여 주옵소서.

○○집사님의 모든 일을 주께서 주관하사, 하는 일마다 형통케 하여 주시옵소서.

　○○이가 믿음 안에서 지혜와 선행을 겸비하며, 건강하게 잘 자라게 하시고, 많은 사람에게 사랑받고 칭찬받는 아이가 되게 하옵소서!

　심방을 진행하면서 성도의 가정에 평안과 복을 비는 목사님의 기도가 가정마다 그대로 임하게 하시고, 영육 간 강건함과 성령 충만함으로 붙들어 주시옵소서. 오늘 이 가정에 주시는 말씀을 온 식구들이 믿고 순종하여 금년 한 해 동안 모든 삶에서 이기며, 넉넉한 삶을 살게 하여 주시옵소서! 주님, 이 가정에 늘 함께하시어 은혜와 복을 내려주시옵소서!

　예수 그리스도의 이름으로 간절히 기도합니다. 아멘.

구역 심방(1)

여호와 닛시 하나님!

○○○집사님과 ○○○권사님에게 주님의 뜻대로 은사를 허락하시고, 또 그것을 나누게 하시니 감사를 드립니다.

하나님께서 구역장으로 세우신 ○○○권사님이 주신 은사를 잘 활용하게 하시고, 묻어두지 않는 복을 주셔서 주신 은사를 가지고 신령한 집을 세우게 하시고, 그리스도의 몸을 위해 한 지체의 사명을 감당하게 해주시옵소서. 또한 그 은사를 주님께 영광을 돌리고, 교회의 덕을 세우는 데 사용할 수 있도록 복을 주시옵소서.

권사님에게 영을 분별하는 은사를 허락해 주셔서 권사님 가정을 공격하는 끈질긴 악의 세력을 이기게 하시고, 치유의 은사를 허락해 주셔서 영육 간에 질병도 능히 고칠 수 있게 하옵소서.

그리하여 주님이 누리시는 그 영원한 승리가 권사님에게도 임하게 하시고, 주님을 따라가며 순종함으로 주의 깃발이 이 가정에 승리의 깃발이 되도록 복을 주시옵소서.

경제생활에서 승리하기를 원합니다. 거룩한 생활을 통해 신앙생활에서도 승리하기를 원합니다. 최후의 승리를 이미 받은 것처럼 누리며 살기를 원합니다. 주님, 도와주시옵소서.

가정을 통해 저희에게 복을 주시는 하나님! 결혼을 앞둔 자녀들에게 하나님께서 예비하신 배우자를 만나게 하여 주시옵소서. 주님께서 가장 적합한 짝을 허락하시고, 인생을 함께 걸어가도록 앞길을 인도해 주옵소서 서로 돕고 서로 세워주는 복의 만남이 되어, 하나님의 행복을 마음껏 받아 누릴 수 있는 만남이 되게 하옵소서.

주님께서 사랑하시는 ○○구역 식구들을 위하여 기도합니다. ○○구역이 하나님께 더욱 인정받는 구역이 되게 하시고, 사랑과 평화가 끊임없이 솟아나게 하옵소서. 그리하여 서로 사랑하며, 모든 구역 식구들의 마음을 하늘과 땅 위에서 하나인 주님의 거룩한 가족으로 묶어 주옵소서.

연약한 믿음이 더 큰 믿음이 되게 하시며, 주님의 영광을 바라볼 수 있도록 도와주시옵소서.

이 시간 말씀을 증거하실 ○○○목사님을 주께서 친히 주장하셔서, 말씀에 은혜를 더하시며, 신령한 영의 능력의 깊이를 더하여 주옵소서.

어둠을 이기고 밝은 빛으로 승리하게 도와주실 줄 믿고 감사하며, 모든 말씀 주 예수 그리스도의 이름으로 기도합니다. 아멘!

구역 심방(2)

위로와 평강의 하나님.

○○○성도님의 가정이 믿음의 가정으로 서기를 원하시는 주님, 이 가정이 먼저 주님을 구주로 고백하고, 순종하는 가정이 되도록 복을 주옵소서.

하나님의 말씀을 즐겨듣는 가정이 되도록 인도해 주옵소서. 부모와 자녀 모두가 한마음이 되어 온전하게 말씀을 듣는 가정이 되도록 복을 주옵소서.

신명기 28장의 순종하는 자에게 주시는 복이 ○○○성도님과 ○○○권사님 가정에도 임하기를 원합니다. 무엇보다도 주님을 사랑하고 감사하며 찬양하고 순종하는 것이 가장 큰 복임을 깨닫게 도와주시옵소서.

질병의 문제, 물질의 문제, 가정과 자녀의 문제를 작정 기도 3일 마지막 날인 이 시간에 주님께서 다 들어 응답해 주실 줄 믿고 감사합니다.

믿고 기도하는 것은 다 받을 줄 알라고 하신 말씀을 믿기에 감사합니다.

구역장으로 늘 수고 하시는 ○○○권사님에게 영을 분별하는 은사를 허락해 주셔서, 가정을 공격하는 끈질긴 악의 세력을 이기게 하시고, 또한 치유의 은사를 허락해 주셔서 영육 간의 질병도 능히 고칠 수 있도록 복을 주옵소서.

그리하여 ○○구역 가정마다 주님을 따라 승리하기를 원합니다. 경제생활에서 승리하기를, 거룩한 생활에서 승리하기를, 신앙생활에서 승리하며 살기를 원합니다.

주님, 도와주시옵소서.

주님께서 사랑하시는 ○○구역 식구들의 믿음이 더 큰 믿음이 되게 하시며, 주님의 영광을 바라볼 수 있도록 도와주시옵소서. 그리하여 믿음이 자라 하나님께 온전히 헌신하며, 마음과 정성과 뜻을 다하여 주님을 사랑하게 하옵소서.

이 예배에 모인 ○○구역 식구들이 서로 사랑하게 해주셔서, 하나님의 뜻을 이루기 위해 늘 기도하게 하시고, 그들이 하는 모든 일이 협력하여 서로에게 유익이 되고 선한 열매를 맺게 하여 주시옵소서.

오늘 드리는 이 예배가 저희들에게는 기쁨이 되며, 주님께는 큰 영광을 드리게 하옵소서. 특별히 이 가정을 위하여 세우신 귀한 목사님에게도 주님의 능력을 덧입혀 주셔서 말씀 증거할 때 큰 은혜를 받을 수 있게 하옵소서.

저희의 예배를 주님께서 주관해주실 줄 믿사오며, 사랑이 많으신 예수님의 이름으로 기도합니다. 아멘!

구역 심방(3)

예배를 기쁘게 받아주시는 하나님! 이 시간 예배와 찬양을 받아주옵소서.

이 가정에서 예배하는 자리가 주님이 임하시는 보좌가 되게 하시며, 주님의 이름이 거룩히 여김을 받는 자리가 되게 하옵소서.

○○○성도님과 ○○○성도님의 가족이 모두 다 예배자의 복을 누리게 하시며, 예루살렘의 복을 누리는 가족이 되도록 인도해 주옵소서.

모든 삶에서 주님을 찬양하고 예배하게 하시며, 몸으로 산 제사를 드리는 영적 예배가 이 가정에서 이루어지게 하옵소서.

저희의 생각과 행동을 눈동자와 같이 지켜주시는 하나님, 그동안도 ○○○성도님을 은혜 가운데 인도해주신 것 같이 남은 생애도 주님의 은혜 가운데 살아가게 하실 것을 믿고 감사드립니다. 이 가정이 주님 안에 있으면, 어떤 앞날에 대해서도 걱정이 없으며, 평안이 넘치게 된다는 것을 알게 하옵소서. 주님의 말씀을 따라갈 때, 어떤 미래도 복된 것임을 믿게 하옵소서.

자녀들의 미래도 주님의 손에 의탁합니다. 여호와 이레 되시고, 목자 되신 주님께서 자녀들과 이 가정의 미래에도 언제나 함께하심을 믿게 하옵소서.

그리하여 이 가족의 사랑이 멈추지 않게 하시며, 서로를 온전하게 사랑하며 도울 수 있도록 주님께서 인도해 주옵소서.

○○○성도님의 가정이 사랑으로 울타리를 치게 하시며, 위로

로 따뜻한 잠자리를 만들게 하옵소서. 가족은 주님의 사랑 가운데 어떠한 것도 나누지 못할 것이 없으며, 서로 도움이 되지 못할 것도 없는 줄 믿습니다. 이러한 가족의 귀한 청지기로서의 남편과 아내가 되도록 복을 주옵소서.

이 예배에 모인 구역 식구들이 서로 사랑하게 하여 주셔서 하나님의 뜻을 이루기 위해 늘 기도하게 하시고, 그들이 하는 모든 일이 협력하여 서로에게 유익이 되고, 선한 열매를 맺게 하여 주시옵소서.

오늘 드리는 예배가 저희들에게는 기쁨이 되며, 주님께는 큰 영광이 되게 하옵소서. 특별히 이 가정을 위하여 세우신 귀한 목사님에게도 주님의 능력으로 덧입혀 주셔서, 말씀을 증거할 때, 큰 은혜 받을 수 있도록 저희 마음의 문을 열어주옵소서.

예배를 주님께서 주관해주실 줄 믿사오며, 사랑이 많으신 예수님 이름으로 기도합니다. 아멘!

구역 심방(4)

저희가 쓰러지고 넘어질 때마다 피곤한 무릎을 일으켜 세워주시고 위로해 주시는 하나님!

하늘로부터 내려오는 주님께서 주시는 위로로 말미암아 ○○○ 집사님이 이 땅에 살면서 혹시나 사망의 음침한 골짜기를 다닐 때에도 두려워하지 않고 무서워하지 않게 하옵시고, 일평생 살아가면서 담대하게 세상과 맞서며 주님을 의지하고, 집사님의 생명이 다할 때까지 주님의 위로를 붙잡고 걸어가게 하옵소서.

또한 집사님의 두 자녀와 더불어 서로를 위로하게 하시며, 따뜻한 말로 세워주게 하옵시고, 서로 위로받기보다는 위로하는 부모와 자녀가 되게 하시며, 자녀들의 아픈 마음도 따뜻한 사랑으로 보듬어주는 부모의 사명을 감당하게 하옵소서.

집사님이 자녀들에게 하나님의 위로를 보여주는 거울이 되게 하시며, 위로로 가득 찬 가정이 되게 하옵시고, 평안의 복도 함께 누리게 하옵소서.

능력의 주님! ○○○집사님 가정에서 염려, 근심, 걱정, 불안, 초조, 절망이란 말이 모두 떠나가는 삶이 되기를 원합니다. 이런 말들이 삶에 없을 수는 없지만, 주님이 주시는 힘으로 염려의 먹구름을 떨쳐 버리게 하옵소서. 또한 앞일에 대한 두려움, 어떻게 살 것인가에 대한 해결책이 주님께 있음을 집사님이 깨달아 알게 하옵소서.

두 자녀 ○○와 ○○이가 모세처럼 기도하는 자녀, 모세처럼 가장 높고 깊은 곳에서 만나는 자녀, 모세처럼 가장 선명한 하나님의 음성을 듣고 그대로 행하는 자녀가 되도록 도와주옵소서.

○○○목사님을 말씀 충만, 성령 충만, 능력 충만하게 하셔서, 목사님이 전하는 주님의 귀한 말씀으로 저희 메마른 심령들이 사랑으로 넘치게 하여 주옵소서. 그리하여 주님께 받은 은혜를 이 시간 저희들에게도 나눠줄 수 있는 귀한 시간 되게 하여 주시옵소서. 감사하드리며 예수 그리스도의 이름으로 기도합니다. 아멘!

구역 심방(5)

평강의 근원이시며, 저희의 피난처 되시는 하나님!

언제나 ○○○성도님의 가정에 함께하여 주시니 감사를 드립니다.

○○○성도님이 성령의 충만함 받기를 원하시는 주님, 성도님이 주님 안에서 말씀과 찬양과 기도로 주님께 영광을 돌리기를 원하시는 주님, 그러나 아직도 술과 담배를 끊지 못하고 방황하고 있습니다. 술이 주인이 되어 성도님을 괴롭히고 있습니다. 술이 건강과 신앙생활을 방해하고 있습니다. 주님의 은혜로 영생을 얻고도 아직 술을 끊지 못함을 용서해 주옵소서. 성령님께서 도와주셔서 성령의 새 술에 취하기를 원합니다.

새사람이 되기를 원합니다. 술과 담배를 정복하고 다스리기를 원합니다. 주님, 진정 몰라서가 아니라, 의지력이 부족하여 끊지 못하고 있습니다. 주님께서 성도님의 연약함을 아시는 줄 믿사오니, 성령의 법으로 능히 이길 수 있도록 지켜주옵소서. 성령 충만함을 받음으로 경건한 생활을 할 수 있도록 인도해 주옵소서.

오늘도 ○○○성도님, 두려움을 이길 수 있도록 힘 주시기를 기도합니다. 하나님께서 그 두려움을 이길 수 있는 사랑을 주실 줄 믿습니다. 사탄이 주는 두려움, 마음에 혼돈과 불안으로 이끌어가는 두려움을 주님께서 단호히 쫓아내 주옵소서. 성도님이 두려움의 종노릇하지 않게 하시고, 정복하고 다스리게 하옵소서.

주님께서 주신 성령의 검, 말씀의 전신 갑주를 입게 하시고, 사랑으로 충만할 수 있도록 이 가정에 복을 주옵소서. 또한 영혼에 건강함도 허락해 주셔서, 오직 주님만을 바라보게 하시며, 주님과 깊은 교제를 나누는 ○○○성도님이 되게 하옵소서.

그리하여 건강한 가치관을 갖게 하시고, 건강한 사회생활을 하도록 인도해 주옵소서. 주님께서 주신 몸을 잘 돌보게 하시며, 하나님의 성전으로서 몸을 잘 보호하고 살피게 하옵소서.

가정을 통해 저희에게 복을 주시는 하나님, 결혼을 원하는 자녀 ○○○에게 하나님께서 예비하신 배우자를 만나게 하여 주시옵소서. 주님께서 가장 적합한 짝을 허락하시고, 인생을 함께 걸어가도록 앞길을 주님께서 인도해 주시옵소서. 서로 돕고 서로 세워주는 복의 만남이 되게 하시고, 하나님이 주시는 복을 마음껏 받아 누릴 수 있는 만남이 되게 하옵소서. 태중에 있는 ○○○의 아이도 주님께서 무럭무럭 자라게 하옵소서.

이 시간 말씀을 증거하게 하실 ○○○목사님에게 영력을 더하여 주시어, 양 떼를 먹이시기에 조금도 부족함이 없는 귀한 목사님으로 삼아주시옵소서.

늘 저희와 동행하여 주시며, 새로운 은혜로 채워주실 줄 믿고 감사하며, 예수 그리스도의 이름으로 기도합니다. 아멘!

구역 심방(6)

여호와 닛시 하나님!

○○○성도님이 주님을 따라 인생의 순간마다 승리하는 삶을 살기를 원합니다. 주님, 도와주옵소서. 주님이 누리시는 그 영원한 승리가 ○○○성도님의 것이 되게 하옵소서. 최후의 승리를 이미 받은 것처럼 누리며 살기를 원합니다.

사탄의 속임수와 거짓말과 참소에 넘어가지 않고, 언제나 확실한 영적 분별력으로 승리하기를 원합니다. 주님, 승리하기 위해서 주님의 도우심이 ○○○성도님과 함께하기를 원합니다. 끝까지 한결같은 믿음의 생활을 하면서 달려갈 수 있도록 도와주옵소서. 말씀과 기도, 찬양으로 주님께 나아가는 믿음을 소유하는 아름다운 가정이 되게 하옵소서.

오늘도 ○○○성도님 가정의 건강을 위해 기도드립니다.

부부가 건강한 육체로 일하며 생활할 수 있도록 지켜주시고, 주님의 생명과 건강을 부어주옵소서. 사랑하는 남편이 직장에서 일할 때도 피곤하지 않게 하시며, 건강한 몸으로 생동감 있는 하루하루가 되게 하옵소서.

또한 정신의 건강함도 허락해 주셔서, 모든 사람과 성숙한 관계의 삶을 누리게 하시며, 또한 다른 사람들에게도 마음의 위로와 쉼을 줄 수 있는 남편이 되도록 인도해 주시고, 주님의 백성 삼아 주시옵소서. 한 영혼이 천하보다 귀하다고 말씀하신 주님, 그 영혼도 주님의 생명책에 기록되게 하옵소서.

하나님께서 선물로 주신 두 자녀 ○○와 ○○이가 사무엘처럼 주님의 음성을 듣고 하나님의 권능을 나타내는 자녀가 되게 하옵소서. 주님, 사무엘을 통해 사울과 다윗이라는 하나님의 사람이 세워졌듯이 이 가정에 두 자녀로 인해 믿음의 세대를 이어주는 하나님의 사람들이 세워지게 하옵소서.

오늘도 기도할 수 있도록 이 자리를 예비해주신 하나님께서 ○○○권사님에게 치료의 손길을 펼치셔서 다 낫게 해주옵소서.

이 시간 말씀을 증거하게 하실 ○○○목사님, 주님께서 친히 주장하셔서 말씀에 은혜를 더하시며, 신령한 영의 능력의 깊이를 더하여 주옵소서. 어둠을 이기고 밝은 빛으로 승리하게 도와주실 줄 믿고 감사를 드립니다.

주 예수 그리스도 이름으로 기도합니다. 아멘!

구역 심방(7)

생명의 근원 되시는 하나님!

○○○성도님이 십자가의 보혈로 인해 생명과 자유를 얻었음을 감사드립니다.

이 가정에 사랑하는 남편도 주님의 백성 삼으셔서 주님이 주시는 생명과 자유가 풍성히 임하게 하시고, 가정이라는 사랑의 울타리 안에서 진정한 자유가 허락되고, 자율성이 존중받도록 복을 주시옵소서. 주님의 지혜로 살아가게 하시며, 주님의 생각으로 가득 찬 믿음을 허락하시며, 말씀과 기도, 찬양으로 주님께 나아가는 아름다운 가정이 되게 하옵소서.

주님! 때로는 ○○○성도님의 삶이 힘들고 어렵다 할지라도 그럴 때마다 불평과 좌절보다는 감사와 찬송이 되게 하여 주옵소서. 언제나 감사의 길을 걸으며, 주님 안에서 용기와 힘을 공급받게 하여 주옵소서.

성도님의 연약한 믿음이 더 큰 믿음이 되게 하시며, 주님의 영광을 바라볼 수 있도록 도와주시옵소서. 그리하여 성도님이 언제 어디에서나 덕을 세우는 가정의 영적 지도자가 되게 해주시고, 그리스도인의 참되고 아름다운 인격으로 거듭나게 하옵소서. 믿음이 자라 하나님께 온전히 헌신하며, 마음과 정성과 뜻을 다하여 주님을 사랑하게 하옵소서. 주님을 사랑하는 마음과 물질의 봉헌, 시간의 성별을 통하여 몸으로 주님 앞에 산 제사를 드릴 수 있게 하옵소서.

하나님께서 사랑하시는 두 자녀를 눈동자처럼 지키시고 보호하여 주시옵소서. 다윗이 골리앗을 물리칠 때도 하나님을 철저히 의지하였고, 사자를 만났을 때도 하나님을 의지하였던 것처럼 주님을 끝까지 의지하며 살아가도록 은혜를 더 하여 주실 줄 믿고 감사드립니다.

이 시간 말씀을 증거하실 ○○○목사님에게 주의 놀라운 능력으로 함께하셔서 저희들을 신령한 말씀으로 인도하는데 조금도 부족함 없는 능력 있는 목사님이 되게 하옵소서.

이 예배를 주님께서 홀로 받아주시옵소서. 저희들에게 한량없는 은혜를 내려주실 줄 믿고 감사하며, 예수 그리스도의 이름으로 기도합니다. 아멘!

구역 심방(8)

살아서 역사하시는 좋으신 하나님! 이 시간 성령님이 함께하시니 감사를 드립니다.

○○○집사님의 마음 안에 성령님이 살아 역사하셔서, 자나 깨나 언제 어디서든지 주님이 지켜주시며 인도하고 계심을 깨닫고 믿게 하여 주옵소서. 집사님을 하나님께서 자녀의 관계로 불러주시고, 집사님의 신분을 귀하게 높여 주신 하나님께 감사와 영광을 돌립니다.

이 시간 집사님을 위해 기도합니다. 먼저 건강을 유지하며 생활할 수 있도록 지켜주시고, 주님의 생기를 불어넣어 주옵소서. 무슨 일을 할 때도 피곤하지 않게 하시며, 건강한 몸으로 생동감 넘치는 하루가 되게 하옵소서. 믿지 않는 남편도 주님께서 기억하셔서, 그 영혼도 주님의 백성 삼으시고, 주님의 생명책에 기록되게 하옵소서.

집사님의 자녀에게는 주 안에서 승리하며 순종하게 하옵시고, 언제 어디서나 모든 사람에게 부러움의 대상이 되게 하옵시고, 믿음도 헌신도 건강도 물질도 항상 충만하게 부어주옵소서.

○○을 앞둔 사랑하는 자녀에게도 건강의 복과 하늘의 신령한 복과 땅의 기름진 복으로 살 수 있도록 주님의 놀라운 은총을 베풀어주옵소서.

늘 구역장으로 수고하는 ○○○권사님에게 사랑의 은사와 영을 분별하는 은사를 허락해 주셔서 모든 구역원이 사랑의 줄로 하나 되게 하옵소서. 주님, ○○구역을 도와주시옵소서. 주님께서 사랑하시는 ○○구역 식구들의 믿음이 더욱 자라 하나님께 온전히 헌신하며 마음과 정성과 뜻을 다하여 주님을 사랑하게 하옵소서. 선한 열매를 맺게 하여 주시옵소서.

특별히 저희를 사랑하셔서 주님의 귀한 ○○○목사님을 이 가정에 세워주셨사오니, 목사님을 통해 주시는 말씀으로 저희가 많은 은혜를 받으며, 성령의 감동을 받고, 심령이 새롭게 변화되어 죽도록 충성하며 주님만을 따르겠노라고 결단하는 시간이 되게 하여 주시옵소서. 주님이 주시는 참된 행복과 평화만을 사모함으로 주님의 사랑의 날개 아래 거하게 하옵소서.

십자가에 달려 죽으심으로 죄에서 저희를 구원하여 주신 주 예수 그리스도의 이름으로 기도합니다. 아멘!

구역 심방(9)

할렐루야! 영광과 존귀를 받으시기에 합당하신 하나님!

오직 주만 하나님이심을 만민으로 알게 하시고, 모인 저희가 주를 높이며 영광을 돌리기에 부족함이 없도록, 이 시간 은혜로 가득 채워지게 성령께서 인도하여 주시옵소서.

말씀, 기도, 찬양의 산 제사를 드리게 하시고, 말씀 속에서 삶의 길을 보게 하시며, 오직 주님이 주인 되시는 아름다운 가정이 되게 하여 주옵소서.

이 시간 예배에 은혜를 주시고, 기도의 제목을 가지고 여기에 모인 저희들에게 응답받는 시간이 되게 하옵소서. 하나님이 지시한 땅을 한 번도 본 적이 없지만 믿음으로 떠났던 아브라함처럼 모든 일에 믿음으로 한 걸음 한 걸음 내딛는 ○○○권사님이 되게 하옵소서.

생명을 주시는 하나님! 이 가정에 아이가 없습니다. 왜 아직 자녀를 주지 않으시는지 하나님의 뜻을 알 수는 없사오나, 하나님께서도 ○○○집사님에게 자녀가 없음을 아시고 긍휼히 여기시는 줄 믿습니다. 하나님께서는 모든 가정에 가장 좋은 선물을 가장 좋은 때에 주시는 줄 또한 믿습니다. 모든 생명은 하나님께로부터 오는 것이니, 건강한 아이를 낳을 수 있도록 하나님께서 태를 열어주시기를 간구하옵나이다.

하나님이 주신 귀한 자녀들, 하나님의 지혜와 말씀으로 바로 서게 하시고, 그 자녀들의 앞길에 형통한 삶과 물질의 복과 예루살렘의 복을 누리며 살게 하옵소서.

○○○권사님으로 하여금 자녀들에게 믿음의 본이 되게 하시며, 하나님을 대신하여 진리의 말씀으로 인도하는 귀한 신앙의 길잡이가 되게 하옵소서. 믿음의 부모로서 자녀들에게 귀한 신앙의 유산을 남겨주며, 주님의 자녀로서 영원하신 하나님께 마음을 두고 살게 하옵소서.

하나님께서 특별한 뜻이 있으셔서 저희 구역 식구들을 세워주신 줄 아오니, 구역 식구들이 모이기에 힘쓰며, 기도와 전도에 힘써 주님의 뜻에 합당한 구역이 되게 하시며, 교회와 세상에 덕을 끼치는 ○○구역이 되게 은혜 내려주옵소서.

○○구역이 믿음 안에 성장할 수 있게 해주시기를 주님께 매달려 간구하는 ○○○권사님에게 크신 은혜를 베풀어주시며, 주께서 그 노고를 아시오니, 한없는 복으로 권사님의 심령을 채워주옵소서. 이 시간 ○○○목사님의 입술을 주장하사, 하나님의 말씀을 대언할 때 능력 있게 하시며, 저희들의 심령이 그 말씀을 청종하여 마음이 움직이고 새 힘을 얻을 수 있게 하옵소서.

저희의 모든 것을 아시며, 길을 인도해 주시는 주 예수 그리스도의 이름으로 기도합니다. 아멘!

특별 심방(1)

중심을 보시는 사랑의 하나님 아버지!

○○○권사님 가정에 귀한 남편과 자녀를 주셔서 감사를 드립니다. 이렇게 아름다운 권사님의 가정을 볼 때, 분명 하나님의 섭리가 있음을 깨닫습니다. 때로는 권사님의 삶에 힘들고 어려운 일이 있을지라도, 불평과 좌절보다는 감사와 찬송을 하게 하여 주옵소서. 언제나 감사의 길을 걸으며 주님 안에서 용기와 힘을 공급받게 하여 주옵소서.

주님의 지혜로 살아가게 하시며, 주님의 뜻이 무엇인지를 분별하여 인간의 생각이 아닌 주님의 생각으로 가득 찬 믿음을 허락하시옵소서. 무슨 일을 하든지 주님을 찾고 또 찾으며 무릎으로 주님 앞에 나아가는 믿음을 소유하는 아름다운 가정이 되게 하옵소서.

주님께서는 권사님의 가정이 하나님이 임재하시는 성전이 되기를 바라시며, 이 가정을 통해 아름다운 헌신을 받기를 원하시는 줄 믿습니다. 또한 아름다운 생명의 사역, 창조의 사역이 가정을 통해 계속되기를 원하시는 줄 믿습니다.

○○○성도님의 믿음이 더 큰 믿음이 되게 하시며, 주님의 영광만을 바라볼 수 있도록 도와주시옵소서. 성도님이 언제 어디에서나 덕을 세우는 가정의 영적 지도자가 되게 해주시고, 그리스도인의 참되고 아름다운 인격으로 거듭나게 하옵소서. 그리하여 믿음이 자라 하나님께 온전히 헌신하며, 마음과 정성과 뜻을 다하

여 주님을 사랑하게 하옵소서.

또한 주님을 사랑하는 마음과 물질의 봉헌, 시간의 성별을 통하여 몸으로 주님 앞에 산 제사를 드릴 수 있게 하옵소서.

하나님께서 사랑하시는 두 자녀 ○○와 ○○이를 눈동자처럼 지키시고 보호하여 주시옵소서. 골리앗을 물리칠 때도, 사자를 만났을 때도 하나님을 의지한 다윗처럼 주님을 끝까지 의지하며 살아가도록 은혜를 더 하여 주실 줄 믿고 감사드립니다.

이 시간 말씀을 증거하실 ○○○ 목사님께 주의 놀라운 능력으로 함께 하셔서 저희들을 신령한 말씀으로 인도하게 하옵소서.

이 예배를 주님께서 홀로 받아주시고 저희들에게 한량없는 은혜를 내려주실 줄 믿고 감사하며, 예수 그리스도의 이름으로 기도합니다. 아멘!

특별 심방(2)

저희 믿음의 근거가 되시는 하나님!

○○○권사님과 ○○○장로님에게 무엇보다도 믿음을 선물로 허락해 주시니, 감사와 찬양을 드립니다.

권사님과 장로님이 매일매일 믿음의 진보를 나타내는 부부가 되도록 하옵시며, 건강과 물질의 복, 오고 가는 길 안전의 복도 허락해 주옵소서. 그리하여 믿음으로 보지 못하는 것을 보게 하시고, 가지지 않은 것을 이미 가진 것처럼 믿고 나아갈 수 있도록 인도해 주옵소서.

보기 때문에 믿는 것이 아니라, 믿기 때문에 볼 수 있는 영안과 귀를 열어주옵소서.

그러나 이러한 믿음은 하나님께서 도와주시지 않으면 가능하지 않다는 것을 믿습니다. 선진들이 믿음으로 승리한 것처럼 장로님과 권사님 가정도 믿음으로 승리하게 하시며, 이 믿음을 유산으로 남겨줄 수 있는 부모가 되도록 복을 주옵소서.

장로님과 권사님에게 가정이라는 보화를 주신 주님께 감사를 드립니다. 하나님이 주신 귀한 자녀들이 하나님의 지혜와 말씀으로 바로 서게 하시고, 그 자녀들의 앞길에 형통한 삶과 물질의 복과 예루살렘의 복을 누리게 하옵소서.

그리하여 장로님과 권사님 부부가 자녀에게 믿음의 부모가 되게 하시고, 하나님을 대신하여 진리의 말씀으로 인도하는 본이 되게 하시며, 귀한 신앙의 유산을 남겨주는 길잡이가 되게 하옵소서.

  또한 자녀들이 하나님이 원하시는 신령한 집으로 세워지게 하시며, 하나님의 말씀을 묵상하며 하나님을 경외하고 예배하는 자녀들로 살아갈 수 있도록 도와주옵소서.

  이 가정에 결혼을 원하는 자녀들이 있사오니, 결혼을 통해 하나님의 뜻이 이루어지기를 원합니다. 주님께서 가장 적합한 짝을 허락하시고, 인생을 함께 걸어가도록 앞길을 주님께서 인도해 주시옵소서.

  이 시간 ○○○목사님을 통해 주시는 하나님의 말씀이 이 가정에 기둥이 되게 하시고, 이 말씀 따라 살 수 있는 복을 내려옵소서.

  저희와 언제나 함께하시는 주 예수 그리스도의 이름으로 기도합니다. 아멘!

특별 심방(3)

살아서 역사하시는 하나님! 이 시간 성령님이 함께하시니 감사합니다.

○○○성도님과 ○○○성도님 마음 안에 성령이 살아 계셔서 언제 어디서든지 주님이 지켜주시며 인도하고 있음을 깨닫고 믿게 하옵소서.

그리하여 매 순간 기도함으로 주님을 만나게 하시며, 주님의 음성을 들으며 주님과 대화할 수 있는 은총을 베풀어주옵소서.

생명을 주시는 주님!

○○에게 자녀를 주심을 감사합니다. 하나님께서 자녀가 없음을 아시고, 긍휼히 여기셔서 아름다운 태의 열매를 맺게 하시니, 감사와 찬양을 드립니다. 건강하게 아이를 낳을 수 있도록 하나님께서 은혜 베풀어 주옵소서. 자비하신 하나님! 아기를 낳는 것은 인간에게 주어진 신성한 의무인 동시에 하나님께서 주시는 큰 복임을 깨닫게 하시어, 임신 중에는 흉하고 악한 것을 생각지 말게 하시고, 오직 주님의 말씀을 묵상하며 주의 은혜를 입게 하옵소서.

주님의 딸이 기도하며 경건한 생활을 하여, 태어날 아기에게 좋은 부모가 되기를 원합니다. 건강도 조심하고, 언행과 일거수 일투족의 모든 생활이 복중의 아기에게 모본이 되어, 복중의 심령에게 복이 되게 하여 주옵소서. 그 생명이 이 땅에 태어날 때 순산하여 고통을 겪게 하시고, 아기는 하나님 안에 큰 자가 되어 이 가정에 기쁨이 되게 하시고, 그로 말미암아 세상에 영광이 되게 해주옵소서.

　가정을 통해 저희에게 복을 주시는 하나님!

　○○에게 하나님이 예비하신 배우자를 만나게 하여 주시옵소서. 무엇보다 결혼을 통해 주시려는 하나님의 행복을 마음껏 받아 누릴 수 있도록 환경을 축복해 주옵소서. 서로 돕고 서로 세워주는 만남이 되게 하시고, 욕망에 이끌려 실수하는 만남이 되지 않도록 역사하여 주시옵소서. 그리하여 가정을 좋은 성품으로 세워나가며, 자녀에게 모범이 되는 부모가 되게 하시고, 상대방의 가족을 자신의 가족처럼 돌보는 넉넉한 마음을 가진 자를 허락하여 주옵소서.

　이 시간 말씀을 증거하실 ○○○목사님의 말씀에 은혜를 더하시며, 신령한 영의 능력의 깊이를 더하여 주옵소서.

　어둠을 이기고 밝은 빛으로 승리하게 도와주실 줄 믿고 감사하며, 주 예수 그리스도의 이름으로 기도합니다. 아멘!

특별 심방(4) – 출산

기쁨의 근원이 되시는 하나님!

○○○집사님과 ○○○집사님의 가정에 하나님께서 주시는 기쁨이 풍성히 넘치도록 복을 주시옵소서. 바울과 실라가 감옥에서도 기뻐하며 찬송을 부를 수 있었던 이유를 집사님 부부가 깨닫게 하시며, 그렇게 환경에 지배를 받지 않는 기쁨의 생활을 누릴 수 있게 도와주옵소서.

집사님 가정이 하나님을 경외하며, 하나님의 도우심에 의지하게 하셔서, 하나님으로부터 오는 평강의 복을 누리게 하옵시고, 또한 시편 128편의 예루살렘에서 오는 복, 예배자의 복을 허락해 주시며, 세상이 줄 수 없는 기쁨, 평강, 위로의 복을 주옵소서.

그리하여 언제나 주님과 동행하며, 그 누구보다도 주님과 친근한 교제를 나누는 복을 허락해 주옵소서. 그러므로 집사님을 만나는 모든 이들이 복되게 하시며, 하나님의 이름으로 이웃을 축복하는 집사님 가정이 되게 하옵소서.

집사님 가정에 자녀를 주신 하나님, 하나님이 주신 이 귀한 선물을 하나님의 지혜와 말씀으로 양육할 수 있게 하옵소서. 골리앗을 물리칠 때도 하나님을 철저히 의지하였고, 사자를 만났을 때도 하나님을 의지한 다윗처럼 ○○이가 크고 작은 위험에서 주님을 끝까지 의지하며 성장하게 하옵소서.

다시 한번 자녀를 탄생케 하신 주님을 찬양합니다. 세포 하나에서 시작된 집사님 부부의 아기가 신체의 필요한 모든 것을 갖추고, 한 생명으로 태어난 것은 창조주 하나님께서 행하신 너무나 감격스러운 사건임을 깨닫게 하옵소서.

주님께서 태중에서 아기의 생명을 조성하시고, 성장시켜 주셨고, 세상에 태어나게 해주심을 다시 한번 감사드립니다.

집사님 가정이 영원한 복, 영생을 누리는 가정이 되게 하시고, 자녀들도 자자손손 시온으로부터 오는 복을 누릴 수 있도록 인도해 주시옵소서.

사랑이 풍성하신 하나님, 집사님 가정에 오는 모든 사람이 서로 사랑하게 해주셔서, 하나님의 뜻을 이루기 위해 늘 기도하게 하시고, 그들이 하는 모든 일이 협력하여 유익하게 되고 선한 열매를 맺게 하여 주시옵소서.

이 시간 주님께서 귀히 쓰시는 ○○○목사님이 하나님께서 주시는 말씀을 전할 때, 그 말씀이 이 가정에 기둥이 되게 하시고, 그 말씀 따라 살게 되는 복이 이 집에 임하게 하옵소서.

임마누엘의 하나님께서 함께하심을 믿습니다. 여호와 샬롬의 하나님께서 평강 주심을 믿습니다. 주님의 인도하심을 소망하며, 예수 그리스도의 이름으로 기도합니다. 아멘!

특별 심방(5) - 이사

하늘과 땅을 지으시고, 저희의 생사화복을 주관하시는 하나님!

○○○집사님을 주 안에서 살게 하셔서 하늘 영광에 거하게 하시고, 사랑하는 집사님 가정에서 이렇게 새 장막 예배를 드리게 하시니 감사드립니다.

하나님 섬기기를 기뻐하며 교회를 사랑하는 집사님 되게 하시니 참으로 감사합니다. 때로는 집사님의 삶에 힘들고 어려운 일이 있다 할지라도 그럴 때마다 불평과 좌절보다는 감사와 찬송이 되게 하여 주옵소서. 언제나 감사의 길을 걸으며, 주님 안에서 용기와 힘을 공급받게 하여 주옵소서.

주님의 지혜로 살아가게 하시고, 주님의 뜻이 무엇인지를 분별하여 인간의 생각이 아닌 주님의 생각으로 가득 찬 믿음을 허락하시며, 무엇을 하든지 주님을 찾고 기도하며 주님께 나아가는 믿음을 소유하는 아름다운 가정이 되게 하옵소서.

간구하옵기는, 하나님께서 허락하신 이 장막이 하나님을 찬송하는 거룩한 처소가 되게 하셔서 하나님께서 주시는 복과 사랑이 가득한 집이 되게 하여 주옵소서. 그리하여 집사님이 가정을 통하여 재물의 복과 화목의 복을 받게 하셔서 주님의 일을 크게 감당하는 복을 누리게 하여 주시옵소서.

귀한 자녀들을 기억하시어 형통한 삶을 살게 하시고, 이 세상 살아가면서 어렵고 힘든 일 만나지 않도록 주님께서 지키시고 보호하여 주시며, 만나의 복과 예루살렘의 복을 마음껏 하나님께 공급받는 자녀들이 되게 하옵소서.

　이 시간 함께 참여한 ○○구역 식구들과 권사님들, 서로 사랑하게 해주셔서 하나님의 뜻을 이루기 위해 늘 기도하게 하시고, 저희가 하는 모든 일이 협력하여 유익하게 되고, 선한 열매를 맺게 하여 주시옵소서.

　이 시간 ○○○목사님을 주장하셔서 하나님의 말씀을 대언할 때에 능력 있게 하시며, 저희들의 심령이 그 말씀을 청종하여 마음이 움직이고 새 힘을 얻을 수 있게 하옵소서.

　저희의 모든 것을 아시며, 저희의 길 되시는 주 예수 그리스도의 이름으로 기도합니다. 아멘!

특별 심방(6) - 이사

저희의 생사화복을 주관하시는 하나님!

저희를 주 안에서 살게 하셔서 하늘의 영광에 거하게 하시고 사랑하는 ○○○집사님 가정에서 이렇게 새 장막 예배를 드리게 하시니 감사를 드립니다. 하나님 앞에 섬기기를 기뻐하며, 교회를 사랑하는 집사님 가정에 사랑과 긍휼을 베푸시어 좋은 주택을 마련하도록 인도하여 주시고, 주님의 교회와 더욱 가까워지게 하시니, 또한 감사를 드립니다.

간구하옵기는, 하나님께서 허락하신 이 집이 하나님을 찬송하는 거룩한 처소가 되게 하셔서 주께서 주시는 복과 사랑이 가득한 집이 되게 하여 주옵소서. 이 집을 통하여 재물의 복과 화목의 복을 받게 하셔서, 주님의 일을 크게 감당하는 복을 누리게 하여 주시옵소서.

사랑이 풍성하신 하나님, 하나님의 사랑의 손길로 이 가족을 인도하셔서, 주님이 허락하신 귀한 두 자녀, 하나님의 복의 전통이 그들을 통해 면면히 이어지는 복을 누리게 하옵소서. 온 가족이 주님을 찬양하는 가족, 화목하고 행복한 가정, 하나님의 사랑과 은혜가 넘치는 가정이 되게 하여 주옵소서.

이 가정의 가장이 운영하는 사업을 주님께서 지켜주시고 인도하셔서 번창하게 하시고, 또한 주님의 일도 열심히 하는 집사님이 되게 하여 주옵소서.

아내인 ○○○집사님, 주님께서 항상 함께하시고 역사하셔서 기도로 자녀를 키우게 하시고 믿음으로 승리하는 집사님 되게 하여 주옵소서.

이 집에 오는 모든 사람이 서로 사랑하게 하여 주셔서 하나님의 뜻을 이루기 위해 늘 기도하게 하시고, 그들이 하는 모든 일이 협력하여 유익하게 되고 선한 열매를 맺게 하여 주시옵소서.

오늘 목사님을 통해 하나님이 주시는 말씀이 이 가정에 기둥이 되게 하시고, 이 말씀 따라 살게 되는 복이 이 집에 임하게 하옵소서.

저희의 길이 되시는 주 예수 그리스도의 이름으로 기도합니다. 아멘!

사업장 심방(1)

신실하신 하나님!

캄캄한 인생길에도 저희가 두려워하지 않는 것은 하나님이 구름 기둥, 불기둥이 되시기 때문입니다. 오늘까지 집사님과 권사님의 사업장을 보살펴 주시고 이끌어 주심에 감사드립니다.

주님께서는 "여우도 굴이 있고 공중에 나는 새도 집이 있지만, 인자는 머리 둘 곳이 없다"고 말씀하셨습니다. 주님께서 모든 권세와 영광을 지니시고도 스스로 가난하게 되심은 저희를 부유하게 하려 하신 것이라는 말씀도 기억합니다.

광야에서 만나와 메추라기로 이스라엘 백성을 먹이시며, 40년 동안 옷과 신발이 해어지지 않게 보살펴 주신 하나님!

○○○집사님과 ○○○권사님에게 하나님의 놀라운 은총을 내리시어, 하는 일마다 잘되게 하시고, 손이 수고한 대로 먹을 것과 입을 것을 주옵소서. 말씀, 기도, 찬양의 산 제사를 드리게 하시고, 말씀 속에서 삶의 길을 보게 하시며, 오직 주님이 주인 되시는 아름다운 사업장이 되게 해주옵소서.

날마다 집사님과 권사님의 무릎에 은혜를 주셔서, 기도 제목을 가지고 주님 앞에 간구할 때, 모든 기도가 다 응답받게 하옵소서. 원하옵기는, 기도하는 시간 가운데 더욱 성숙된 신앙이 되게 하시고, 주의 뜻이 무엇인지를 발견하게 해주옵소서.

하나님이 지시한 땅을 한 번도 본 적이 없지만 믿음으로 떠났던 아브라함처럼 모든 일에 믿음으로 한 걸음씩 내딛는 ○○○집사님과 ○○○권사님이 되게 하옵소서.

주님의 자녀인 저희로 하여금 영원하신 하나님께 마음을 두게 하옵소서. 저희의 영의 행복을 위협하는 많은 적에 맞서는 방패가 되어 주옵소서. 그러므로 어떤 일을 결정해야 할 때, 하나님의 지혜를 먼저 구하는 집사님이 되도록 복을 주시옵소서. 주님보다 앞서가지 않게 하시고, 주님이 원하시지 않는 것을 결정하지 않게 하옵소서.

이 시간 귀한 말씀을 성령의 역사하심에 따라 전하는 ○○○목사님을 주님의 권능의 오른팔로 붙잡아 주셔서, 힘 있게 외치는 그 말씀이 광야에서 외치는 자의 소리가 되게 하시며, 강팍한 저희의 마음에 평안하게 주의 길을 예비할 수 있는 능력의 말씀으로 인쳐 주시옵소서.

저희의 목자가 되시는 예수님의 이름으로 기도합니다. 아멘!

사업장 심방(2)

사랑과 은총이 풍성하신 하나님 아버지!

오늘까지 이 사업장을 보살펴 주시고, 이끌어 주심을 진심으로 감사드립니다.

이 사업장이 물질로 어려움을 겪고 있어 기도하오니 들어 응답해 주옵소서. 하나님께서는 착한 사람에게나 악한 사람에게나 다 해와 비를 주시며, 공중에 나는 새도 먹이시고 들에 피는 꽃도 곱게 입히시지만, 사람들은 때로는 가난으로 허덕이게 되오니, 굽어살펴 주옵소서.

사랑으로 오시는 아버지 하나님! 이 사업장의 어려움이 주님의 뜻이라면, 주님께서도 세상에 머무실 때, 가난을 몸소 겪으셨음을 알게 하시어, 위로를 얻게 해주옵소서.

간구하는 모든 자에게 풍성한 은총으로 응답하시는 하나님!

○○○집사님의 사업장를 위하여 간구하오니, 주님을 섬기는 데 지장이 없을 만큼 필요한 물질을 주옵소서. 가난해서 하나님을 원망하거나 욕되게 할까 두렵고, 배가 불러 하나님을 섬기는 일에 게을리할까 두렵사오니, 보살펴 주옵소서. 하나님께서 주신 이 사업을 정직하고 바르게 이끌어 가게 하시옵소서.

이 사업장을 주님께 맡김으로 승리의 삶을 살아가도록 주님의 크신 은총을 풍성히 베풀어주옵소서. 그리하여 늘 믿음과 소망을 가지고, 주님만을 바라보는 ○○○집사님이 되게 하여 주옵소서.

또한 이 사업장을 통하여 살아 계신 하나님의 동행하심을 깨달게 하옵소서. 그리하여 온전히 하나님께 영광을 돌리게 하시고, 이 사업장이 주님을 섬기는 도구가 되도록 인도하시고, 복을 내려주옵소서.

영광과 존귀를 받으시기에 합당하신 하나님.

오직 주만 하나님이심을 만민으로 알게 하시고, 모인 저희로 주를 높이며 영광을 돌리기에 부족함이 없도록 성령께서 은혜의 시간으로 가득 채워지게 인도하여 주실 줄을 믿습니다.

이 시간에 드리는 예배에 은혜를 주시고, 기도의 제목을 가지고 여기에 모인 저희들에게 응답받는 시간 되게 하옵소서. 이 예배를 위해 기도로 준비한 ○○○목사님을 주님의 날개 아래 거하게 하시어 말씀 충만, 성령 충만, 능력 충만한 목사님으로 삼아주시옵소서. 이 사업장의 문제가 목사님의 말씀을 통하여 해결 받게 하옵소서.

예수님의 이름으로 기도합니다. 아멘!

사업장 심방(3)

인간의 생사화복을 주장하시는 하나님 아버지, 감사합니다. 하나님의 뜻이 있기에 이 시간까지 저희를 이 땅 위에 세워주셨음을 믿습니다.

하나님, ○○○집사님과 ○○○권사님에게 강한 믿음을 허락하시옵소서.

"사방으로 우겨쌈을 당하여도 싸이지 아니하며, 답답한 일을 당하여도 낙심하지 아니하며, 핍박을 받아도 버린 바 되지 아니하며, 거꾸러뜨림을 당하여도 망하지 아니하고 일곱 번 넘어지나 여덟 번 일어선다"고 하셨으니, 집사님과 권사님에게 용기와 인내를 더해주셔서, 이 어려운 때를 잘 극복할 수 있도록 도와주시옵소서.

하나님께서는 저희를 사랑하시는 것을 믿습니다. 하나님을 사랑하는 자, 그 뜻대로 부르심을 입은 자에게는 모든 것이 합력하여 선을 이루게 하신다는 것을 확신합니다.

이번의 이 어려움이 결국에는 집사님에게 큰 유익이 될 줄 믿습니다.

이 어려움이 전화위복의 기회가 되게 해주옵소서. 하나님을 목자로 삼는 사람은 부족함이 없음을 믿습니다. 비록 사망의 음침한 골짜기를 다닐지라도 두려워하지 않는 것은 주님의 지팡이와 막대기가 집사님의 사업장을 지켜주시며, 주님이 저희와 함께하시는 것을 믿기 때문입니다.

하나님 아버지, 음침한 골짜기를 걸으면서 복의 샘물을 마시게 하시고, 캄캄한 골짜기에서 목자 되시는 주님만을 쳐다보게 하옵소서.

"환난 날에 나를 부르라. 내가 너를 건지겠고, 네가 나를 영화롭게 하리라"라고 하신 말씀을 믿습니다.

이 시간 간절한 마음으로 기도드립니다.

아버지, 이 환난의 시간이 집사님과 권사님 사업장에서 지나가게 하시고, 환난당하기 전보다 더 하나님의 크신 사랑을 깨닫는 기회가 되게 하여 주옵소서.

이 시간 말씀을 증거하는 ○○○목사님에게 주의 놀라운 능력으로 함께하셔서 저희들을 신령한 말씀으로 인도하옵소서.

이 예배를 주님께서 홀로 받아주시고, 저희들에게 한없는 은혜를 내려주실 줄 믿고 감사하며, 예수 그리스도의 이름으로 기도합니다. 아멘!

사업장 심방(4)

은혜로우신 하나님 아버지!

○○○집사님과 ○○○권사님에게 일을 주시고 일할 수 있는 건강을 주시니 감사합니다. 주님의 이름을 높여 드립니다. 주님께 영광을 돌립니다.

하나님께서 주신 이 사업을 정직하고 바르게 이끌어 가게 하시며, 이 사업장에 살아 계신 하나님이 동행하심을 깨닫게 하옵소서. 이 사업장을 통하여 하나님께 영광 돌리게 하시며, 복 내려 주옵소서.

바울과 브리스길라와 아굴라가 그들의 사업을 통해 하나님을 섬긴 것처럼, 집사님의 사업이 주님을 섬기는 도구가 되게 인도해 주옵소서.

하나님 앞에 진실한 사업이 되게 하시고, 성공하기 위해 법을 어기거나 다른 이들에게 악한 일을 행하지 않도록 보호해 주옵소서.

사업을 이끌어 나갈 때에도 신앙생활에 위배되지 않도록 지켜 주셔서 사업을 하면서 사탄의 유혹에 넘어가지 않도록 보호해 주옵소서.

집사님과 권사님에게 가정이라는 보화를 주신 주님, 감사를 드립니다.

하나님이 주신 귀한 자녀, ○○○를 하나님의 지혜와 말씀으로 양육할 수 있게 하옵소서. 집사님 부부가 자녀에게 믿음의 부모가 되게 하시고, 하나님을 대신하여 양육하는 좋은 청지기가 되게 하옵소서.

집사님의 삶이 자녀들에게 좋은 길라잡이로 본이 되게 하시며, 믿음의 부모로서 귀한 신앙의 유산을 남겨주는 부모가 되게 하옵소서.

또한 집사님의 자녀들이 하나님이 원하시는 신령한 집으로 세워지게 하시며, 하나님을 경외하고 예배하는 자로 성장하도록 인도해 주옵소서. 하나님의 법도를 따라 살아가는 자녀로 양육하도록 도와주옵소서.

이 시간 ○○○목사님을 주장하셔서, 하나님의 말씀을 대언할 때 능력 있게 하시며, 저희는 그 말씀을 청종하여 마음이 움직이고, 심령이 새 힘을 얻을 수 있게 하옵소서. 예수 그리스도의 이름으로 기도합니다. 아멘!

사업장 심방(5)

만물을 창조하시고 보살피시며, 주님의 섭리대로 다스리시는 전능하시고 영원하신 하나님 아버지!

이 사업장을 도와주옵소서. 간구하옵기는, 먼저 ○○○집사님과 ○○○권사님의 마음을 성령으로 채워주시며, 사랑과 기쁨과 평안으로 흘러넘치게 하시고, 감사와 찬양이 끊이지 않게 도와주옵소서.

집사님과 권사님의 몸을 건강케 하시고, 마음을 기쁘게 하시며, 생각을 슬기롭게 하시어, 어려운 일을 겪지 않게 하시며, 설혹 시련과 환난에 부딪쳐도 용감히 이겨낼 수 있는 힘을 주옵소서.

그리고 집사님의 믿음을 굳건히 하시어 사업 중에 주님을 떠나는 일이 없도록 해주옵소서. 사업이 잘될 때 더욱 많이 벌기 위해 일에 정신을 빼앗겨 주님을 잊어버리는 일이 없게 하시고, 사업이 안될 때 의기소침해지고 근심 걱정에 빠져 주님을 멀리하는 일이 없도록 해주옵소서.

이삭의 소출을 복 주신 하나님 아버지!

집사님의 사업을 위하여 기도하오니, 이 사업을 번창케 하시며, 그리스도의 복음을 증거하는 사업장이 되게 하여 주옵소서.

성실과 근면으로 이룩한 사업이오니 주님께서 복을 주시어, 사회에 모범이 되는 경영인이 되게 하옵소서.

이 사업장에 종사하는 모든 이들도 지켜주옵소서.

그들이 서로 돕고 이해하고 사랑으로 결속하는 사랑의 공동체를 이루게 하시어, 이 사업장을 통해 하나님께 영광을 돌리게 하시며, 이들이 하는 일들이 이웃에게 기쁨과 유익과 편리를 제공하는 봉사와 헌신의 일임을 깨닫게 하옵소서.

　말씀을 증거하실 목사님에게도 성령으로 함께 하셔서 저희들에게 새로운 깨달음을 주는 귀한 말씀이 되게 하옵소서.

　창조의 근원 되시는 예수님의 이름으로 기도드립니다. 아멘!

사업장 심방(6)

모든 복의 원천이시며, 모든 사람의 소망이신 하나님 아버지!
주님의 넓고 크신 은총과 사랑에 감사드립니다.

하나님께서 집을 세우지 아니하시면 집 짓는 이들의 수고가 헛
되고, 하나님께서 성을 지키지 아니하시면 파수꾼의 깨어 있음이
허사이오니, ○○○집사님과 ○○○권사님의 사업장에 복 주셔서
날로 번창하게 해주시옵소서.

사업을 발전시키려고 부지런히 일하되, 진실한 마음으로 일하
게 하시고, 사업이 잘되어 하나님의 창고를 가득 채우게 해주시
옵소서.

모든 일을 선하게 이끄시는 하나님 아버지, 폭풍이 이는 바다
위에서 도움을 청하던 제자들에게 구원을 베풀어주셨던 것처럼
세상의 거친 비바람과 어려움 가운데서도 주님을 모시고 살아가
는 사업장이 되게 하옵소서. 이 사업장을 주님께 맡김으로 승리
의 삶을 살아가도록 주님의 크신 은총을 풍성히 베풀어주옵소서.

눈물을 흘리며 씨를 뿌리는 농부가 기쁨으로 곡식 단을 거두듯
이 집사님의 사업장도 승리를 거두게 하실 것을 믿습니다.

집사님과 권사님으로 하여금, 만물을 다스리시고 이끄시는 주
님 앞에서 참 마음으로 살아가게 하시며, 이 세상의 모든 시련과
환난, 그리고 낙담과 걱정을 잊어버리게 하옵소서. 아무것도 염
려하지 말고 주님만을 의지하라는 말씀을 가슴 깊이 새기고 있사
오니, 저희가 살아갈 때 절망하고 낙심하게 하는 것들로부터 벗

어나게 해주시옵소서.

이 시간 주님의 도우심을 바라며 기도하는 저희들의 정성을 보시고, 이 사업장을 복에 복을 더하여 주옵소서. 그리하여 늘 믿음과 소망을 지니고, 주님만을 바라보는 집사님과 권사님이 되게 하여 주옵소서.

저희에게 모든 일에 감사하라고 하신 사랑의 하나님 아버지!

집사님과 권사님으로 하여금 늘 기뻐하고 기도하며 모든 일에 감사하게 하시고, 혹시나 절망감이 덮치더라도 야곱처럼 슬기롭게 이겨낼 수 있는 은총을 주옵소서.

세 자녀와 함께 일하는 종업원들에게도 주님의 복이 늘 함께하실 줄 믿고 감사를 드립니다.

이 시간 ○○○목사님을 통해 하나님이 주시는 말씀이 이 사업장과 가정에 기둥이 되게 하시고, 말씀 따라 살게 되는 복이 거하게 하여 주시옵소서.

저희와 언제나 함께하시는 주 예수 그리스도의 이름으로 기도합니다. 아멘!

사업장 심방(7)

모든 복의 샘이시며, 모든 사람의 소망이신 하나님 아버지!
주님의 넓고 크신 은총과 사랑에 감사드립니다.

이 사업장을 축복하셔서 날로 번창하게 하시며, 사회와 이웃에 유익을 주는 사업장이 되게 하옵소서. ○○○집사님과 ○○○권사님 자신의 이익이나 사업의 번영만을 생각하다가 실패하지 않게 하시며, 주님께 영광을 돌려드리기 위해 일할 수 있게 하옵소서. 금도 내 것이요 은도 내 것이라 하신 주님의 말씀을 잊지 않고 청지기의 사명을 다하게 하옵소서. 사업을 발전시키려고 부지런히 일하되 진실한 마음으로 일하게 하시고, 하는 사업이 잘 되어 하나님의 창고를 가득 채우게 하소서. 무엇을 먹고 무엇을 입을까 걱정하지 말게 하시고 먼저 하나님의 나라를 의롭게 여기는 것을 찾도록 가르쳐 주신 주님의 말씀을 마음 판에 새기게 하옵소서.

모든 일을 선하게 이끄시는 하나님 아버지!

지금 만일 저희가 알 수 없는 어려운 문제가 있다면 모두 주님께 맡김으로 승리의 삶을 살아가도록 은총을 풍성히 베풀어주옵소서. 눈물을 흘리며 씨를 뿌리는 농부가 기쁨으로 곡식 단을 거둘 때를 맞듯이 집사님의 사업장도 승리를 거두게 하실 것을 믿게 하옵소서.

집사님과 권사님으로 하여금 만물을 다스리시고 이끄시는 주님 앞에서 참 마음으로 살아가게 하시며, 이 세상의 모든 시련과 환난 그리고 낙담과 걱정을 잊어버리게 하옵소서. 아무것도 염려하지 말고 주님만을 의지하라고 말씀하시던 그 분부를 가슴 깊이 새기면서, 저희가 살아갈 때, 절망하고 낙심하게 하는 것들로부터 벗어나게 하옵소서. 이 시간 주님의 도우심을 바라고 기도하는 목사님과 저희들의 정성을 보시고, 이 사업장에 복을 더하여 주옵소서. 그리하여 늘 믿음과 소망을 지니고 주님만 바라보게 하옵소서. 늘 함께하시는 주님만을 바라보며 의지함으로써 승리의 깃발을 세우게 하옵소서.

모든 일에 감사하라고 말씀하신 하나님 아버지!

집사님과 권사님으로 하여금 늘 기뻐하고 기도하며 모든 일에 감사하게 하시고, 절망감이 덮치더라도 야곱처럼 슬기롭게 이겨 낼 수 있는 은총을 주옵소서. 세 자녀와 종업원들에게도 주님의 축복이 늘 함께하실 줄 믿고 감사합니다.

이 시간 말씀을 전하시는 ○○○목사님, 오늘 하나님이 주시는 말씀이 이 사업장과 가정에 기둥이 되게 하시고, 말씀 따라 살게 되는 복이 임하게 하소서.

저희와 언제나 함께하시는 주 예수 그리스도의 이름으로 기도합니다. 아멘!

사업장 심방(8) - 개업

은혜로우신 하나님!

오늘 ○○○성도님이 하나님이 허락하신 새 사업을 시작하려고 합니다. 무엇보다 먼저 하나님 앞에 예배하오니 받아주옵소서.

처음 시작은 미약하나 나중이 번성할 것을 믿습니다. 성도님이 열심히 일하고 노력할 때 많은 것을 거두게 하여 주실 것을 믿습니다. 주님께서 허락하신 사업을 최선을 다하고 성실하게 가꾸어 주님의 영광을 드러내게 하옵시고, 풍성한 과실을 거두어 하나님의 나라와 거룩한 사업에 귀하게 쓸 수 있도록 복 내려주옵소서.

혹 물질을 바라보고 좇아가다가 하나님의 일을 게을리하지 않게 하시며, 주일을 성수하고 드림을 실천하는 생활로 더욱 하나님께 인정받는 귀한 성도가 되게 하여 주옵소서. 모든 경영이 하나님께 달렸음을 기억하게 하시고, 하나님의 뜻대로 인도하심을 받아 하나님의 기업으로 삼게 하옵소서.

정직과 성실함으로 경영하게 하옵소서. 주님의 법칙대로 경영하게 하여 주셔서, 다른 사람에게도 본이 되게 하옵소서. 함께 하는 모든 직원들도 성실과 충성을 다하도록 해주시고, 함께 잘 사는 기업이 되게 하여 주시옵소서.

예수님의 이름으로 기도드립니다. 아멘!

재소자 심방

　죄인을 부르시어 용서하시는 하나님!

　이 시간 저희들이 주님 앞에 모였습니다. 저희 모두는 하나님의 은총이 아니면 하루도 제대로 된 삶을 살 수 없는 죄인들입니다. 저희들의 어리석음을 용서하여 주옵소서.

　특별히 간구하옵기는, 한순간의 잘못된 판단과 실수로 말미암아 정신과 육체의 구속을 받고 있는 사랑하는 형제들에게 주님의 위로와 사랑을 내려주옵소서. 여기 모인 저희들 모두 세상의 법에 의하여 판단 받지 아니한 것뿐이지, 더 나을 것도 없는 죄인들이오니, 언제나 하나님의 말씀을 마음에 새기고, 그 말씀대로 살아갈 수 있도록 은총을 베풀어주옵소서.

　사랑 많으신 아버지 하나님! 저희들의 허물과 실수를 속히 사하여 주옵시고, 이제부터는 더욱 주님을 모시고, 하나님의 법도와 세상의 법규도 잘 지키면서, 모든 사람들이 서로에게 해가 되거나 상함이 되지 않는 좋은 세상을 만들 수 있는 길로 나아갈 수 있도록 성령님께서 인도하여 주옵소서.

　상한 갈대도 꺾지 아니하시며, 꺼져가는 등불도 끄지 아니하시는 주님, 여기 모인 영혼들을 긍휼히 여기셔서, 주님의 은총과 자비를 허락하여 주옵소서.

　예수님의 이름으로 기도합니다. 아멘!

환자 심방(1)

온갖 병을 치료하시는 하나님 아버지!

예수님께서 이 땅에 오셔서 수많은 병자를 치유하여 주시고, 낫게 하셨음을 기억합니다. 이 시간 이 가정에 몸이 상하여 아픈 사람이 있습니다. 지금 이 시간 주님의 치유의 손길로 안수하셔서 속히 낫게 하옵소서.

성령님이 함께하여 주셔서, 주님의 능력으로 인도하옵소서. 아픈 사람의 마음을 아시는 주님께서 상한 심령을 어루만져 주옵소서. 저희의 마음을 고치시는 이는 주님뿐이오니, 주님만을 의지합니다. 능력의 주님! 함께 하여 주시고, 치유하여 주셔서 건강한 몸으로 주님을 더욱더 열심히 섬기게 하옵소서. 아픈 자도 기도하며, 주님을 바라보게 하여 주시고, 주님의 능력이 임하기를 사모케 하옵소서. 환자를 보살피는 가족들에게 따뜻한 사랑의 마음을 주셔서, 서로 하나가 되어 당한 어려움을 이겨내게 하옵소서.

구원의 복음으로 변화 받게 하시고, 말씀 안에서 주님의 능력을 체험케 하옵소서. 주님, 다시금 원하오니, 이 시간 아픈 자를 어루만져 주시고, 속히 치유되어서 기쁨이 충만하게 하옵소서.

여호와 라파의 하나님을 믿으며, 주 예수 그리스도 이름으로 기도합니다. 아멘!

환자 심방(2)

사랑이 많으신 하나님 아버지!

언제나 건강할 때는 건강의 소중함을 느끼지 못하지만 병들어 고통을 당할 때는 건강의 소중함을 새삼 느끼게 됩니다. 이 시간 병으로 고통당하는 ○○○성도님을 위하여 기도하오니, 지금까지 건강으로 지켜주신 하나님의 은혜를 감사하는 성도님이 되게 하시고, 앞으로의 삶도 하나님께 전적으로 의지하게 하여 주시옵소서.

치료의 하나님! 주님께서 하고자 하시면 능치 못할 일이 없을 줄을 믿습니다, 간절히 원하옵기는 성도님을 불쌍히 여겨 주옵소서. 주님의 능력의 손을 펴시고 병든 곳을 어루만져 주시며, 병의 근원을 치료하여 주시기를 기도합니다.

이 시간 곧 나음을 얻게 하여 주시고 깨끗하게 하셔서 기뻐 뛰며 주를 찬송할 수 있게 도와주옵소서. 오늘 함께 모여 기도하는 모든 성도들도 하나님 은혜로 건강하게 살도록 도와주시고, 오직 하나님을 사랑하며, 하나님이 기뻐하시는 삶을 살아갈 수 있도록 도와주시옵소서. 약할 때 강함 주시고 가난할 때 부요하게 하시는 하나님을 늘 기억하게 하옵소서.

예수님의 이름으로 기도합니다. 아멘!

장례 예식(1)

생명의 주관자 되시는 하나님 아버지!

고 ○○○성도가 이제 하나님의 뜻에 따라 하나님의 품으로 돌아갔습니다.

지금까지 고인의 삶을 돌보시고 이끌어 주셨으며, 또한 하나님께서 예정하신 시간에 불러 가심을 믿음으로 받들게 하옵소서.

고 ○○○성도는 주님의 거룩한 나라에 안착하였습니다. 세상에서 잠시 떠돌던 인생을 영원한 나라로 인도하셔서 쉼을 얻게 하신 하나님께 감사합니다. 주님! 이 시간 세상의 어떠한 말로도 남은 유족들의 슬픔을 달랠 수가 없습니다. 슬픔에 잠긴 유족들을 주께서 위로하여 주시기를 원합니다. 주님의 강하신 팔로 안으시어 가족을 잃은 슬픔보다 가정을 이루어 자녀들을 남긴 것에 감사하게 하옵소서. 그리하여 하나님 나라에 들어간 고인을 보며 유족들이 기뻐하게 하옵소서.

고 ○○○성도는 세상에 살았지만, 하나님 나라의 사람으로 지금까지 살게 하심을 감사합니다. 이 땅에 뿌리를 내렸지만, 하늘로 향하는 나무가 되게 하심을 감사합니다. 이 땅의 악취 나는 세상 가운데 살았지만, 맑은 물가로 뿌리를 뻗어 향기 나는 꽃이 되게 하심을 감사합니다. 이 향기 나는 고인의 장례를 하나님께서 친히 은혜를 주시며, 남은 장례의 모든 순서를 주님께서 주관하여 주시옵소서. 이런 복된 광경을 그 자손들이 영적인 눈으로 볼 수 있게 해주옵소서.

남은 유족들이 하나님 품에 안긴 고 ○○○성도의 모습을 생각하며, 영생의 소망을 갖게 되길 간절히 원합니다.

여기 모인 저희 모두가 주님 앞에 순종하는 백성들이 다 되게 하시옵소서. 누구나 한번은 가야 하는 이 죽음의 길에서 사랑하는 가족을 잃은 남은 유족들이 죽음은 영원한 이별이라고 생각하여 통곡하지 않게 하시고, 장차 하나님 나라에서 다시 만날 수 있음을 확신하는 신앙의 자손들이 다 되게 하옵소서.

목사님을 통하여 하나님이 주시는 말씀을 받으며, 영생에 대한 믿음과 다시 만날 수 있다는 소망으로 위로와 평강을 누리는 시간이 되게 하옵소서.

예수 그리스도의 이름으로 기도하옵니다. 아멘!

장례 예식(2)

산 자와 죽은 자를 심판하시는 주관자이신 전능하신 하나님!

사람을 향하여 '너는 흙이니 흙으로 돌아갈 것이니라'고 하신 말씀대로 고 ○○○성도가 이제 하나님의 뜻에 따라 흙으로 돌아가려 합니다.

고인을 지켜보는 유족들이 주님께서 이 세상에 고 ○○○성도를 보내주신 것과 가정을 이루어 자녀들을 남긴 것에 감사하게 하옵소서.

무엇보다도 고인에게 믿음을 주시어 영생의 삶을 살게 하시고, 이와 같이 사랑하는 가족들과 믿음의 형제들이 모여 찬송하며 기도하는 가운데 장례를 치르게 하시니 감사합니다. 이제 하나님의 부름을 받은 고 ○○○성도는 다시 올 수는 없으나, 믿음 가운데 살다가 하나님이 부르시는 날 하나님 나라에 가면 고인을 다시 만날 수 있다는 사실을 믿게 하옵소서.

그리하여 슬픔을 이기고 장례를 잘 치르게 하시며, 고 ○○○성도가 다하지 못한 일들을 위해 힘쓰게 하옵소서. 훗날 하나님 나라에서 고인을 만날 때 떳떳하게 '당신이 세상을 떠난 다음에 저희는 이와 같이 살았습니다.'라고 말할 수 있도록 주의 일에 힘쓰게 하옵소서.

유족들이 고인을 다시 만날 때까지 하나님이 그들과 함께하셔서 훈계로 인도하시고 보호해 주옵소서. 그들이 믿음을 버리거나 약해지는 일이 없도록 하옵소서.

유족들 가운데 믿지 않는 사람들이 이 일을 계기로 믿음을 갖게 하옵소서. '여호와의 공의는 자손의 자손에게 이른다.'라는 말씀에 의지하여 기도하오니, 유족들을 지켜주시고, 고인이 이 세상에 계셨을 때 힘쓴 믿음의 행동들과 선행이 후손들에게 큰 복으로 돌아오게 하옵소서. 영생에 대한 믿음과 다시 만날 수 있다는 소망과 서로 간의 우애, 사랑이 깊어지는 시간이 되게 하옵소서.

저희에게 안식과 평화를 주시는 예수 그리스도의 이름으로 기도합니다. 아멘!

장례 예식(3)

인간의 생사화복을 주관하시는 하나님 아버지!

빈손으로 이 세상에 왔다가 빈손으로 갈 수밖에 없는 것이 저희 인생인 줄 압니다. 지금까지 고인의 삶을 돌보시고 이끌어 주시다가 하나님께서 예정하신 시간에 불러 가심을 믿음으로 받들게 하옵소서.

남은 유족들의 슬픔은 세상의 어떠한 말로도 위로할 수가 없습니다. 고 ○○○성도님은 하나님 나라에 신앙의 개선 용장으로 입성하셨지만, 슬픔에 잠긴 유족들을 주님께서 위로하여 주시기를 원합니다. 주님의 강하신 팔로 안아주시어 가족을 잃은 슬픔보다 가족을 주셨던 하나님께 감사하는 마음이 더 크게 하옵소서.

고인의 죽음을 통해 잃은 것보다 더 많은 것을 얻게 하셔서 예수님을 믿으며 세상을 살고, 이미 구원받은 사람으로 세상을 떠나는 것이 얼마나 복된가를 알게 하옵소서.

부활이요, 생명이신 주님이 이곳에 오셔서 위로해 주시고, 마음을 붙잡아 주시옵소서. 저희의 인간적인 심정으로는 헤어짐의 아픔과 떠나감의 애달픔을 가눌 길이 없습니다. 비록 성도님이 이 세상에서는 비애와 고통이 있었지만, 나사로와 같이 주님의 품에 안아주시고, 주님의 따뜻한 손길로 어루만져 주실 줄 믿습니다.

이런 복된 광경을 그 자손들이 영적인 눈으로 볼 수 있게 해주옵소서. 그래서 죽음은 영원한 이별이라고 생각하여 통곡하지 않게 하시고, 장차 하나님 나라에서 만날 수 있음을 확신하는 신앙의 자손들이 되게 하옵소서.

하나님, 이제 고인은 하나님의 거룩하신 품에 안겼습니다. 세상에서는 온갖 고통이 있었지만, 영원한 하나님의 나라에서는 안식의 삶을 살게 될 줄로 믿습니다.

여기 모인 저희 모두가 주님 말씀에 순종하는 백성들이 다 되게 하시옵소서.

누구나 한번은 가야 하는 이 죽음의 길에서 사랑하는 가족을 잃은 남은 유족들이 두려워하거나 좌절하지 않게 하옵시고, 주님 말씀하시기를 '너희는 마음에 근심하지 말라, 하나님을 믿으니 또 나를 믿으라'고 하셨사오니, 믿음 안에서 승리하고, 말씀으로 평강을 누리게 하옵소서.

목사님을 통하여 하나님이 주시는 말씀이 위로가 되게 하옵소서.

저희에게 안식과 평화를 주시는 예수 그리스도의 이름으로 기도합니다. 아멘!

장례 예식(4)

우주 만물을 창조하시고, 인류의 역사와 개인의 생사화복을 주관하시는 하나님!

한없이 연약한 인생들을 긍휼히 여겨 주시옵소서. 지금 저희들은 이 세상을 떠나 하나님 앞으로 간 고 ○○○성도님의 장례를 위해 이곳에 모였사오니, 슬픈 마음으로 하나님 앞에 머리 숙인 저희들에게 위로하여 주소서.

세상의 어떤 위로도 죽음 앞에서는 아무런 평안을 주지 못하나, 오직 영생하시는 하나님의 위로는 참되고 확실한 평안과 소망이 됩니다. 짧은 나그네 길을 살면서 오직 하나님만을 모시고 살게 하옵소서. 주 안에서 세상을 떠난 성도들은 모든 수고와 시련을 끝내고 주님의 품 안에서 영원한 안식을 얻게 되는 것을 믿습니다.

저희의 소망 되시는 하나님, 저희가 주님의 높고 크신 뜻을 다 알지는 못하오나, 저희들로 하여금 주님의 약속과 영생의 복음을 확실히 믿고, 이 땅에서 환난과 역경을 이기며, 하늘의 소망을 빼앗기지 않게 하여 주옵소서.

영원히 변치 않으시는 전능하신 하나님!

고인이 세상에 있을 때, 하나님께서 사랑하시고 택하셔서, 예수 그리스도를 믿고 구원을 얻어 하늘의 영원한 기업을 누리게 하여 주신 것을 감사합니다.

고 ○○○성도님이 믿음으로 주님 앞에 순복하여 주님을 구세주로 영접하고 영생을 얻어, 세상에 살 때 선한 모습으로 저희에게 본이 된 삶을 살게 하심을 감사합니다. 저희도 그 뒤를 따라 하나님의 영원한 나라의 유업을 받게 하여 주옵소서.

이 장례 절차를 모두 주님께서 맡아 주관하시고, 이 가정을 위로하시며, 또한 수고하는 모든 사람에게 주님의 크신 은혜를 더하여 주옵소서. 특별히 남아 있는 가족들을 붙들어 주옵소서. 슬픔과 낙망 속에 살지 않고, 하늘나라의 소망을 갖고 살게 하옵소서. 믿음의 가정으로 든든히 세워주옵소서.

하나님, ○○○성도님의 육신은 땅에 묻히나 이미 영원한 처소에서 주님과 함께 계심을 믿습니다. 다시금 만날 것을 소망하며, 오히려 감사하는 저희들 되게 하옵소서. 저희를 위해 예비하신 하늘의 집을 소망하게 하옵소서. 근심도 눈물도 수고도 없는 그곳을 저희들을 위해 주심을 감사하게 하옵소서.

주 예수 그리스도의 이름으로 기도합니다. 아멘!

장례 예식(5) - 입관

생명의 근원이 되시는 살아계신 하나님!

저희가 주님의 높고 크신 뜻을 다 알지는 못하오나, 저희들로 하여금 주님의 약속과 영생의 복음을 확실히 믿고, 이 땅에서 어려움이 닥친다 해도 하늘의 소망을 빼앗기지 않게 하여 주시기를 바라옵니다.

세상의 삶은 한낱 꿈같은 시간이요, 나그네와 같은 인생이오니, 세상에 연연하며 살다가 허무한 인생을 맺게 하지 마옵시고, 오직 진실과 겸손으로 주님을 따르게 하옵소서!

영원한 생명을 주시는 주님! 고 ○○○성도님의 별세로 인하여 애곡하는 유족들과 여러 친지들의 마음을 주님의 위로와 평강으로 채워주시기를 바라옵니다.

이제 고인의 시신을 입관하여 장례를 준비하고자 하오니, 성령께서 이 자리에 임재하셔서 슬퍼하는 가족들의 마음을 위로하여 주시고, 믿음과 소망을 더욱 굳세게 하여 주옵소서.

자비로우신 하나님! 고인이 세상에 있을 때, 하나님께서 예수 그리스도를 믿게 하시어 영원한 후사로 세워주신 것을 감사드립니다. 이제 남은 가족들로 하여금 그의 귀하고 진실된 생활을 본받게 하시옵소서.

평강의 주님이 함께하시기를 원하오며, 예수님의 이름으로 기도합니다. 아멘!

추도 예식

찬양과 영광을 홀로 받으시기에 합당하신 하나님 아버지!

오늘 이 시간 고 ○○○성도를 추도하는 모임을 갖게 됨을 감사드립니다. 이곳에 고인과 함께하던 친지들과 친구들이 함께 모였사오니, 모든 이들에게 영생의 소망을 갖게 하시고, 산 자와 죽은 자 모두에게 하나님의 은혜를 베푸셔서 하늘의 영광을 찬양하게 하옵소서.

이 가정이 세상의 온갖 어려움 속에서도 용기를 잃지 아니하고 열심히 살아가게 하시니 진심으로 감사드립니다. 서로 사랑하기에 더욱 애쓰는 가정이 되게 하여 주시고, 어려울 때 서로 격려하며, 힘써 기도하는 가족이 되게 도와주옵소서. 부모님을 더욱 공경하고 사랑하며, 또한 자녀들을 진심으로 아낄 줄 아는 복된 가정이 되도록 도와주옵소서. 더욱 많은 감사가 넘치게 하여 주시고, 이웃을 돕고 사는 복된 가정이 되게 하여 주옵소서.

이 시간 고인을 생각하며 그가 살아간 발자취와 믿음을 본받게 하시고, 저희의 삶 속에서 주님을 온전히 따르게 하옵소서. 영원히 저희와 함께하시는 주님께 모든 것을 맡기고 감사함으로 살아가게 하옵소서.

주 예수 그리스도의 이름으로 기도합니다. 아멘!

결혼 예식

사랑의 하나님!

오늘 이렇게 복된 날을 허락하시고, 주님 안에서 만난 두 젊은 이가 하나님과 교우들 앞에서 하나님의 뜻대로 새 가정을 이루게 하시니 감사합니다. 이 두 사람이 하나님 안에서 서로 사랑하며 화평을 이루게 하시고, 하나님의 뜻대로 살아가는 거룩하고 아름다운 가정이 되게 도와주옵소서.

하나님 아버지! 저들이 이 세상을 살아가면서 어려움과 고통을 당할 때 지혜를 주시고 극복할 수 있는 용기를 허락하여 주옵소서. 또한 필요한 물질도 풍족하게 채워주셔서 이웃에게 나누면서 살 수 있는 넉넉한 가정이 되게 하시고, 영육 간에 강건함과 자녀의 복도 내려주옵소서.

이 부부를 통하여 그리스도의 향기가 널리 퍼지는 아름다운 가정이 되게 하옵소서.

하나님 아버지! 이 두 사람을 지금까지 말씀 안에서 양육한 부모들에게도 위로와 기쁨을 주옵소서. 이제부터 두 집안이 주님 안에서 희로애락을 함께 나눌 수 있는 집안이 되게 하시고, 이 부부로 하여금 날마다 기쁘고 좋은 일들이 일어날 수 있도록 복 주옵소서. 예수 그리스도의 이름으로 기도합니다. 아멘!

회갑 잔치

역사의 주인 되시는 하나님 아버지!

오늘 사랑하는 ○○○장로님이 회갑을 맞이하게 되어서 기쁜 마음으로 감사와 찬양을 드립니다. 인간의 삶이 하나님의 도우심에 있음을 새삼 느끼오니, 오늘 회갑을 맞는 성도님에게 더욱 크신 주님의 사랑을 베풀어주옵소서. 사는 날 동안 건강하게 살게 하시고, 오로지 그 삶이 하나님의 영광을 드러내는 삶이 되게 하시고, 기도하는 종으로 살게 하옵소서.

사랑의 하나님!

장로님에게 지혜를 허락하셔서 이 땅에 태어나게 하신 주의 뜻을 헤아려 알게 하시고, 세상의 허탄한 것에 뜻을 두지 말게 하시며, 영원한 나라를 사모하게 하옵소서.

또한 주신 자녀들이 이 세상에서 사는 동안 부모에게 효도하게 하시고, 온 식구들이 화목하여 하나님의 사랑을 이웃에게 전하는 귀한 가정이 되게 하여 주옵소서. 자녀들이 하는 모든 사업에 복을 내려주시고, 어디서 무슨 일을 하든지 하나님의 사랑을 기억하며, 하나님 앞에서 온전하게 살아가도록 도와주옵소서.

예수님의 이름으로 기도합니다. 아멘!

돌 잔치(1)

생명의 근원이 되시는 하나님 아버지!

한 해 전 ○○○성도님과 ○○○집사님 가정에 귀여운 아기 ○○를 태어나게 하시고 그동안 하나님의 은혜와 복 가운데서 자라게 하심을 감사합니다.

하나님이 주신 이 귀한 선물을 하나님의 지혜와 말씀으로 양육할 수 있게 하옵소서. 자녀에 대하여 믿음의 부모가 되게 하시고, 하나님을 대신하여 양육하는 좋은 청지기가 되게 하옵소서.

○○○성도님과 ○○○집사님이 ○○에게 본이 되게 하시며, 믿음의 부모로서 귀한 신앙의 유산을 남겨주는 부모가 되게 하옵소서.

두 자녀 ○○이와 ○○이가 몸이 자라고 지혜가 자라 사무엘과 같이 되게 하여 주시고, 하나님이 원하시는 자녀로 세워지게 하시며, 하나님을 경외하고 예배하는 자녀로 성장하도록 인도해 주옵소서.

오늘 이 예배를 통하여 하나님께서 영광 받아주시고, ○○와 집사님 그리고 여기 모인 모든 사람에게 기쁨과 복을 충만하게 하옵소서.

저희의 길이요 진리요 생명이 되신 예수 그리스도의 이름으로 감사하며 기도합니다. 아멘!

돌 잔치(2)

인간의 생명을 주관하시는 하나님 아버지!

이 귀한 생명이 세상에 태어나 오늘 첫 돌을 맞이하였습니다. 365일 한 해 동안 건강을 지켜주시고, 무럭무럭 성장하게 도와주신 은혜를 감사드립니다. 앞으로의 삶도 주님께서 주장하셔서 하나님의 뜻대로 살아가는 귀한 영혼이 되게 하옵소서. 세상의 물질적 어려움이나 질병 등 이 어린 자녀의 성장에 방해되는 모든 요소들을 성령님이 제거하여 주시고, 늘 감찰하여 지켜주옵소서.

하나님 아버지! 또한 귀한 생명을 양육하는 부모에게도 복을 주시옵소서. 이 어린 자녀로 말미암아 항상 집안에 기쁨이 넘치게 하옵소서. 자녀를 위하여 늘 기도하며, 하나님의 온전한 자녀로 양육할 수 있는 지혜를 허락하여 주옵소서. 하나님의 말씀만이 진리임을 바르게 교훈하며, 하나님이 이 자녀를 세상에 보내신 귀한 뜻을 깨달아 하나님이 쓰시는 귀한 일꾼으로 양육할 수 있도록 도와주옵소서.

믿음의 대를 이어가도록 도와주시되, 아브라함의 하나님, 이삭의 하나님, 야곱의 하나님께서 이 가정의 온전한 주인이 되어 주옵소서.

예수님의 이름으로 기도합니다. 아멘!

제6부

기타 기도문

주일 예배(1)

영원토록 동일하시며, 변함없이 저희를 지키시고 보호하시는 하나님!

주님의 크신 은혜와 사랑을 진심으로 감사드립니다. 저희가 아직 하나님을 모르고 죄인 되었을 때에, 하나님께서는 저희를 먼저 사랑하셔서 독생자를 이 땅에 보내셨습니다. 그럼에도 불구하고 저희는 아직도 그리스도를 제대로 알지 못하고, 믿지 못하고, 깨닫지 못하는 어리석은 길을 걷고 있습니다. 자신을 사랑하며 돈을 사랑하며, 스스로 높이고 목이 굳어져서 교만한 모습으로 살아가고 있습니다. 거룩함도 없고, 절제하지 못하고, 하나님의 뜻을 거역하며, 하나님보다 쾌락을 더 사랑하는 잘못된 길에 들어서 있습니다. 경건의 외형적인 모양만 갖추기에 급급한 나머지 경건의 능력은 생활 속에서 나타내지 못하는 무기력한 삶을 살아가고 있습니다.

주님, 저희를 불쌍히 여기시고 도와주옵소서. 십자가의 보혈의 능력을 체험하게 하옵소서. 저희의 영혼이 말씀의 능력으로 강건하게 하옵소서.

저희 교회가 성령의 불로 타오르게 하옵소서. 하나님 보시기에 합당한 교회가 되어서 주의 일을 잘 감당하는 능력 있는 교회 되게 하옵소서. 어두운 역사에 불빛을 비추는 등대가 되어 죽어가는 무리를 구원으로 인도하는 교회 되게 하옵소서.

예수님의 이름으로 기도합니다. 아멘!

주일 예배(2)

이 땅에 있는 모든 생명을 사랑하시는 하나님!

그 사랑에 감격하여 저희로 하여금 주 앞에 서게 하심을 감사드립니다. 오늘 저희를 주 앞에 세워주셨으니, 십자가의 구속의 은총으로 저희를 깨끗하게 하실 줄 믿습니다. 사랑의 하나님, 하나님의 크신 은총에 힘입어 저희의 죄를 자복합니다. 하나님을 믿는 성도라고 하면서도 진실로 그 이름에 합당한 삶을 살지 못했음을 고백하오니, 이 시간 용서하여 주옵소서.

사랑의 하나님, 이제부터는 저희들이 참된 성도의 길을 걸어가게 하옵소서. 주께서 주신 시간과 은사와 모든 힘을 주를 위해서 사용하게 하옵소서. 사랑과 소망과 믿음의 말들과 행동들을 하게 하셔서 공동체에 덕을 끼치게 하옵소서. 보다 더 말씀 앞에 복종하여 말씀이 인도하는 대로 살아가게 하옵소서. 그리하여 능력 있고 생명력 있는 자녀로서의 길을 걷도록 은총을 베풀어주옵소서.

오늘 모인 저희들 중에 아직도 주님을 완전히 신뢰하지 못하고, 의심하는 사람이 있다면, 성령께서 그들을 붙드셔서 마음 중심으로 주님을 영접하게 하시고, 새로운 천국 시민의 삶을 살아가게 하옵소서. 그리고 성령께서 저희 모두를 도우셔서 하나님과 동행하는 삶을 살아가게 하옵소서.

구원자 되신 예수님의 이름으로 기도합니다. 아멘!

주일 예배(3)

인류의 주인 되시는 하나님 아버지!

감사와 찬양과 영광을 돌립니다. 주님의 날을 맞이하여 부족한 저희들을 불러주시고, 주님 앞에 나오게 하시니 감사합니다. 그러나 주님의 사랑과 가르침을 준행하기보다는 육신의 정욕대로. 저희의 판단대로 살아온 것을 이 시간 고백합니다. 주님의 은총을 사모하여 나왔사오니, 주님의 보혈로 성결하게 하시고, 성령의 기름으로 새롭게 하옵소서. 하나님, 우리나라와 사회와 이웃을 위하여 기도합니다. 나라를 이끌어 나가는 정치인들에게 하나님의 뜻과 섭리를 볼 수 있는 지혜를 주셔서, 하나님을 경외하며 백성을 위해 봉사하는 지도자들이 되게 하옵소서. 저희를 불쌍히 여기셔서 다시 한번 영적으로 회개하며 부흥하는 민족이 되게 하옵소서. 주님의 몸 된 교회들이 주님을 섬기는 일에 하나가 되어 나라와 민족을 살리는 일에 앞장서게 하옵소서.

하나님 아버지, 헐벗고 굶주리는 저희의 이웃들이 있습니다. 주님께서 그들을 지켜주시고, 저희로 하여금 그들과 더불어 살아갈 수 있는 사랑과 용기를 더하여 주옵소서. 사랑의 하나님, 저희 교회를 지금까지 지켜주시고 인도해주심을 감사드립니다. 이 지역 사회에 구원의 빛이 되게 하시고, 사랑을 나누는 교회의 사명을 성실히 감당하는 교회, 앞서가는 교회가 되게 하옵소서. 예수님의 이름으로 기도합니다. 아멘!

주일 예배(4)

사랑의 하나님 아버지!

저희를 먼저 사랑하시고, 주의 자녀로 삼으신 것을 감사드립니다. 예수 그리스도를 통하여 참 생명과 천국의 소망을 주시고, 거듭난 백성이 되게 해주시니 감사드립니다.

예수님을 통해 확증해 주신 하나님의 사랑이 너무나 크오니, 그 사랑 안에 늘 거하게 하시고, 주님의 말씀대로 행하여 예수 그리스도의 이름을 더욱 높여 드리는 귀한 믿음을 주옵소서.

오늘 주님의 날을 기억하고, 하나님 앞에 나와 예배하게 하시니 감사합니다. 세상의 즐거움이나 유익함보다 주님의 날과 예배를 소중히 여기는 성도들이 되게 하여 주옵소서.

말씀으로 주님의 백성을 먹이는 목사님에게 하나님의 전신 갑주를 입혀주시고, 말씀을 받는 저희들에게는 회개와 결단이 있게 하옵소서. 전능하신 하나님, 주님께서 가르쳐 주신 바른길로 행하게 하시고, 크신 능력을 덧입혀 주셔서 힘 있는 삶이 되게 하옵소서. 말씀과 기도로 무장하고, 주의 복음을 담대히 전하는 전도자들이 되게 하여 주옵소서.

교회를 위해 수고하는 일꾼들이 충성을 다 하게 하시며, 생명의 면류관을 향하여 성실히 경주하게 하옵소서. 저희 예배를 기뻐 받아주시고, 친히 임재하셔서 영광 받으옵소서. 예수님의 이름으로 기도합니다. 아멘!

주일 예배(5)

아브라함과 이삭과 야곱의 하나님!

이 시간 오셔서 진리로 다스려 주시고, 긍휼을 베풀어주옵소서. 세상 사람들이 탐욕과 이기심의 종이 되어 증오와 미움 속에서 힘들어 하고 있습니다. 일자리를 얻는 것에 실패하고, 입학시험에 실패하여 마음 아파하는 성도들이 있습니다. 오셔서 용기를 주시고 일으켜 세워주셔서 다시금 시작할 수 있게 하옵소서.

저희를 푸른 초장으로 인도하시는 주님!

저희의 지친 영혼이 주님의 생기로 소생함을 얻게 하시고, 깊은 어둠의 골짜기로 지난다 해도 아무런 두려움 없이 가게 하옵소서.

역사를 주관하시는 하나님, 우리나라와 민족을 불쌍히 여겨 주옵소서. 하나님을 섬기기보다는 우상을 섬기며 썩어질 것에 마음을 두고 있습니다. 이 백성들이 우상을 버리고 주님께로 속히 돌아오게 하옵소서.

저희의 본분은 하나님을 즐거워하며 영화롭게 하는 것임을 늘 기억하게 하옵소서. 그리하여 우리나라에 그리스도의 계절이 임하게 하옵소서. 곳곳에서 주의 영광을 찬양하게 하옵소서. 교회를 사랑하시는 하나님, 저희 교회가 성령 충만한 교회가 되게 하옵소서. 모든 성도들이 사랑 가운데 교제하게 하시고, 성도들이 하는 일들이 복을 받게 하옵소서. 예수님의 이름으로 기도합니다. 아멘!

주일 예배(6)

저희의 힘이 되시는 여호와 하나님!

영광과 찬송을 받아주시옵소서. 찬양받으시기에 합당하신 주님 앞에 모였사오니, 소망의 공동체가 되게 하시고, 영원한 생명샘에서 생수를 마시게 하옵소서.

세상에서 저희들은 죄로 말미암아 더러워져 있으나, 깨끗함을 받고 의롭다함을 입어 영혼이 새로워지게 변화시켜 주옵소서. 오직 하나님만이 저희의 길을 완전케 하시며, 저희로 실족하지 않게 하심을 믿습니다. 주께 의지하오니, 저희의 걸음을 인도하시고, 주의 온유함을 입혀주옵소서.

하나님 아버지, 모든 성도의 가정이 주의 은혜로 채워지게 하시며, 사업이 번창하고 발전하게 하여 주옵소서. 주님께서 허락하신 자녀들도 주님 안에서 지혜롭게 하시며, 믿음의 대를 이어가게 하옵소서. 크신 은혜로 말미암아 저희가 열방 중에서 주께 감사하며, 주의 이름을 찬송하게 하옵소서.

하나님 아버지, 약한 자에게는 강함을 주시고, 슬픔을 당한 자에게는 위로를 주시며, 근심과 고통의 신음 소리가 찬송의 소리로 바뀔 수 있는 놀라운 역사를 베풀어주옵소서. 말씀 속에서 하늘의 평안과 은혜를 체험하게 하시며, 지금 저희의 심령 속에 오시어, 주님이 빛으로 모든 어둠을 몰아내 주옵소서.

예수님의 이름으로 기도합니다. 아멘!

주일 예배(7)

하나님 아버지께 영광과 찬양을 올려드립니다.

저희들을 사랑해 주시어 주님 앞에 나와 경배하고 주일을 지키게 하시니 감사합니다. 오늘 이 예배를 통하여 복 있는 자들이 되게 하옵소서. 목사님을 통하여 말씀을 주실 때에 그 말씀으로 인하여 즐거워하게 하시고, 말씀의 은혜로 저희의 삶이 풍성한 과실을 맺는 복을 받게 하옵소서. 저희의 가정이 늘 형통하게 하시고, 경영하는 일들이 시들지 않게 하옵소서. 악인의 길은 망한다고 하셨으니, 모든 악을 멀리하게 하시며, 악은 어떤 모양이라도 버리게 하옵소서. 그리하여 진리의 띠를 띠고 승리하는 저희들이 되게 하옵소서. 하나님 아버지, 주님의 피로 값 주고 사신 교회가 세속에 물들지 않도록 지켜주시고, 항상 경성하여 말씀의 파수꾼이 되게 하옵소서.

이 민족을 붙들어 주시는 하나님, 이 시대와 우리나라가 주의 손에 달렸사오니, 우리나라를 귀히 여겨 주옵소서. 그래서 이 백성들의 부르짖음을 들으시고, 탄식의 눈물을 닦아 주옵소서. 정치와 경제와 사회윤리가 바로 서게 하시며, 사람의 묘략에 의해서가 아니라, 하나님의 섭리에 의하여 다스려지는 나라가 되게 하옵소서. 특별히 저희 민족은 둘로 나뉘어 서로 적으로 대결하고 있으니, 이 불행을 거두어 주시고, 하루 속히 평화와 자유와 기쁨으로 나라가 하나 되게 하옵소서. 예수님의 이름으로 기도합니다. 아멘!

주일 예배(8)

　거룩하신 하나님 아버지!

　그 크신 사랑과 은혜에 감사와 찬송과 영광을 돌립니다. 이 시간 연약한 죄인들을 하나님 앞에 나오게 하시고, 예수님의 공로로 먹물보다 더 검은 죄를 깨끗하게 해주심을 감사드립니다.

　주님의 크신 사랑과 구원의 은총 앞에 저희가 서 있음에도 불구하고, 저희는 아직도 미련하고 약해서 그 은혜를 깨닫지 못하는 무익한 종과 같습니다. 주님, 용서하여 주옵소서.

　하나님 아버지! 은혜와 진리가 충만한 초대교회를 본받아 저희들이 섬기는 교회에도 하나님의 은혜와 진리가 넘쳐나게 하옵소서. 어두운 세상의 논리에 지배되지 않고, 죄인 된 인간들의 방법을 따르지 않고, 오직 진리이신 예수님을 따라 살아있는 교회가 되게 하옵소서. 비록 세상에서는 높임을 받지 못하더라도, 주님 앞에서 높임 받게 하시고, 섬김을 받기보다는 섬기는 종의 자리에서 더 기쁨이 넘치게 하옵소서.

　하나님 아버지! 저희가 좀 가졌다고 가난한 자를 외면하지 말게 하옵소서. 저희가 믿음의 눈을 떠서 소외와 고통 속에 있는 형제들을 발견하여, 그들에게 진정한 믿음과 소망과 사랑을 주는 참된 위로자가 되게 하옵소서.

　예수 그리스도의 이름으로 기도합니다. 아멘!

주일 예배(9)

영원히 저희를 사랑하시고, 지키시는 하나님 아버지!

감사함으로 주의 문에 들어섰으니, 주님께 영광 돌리게 하옵시고, 부르짖는 입술의 간구를 들어주옵소서.

죄악으로 얼룩진 이 시대에 하나님께 의뢰하지 않고 이루어지는 모든 결정들 앞에서 저희는 무기력하게 서 있습니다. 하나님의 진리와 공의는 땅에 떨어지고, 하나님이 원하시는 평화는 저만치 먼 거리에 있습니다. 하나님, 저희 믿는 자녀들로 하여금 굴복하거나 포기하지 말게 하시고, 하나님의 의와 진리와 평화를 위해 일어서게 하옵소서. 또한 이 세상을 비추는 빛이 되게 하시고, 세상에 맛을 내는 소금이 되게 하소서.

사랑의 하나님, 저희 교회를 위해서 기도드립니다. 진실로 주의 성령이 역사하시는 교회, 말씀이 충만한 교회, 믿음이 충만한 교회, 하나님을 찬양하고, 교우들 사이에는 참사랑이 넘치는 교회, 남녀노소의 차별이 없는 교회, 하나님의 은혜와 진리가 충만한 교회 되게 하옵소서. 아이들은 말씀으로 잘 양육되며, 목사님을 통해서 들려주시는 하나님의 말씀이 온 성도의 개인과 가정 속에 뿌리내리는 놀라운 은총의 교회가 되게 하옵소서. 예수님의 이름으로 기도합니다. 아멘!

주일 예배(10)

창조주 하나님을 찬양합니다.

구속의 은혜 속에서 주님 앞에 나아와 머리 숙여 기도할 수 있게 하시니 감사드립니다. 이 시간 주님께서 저희의 찬양을 받으시고, 저희의 마음과 몸이 하나님이 기뻐하시는 산 제물이 되기를 원합니다.

주님께서는 해방과 자유를 선포하시고 약속하셨는데, 저희는 죄의 굴레와 율법의 속박 속에서 허덕이고 있습니다. 주님께서는 사랑과 복 주심을 약속하셨는데, 저희는 시기와 질투 속에서 갈등하고 있습니다. 주님께서는 항상 기뻐하며 살아갈 것을 말씀하셨는데, 저희는 낙심과 좌절 속에서 우울하고 외로워하며, 슬픔으로 보낼 때가 많습니다. 신실하신 하나님의 약속을 믿고 기다릴 수 있는 인내를 주옵소서.

성령께서 베푸시는 진정한 자유와 해방을 체험하게 하옵소서. 새 하늘과 새 땅을 소망하면서, 오늘을 사랑하면서 기뻐하며 살아가게 하옵소서. 믿는 자는 오늘을 살아도 영원을 바라보는 자인 줄 믿습니다.

주님, 비록 포로가 되었지만 해방을 바라보며 찬송했던 이스라엘의 믿음을 저희들이 본받게 하옵소서. 핍박받고 고난당하지만, 주님의 십자가와 그 은혜를 자랑하며 기뻐했던 사도들의 삶을 본받게 하옵소서.

예수님의 이름으로 기도합니다. 아멘!

주일 예배(11)

사랑의 하나님!

이 시간 하나님의 크신 사랑으로 하나님 앞에 나오게 하심을 감사드립니다.

십자가 위에서 저희를 위하여 피를 흘리시면서, 죄인을 사랑해 주심을 감사드립니다. 그러나 아직 저희는 그 사랑을 감사하지 못하고, 배은의 삶을 살아왔습니다. 저희들의 눈은 보이는 부와 명예와 권세를 향했고, 세상의 자랑거리들에만 마음이 현혹되어 있었습니다. 저 자신과 제 가족과 저희 교회만 생각하다가, 이웃을 돌아보지 못하고, 사랑을 나누지 못한 저희를 용서하여 주옵소서.

하나님 아버지! 저희의 눈을 열어주옵소서. 저희의 마음을 열어주옵소서. 저희가 보지 못했던 가난한 자의 눈물을 보게 하옵소서. 저희가 듣지 못했던 억울하고 억눌린 자의 신음을 듣게 하옵소서. 소외되고, 상처 나고, 쓰러진 자들의 아픔을 저희가 느낄 수 있도록 도와주옵소서.

사랑의 하나님! 저희로 하여금 예수님이 저희를 사랑하신 사랑의 길을 걸어가게 하옵소서. 저희가 듣고, 보고, 아는 것으로만 그치지 말고 행할 수 있기를 원합니다.

오늘 이 예배도 주의 성령이 임하셔서 저희를 감화 감동시키시고, 주님의 무한하신 사랑을 깨닫는 시간이 되게 하옵소서. 예수 그리스도의 이름으로 기도합니다. 아멘!

주일 예배(12)

거룩하신 하나님! 하나님께서 저희를 사랑하셔서 독생자를 보내시고, 십자가의 은혜로 저희의 죄를 대속하심을 감사드립니다. 그 은총으로 주 앞에 나왔사오니, 저희의 심령이 예배를 통하여 새로워지게 하여 주옵소서.

하나님께서는 저희 모두가 주님 앞에서 자유롭고 평화롭게 사는 길을 열어주셨습니다. 어느 누구도 속박이나 고통을 받으며 사는 것을 원치 않으시는 줄 믿습니다. 저희를 불쌍히 여기셔서, 하나님의 능력으로 해결하여 주시고, 하나님의 자녀로서 진정한 자유를 누리게 하옵소서.

생명의 주관자 되시는 하나님 아버지, 저희를 진정 자유하게 할 수 있는 것은 하나님의 말씀뿐이라고 하셨습니다. 이 시간 하나님의 말씀을 저희에게 주셔서, 시냇가에 심은 나무처럼 사시사철 푸르게 하시고, 철 따라 열매를 맺게 하옵소서.

아버지, 이 시간 성령을 부으셔서 불길처럼 타오르게 하옵소서. 하나님과 저희 사이에 가로막힌 담을 헐고, 공동체 속에서 서로 용서하며 사랑하며 살아갈 수 있게 하옵소서. 성도의 빛과 향기를 발하는 삶이 이어지게 하옵소서.

예수님의 이름으로 기도합니다. 아멘!

주일 예배(13)

거룩하신 하나님, 그 이름에 합당한 영광을 돌립니다.

사랑하는 외아들을 이 땅에 보내시고, 모든 생활 속에서 모범을 보여주심을 감사드립니다.

주님은 '수고하고 무거운 짐 진 자들아, 다 내게로 오라'고 하시면서, 세상 속에서 병들고 상처받은 저희를 품에 안아주기를 원하시지만, 완악한 저희들은 불신하며 거역하며 살아가고 있습니다. 이 모든 부족함과 연약함에서 저희를 건져주옵소서.

거룩하신 하나님, '땅끝까지 복음을 전파하라.' '때를 얻든지 못 얻든지 말씀을 전파하라.'라고 하신 주님의 명령을 저희로 하여금 기억하게 하옵소서. 그리하여 저희가 말씀에 의지하여 복음 들고 나아가게 해주옵소서. 하나님의 말씀을 들어야 할 영혼들이 있는 곳은 어디든지 나가서 담대히 천국의 말씀을 증거하여, 그 영혼이 주께로 돌아오는 놀라운 역사를 체험하게 하옵소서.

거룩하신 하나님, 저희의 영적 호흡이 끊어지지 않게 하옵소서. '쉬지 말고 기도하라'고 하셨사오니, 항상 기도하게 하시고, 영적인 싸움을 능히 감당하게 하옵소서. 믿음의 용사들이 다 되어서, 이 나라와 모든 교회를 지키게 하옵소서. 영혼을 지키는 파수꾼이 되기를 원합니다. 오늘도 생명의 말씀을 충만하게 부어주옵소서. 예수님의 이름으로 기도합니다. 아멘!

주일 예배(14)

거룩하신 하나님! 은혜와 사랑을 감사드립니다.

오늘 이 시간도 성령의 도우심으로 예배할 수 있도록 불러주심을 감사드립니다. 벌레만도 못하고 허물 많은 죄인들이지만 주님의 보혈로 용서하시고, 사랑받는 자녀로 불러주심을 믿습니다. 이제 하나님의 사랑받는 자녀로서 부족함 없이 신령과 진정으로 예배하게 하옵소서.

사랑의 하나님, 이 시간 우리나라 교회를 위해 기도합니다. 교회들이 진정으로 하나님의 뜻을 행하게 하시고, 하나님의 뜻보다 사람의 이기적인 생각만으로 운영되지 않도록 도와주시옵소서. 나누고 베풀기보다는 쌓고 즐기는 일에만 전념하지 않으며, 이웃을 사랑하고, 주님의 말씀으로 양육하며, 하나님을 위해서 진리의 길을 닦고 순종하는 교회로 세워주옵소서.

저희들의 메마른 심령에 위로부터 내리는 생명의 말씀으로 영혼이 풍성해지는 놀라운 은총을 주옵소서. 생수가 강물처럼 흘러넘치는 교회 되게 하옵소서. 한 사람도 믿음과 생명의 길의 대열에서 낙오되지 않게 하옵소서.

이 예배를 성령께서 인도하시길 원하오며, 예수 그리스도의 이름으로 기도합니다. 아멘!

주일 예배(15)

영광을 받으시기에 합당하신 하나님!

저희의 마음과 정성과 뜻을 다하여 기도드립니다. 이 시간에 성령님, 이 자리에 오셔서 이 예배가 하나님께서 바라시는 거룩하고 합당한 예배가 되게 하옵소서.

하나님께 먼저 저희의 죄악 된 모습을 고백하오니, 죄 사함의 은총을 베풀어주옵소서. 성도라고 불리면서도 그 이름처럼 거룩하게 살지 못했고, 그리스도인이라 하면서도 진실로 그리스도를 따르는 삶을 살지 못했습니다. 저희의 부족함을 그리스도의 피로 용서하여 주옵소서. 그리하여 진실된 성도가 되게 하시고, 사랑으로 헌신된 교인이 되게 하옵소서. 말씀에 순종하고 말씀을 전파하는 제자가 되게 하옵소서.

말씀으로 역사하는 하나님, 이 시간 목사님을 통하여 역사하여 주옵소서. 저희로 하여금 말씀이 없는 기갈을 겪지 말게 하옵소서. 꿀송이보다도 더 달고 정금보다 더 귀한 생명의 말씀이 저희와 함께하는 은혜를 허락하옵소서. 말씀의 풍성한 은총 속에서 저희 모두의 믿음이 잘 자라기를 원합니다. 오늘 주시는 말씀 속에서 가난한 자는 부하게 하시고, 소망을 잃은 자는 새로운 소망을 갖고, 힘이 없는 자는 새 힘을 얻게 하옵소서. 교만한 자는 겸손해지고, 악한 자는 그 길을 버리고 돌아서며, 죄인은 회개하는 역사가 일어나는 놀라운 은총의 시간이 되기를 원합니다. 예수님의 이름으로 기도합니다. 아멘!

주일 예배(16)

피난처 되시는 하나님! 은혜와 사랑에 진심으로 감사드립니다.
이 시간 주님만이 저희의 복의 근원이 되심을 고백하오며, 또한
저희의 모든 즐거움과 소망이 주님께만 있음을 믿습니다. 지난 한
주간 저희들이 생각하고 말하고 행동한 것이 하나님 보시기에 합
당치 않은 것이 많았음을 고백합니다. 주님의 크신 사랑으로 용서
하시고, 보혈의 능력으로 깨끗이 씻어주시옵소서.

이 예배를 통하여 저희의 삶에 생명의 길이 환하게 보이게 하시
고, 저희의 마음이 뜨거워지게 하시며. 저희의 생각과 마음이 고
침을 받게 하옵소서. 이 자리가 은총의 자리임을 믿습니다. 이 자
리에 앉아 있는 주님의 백성들을 거룩하고 성결하게 하시며, 어떠
한 어려움에도 흔들리지 않게 하시고, 소망 가운데 굳건한 믿음으
로 살아갈 수 있게 하옵소서.

이 시간 드리는 찬양대의 찬양이 하나님께는 영광을 돌리며, 성
도들에게는 은혜의 찬양이 되게 하옵소서. 특별히 말씀을 전하게
하신 목사님에게 영력을 일곱 배나 더하셔서, 권세와 능력의 말
씀을 선포하게 하옵소서.

시작부터 끝까지 마음과 정성을 다하는 예배가 되게 하옵소서.
예수님의 이름으로 기도합니다. 아멘!

주일 예배(17)

사랑과 은혜가 풍성하신 하나님 아버지!

어둠 속에서 헤매는 저희들을 버려두지 아니하시고, 소망의 빛을 비추어 주시고, 새 생명 주심을 감사드립니다. 나태한 일상 속에서 안주하며, 형제와 이웃을 사랑하지 못한 저희들을 불쌍히 여겨 주시고, 물질적인 가치를 그 무엇보다 숭배하는 이 세상 풍조 속에서 주님의 뜻을 먼저 생각하는 믿음을 주옵소서.

굶주리고 있는 북한 동포에게 긍휼을 베푸셔서, 그 질곡에서 벗어나게 하옵소서. 먼저 저희 마음속에 분단의 벽이 무너지게 하시고, 이 시간에도 몰래 기도하고 찬양하며 믿음을 지키는 그들을 보호하여 주옵소서.

병든 자에게는 능력의 손으로 잡아 주시어 깨끗이 낫게 하시고, 낙심한 자 있으면 하늘의 소망을 보여주옵소서. 생활에 지친 자는 주께서 친히 그 손을 잡아 위로하여 주시고, 마음에 상처받은 자 있으면, 그 마음을 위로하시고, 치료하시고, 새 힘을 주옵소서.

이 시간 목사님이 하나님의 말씀을 선포할 때 저희 심령의 귀가 열리게 하시고, 성령의 감동을 받아 가정과 교회가 살아나는 역사가 일어나게 인도하여 주옵소서. 예수님의 이름으로 기도합니다. 아멘!

주일 예배(18)

하늘의 보좌에서 저희를 돌보시는 하나님!

오늘도 거룩하신 주님 앞에 모였습니다. 저희들은 감히 하나님 앞에 설 수 없는 존재들이나, 예수 그리스도의 보혈로 깨끗하게 하시고, 주님의 자녀로 하나님 앞에 나오게 하심을 감사드립니다.

주님! 저희의 삶 전체가 하나님의 주관 아래 있음을 고백합니다. 이 시간 저희의 심령을 감찰하시고 새롭게 하여 주옵소서. 성령께서 친히 오셔서 뜨겁게 하시고, 강권하여 주옵소서. 이곳에 오셔서 약한 것을 강하게 하시고, 무너진 곳을 보수하여 주옵소서.

하나님 아버지! 이 자리에서 기도하는 사랑하는 성도들의 간구와 소원에 귀 기울여 주옵소서. 저희의 예배를 받으시는 하나님께서 이 예배를 통하여 저희들이 주의 긍휼과 자비를 체험하게 하시고, 주님의 몸 된 교회가 하나 되는 역사를 이루어 주옵소서. 교회가 그리스도의 몸으로서의 합당한 일을 할 수 있는 힘을 공급받게 하옵소서.

말씀을 전하실 목사님을 붙들어 주시어 권세 있는 말씀을 선포하게 하시며, 저희는 그 말씀에 힘입어 한 주간 승리하며 살게 하옵소서. 저희가 말씀으로 무장하여 세상에 나가게 될 때, 하나님의 군사로서 세상을 이길 넉넉한 믿음을 갖게 하옵소서.

예수님의 이름으로 기도합니다. 아멘!

주일 예배(19)

아브라함과 이삭과 야곱을 부르신 하나님!

오늘 저희들을 부르셔서 하늘의 신령한 복과 산 소망을 주심을 감사드립니다. 이 시간 속마음까지 아시는 주님 앞에 저희의 때 묻고 일그러진 모습을 고백합니다. 주님의 자비로운 손길로 감싸 주시고, 주님의 사랑으로 새롭게 하여 주옵소서.

자비로우신 하나님 아버지! 저희들의 가정을 보살펴 주시고, 부부간에 사랑과 신뢰로 하나 되게 하옵소서. 부모와 자식 간에 애정과 존경으로 뭉쳐지게 하시고, 형제와 친척 간에 돌봄과 관심으로 사랑의 줄이 이어지게 하옵소서. 저희들의 가정에 주님이 주시는 평강을 채워주옵소서.

하나님! 우리나라가 병들어 가고 있습니다. 향락과 개인주의, 물질주의, 무질서와 불안감이 팽배해지고 있는 우리나라를 긍휼히 여기시어, 주님의 피 묻은 손으로 고쳐주옵소서. 하나님의 공의와 질서와 화평이 물밀듯 밀려오게 하옵소서. 또한 우리나라에 다시는 전쟁이 없게 하시고, 부모와 자식 간에 이산의 아픔이 없게 하시며, 주님의 통치와 평화가 임하게 하옵소서. 이 시간 예배를 기쁘게 받아주시고, 하늘의 신령한 것으로 채워주옵소서. 예수님의 이름으로 기도합니다. 아멘!

헌신 예배

하나님 아버지!

오늘 이렇게 교회에 나와 하나님을 예배할 수 있도록 은혜를 주시니 감사드립니다. 저희는 하나님 앞에 부끄러운 모습들이 많아, 온전히 하나님을 예배할 자격도 없고 능력도 없음을 고백합니다. 하루하루 말씀에 유의하며 살아가기를 다짐하지만, 저희의 모습은 그렇지 못할 때가 더 많습니다. 이제 하나님의 선하심과 인자하심을 믿고 구하오니 저희를 용서하여 주옵소서.

오늘 이 예배가 하나님께 기쁨이 되기를 원합니다. 성령으로 저희의 영을 새롭게 하시고, 주님의 말씀에 감동되어 하나님을 예배하기를 원합니다. 온 마음과 정성을 다하여 주님의 이름을 높이길 원합니다.

말씀을 전하게 하신 목사님에게 은혜를 주시고, 듣는 모든 이에게는 말씀을 통하여 그 삶이 변화되는 은혜를 내려주옵소서. 찬양과 워십으로 헌신하는 친구들이 정성껏 준비한 공연을 기쁘게 받아주시고, 이들의 입술을 통하여 나오는 모든 찬양이 이들 삶의 모습이 되도록 은혜를 내려주옵소서. 예배를 통하여 믿음을 더욱 굳게 하시고, 주님 따라 살아가도록 도와주옵소서.

예수 그리스도의 이름으로 기도합니다. 아멘!

제직 헌신 예배

하나님 아버지!

이 시간 제직 헌신 예배를 올리게 됨을 감사드립니다. 이 예배를 통하여 하나님에 대한 헌신의 결단이 저희 각자에게서 이루어지는 시간이 되게 하여 주옵소서.

하나님께서 저희를 사랑하시고 귀중히 여기셔서 교회의 직분과 책임을 맡기셨으나 충성되지 못하였고 성실하지 못했습니다. 이제 새롭게 맡은 직분을 잘 감당할 수 있도록 힘과 용기를 더하여 주옵소서. 이 헌신 예배를 통하여 주님이 맡기신 일과 하나님 사업에 충성된 제직들이 되게 하여 주옵소서.

초대교회 집사들같이 생명을 다하여 사명을 감당하는 모습이 있기를 원합니다. 교만과 나태함으로 주님의 영광을 가리는 일이 없도록 겸손과 신앙의 덕을 겸비한 부지런한 일꾼이 되게 하시고, 맡겨진 일이 크건 작건 최선을 다할 수 있는 저희들이 되게 하여 주옵소서.

교회뿐만 아니라 지역을 위해서도 구제와 봉사하는 일에 힘쓰기를 원합니다. 교회 안에서만 제직이 아니라, 교회 밖에서도 주님의 일꾼 된 모습을 잘 보여줄 수 있는 제직들이 되게 하셔서, 믿지 않는 사람들로 하여금 그들도 하나님 앞에 영광 돌릴 수 있는 자리로 이끌 수 있는 신실한 종들이 되게 하여 주옵소서. 성도들에게 모든 일에 모범이 되는 제직들이 되게 하시고, 서로 섬기며 순종하는 제직들이 되게 하여 주옵소서.

제직들에게 성령 충만함과 지혜 충만함을 주시고, 은혜 충만함을 주옵소서. 믿음으로 하나님을 더욱 경외하고, 말씀에 순종하며, 교회와 이웃을 더욱 사랑하게 하옵소서. 이를 통하여 하나님의 말씀이 점점 왕성하게 역사하심으로 교회가 날로 흥왕하게 하옵소서.

제직들의 가정과 경영하는 사업장마다 복을 내려주시어 물질로 주님의 교회를 섬기고, 이웃을 돌아보는 데 부족함이 없게 하여 주옵소서.

교회의 머리 되시는 그리스도의 지체로서의 기능을 잘 감당하여 온전한 교회를 세워나가게 하시고, 하나님이 원하시는 성경적인 교회로서의 사명을 감당할 수 있게 하옵소서. 예수님의 이름으로 기도합니다. 아멘!

구역 헌신 예배

자비로우신 하나님 아버지!

연약하고 부족한 저희들을 부르셔서 세상의 어떤 강한 것이나 지혜 있는 것보다 더욱 복되게 하신 은혜에 감사와 영광을 돌립니다. 이 시간에 특별히 ○○구역 헌신 예배를 올릴 수 있도록 은혜 베풀어주심을 감사드립니다. 하나님 아버지, 찬양과 경배를 받아주시옵소서.

교회의 각 구역을 기억하여 주시고, 모든 식구들과 구역장들에게 믿음을 주셔서 주님을 섬기기에 부족함이 없게 하옵소서. 구역이 살아야 가정이 변화되고, 교회가 역동적으로 움직이오니, 주님께서 저희 구역들을 인도하여 주옵소서.

구역장들에게 말씀의 능력을 주시고, 주님의 사랑을 더하여 주사, 구역을 돌보기에 부족함이 없게 하여 주옵소서. 구역마다 기도가 불같이 일어나게 하여 주시고, 전도의 문이 활짝 열려서 구역이 배가되는 역사가 일어나게 하여 주옵소서.

사랑의 하나님 아버지, 특별히 저희 ○○구역을 사랑하여 주시고 기억하여 주옵소서. 구역의 모든 사정을 아시는 주님께서 저희 구역의 필요를 채워주셔서, 주님의 일을 하기에 부족함이 없게 하시며, 구역 모임을 게을리하지 않게 하시고, 부지런히 주님을 섬기게 하옵소서.

구역 식구들에게 건강을 주시고, 가정에도 복을 주셔서, 맡은 일에 어려움이 없도록 인도하여 주옵소서. 모든 식구들에게 성령 충만을 주셔서 강하고 담대한 믿음으로 주님의 일을 하게 하옵소서. 저희 모두가 구역을 위하여 더욱더 뜨겁게 기도하게 하시고, 서로 돌아보며 섬기게 하옵소서. 저희는 형제요 자매이오니, 사랑으로 하나 되게 하옵소서. 주님의 향기를 이웃에게 전할 수 있도록 도와주옵소서.

주님, 저희 구역이 부흥되기를 원합니다. 새로운 변화가 일어나게 하옵소서. 저희 ○○구역을 통해서 전도의 문이 열려져 저희 교회가 부흥·성장하는 역사가 일어나게 하옵소서. 저희 모두가 그리스도 안에서 성장하여 하나님이 쓰시기에 좋은 그릇으로 변화되게 하시옵소서. 구역원들의 가정과 사업과 소원을 주님 안에서 이루게 하옵소서.

오늘 헌신 예배를 통하여 말씀을 대언하게 하신 목사님에게 하늘의 능력을 더하시어 생명의 말씀을 선포하게 하옵소서.

항상 저희를 사랑하시고 복 주시기를 좋아하시는 예수님의 이름으로 기도합니다. 아멘.

청년회 헌신 예배(1)

청년의 때에 창조주 하나님을 기억하라고 말씀하신 하나님!

이 시간 저희에게 청년의 때를 허락하신 하나님의 이름을 헌신 예배를 통해 높여 드립니다. 모든 영광과 존귀를 받으시기에 합당하신 하나님, 저희 청년들에게 젊음과 패기를 허락해 주셨을 뿐만 아니라, 무엇보다 그리스도를 알고, 그 뜻에 순종할 수 있는 귀한 믿음을 주시니 감사합니다.

사랑의 주님, 저희에게 힘이 있고 비전이 있을 때, 하나님의 영광을 드러내는 삶을 살기 원합니다. 젊음이 영원히 주어지지 않는 것임을 저희가 깊이 깨닫게 하시고, 이 시간 하나님께 드리는 헌신 예배를 통하여 겸손히 자기를 내려놓고 하나님께서 저희를 통해서 이루기 원하시는 그 뜻을 발견할 수 있는 은혜를 허락해 주옵소서.

하나님 아버지, 이제 저희 청년회를 긍휼히 여겨 주시기를 원합니다. 저희가 살아가는 이 시대에 빛과 소금의 사명을 다할 수 있도록 모든 회원들이 하나가 되게 하시고, 진정한 사랑의 공동체로서 주님의 손과 발이 되어 몸 된 교회와 하나님 나라를 위해서 충성할 때 그리스도의 복음이 더욱 널리 전파될 수 있도록 은혜를 베풀어주옵소서.

특별히 앞장서서 섬기는 임원들에게 능력을 덧입혀 주셔서 그들이 계획하고 진행하는 모든 일이 주님이 기뻐하시는 일들이 되어, 하나님 나라를 더욱 든든히 세워가는 비전 있는 청년부가 되게 하옵소서.

구원의 주님, 저희 청년들 가운데 아직도 주님을 영접하기를 주저하는 회원들이 있습니까? 그들이 마음 문을 활짝 열어놓고 주님을 받아들일 수 있도록 은총을 허락해 주시고, 그리스도를 이미 영접한 청년들에게는 더욱 성숙하고 날마다 전진할 수 있는 강한 믿음을 허락해 주옵소서.

여호와를 앙망하는 자에게 독수리의 날갯짓 같은 활력을 허락하시는 하나님 아버지, 오늘 예배하기 위해 머리 숙인 새벽 이슬 같은 이 청년들을 붙잡아 주시고, 그들이 계획하여 진행하는 모든 일들을 주관하시고 섭리하셔서 하나님이 주신 새로운 꿈을 가지고 살아갈 때, 악한 마귀의 세력들이 방해하지 못하도록 역사해 주시고, 하나님만이 영광 받으시는 귀한 삶이 되게 하옵소서.

이 시간 저희를 위해서 말씀을 증거하는 목사님을 능력의 손으로 붙드시고, 저희 청년들이 주님을 위하여 더욱 성숙하게 헌신을 다짐할 수 있는 계기가 되게 하옵소서. 주 예수 그리스도의 이름으로 기도합니다. 아멘!

청년회 헌신 예배(2)

주님을 앙망하고 의지하는 자에게 새 힘을 주시는 능력의 하나님!

지난 한 주간도 저희들을 주님의 은혜로 지켜 보호하여 주시고, 오늘 이렇게 주의 청년들이 함께 모여 주님 앞에 찬양하며 예배할 수 있도록 이끌어 주신 은혜를 감사드립니다.

자신의 주장과 패기만을 앞세우며 살기 쉬운 청년 시절부터 주님을 경외하고 의지하는 지혜를 주셔서, 하나님의 일꾼으로 쓰임 받으며, 오묘한 말씀의 진리를 깨닫게 하시니 감사드립니다.

그동안 저희는 젊다는 이유로 하나님이 원하시는 것보다는 육신의 소욕을 따라 산 적이 많았으며, 자신의 건강과 지혜만을 믿고, 살아 계신 하나님을 전적으로 인정하지 않는 교만한 삶을 살아왔음을 고백하며 회개합니다.

은혜와 긍휼이 풍성하신 하나님께서 이 시간 강퍅한 저희의 마음을 녹여주시고, 하나님의 뜻을 밝히 알 수 있는 영적인 분별력을 허락해 주시기를 원합니다. 저희 청년들이 자신의 힘만으로는 살 수 없고, 주님을 의지할 때 의미 있는 삶을 살 수 있음을 깨닫게 하옵소서.

아직도 저희 가운데 주님을 온전히 영접하지 못하고, 기분에 이끌려 교회 문턱을 밟는 청년들도 있습니다. 주님께서 저들의 영안을 밝혀 주셔서, 인생의 참된 의미가 되시는 주님을 영접하게 하여 주시고, 주님께 더욱 귀하게 쓰임 받을 수 있는 일꾼들이 되게 하여 주옵소서.

거룩하신 하나님, 지금 청년회원들은 학업으로, 직장 생활로, 또 군대에서 항상 분주한 삶을 살고 있습니다. 혹시 세상 재미에 휩쓸려 죄악 된 길로 빠질까 심히 염려되는 상황 속에 있사오니, 능력의 주님께서 믿음의 전신 갑주를 청년들에게 입혀주시고, 주님이 주시는 지혜를 따라 세상을 거슬러 올라가며 사는 강한 주님의 군사가 될 수 있도록 인도하여 주옵소서.

청년들의 헌신을 통해서 더욱 건강한 교회, 젊은 교회가 되게 하시고, 강한 믿음으로 독수리같이 비상하는 힘 있는 교회가 되게 하여 주시옵소서.

오늘 이 시간 헌신의 삶을 살고자 다짐하며 주님께 올리는 저희들의 헌신 예배를 받아주시고, 저희들을 주님의 역사를 이끌어 나가는 도구로 삼아주옵소서.

이 시간 생명의 말씀을 전하도록 단 위에 세우신 목사님과 함께하셔서, 선포되는 말씀에 능력을 더하여 주시고, 말씀을 듣는 저희들의 마음이 뜨거워져서 새 힘을 얻어 승리의 삶을 살아가게 하옵소서.

거룩하신 예수 그리스도의 이름으로 기도합니다. 아멘!

여전도회 헌신 예배(1)

은혜가 풍성하신 하나님 아버지!

이 시간 여전도회 회원들이 하나님께 헌신을 다짐하는 예배를 하게 하심을 감사드립니다. 하나님, 저희들이 여러 가지 일들을 핑계 삼아 주님의 일을 소홀히 해왔음을 고백하오니, 저희들의 죄를 용서하여 주옵소서.

저희 여전도회 회원들은 각 가정의 주부로서, 아내로서, 어머니로서 역할을 하고 있습니다. 믿음으로 남편을 내조하고, 자녀를 양육하며, 가정에 충실한 여인으로서 그 본분을 다하게 하시고, 여전도회 회원으로서도 주님의 일에 충성하는 지혜로운 여인들이 되게 하옵소서.

주님께서 제자들의 발을 씻겨 섬김의 본을 보여주신 것 같이, 주님을 본받아 겸손하게 다른 사람을 섬기며 사랑하게 하옵소서.

한나와 같이 기도의 승리자가 되게 하시고, 위기에 처한 가문을 구해낸 나발의 아내 아비가일과 같은 담대한 믿음과 지혜를 주시며, '죽으면 죽으리라'라는 굳센 믿음으로 조국을 구해낸 에스더와 같은 믿음을 저희 회원들에게 내려주옵소서.

하나님 아버지, 금년도 저희 여전도회에서 계획한 모든 사업들이 차질 없이 믿음으로 실행되기를 원합니다.

저희들은 연약한 여성이지만 믿음의 전신 갑주로 덧입혀 주셔서 '땅끝까지 이르러 내 증인이 되라'고 하신 말씀대로 복음을 전하는 일에 최선을 다하게 하여 주옵소서.

여전도회 헌신 예배를 위해 보내주신 목사님에게 능력을 주시고, 목사님을 통하여 주시는 말씀을 통하여 저희 여전도회 회원들의 심령들을 일깨워 주시고, 변화 받아 새로워지고, 주님의 교회를 위해 헌신 봉사하는 놀라운 역사가 일어나게 하옵소서. 저희들이 드리는 이 예배를 기쁘게 받아주옵소서.

거룩하신 주 예수 그리스도의 이름으로 기도합니다. 아멘!

여전도회 헌신 예배(2)

찬양을 받으시기에 합당하신 하나님 아버지!

연약하고 부족한 저희 여전도회 회원들이 하나님께 헌신 예배를 올리게 됨을 감사드립니다. 마리아가 옥합을 깨뜨려 그 향유를 주님 발 앞에 붓고 머리털로 씻음같이, 주님을 사랑하는 진실한 마음으로 드리는 헌신이 되게 하옵소서.

십자가에서 죽으심으로 구원해 주신 주님의 은혜와 사랑에 감사하고 감격하여 예배하오니 오직 하나님께만 영광을 돌리게 하옵소서.

저희들로 하여금 주의 일을 하기 전에 먼저 그리스도의 인격을 소유하고, 그 품성을 닮게 하옵소서. 자신보다 남을 낮게 여기고 섬기게 하시며, 온유와 겸손으로 화해와 일치를 이루는 저희 여전도회 회원들이 되게 하옵소서.

저희들의 삶이 자신의 안일과 행복만을 추구하는 것이 아니라, 에스더와 같이 주를 위하여 죽으면 죽으리라는 일사각오의 신앙을 가지고 가정과 교회와 나라를 위하여 무릎을 꿇는 기도의 파수꾼이 되게 하옵소서.

저희를 통하여 복음이 확산되기를 원하시는 하나님! 여전도회원 한 사람 한 사람이 그리스도의 증인이 되기를 원합니다. 각자의 받은 달란트가 주님의 영광을 위하여 합당하게 쓰이도록 도와주옵소서.

세우신 목사님을 통하여 선포되는 말씀이 저희의 심령 골수를

쪼개며, 마음에 새겨지게 하시고, 말씀앞에 겸손히 순종하게 하
옵소서. 저희들의 예배를 기쁘게 받아주시옵소서.

저희를 죄악에서 구원하신 주 예수 그리스도의 이름으로 기도
합니다. 아멘!

남전도회 헌신 예배

거룩하신 하나님!

이 시간에 남전도회 헌신 예배를 통해, 저희 가운데 주를 위해 살며, 하나님의 영광만을 위해 살겠다는 다짐이 있게 하여 주옵소서.

저희 남전도회를 하나님께서 교회의 봉사 기관으로 세우셨사오니, 회장을 비롯한 모든 회원이 하나가 되어 하나님의 뜻을 이루어 드리는 기관이 되게 하여 주옵소서.

또한 저희 남전도회가 이름 그대로 하나님의 말씀을 전하는 기관이 될 수 있게 해 주옵소서. 저희들은 약하오니 하나님이 함께 하여 주셔서 하나님의 도구로서의 역할을 충실히 감당할 수 있는 남전도회가 되게 하여 주옵소서.

회원들의 발길이 닿는 곳마다 예수 그리스도의 복음이 전파되게 하시고, 믿음이 약한 자들에게는 믿음을, 실망한 자들에게는 위로와 평안을, 외로운 자들에게는 친구가 될 수 있는 남전도회원들이 되게 하여 주옵소서.

저희 남전도회원들의 직장과 사업을 기억하여 주시고, 각 처소에 복을 주셔서 주님을 섬기는 데 부족함이 없게 하여 주옵소서. 저희들이 각 처소에서 빛과 소금이 되어, 예수 그리스도를 전하는 남전도회원들이 되게 하여 주옵소서.

회장을 비롯한 임원과 회원들에게 능력을 더하여 주시고, 남전도회가 발전함으로 교회 부흥의 중심 기관으로서의 역할을 잘 감당할 수 있게 하여 주옵소서.

　오늘도 말씀을 듣고 서게 하신 목사님에게 능력을 더하여 주시고, 전하는 말씀을 통하여 은혜받고 깨달음을 얻어 한 해 동안 헌신하며 더욱더 충성하는 저희들이 되게 하여 주옵소서.

　저희를 죄에서 구원하신 예수님의 이름으로 기도합니다. 아멘!

찬양대 헌신 예배

찬양을 받으시기에 합당하신 아버지 하나님!

감사와 찬송과 경배를 드립니다.

이 시간 저희들이 찬양대원으로서 헌신을 결단하는 마음으로 예배합니다. 이 예배를 받아주시옵소서. 저희에게 맡기신 사명이 얼마나 중요하고 귀중한 것인지를 다시 한번 깨닫게 하시고, 찬양의 도구로 새롭게 거듭나는 시간이 되게 해주옵소서.

저희들을 하나님의 노래하는 제사장으로 삼으셔서 천사도 부러워하는 직분을 주심을 감사드립니다. 저희에게 주신 이 직분을 온전히 감당하여 하나님께 영광을 돌리며, 노래하는 저희들과 듣는 사람들에게는 은혜가 되게 하옵소서.

저희의 입술을 정결케 하셔서 주님을 찬양하는 입술이 되게 하옵소서. 항상 향기로운 제물을 주님께 드리는 마음으로 찬양하게 하시고, 자랑이나 명예가 아니라 오직 사랑하고 감사하는 마음으로 주님을 찬양하며, 하나님께 영광 돌리는 찬양대원들이 다 되게 하여 주옵소서.

또한 지휘자와 반주자에게 재능을 더하여 주셔서, 하나님과 사람들 앞에서 더욱더 빛나고 고귀하게 쓰임 받게 하옵소서. 특히 대원들이 하나 되어 부르는 찬양이 믿음의 찬양, 은혜의 찬양, 능력의 찬양이 되게 하옵소서.

대원들이 마음과 뜻과 정성을 다하여 하나님께 감사와 존귀와 영광을 영원토록 찬양하게 하옵소서. 찬양 연습도 게을리하지 않도록 도와주시고, 주님의 말씀을 가까이하고 기도하는 찬양대원들이 되게 하옵소서.

찬양함으로 저희들의 신앙이 성장하게 하시고, 생활 속에서 찬송이 끊이지 아니하게 해주옵소서. 하나님을 사랑하는 대원들의 아름다운 모습을 통해 교회가 부흥하고 발전하기를 소원합니다. 항상 주께서 함께하시며 열심 주시고, 성령 충만함을 받을 수 있게 하시며, 겸손과 온유함으로 예수님 닮게 하옵소서.

이 시간 주님의 말씀을 전하는 목사님에게 힘주시고, 권세 있는 말씀을 주셔서 저희들이 깨닫고 힘을 얻어 더욱 충성을 다하게 하옵소서.

예수 그리스도의 이름으로 기도합니다. 아멘!

교사 헌신 예배(1)

저희의 구원자 되신 하나님!

오늘 교사 헌신 예배를 올리게 하심을 감사드립니다.

죄 많은 저희들을 독생자 예수님의 피로 값을 치르고 사셔서 교사의 직분을 주시니 감사드립니다. 어린아이들을 잘 가르치는 교사들이 되게 하여 주옵소서. 주님이 제자들을 섬기셨던 것처럼, 저희들도 아이들을 섬기고, 그들을 위해 눈물로 기도하며, 주님의 말씀으로 온전히 양육할 수 있도록 도와주옵소서.

그들의 영혼에 말씀을 심어 세상의 때가 묻지 않게 하시고, 오직 예수 그리스도의 이름이 새겨지게 하시며, 주님의 사랑을 알게 하시고, 성령 충만함의 체험도 하게 하셔서, 주님의 귀한 아이들로 자라나게 하여 주옵소서. 저희 교사들과 함께하셔서 지혜와 명철을 주시고, 사랑으로 가르치는 교사들이 다 되게 하여 주옵소서. 하나님, 저희 교회학교를 사랑하시고 복 주시어, 날마다 부흥의 역사가 일어나게 하여 주옵소서.

오늘 말씀을 전하게 하신 목사님에게 성령님이 함께하셔서, 전하는 말씀을 통하여 은혜받게 하시고, 그 말씀에 순종하여 교사로서의 헌신의 삶을 살게 하여 주옵소서.

주 예수 그리스도의 이름으로 기도합니다. 아멘!

교사 헌신 예배(2)

사랑의 하나님! 저희들을 수많은 사람들 가운데 구별하여 불러주시고, 교사의 직분을 맡겨주셔서 어린 생명들을 주님의 귀한 말씀으로 양육할 수 있도록 은혜를 주시니 감사합니다. 이 시간 저희 교사들이 헌신을 다짐하며 예배하오니, 주님 홀로 영광과 찬송을 받으시옵소서.

긍휼이 풍성하신 하나님, 저희들은 세상과 육신에 관계된 일로 말미암아 여러 가지 이유와 핑계를 대면서 주님이 맡겨주신 귀한 직분과 사명을 충실히 감당하지 못했던 게으르고 무익한 교사들이었음을 고백합니다. 저희들의 죄와 허물을 십자가의 보혈로 깨끗이 씻어주시고, 긍휼을 베풀어주시고, 저희의 연약함을 채워주옵소서.

자비하신 하나님, 한 영혼을 귀하게 여길 줄 아는 교사들이 되게 하시고, 저희들에게 맡겨주신 어린 양들을 잘 보살피며, 주님께로 잘 인도할 수 있도록 도와주시고, 언제나 신앙의 모범을 보일 수 있는 교사들이 되게 하여 주옵소서. 또한 지도 교역자와 부장, 그리고 모든 교사들이 한마음 한뜻이 되어 교회학교가 성장하도록 이끌어가게 하여 주옵소서.

오늘 선포되는 말씀을 통해 모든 교사들이 영적으로 재무장하여 사명을 다하는 충성된 교사가 되기로 결단하는 시간이 되게 하여 주옵소서.

예수 그리스도의 이름으로 기도합니다. 아멘!

교사 헌신 예배(3)

천지 만물을 창조하신 주 하나님!

허물 많은 저희들을 하나님 자녀로 생명을 주시고, 하나님의 나라를 위하여 교회학교 교사로 쓰임 받게 하시니 영광을 돌립니다.

주님께서 저희 교사들에게 천하보다 귀한 주님의 아이들 교육을 맡겨주셨는데, 저희들이 믿음과 열성이 부족하여 사명을 올바로 감당하지 못했음을 회개하오니, 용서하여 주옵소서.

거룩하신 하나님, 훌륭한 스승 밑에서 좋은 제자가 나온다고 했사오니, 남을 가르치기 전에 저희가 먼저 성령의 사람이 되어, 올바른 신앙과 고결한 인격과 아름다운 생활로써 본이 되게 하소서. 복음에 합당한 사람이 되어 아이들을 그리스도의 참 제자로, 십자가와 부활의 증인으로 양육할 수 있는 은혜와 능력을 주옵소서. 은혜의 하나님, 저희들의 가정과 교회와 국가와 인류의 장래가 교회학교 아이들의 교육에 달려 있음을 바로 인식하고, 예수님의 마음으로 아이들에게 성경 진리를 가르치게 하옵소서. 저희들이 지도하는 아이들이 믿음으로 온전히 성령 학행일치, 지행일치, 언행일치, 신행일치의 신실한 그리스도인들이 되기를 원합니다. 좋은 교회 일꾼, 영광스러운 하나님의 천국 일꾼으로 만들어 주옵소서.

이 시간, 주님의 말씀을 선포하게 하신 목사님을 통하여 저희 교사들이 성령의 능력을 힘입어 죽도록 충성하게 하옵소서. 저희를 구원하시고 하늘의 소망을 알게 하여 주신 예수 그리스도의 이름으로 기도합니다. 아멘!

캠프

캠프의 계획자이시며, 진행자이신 하나님!

이번 캠프를 통하여 주님의 명령인 하나님 나라의 확장을 위해 저희들이 도구로 쓰임 받을 수 있도록 인도하시고, 필요한 것들을 채워주시며, 주님 홀로 영광 받으시옵소서. 캠프를 통하여 성령의 역사를 깊이 체험하게 하시고, 캠프 기간 동안에 피곤치 않게 하시고, 성령의 능력으로 모든 프로그램에 적극적으로 동참하게 하옵소서.

모든 프로그램이 잘 준비되게 하시고, 아이들이 적극적으로 참여하여 최고의 효과를 얻게 하시며, 캠프 기간 동안에 좋은 날씨를 주시고, 필요한 재정도 넉넉히 채워주옵소서. 캠프 기간 동안에 교사들이 서로 돕고 이해하며, 함께 모여 기도하고 준비하여 하나님께 영광 돌리며, 기쁨으로 일을 감당하게 하옵소서.

처음부터 끝까지 기도로 준비하게 하시고, 성령 충만함으로 게으르지 않고 충성되게 사명을 감당하는 교사가 되게 하옵소서.

캠프 기간 동안에 조그마한 사고도 일어나지 않게 도와주시고, 캠프를 통하여 생명의 기쁨을 나누고 성령의 역사를 체험하는 시간이 되게 하옵소서.

예수 그리스도의 이름으로 기도합니다. 아멘!

성경학교

은혜로우신 하나님!

이제 교회 성경학교를 준비하고자 합니다.

저희 ○○부 성경학교를 통하여 놀라운 역사를 이루어 주시기를 원합니다.

모든 준비에 앞서 기도로 시작하게 하옵소서. 교사와 아이들 모두가 성경학교를 사모하는 마음을 갖고 기도하게 하시며, 먼저 자신의 죄를 통회하는 마음으로 진정한 회개를 하게 하옵소서. 모든 교역자와 교사들이 은혜로 채워지게 하옵소서.

교사들과 아이들이 모두 참여할 수 있도록 도와주시고, 빈자리 없이 가득 채워주시며, 아이들의 각각의 형편을 돌아보시고, 방해하는 세력과 역사를 막아 주옵소서.

성경학교를 통하여 아이들이 구원의 확신을 갖게 하시며, 마음을 열어 주님 사랑하는 마음을 눈물로 고백하는 감격을 맛보는 성경학교가 되게 하여 주옵소서.

말씀과 프로그램을 담당한 교사들에게 지혜를 주시고, 성령 충만하고 영육이 강건하게 하시며, 한마음으로 성경학교를 아름답게 이루게 하옵소서. 어린 영혼들을 향한 사랑과 열정으로 담대히 말씀을 전하게 하옵소서. 말씀의 풍성한 꼴을 먹이게 하시고, 유익한 프로그램으로 철저히 준비하여 모든 것이 질서 있게, 은혜롭게, 아름답게 이루어지도록 성령님께서 인도하여 주옵소서.

성경학교에 성령님이 함께하시며, 참석하는 아이들이 분명한 비전과 삶의 목적을 발견하며, 인격의 변화가 있게 하옵소서. 나아가 아이들이 민족 복음화와 세계 복음화를 위해 헌신하는 영적 부흥의 불씨가 되게 하옵소서.

교사들에게 어린 영혼들을 위해 깨어 기도하게 하시고, 사랑과 헌신으로 가르치며 섬기게 하여 주옵소서. 모든 일정을 성령님께서 지도하시고 인도하셔서, 아름다운 결실을 맺게 하시고, 저희들은 사랑으로 섬기며, 기쁨으로 단을 거두게 하옵소서.

성경학교를 통해 받은 은혜를 삶 속에서 실천하며 살게 하시고, 이후 지속적으로 교회에서 훈련이 이루어지고, 충성된 일꾼으로 양육되게 하시며, 이 시대에 하나님의 귀한 일꾼들이 되게 하옵소서. 성경학교를 통하여 ○○부서가 더욱 성장하며 발전하여 하나님께 영광을 돌릴 수 있게 하옵소서. 예수님의 이름으로 간절히 기도합니다. 아멘!

전교인 수련회

은혜로우신 하나님 아버지!

주님이 주시는 힘으로 살다가 예배를 위해 함께 모이게 하심을 감사합니다.

오늘도 저희의 예배를 기쁘게 받아주시고, 한없는 은혜의 시간이 되게 하여 주옵소서.

이 시간 전 교인 수련회를 위하여 간구하오니, 기획에서 집행까지의 모든 과정을 주님께서 주관해주시옵소서. 오고 가는 행로에 주님의 천사들로 돕게 하셔서 안전하게 하시고, 은혜 가운데 행사가 진행될 수 있도록 인도하여 주옵소서.

성도들의 화합의 계기로 삼게 하시고, 인간관계의 형통함을 주셔서 서로 용납하며 이해하게 하시고, 그리스도의 사랑으로 용서하는 훈련의 기회가 되는 수련회가 되게 하옵소서.

특별히 말씀 사역을 감당하는 목사님과 강사님들을 기억하시고, 믿음과 말씀과 성령으로 충만하게 하셔서, 육이 죽고 영이 사는 소망의 시간들이 되게 하여 주옵소서.

회개의 운동이 일어나게 하시며, 결단의 은혜가 있게 하여 주옵소서. 이 일을 위하여 모든 성도가 협력하게 하시고, 주의 사역에 동참할 수 있도록 시간을 허락하여 주옵소서. 이번 행사로 인하여 더욱 연합하게 하심으로, 구제하고 선교하며 전도하는 일에 더욱 뜨거워지게 하옵소서.

저희 교회에 복을 내려주옵소서. 베드로의 신앙 고백 위에 교회를 세우신 것과 같이, 저희 성도들의 헌신적인 믿음이 교회를 견고하게 하며 부흥시킬 수 있도록 인도하여 주옵소서.

오늘 하나님의 말씀을 전하기 위하여 기도와 눈물로 준비한 목사님을 기억하여 주옵소서. 성도를 아끼고 사랑하는 마음으로 복음을 증거할 때 믿음으로 받게 하옵소서. 하나님의 말씀을 생활에 푯대로 삼게 하셔서, 치우치지 않게 하시며, 침륜(沈淪)에 빠지지 않게 하심으로 승리를 보장하여 주옵소서.

예수 그리스도의 이름으로 기도합니다. 아멘!

구역 예배

저희의 생명이시며, 소망이 되시는 하나님 아버지!

전능하신 하나님께 영광을 돌립니다. 교회의 지체된 저희들이 이 시간 구역 예배로 주님께 영광 돌릴 수 있게 복을 주시니 감사드립니다.

주님께서는 저희들을 택하여 주시고, 오늘날까지 보호하시고 지켜주셨지만 저희들은 주님의 뜻을 깨닫지 못하고 죄악 가운데 살았습니다. 용서하여 주시옵소서.

하나님 아버지. 아직도 주님을 알지 못하고 죄악 속에서 신음하는 저희 이웃들을 위하여 기도하오니, 주님께서 복음의 빛을 비추셔서, 하나님의 밝은 빛 속에서 살아가게 하시고, 예수님을 믿어 영생을 누리는 복을 허락하시옵소서. 헐벗고 굶주리는 이웃들이 있사오니, 그들을 주님께서 지켜주시고, 저희들이 그들을 돌아볼 수 있는 귀한 믿음을 허락해 주옵소서.

거룩하신 하나님 아버지, 나라를 이끌어가는 통치자와 정사를 맡은 모든 자들에게 현명함과 강직함과 주님의 말씀을 두려워하는 마음을 허락하시옵소서. 그리하여 이 땅에서 불의와 부정이 사라지고 남북으로 갈라진 이 나라가 주님의 복음으로 통일되는 놀라운 역사가 일어나게 하시옵소서.

전능하신 하나님. 예수 그리스도께서 친히 교회의 머릿돌이 되셔서 지켜주시고 주님의 사랑과 진리와 은혜가 가득 찬 교회가 되게 하시옵소서. 성령께서 뜨겁게 역사하시는 교회가 되게 하시며,

날로 부흥 발전하게 도와주시옵소서.

주님, 저희들을 불쌍히 여기셔서 죄 가운데서 건져내 주시고, 하나님께 충성된 삶을 살게 도와주옵소서. 저희들은 넘어지기 쉽고, 주님의 뜻을 저버리며 살기 쉬우니, 붙잡아 주옵소서.

사랑의 주님, 저희 교회의 기관과 구역 식구들을 위하여 기도합니다. 저희 구역이 더욱 아버지께 인정받는 구역이 되게 하시고, 사랑과 평화가 끊임없이 돋아나게 하시옵소서. 그리하여 서로 사랑하게 하시며, 모든 구역 식구들의 마음을 주님의 거룩하신 가족으로 한데 묶어 주시옵소서. 저희 구역의 가정들을 하나님께서 돌보아 주옵소서. 그리하여 여러 가지 문제로 걱정하며 간구하는 그들의 기도가 다 이루어지게 하옵소서. 말씀을 대언하게 하신 목사님에게 새 힘과 능력을 허락하옵소서. 이 예배에 참석하지 못한 구역 식구들도 주님께서 친히 돌보아 주시며, 저희 구역이 교회 발전의 원동력이 되게 하옵소서. 이 예배를 주님께서 주관하시기를 원하오며, 예수 그리스도의 이름으로 기도합니다. 아멘!

가정 예배 – 추석

은혜가 풍성하신 하나님 아버지!

이 중추절 아침에 기쁨으로 온 식구들이 모여서 예배하게 하시니 감사드립니다.

주님의 섭리에 따라 봄에서 여름으로, 여름에서 가을로 계절이 바뀌며, 온갖 곡식과 나무들이 갖가지 열매들을 맺게 하시니 감사드립니다.

민족의 명절인 추석을 맞이하여 하나님의 풍성한 은혜를 기억하면서 감사하는 마음으로 예배하오니, 기쁘게 받아주옵소서. 하나님께서 저희들에게 풍요로운 추석을 주셨사오니, 추석을 맞아 땀 흘려 수고한 농부들의 손길과 아름다운 국토를 후손에게 물려준 조상들의 유산을 소중히 여기는 마음을 주옵소서. 하나님께서 허락하신 아름다운 자연환경을 보존하고 지키는 저희들이 되게 하시고, 또한 후손들을 위해 환경이 파괴되지 않도록 배려하는 안목과 지혜도 있게 하옵소서.

저희 가족들의 소망을 예수 그리스도 안에 두게 하시며, 세상을 이길 수 있는 신앙을 주시니 감사드립니다. 앞으로 더욱 든든한 믿음으로 생활의 터를 닦게 하시고, 형제와 이웃을 사랑하면서 주님을 더욱 기쁘게 하는 삶을 살 수 있도록 하여 주옵소서.

저희 가족들이 겸손한 마음과 용서하는 마음을 가지고 서로 사랑하게 하시며, 어려움과 즐거움을 함께 나누게 하시고, 저희 가정에 찬송과 기도와 성경 읽는 소리가 끊어지지 않게 하시며, 이웃들에게 예수님의 복음을 전할 수 있는 신실한 주님의 사람들이 되게 하옵소서.

특별히 저희들에게 훌륭한 선조들을 주시고, 그들의 후손으로 살아가게 하심을 감사드립니다. 저희는 항상 그분들의 교훈과 훈계를 잊지 않고 지키며, 가문을 더욱 빛내게 하시고, 후손들에게 부끄럽지 않은 신앙과 삶의 유산을 물려줄 수 있게 하여 주옵소서. 추석을 맞아 먼 길 오고 가는 발걸음을 지켜주시고, 기쁘고 반가운 만남 속에 행복이 넘쳐나며, 그리스도의 향기를 전하는 시간들이 되게 하옵소서. 아직도 하나님을 믿지 않는 가족들이 하나님께서 살아계심을 깨닫고 구원받는 아름다운 역사가 있게 하여 주옵소서. 예수님 이름으로 기도합니다. 아멘!

개인 기도(1) – 배우자

은혜로우신 하나님 아버지!

하나님의 선하신 뜻대로 저를 창조하시고, 말씀과 보호하심으로 이렇게 장성하도록 복을 주신 은혜에 감사드립니다.

사랑의 주님, 주님께서는 남자와 여자를 지으시고, 한 몸이 되어 아름다운 가정을 이루어 살게 하셨으니, 이제 저에게도 합당한 배우자를 주옵소서. 세상의 얄팍한 기준과 계산에 의해서가 아니고, 주님께서 보시기에 신실하고 흡족한 배우자를 택하여 보내 주옵소서. 만남의 복을 허락하시되, 순적한 만남으로 인도해 주옵소서.

주님, 긍휼을 베푸시어 속히 이루어 주옵소서. 그리하여 온전히 한마음과 한 몸을 이루어 살아갈 때 아버지께 영광 돌리고, 더욱 뜨거운 믿음의 생활이 되게 하옵소서. 진실한 간구의 기도를 드리게 하시며, 시험에 들거나 마음에 상처받는 일이 없도록 지켜 보호하여 주옵소서. 또한 좋은 배우자를 원하기 전에 저 스스로 알찬 사람이 되게 하옵소서.

사랑이 많으신 예수님의 이름으로 기도합니다. 아멘!

개인 기도(2) - 생일

저의 주인이시며, 역사의 주인이신 하나님 아버지!

오늘 저의 생일을 맞이하여 하나님 앞에 감사를 드립니다. 생일을 맞을 때마다 좀 더 주님의 뜻대로 살고자 다짐하며 맹세를 했지만, 돌이켜 생각할 때 부족하고 부끄러운 것뿐임을 솔직히 고백하지 않을 수 없습니다.

하나님 아버지! 저에게 지혜를 허락하셔서 이 땅에 태어나게 하신 주님의 뜻을 헤아려 깨닫게 하옵소서. 하나님만이 저의 주인이시며, 생명의 창조자이심을 알게 하셔서, 이제부터는 지난해보다 더욱더 말씀대로 살아가며, 아버지 하나님을 기쁘시게 해드리는 사람이 되게 하옵소서.

또한 나이가 들어갈수록 주님께 봉사하며 헌신하는 나이테가 늘어나게 하시며, 항상 하늘에 뜻을 두고 살아가게 하옵소서.

하나님 아버지! 저를 태어나게 해주신 부모님과 함께해 주시고, 제가 부모님께 순종할 수 있는 복도 허락하옵소서. 또한 형제들의 앞길도 인도해 주옵소서. 그래서 화평을 이루는 가정이 되게 하옵소서.

평생 하나님이 동행하시고, 삶을 온전히 주장하시며, 필요한 모든 것들도 자비로 베풀어주실 줄 믿사오며, 예수님의 이름으로 기도합니다. 아멘!

식사 기도

사랑의 하나님 아버지!

저희에게 때를 따라 일용한 양식을 주시니 감사합니다.

이 식탁에 함께 앉은 저희 모두가 하나님께서 주신 음식을 먹고 마심으로 인하여 육신이 강건해지고, 삶이 더욱 풍성해지는 은혜를 누리게 해주옵소서.

하나님 아버지! 이렇게 모일 때마다 주님의 이름을 찬양하며 경배합니다. 그러나 오늘도 허물과 죄가 쌓여서 하나님의 음성을 듣기에 둔해졌사오니, 저희의 죄를 용서하여 주시옵소서. 지금 이 시간에도 양식이 없어 고통당하는 이 땅의 동족들과 북한 동포들, 그리고 세계 각지의 굶주리는 사람들을 기억하여 주시고, 속히 그 어려움이 해결될 수 있도록 그들에게도 주님께서 동일한 은혜를 베풀어주옵소서.

특별히 이 음식을 준비하기 위해서 땀 흘리며 수고한 사람들에게 복을 내려주시고, 주님이 주신 음식을 먹고 힘을 얻어 주님 나라의 영광을 위해 사는 저희들이 되게 하옵소서. 오늘도 귀한 음식을 먹기에 부끄럽지 않은 삶을 살도록 인도해주옵시고, 이 식탁에 복 내려주시기를 원하오며, 예수님의 이름으로 기도합니다. 아멘!

봉헌 기도

은혜의 주님! 귀하고 복된 날, 주님 앞에 나와 예배할 수 있게 하심을 감사드립니다. 주님 앞에 찬양과 경배를 드리오니, 회개의 은총을 더하여 주시고, 말씀을 통하여 주님의 신령한 은혜를 체험하게 하여 주시옵소서.

저희들에게 날마다 필요한 것들로 채워주셔서, 주님 안에서 부족함 없이 살게 하심을 감사드립니다. 이 시간 주님의 은혜에 감사하여 주님 앞에 작은 정성을 드립니다. 기쁘게 받아주옵소서.

여러 가지 은혜에 감사하여 감사의 예물을 드린 손길들이 있습니다. 더욱 감사할 일들이 많아지는 복을 더하여 주옵소서. 하나님의 것으로 구분하여 십의 일조를 드린 손길들에게 하늘 문을 여시고 복을 내려주옵소서. 어려운 환경 가운데서도 주님께 드리는 손길들을 기억하여 주시고, 부자가 드리는 헌금보다 과부가 드린 두 렙돈을 더 크게 보신 주님께서 더욱 복 있게 하시고, 사렙다 과부가 받은 복을 허락하여 주옵소서. 물질이 없어서 드리지 못하는 손길도 있습니다. 저들에게도 복을 주셔서 많은 것으로 주님께 드릴 수 있는 풍족한 삶이 되도록 도와주옵소서.

주님께 드린 헌금이 사용될 때에 주님의 영광을 나타내며, 복음이 확장되며, 주님의 몸 된 교회가 든든히 서 가는데 바르게 사용되게 하시고, 어려움 당하는 이웃을 구제하고 보살피는데 사용될 수 있게 하옵소서.

예수 그리스도의 이름으로 기도합니다. 아멘!

우리나라 교회를 위한 기도

하나님 아버지!

저희를 긍휼히 여기시고, 복 주시기 위하여 불러주심을 감사드립니다.

오늘도 저희는 성령의 인도하심에 힘입어 주 앞에 나아왔습니다. 지난 한 주간도 주의 뜻대로 살려고 애를 썼지만, 믿음이 부족하여 육신의 정욕과 이생의 자랑에 얽매여 지낼 때가 많았습니다. 저희의 죄악을 고백하오니, 십자가의 능력으로 깨끗하게 하여 주시옵소서.

거룩하신 하나님, 저희 민족을 위하여 기도합니다.

국토가 분단된 채 살아온 지 반세기가 지나면서 저희는 아직도 이산의 슬픔 속에 살고 있습니다. 북한의 공산 체제하에서 고통받는 백성들을 긍휼히 여겨 주옵소서. 하나님이 바라시는 모습으로 남북이 하나 될 수 있게 하옵소서. 헤어진 가족들과 친지들이 만나게 하시고, 무너진 북한의 교회들이 재건되게 하옵소서. 그곳에서도 찬송과 기도 소리가 울려 퍼지는 놀라운 은혜를 허락하시기 원합니다.

진정으로 우리나라 교회가 하나님이 원하시는 아름다운 일들을 행하여 민족 전체가 회개하고 돌아오는 놀라운 기적이 나타나게 하옵소서. 그 일에 저희 교회를 사용하여 주시옵소서. 쓰임 받기 원하는 많은 일꾼들이 자원하여 일어나게 하옵소서.

하나님 아버지! 저희가 더 이상 미약한 상태에 머물지 말게 하옵시고, 이제부터 하나님의 역사를 믿음의 눈으로 바라볼 수 있게 하옵소서.

하나님이 저희를 인도하셔서, 하나님의 은혜와 생명의 강으로 들어가게 하옵소서. 원수까지도 사랑하셨던 주님의 가슴에서 흘러나오는 은총의 강에 저희 영혼이 잠기는 역사를 일으켜 주옵소서. 이제 저희들이 주님의 사역에 도구됨을 가장 큰 기쁨으로 여기는 믿음의 일꾼이 되게 하옵소서.

오늘도 저희에게 비전을 주시는 생명의 말씀이 이 자리에 흘러넘치기를 원합니다. 세우신 목사님을 강한 팔로 붙드셔서 저희로 말씀 앞에 변화되는 역사가 일어나게 하옵소서. 진실로 주님의 은혜가 강물처럼 흐르는 예배가 될 줄로 믿습니다. 저희 모두 은혜의 강물에 흠뻑 젖게 하옵소서.

예수님의 이름으로 기도합니다. 아멘!

나라를 위한 기도(1)

사랑이신 하나님 아버지!

은혜를 감사드립니다. 선한 목자가 되시어 늘 저희를 인도하시는 주님, 오직 주님만이 저희들의 방패이시며, 힘이십니다. 오늘 이 시간도 주님이 사랑으로 인도하여 주시고, 예배에 승리하게 해주옵소서.

사랑의 주님! 저희의 마음을 주님께 열게 하시고, 강퍅했던 심령에 부드러운 마음을 주셔서 옥토가 되게 하시고, 주의 흡족한 은혜의 단비로 새롭게 하여 주옵소서. 주님의 백성들이 주님의 뜻대로 살지 못한 죄를 회개하고 하나님 앞으로 돌아올 수 있도록 하옵소서.

역사의 주관자가 되시는 주님! 나라와 민족, 사회와 이웃을 위하여 기도드립니다. 아직도 남북이 분단된 채 서로 다른 사상과 이념을 가지고 살아가고 있습니다. 우리 민족을 불쌍히 여기시고 지켜주옵소서. 남과 북의 위정자들이 하나님을 두려워하게 하시고, 예레미야와 같은 주의 종들이 많이 나와 부르짖음으로 하나님의 영광이 나타나게 하옵소서.

백여 년 전 순교의 씨앗으로 인한 믿음의 열매들을 맺게 하시며, 이제 선교하는 나라로 바뀌게 하심도 감사드립니다. 하지만 아직도 하나님을 모르는 백성들이 많이 있습니다. 저희 민족을 불쌍히 여기셔서 온전히 주님만을 섬기는 나라가 되게 하옵소서.

요나의 외침으로 니느웨 성 전체가 구원을 받았던 것처럼, 이 땅에도 회개의 역사가 다시 일어나 온 백성이 주님 앞으로 돌아오는 영광스러운 광경을 저희들로 보게 하여 주옵소서. 그리하여 세계에서 예수 믿는 사람이 제일 많은 나라, 선교사를 제일 많이 파송하는 나라가 되게 하옵소서.

능력의 주 하나님! 이 사회를 위하여 저희가 먼저 바로 서게 하여 주옵소서. 온 교회와 성도들이 우리나라와 백성을 위하여 눈물의 회개를 할 수 있도록 도와주옵소서. 하루속히 온 나라가 복음화되어서 하나님 앞에 인정받고 복 받는 민족이 되게 하여 주옵소서.

특별히 세우신 대통령에게 은총을 주시고, 하나님의 지혜로 다스리는 지도자가 되게 하시며, 국무총리 이하 모든 공무원들이 국민을 내 형제와 같이, 나랏일을 내 일과 같이 생각하며 봉사하는 공복들이 되게 하여 주옵소서.

오늘 이 시간 단 위에 세우신 목사님을 붙들어 주셔서, 저희들에게 생명의 말씀을 전할 때 성령 충만, 말씀 충만, 은혜 충만하여 심령이 변화 받게 하시고, 놀라운 역사가 있게 하여 주옵소서.

예수 그리스도의 이름으로 기도합니다. 아멘!

나라를 위한 기도(2)

약한 자를 들어서 강한 자를 부끄럽게 하시는 하나님!

오늘도 주님 앞에 나아와 나라와 민족을 위해 기도드립니다. 삼면이 바다로 둘러싸여 있고, 사계절이 분명하며, 아름다운 금수강산 복되고 좋은 나라를 주신 하나님께 감사를 드립니다.

일제의 압박과 설움과 한 많은 고난 속에서도 나라를 보호하시어 해방을 주신 하나님! 저희 민족을 구원해 주심을 감사드립니다.

저희 조상들이 오랫동안 하나님을 모르고, 헛된 종교를 숭상하고, 각종 미신행위와 우상을 섬기며, 깊은 죄악에 빠졌었으나, 사랑의 주님이 저희 민족에게 찾아오셔서 성령 충만의 복을 받은 나라가 되게 하심을 감사드립니다.

아직도 우상 앞에 엎드려 절하는 어리석은 백성들을 깨우쳐 주셔서, 속히 주님께로 돌아오도록 도와주시고, 십자가 은혜 앞에 감사하게 하옵소서. 주님이 세우신 교회를 통해서 예수님 이름 앞에 엎드려 기도하게 하시고, 말씀에 바르게 서는 백성이 되게 하옵소서.

주님께서 이 나라를 살피시고, 부정과 부패와 악독과 강포와 모든 악의 요소들을 뿌리뽑아 주시며, 물질만능주의와 쾌락주의를 물리치게 하시고, 주님 앞에 바로 서는 나라가 되게 하옵소서.

주님의 교회와 복음을 거부하고, 성도를 핍박하는 세력을 멸하시며, 저희 민족이 허탄한 신화를 좇지 않게 하옵소서. 오직 살아계신 하나님만 섬겨 진정한 복을 받는 민족이 되게 하옵소서.

자비하신 하나님, 갈라진 저희 나라를 하나 되게 하시고, 북한의 독재 정권이 무너지게 하시며, 북한 동포들이 자유의 몸이 되어, 영혼이 구원받게 해주시고, 흩어진 가족들이 만나게 하옵소서. 앞으로 이 땅에 6·25와 같은 동족상잔의 피 흘리는 비극이 일어나지 않게 하시고, 복음으로 평화 통일이 되게 하옵소서.

저희 민족을 신령한 나라, 제사장의 나라가 되게 하시며, 선지자의 사명을 받은 나라로서 세계 만방에 예수님의 사랑과 복음을 전하는 성령의 위대한 역사를 이루옵소서.

주님의 교회를 바로 세우시고, 주의 사자들을 바로 세워주시옵소서. 온 민족이 하나님을 공경하며 성령의 인도를 받아, 하나님 앞에 예배하게 하시고, 하나님의 나라가 이 땅에 임하게 하옵소서.

거룩하신 예수님 이름으로 기도합니다. 아멘!

남북통일을 위한 기도

인류 역사를 주관하시는 아버지 하나님!

저희들이 여호와의 의를 따라 감사하며 지극히 높으신 하나님을 찬양합니다. 한 주간도 평안과 안전으로 지켜주시고 인도하여 주셔서 하나님의 전에 나와 예배하게 하심을 감사드립니다.

남북의 긴장 상태 속에서도 하나님의 인도와 보호하심으로 평화를 허락하심을 감사합니다. 오늘까지 저희들을 지켜주심으로 안전하게 살아오고 있음을 감사드립니다. 남북이 속히 하나 되게 하시고, 평화로운 방법으로 통일이 되어 그리스도의 화해의 복음과 사랑으로 하나 되게 하여 주옵소서. 저들에게도 신앙의 자유를 주시고, 구속의 충만한 은혜를 받게 하여 주옵소서. 많은 젊은 이들이 군 복무의 수고를 감당하오니, 파수꾼의 경성함이 허사가 되지 않도록 지켜주옵소서.

기도의 은혜를 베푸시는 하나님! 저희 교회가 영적으로 죽어가는 인류를 향하여 간구할 때 복음의 사역을 감당할 수 있도록 복 내려주옵소서. 성도들의 생활에 복 주셔서 물질의 풍요로움을 허락하시고, 복음을 위한 헌신에 부족함을 느끼지 않도록 은총을 베풀어주옵소서. 선교의 큰 비전 속에 가까운 이웃을 잊지 않게 하옵소서. 그리스도의 향기에 취해 구속의 은혜로 인도되게 하옵소서. 인생의 한계를 만날 때마다 주 앞에 나와 기도하오니, 홍해를 가르신 하나님께서 저희들의 앞길을 열어 주옵소서.

교회를 위하여 간구합니다. 합력하여 선을 이루기를 원하시는 하나님 아버지! 저희 온 교회가 하나 되게 하시고, 하나님의 크신 뜻과 의를 이루게 하여 주옵소서. 교회를 위해 앞장서서 헌신하는 목사님, 장로들, 권사들, 그리고 여러 제직들과 기관장들이 있습니다. 각자의 역할에 충성하게 하시고, 기관마다 분야마다 활성화되게 하셔서 복음의 풍성한 결실이 있도록 복 내려주옵소서.

하나님의 말씀으로 하나 되기를 원하오며, 예수 그리스도의 이름으로 기도합니다. 아멘!

북한 동포를 위한 기도

사랑과 은혜의 주님!

주님을 찬양하게 하시니 감사합니다. 이 시간 성령을 보내셔서 주님이 기뻐 받으시는 향기로운 예배가 되도록 인도하여 주옵소서. 주의 은혜와 사랑으로 저희 심령이 풍성해지고 충만하게 하여 주옵소서. 세상적인 걱정이나 두려움은 모두 사라지게 하시고, 한나와 같이 기도에 취할 수 있는 복된 시간이 되게 하여 주옵소서.

사랑이 풍성하신 하나님! 오늘도 저희들은 세상의 욕심과 생각을 그대로 가지고 나왔음을 발견합니다. 주님의 희생으로 용서받고 살아온 저희들이 다시 한번 주님께 죄를 자백하며 회개하오니, 불쌍히 여기시어 용서하여 주옵소서.

거룩하신 하나님! 이제는 우리나라 교회도 선교하는 교회가 되었지만, 북녘땅의 동포들은 주님께 예배하고 싶어도 자유롭게 예배하지 못하고, 하나님의 성호를 마음껏 찬양할 수 있는 자유도 없사오니, 교회가 진정으로 동포와 형제들을 가슴에 품고 주님께 부르짖으며 기도할 수 있는 교회가 되게 하여 주옵소서. 전도와 선교를 자랑으로 하지 않도록 하시고, 주님의 십자가로 감당케 하옵소서. 성령의 능력을 힘입어 영혼을 불쌍히 여기는 마음으로 힘쓸 수 있도록 도와주옵소서.

주님의 몸 된 교회를 위하여 자기 일보다 더욱 애쓰고 힘쓰는 손길들을 기억하시고, 저들의 헌신적인 봉사 위에 이 교회가 날로 든든해지고, 주님의 빛을 환하게 드러내는 복된 교회가 되게 하여 주옵소서. 날마다 새로운 은혜로 함께하셔서 각오와 결심을 다지며 신앙의 무장을 하게 하여 주옵소서.

성령의 불길로 태우셔서, 거룩한 산 예배가 되게 하여 주옵소서.

임마누엘 되시는 예수님의 이름으로 기도합니다. 아멘!